本书受 2020 年度教育部哲学社会科学研究后期资助重大项目
"品牌聚焦的力量研究"
（项目批准号：20JHQ015）资助

品牌聚焦的力量

李纯青　马军平　著

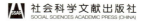

社会科学文献出版社
SOCIAL SCIENCES ACADEMIC PRESS (CHINA)

谨以此书致敬所有专注于内心理想、勇往直前、不断攀登的奋斗者！

序

很高兴读到李纯青和马军平两位教授著述的《品牌聚焦的力量》一书。该书基于环意国际旅行社的案例研究，取得了不俗的研究成果。由于我对环意国际旅行社有所了解，并与创始人张环女士熟悉，同时十多年来也从事营销理论构建的案例研究，因此，该成果引发了我三个方面的感想。

第一，什么是令人尊敬的伟大公司？综观各个机构对于最受尊敬公司的排行榜，其大多是各个行业的市场领导者，也就是销售规模很大的公司。其实，"大"并不一定是好的，与令人尊敬没有本质上的关系，因为一些企业为了做大而不惜践踏道德和法律，诸如三聚氰胺、假疫苗事件等等，说明成为"大而美"的公司很难。其实，为这个世界更加美好做出重要贡献的，往往是那些千千万万个小而美的公司，他们比那些占据媒体主要版面和广告黄金时段的大公司更令人尊敬。环意国际旅行社就是这样一家"小而美"的公司，其创始人张环女士是极具情怀的企业家，她几乎跑遍意大利的各个城市的各个角落，将她认为最美好的线路、最美好的酒店、最美好的餐馆、最美好的景点等组合在一起，让游客感受到美的体验和幸福的感觉。她不盲目追求做最大的旅行社，只想打造一家最美好的旅行社。《品牌聚焦的力量》一书，以独特的眼光，选择了这样一家小企业进行研究，值得赞扬和鼓励。

第二，什么是令人叫好的管理理论？这是一个一直存在争议的问题。近年来在管理学界出现了一种不好的现象，即将科学方法等同于管理理论，或者认为仅有理论意义就行，实践价值可有可无，从而催生了诸多没有应用价值甚至是违反美德的研究，前者如独立董事性别、年龄对于上市公司业绩影响的研究等，后者如传销话术、刺激购买等问题研究。全球绝大多数学者认为，好的管理理论研究，一定是有用的，对于管理实践有着指导和借鉴意义，因为管理理论研究属于应用理论研究的范畴。《品牌聚焦的力量》一书，用环意国际旅行社一家企业的案例，进行了 12 个专题案例研究，揭示了"小而美"公司的品牌初创、发展、成熟、改进的机理，自然具有理论意义和现实价值。

第三，什么是令人信服的研究方法？近十年来，虽然案例研究等质性研究方法在管理理论研究中得到一定的发展，但是流行的、被广泛接受的还是定量研究方法，其实案例研究方法更适合构建理论，在大样本案例条件下也适合验证理论，服务营销管理的基础模型——服务质量差距模型，为服务管理理论发展做出了重大贡献，该成果就是对于企业管理者访谈得出的研究结论。目前，管理学界应用案例研究方法，过于强调某一种案例研究方法，以及必须进行三阶段的扎根分析，或者必须是第一手采集的数据，等等，其实方法是为研究目标服务的，案例研究方法、数据来源、数据分析都是多种多样的。一个研究运用多种手段或者一种手段是根据研究目标和可能性来决定的，并没有绝对的好坏之分。管理学者不应该用自己熟悉的研究方法，评价其他学者研究方法应用的合理性。《品牌聚焦的力量》一书，呈现了多种数据采集和分析方法，同时连续十年对一家企业进行 12 个专题的案例研究，创造了案例研究一种新的模式。

鉴于上述三个原因，我觉得《品牌聚焦的力量》是值得一读的书籍。最后想表达的是，2015 年在李纯青教授的引荐下，我与环意国际旅行社创始人张环女士相识，并与李纯青教授等人合作，对环意国际旅行社进行过"小而美"的案例研究，构建了全新的分享营销理论。其间多次参加对环意国际旅行社的田野调查，多次与张环女士交流，感受到她和环意国际旅行社对这个世界的爱，对意大利的爱，对游客的爱，或许爱是美的一个重要标志吧！无论是人，还是公司，大体都是如此。

（清华大学经济管理学院营销系教授、系主任

清华大学文化经济研究院副院长）

2019 年 12 月 12 日

前　言

　　历经近十年的打磨，凝聚众人的心血，《品牌聚焦的力量》终于要与读者见面了。谨以此书致敬所有专注于内心理想、勇往直前、不断攀登的奋斗者们。

　　还记得 2010 年冬天，我与环意国际旅行社的创始人张环女士初次相识。经过一番简短的交谈后，我了解到环意国际旅行社从未做市场营销；此外，张环女士还告诉我，她十三年只做一件事——意大利单团地接。作为一名讲授市场营销课程的大学教师，我对环意国际旅行社产生了强烈的好奇心，也正是由于这次交谈，我坚定地带领团队展开长达十年的跟踪研究，发现环意国际旅行社作为小微企业领导品牌的成长轨迹和规律。一是通过逆向思维定位新品类，造就领导品牌；二是发挥品牌杠杆作用，强化品牌生命力；三是借助文化创新、文化融合以及数字化赋能，实现品牌的有效传播；四是以文化性战略新产品为载体，通过文化库与组织身份耦合达成企业认同，实现品牌战略转型；五是通过品牌身份管理来提升品牌领导力，进而实现小微企业品牌的行业领先地位。

　　其实，人生何尝不是如此？专注地做一件事，将这件事做到极致，既从容又乐在其中。在与环意国际旅行社交互的过程中，更多沉淀下来的是对人生的启迪：通过逆向思维，确立具备个人特色的人生定位，将此人生定位做到极致。

　　一个小微企业，能够坚持 22 年只做一件事情，并且从一开始就将自己定位于利基市场的领导品牌，通过自身的不懈努力，长年坚守这一领导地位，着实不易，确实值得我们去深入思考和学习。

在跟踪研究环意国际旅行社的过程中，我们的团队也一步一个脚印，取得了累累硕果。不仅获批多个国家自然基金项目、发表数篇 SSCI 高水平论文，还获得省级哲学社会科学优秀成果一等奖及全国百篇优秀管理案例等多项奖励。不仅如此，我们还培养了 4 名优秀的青年教师（马军平、曹丽、张海丽、陈艺妮），她们逐步成长为独当一面的学术骨干；8名具备执著科研精神的硕士生（李松玲、张静、陈昱竹、陈亚军、张茜、霍维亚、范琳、熊梓琪），他们在各自岗位上崭露头角；5 名具有敏锐科学洞察力的本科生（贺欣、黄若茵、尚秦秦、税清芳、王琛），他们以优异的成绩顺利毕业。这一切的一切，都要感谢与环意国际旅行社交互中所产生的思想碰撞与灵感激发，为我们团队未来的发展注入不竭的动力。

张环女士本人也成为我前后所在的两所大学——西安工业大学和西北大学的兼职教授和 MBA 企业导师，同时也是中国管理案例共享中心的企业家理事，并多次受邀到清华大学、中国人民大学、北京航空航天大学、西北大学、西安工业大学、陕西工商管理学院等高校 MBA 课堂进行交流和经验分享。

也正是由于案例教学与案例研究方面的持续聚焦，我本人也受到了北京航空航天大学、西北工业大学、长安大学、浙江工业大学、江南大学、山西财经大学、江西财经大学、中南政法财经大学、南京农业大学、西安外国语大学、重庆工商大学、天津师范大学、北京第二外国语大学等国内十余所高校的邀请，与国内外相关领域的专家、学者交流自己在跟踪环意过程中的体会与感悟。

对环意国际旅行社的跟踪研究还在持续进行中，并且不断地有新的青年教师（褚玉杰、谭乐、张宸璐、刘伟、蒿坡等）、博士生（贺艳婷、王肖利、葛方艺等）、硕士生（吕俊峰、潘玉梅、焦旭阳、张洁丽、逯琳琳、熊梓琪、李佳钰等）和本科生（于浩阳等）被这一研究所吸引，加入教学案例的开发和案例研究的队伍中。

席卷全球的新冠肺炎疫情并没有阻止环意国际旅行社前进的步伐，我们期待着它更好地发展。在文稿交付出版社前夕，这本书受到教育部社科司 2020 年度哲学社会科学研究后期资助重大项目（全国共 16 项）的资助，这也激励着我们只争朝夕、不负韶华。也希望我们后续的研究成果能够为各位读者带来更多启迪。

路漫漫其修远兮，吾将上下而求索。

李纯青

（西北大学经济管理学院工商管理系主任、教授

西北大学企业发展与研究中心主任）

2020 年 4 月 27 日

目　录

第六部分
直入心智

第七部分
继续前行

第八部分
授人以渔

附　录

跋

第一部分
导论

　　本部分首先阐述本书的选题背景、研究目的与意义，其次对本书的案例研究对象——"环意国际旅行社"进行简介，再次总括本书的研究思路、内容与方法，最后提出本书在理论上的创新。

第 1 章　引言

一　研究背景与问题提出

　　长期以来，小微企业的创始人，像船长黑夜里在浩瀚的大海上驾船航行，既要保证前进的方向，又要提防被突如其来的海浪掀翻，这个过程有时候会极度的艰辛与无助，而恰恰是这些艰难磨炼了他们，使他们能够不断地在前进中不忘初心，守正出奇，乘风破浪，到达光明的彼岸，创造他们独有的小而美的营销神话。

　　本书中的研究对象——环意国际旅行社（以下简称"环意"），就是这样一家旅游小微企业，22 年只做一件事情——意大利单团地接，并将此事做到近乎完美和极致的地步，连续创造很多营销神话。环意国际旅行社作为地接社在 2015 年米兰世博会中接待了近 70% 的中国政府代表团，与中央电视台《发现之旅》栏目组合作拍摄 6 集介绍意大利旅游的纪录片，成为意大利单团地接的行业领导品牌……这正好契合了习近平总书记提出的**"做企业、做事业，不是仅仅赚几个钱的问题。做实体经济，要实实在在、心无旁骛地做一个主业，这是本分。"**李克强总理也提出**"要鼓励企业开展个性化定制、柔性化生产，培育精益求精的工匠精神"**。早在 2011 年，我们就认准了这家小微企业的经营理念和经营智慧，决定对其连续跟踪研究，至今已是第十个年头。

　　近年来，我国旅游产业规模稳步扩大，结构快速变化，质量持续提升，旅游总收入逐年攀升，整个产业进入创业创新高峰期。根据 2019 年文化和旅游部调查数据，2019 年国内旅游市场持续平稳增长，截至 2019 年 12 月 31 日，全国旅行社总数为 38943 家（按 2019 年第四季度旅行社数量计算），比 2018 年增长 8.17%。2019 年全国旅行社营业收入

7103.38 亿元，营业成本 6512.90 亿元，营业利润 32.10 亿元，利润总额 43.28 亿元，税金及附加 7.26 亿元，所得税 13.10 亿元，旅游业务营业收入 5165.72 亿元，旅游业务利润 233.27 亿元。而 2019 年全国旅行社组织出境旅游 6288.06 万人次、32070.63 万人天。全国旅行社出境旅游营业收入 2145.56 亿元，占全国旅行社旅游业务营业收入总量的 41.54%；出境旅游业务利润为 89.58 亿元，占全国旅行社旅游业务利润总量的 38.40%。

但是，与行业整体发展态势不匹配的是旅游品牌发展的滞后。根据国际权威品牌评估机构"世界品牌实验室"2019 年发布的第 16 届《中国 500 最具价值品牌排行榜》，旅游服务类品牌仅有 9 家企业上榜，排名最靠前的国旅也仅列第 48 位，旅游品牌整体影响力不足。一般消费者只知道行业头部的数个企业品牌，例如国旅、中青旅等，而在整个旅游行业中，承担大量地接服务职能的小微地接社在游客端几乎没有品牌认知，游客不知道是谁在为自己提供服务，大多数小微旅游企业也只是被动地承接大型组团社的地接业务，没有清晰地认识到建设自己的品牌对于自身发展的重要作用。

本书研究对象——环意国际旅行社是国内较早地认识到这一问题的小微旅游企业之一。从设立之初，环意人就围绕其"意大利单团地接"核心业务，致力于打造"环意"品牌。通过十年的持续打磨，获得政府、同业伙伴和消费者的认同，成功树立与奠定自身在行业内的品牌形象和领导者地位。

从营销理论而言，现在的营销范式是针对"规模营销"的，即针对"大而强"的企业确定企业的营销目标、目标市场、市场定位、营销组合、关键流程等。但是在更多的行业中，例如旅游行业，更多的企业是小微企业，此类小微企业应该如何建立、发展自己的品牌，进行营销和客户服务，现有的营销范式并未给出清晰答案。

因此，我们提出本书的研究问题：数字化技术迅速发展的背景下，如环意国际旅行社这样的小微旅游企业应该如何进行品牌发展进而达成营销目标——成为行业领导品牌？

本书是西北大学李纯青教授带领其原来在西安工业大学的营销管理与决策团队以及西北大学企业发展与管理研究中心的团队经过多年的研究积

累与沉淀所获得的成果，其间不但培养了 4 位青年教师和 8 位硕士研究生，而且培养了 5 位本科毕业生，发表 6 篇学术论文，其中 SSCI 收录 2 篇，CSSCI 收录 3 篇，待收录 1 篇，开发管理案例《竞争与定位的抉择——环意国际旅行社的品牌定位之路》《使服务流程流起来——环意国际旅行社可控服务流程改进之路》《"四两拨千斤"——意大利环意旅行社的品牌联盟之路》，分别入选第五届、第六届、第八届全国百篇优秀管理案例，并且得到清华大学、人民大学等高校的应用，效果良好；团队成员多次在国内外知名学术会议上交流本书相关成果，其中团队负责人李纯青教授受邀在美国、澳大利亚、新西兰等国家召开的学术讨论会或国际会议上交流本成果；李纯青教授多次受邀在企业和高校交流本成果，并受环意（北京）国际旅行社有限公司三次邀请赴意大利罗马等地对其境外企业、新产品发布会、典型线路进行现场观察与研究，受到知名媒体报道；同时该成果还受到国家自然基金面上项目、首批陕西哲学社会科学人文英才计划、陕西省自然科学基金项目等的支持。

二 研究目的与意义

本书的研究目的是在对环意国际旅行社的品牌管理现状进行诊断的基础上，为服务型小微旅游企业制定其品牌发展战略和运营策略提供分析工具和策略保障。

本书的理论意义在于克服现有"规模营销"理论无法有针对性地指导小微企业品牌营销的难题。创新性地将战略匹配、数字化赋能、文化创新理论等引入营销科学中品牌管理研究领域，打开小微企业成功实现品牌战略的关键路径和内在机制的理论"黑箱"。研究成果构建了小微企业品牌管理的理论框架，是对品牌营销理论的拓展和丰富。

本书的实践意义体现在五个方面。

（1）案例企业的经营理念与核心价值观有较强的社会意义和教育意义：在案例研究与咨询指导的过程中，案例企业的很多经营理念与核心价值观对研究团队及相关的教师、学生和企业有较强的教育意义，尤其是"一生只做一件事，做到极致""全力以赴做一个对身边人有用的人""守正出奇""利他""平凡的人照样可以拥有卓越的人生""专业和诚信是经营之本"等理念，在信息化和物质丰富的时代，给容易浮躁和迷失的人们以心灵的启迪和精神的指导；同时也响应了习近平总书记提出的**"文化自信""要实实在在、心无旁骛地做一个主业"**，李克强总理提出的**"要鼓励企业开展个性化定制、柔性化生产，培育精益求精的工匠精神"**的号召。

（2）揭示了服务型小微企业实现其行业领先品牌战略的关键路径：通过定义新品类达成独特品牌定位和品牌形象感知；依托品牌联盟、渠道控制和服务流程双元实现品牌强化，在行业中确定其竞争优势；以文化性战略新产品为载体达成品牌共鸣，实现领先品牌战略。

（3）案例企业利用杠杆、借助优质资源、实现品牌领先的过程为我国小微企业在资金、人力等资源有限的情况下快速发展品牌提供了新的思路。

（4）为高等教育的内涵式发展提供有力支撑：充分发挥大学的人才培养、科学研究、社会服务与文化传承创新四项基本职能；为师资队伍建设和人才培养起到示范的作用；为校企联合、产学研共同发展进行有益探索。

（5）为环意提出其品牌发展战略及运营策略建议，为其品牌发展提出完整解决方案，为国内小微旅游企业品牌营销提供借鉴。

总之，本书研究分析了环意在人才稀少、资金缺乏、场地有限的情况下，其创始人如何明确愿景和使命，对企业的品牌做出独特的定位，并将其做到极致，使企业成为所在领域的开创者、领导者、专家和高端的代名词。笔者希望通过一家小微企业品牌聚焦的过程来展示品牌聚焦的力量，使读者见微知著，进而对其他企业或个人有所启发。而现实中确实也有很多小微企业，他们在实践中不断地探索，将自身的经营哲学融入深厚的中华民族文化的底蕴，守正出奇，创造着一个又一个的品牌神话，不但对企业经营有启发，而且对做人、做事也很有启发，确实值得去深思、值得去学习。

本书可以使读者有以下三个方面的收获：一是可以学习如何将名不见经传的小微企业的品牌经营成领导品牌；二是可以学习如何将个人的事业聚焦于自己的兴趣与特长，乐在其中地将自己的人生经营到理想状态；三是可以将品牌经营的经验提升到哲学高度，达到一通百通，让更多的企业或个人受益。

当然，在这个过程中，读者也可以看到工匠精神是如何锤炼出来的，一个企业家是如何坚守初心将品牌打磨成精品的，有使命感和责任感的人是如何激励自己和下属不忘初心、勇往直前的。

三 研究对象

（一） 环意国际旅行社简介

环意国际旅行社 （HUANYI International Travel Agency） （以下简称"环意"） 前身为意大利米斯特拉旅行社；2009 年，米斯特拉旅行社退出中国市场，同年张环 （Giada Zhang） 前往意大利首都罗马正式成立 Vogliad'Italia Tours. r. l，环意 （北京） 国际旅行社有限公司成为其在中国北京的服务中心。环意国际旅行社创始人张环女士自 1998 年起，开始从事意大利地接业务，并带领环意团队针对中国市场最早开创"意大利单团地接"的新型业务模式，致力于为中国组团社提供更"可控"的境外地接服务，来推动单团地接标准的不断升级，更专业化地支持国内组团社发展单团业务。环意国际旅行社的专业意大利地接服务已获得中青旅、国旅总社、中旅、JTB 集团等国内知名旅行社单团定制部的长期认可。

从 2009 年到 2019 年，公司员工从最初的 10 人增加到近 40 人，业务范围从 B2B 的会奖单团、展会单团、公商务单团和旅游单团四大板块，扩展到 B2B2C 的意大利自由行服务，通过在携程、飞猪、马蜂窝电商平台设立环意店铺，服务前往意大利的自由行游客。年销售额由 2009 年的 2100 余万元上升到 2019 年的 5600 余万元。与此同时，环意国际旅行社的品牌也逐渐在业界明晰起来，获得组团社和社会的高度认可。下面是环意国际旅行社发展的简要历程和获得的部分荣誉。

2009 年，环意国际旅行社成立；

2010 年开始，不断升级单团地接服务流程；

2011～2013 年，连续 3 年获《旅行社》杂志年度唯一"最佳境外单团地接社"奖；

2012 年，荣获中国意大利商会与中意基金会、意大利驻华大使馆联合颁发的"意大利旅游金熊猫"奖；

2013 年，荣获中国出境游风云榜年度唯一"最佳意大利单团地接社"奖；意大利国家旅游局主动联合环意国际旅行社做"Discover a New Italy"全国巡回推介会；协助 CCTV《空姐新发现》栏目组拍摄意大利艺术之旅；

2014 年，荣获国家旅游局首批为意大利地接社颁发的"出境旅游优质供应商"资质，并接受新华社专访：怎样"文艺范儿"地在意大利欣赏艺术；

2014 年，在中国驻意大利大使馆及意大利政府和电视台的支持下，联手国旅总社成功接待"陕西卫视重走丝绸之路"大型项目组；

2014 年，联手中信旅游集团，成功接待李克强总理访意随行代表团；

2014 年，荣获中国出境游风云榜评选的年度"杰出服务地接社奖"；为小包团研发"环意·意大利艺术之旅"；

2014 年，荣获旅行社杂志颁发的"旅游目的地产品创新"大奖；

2014 年，成功接待中国贸促会领衔组织的 2015 米兰世博会前期考察；

2015 年，"环意·意大利艺术之旅"荣获广州国际旅游展览会（GITF）颁发的"最具特色旅游线路"奖；

2015 年，联合意大利国家旅游局、米兰世博组委会、意大利驻中国使领馆，在北京、上海、广州、重庆等 11 座城市共同举办"环意·米兰世博大讲堂"；

2015 年，荣获由北京市参与 2015 年米兰世博会工作协调小组颁发的"2015 意大利米兰世博会北京活动周"纪念证书；

2015 年，在意大利罗马古城区举办"意大利时尚古国之旅"大型中外媒体新产品发布会；

2016 年，在旅行社行业颁奖盛典上荣获"2016 意大利时尚古国旅游产品创新大奖"；

2017 年，在 2017 年广州国际旅游展览上荣获"最具魅力旅游线路"奖；

2019 年，在国家旅游业时尚盛典上，环意荣获"意大利小镇游产品创新奖"。

（二） 组织架构

环意国际旅行社的组织架构，如图 1 - 1 所示。其中境外预订由环意意大利公司负责，其他部门均在国内。

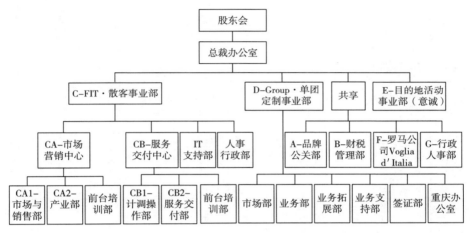

图 1 - 1　2020 年环意组织架构

（三） 业务品种及服务流程

环意国际旅行社各个业务部门的业务品种，如表 1 - 1 所示。尽管各业务品种的侧重有所不同，但其业务流程基本是类似的。环意单团的详细服务流程如图 1 - 2 所示。

表 1 - 1　环意业务品种

部门	团型
展会部	展览团
旅游单团部	定制小团
公商单团部	公务团、商务团、培训团
会奖单团部	会议团、奖励团、大型项目团

时间轴		团组询价及确认			团组预订		团组在境外	团组回国后
前台	服务环节	询价	团组跟进	团组确认	预订反馈	出团交接	关注团组动态	客户回访
	服务的标准	专业度;回复时间	专业度;诚信度	合同标准化	反馈时间	出团文件完整性	团组突发情况处理时间	回访时间
	顾客的主要行为	电话/邮件/QQ;发送询价需求	行程更改确认;明确接待标准;议价	签订合同;付款	接收预订信息并进行反馈	提供终端游客的出团详细需求	接收团组反馈	收集客户反馈
	前台活动的有形证据	语音语调;往来邮件和信息	语音语调;往来邮件和信息;报价单	合同;收款单据	语音语调;往来邮件和信息;预订单据	语音语调;往来邮件和信息;出团交接文件	语音语调;往来邮件和信息	语音语调;往来邮件和信息;客户回访问卷
		外部互动线						
	一线员工可视行为	接受询价;确定团组基本信息	确认行程和接待标准;接受议价	付款通知;签订合同;收款	告知顾客预订进度以及信息	落实境外细节及个性化服务	导游服务;反馈境外情况	收集客户反馈
		可视线						
后台	一线员工不可视行为	制作点对点行程;转交给支持部门	调整行程报价;提供配套服务介绍	制作合同等文本	预订;跟进反馈预订情况;签证;会议注册	制作出团交接文件	与导游沟通团组进度	回团总结
		内部有形互动线						
	支持过程	根据行程报价	根据要求调整所有服务细项	配合确认相关环节的文案	进行境外服务的预订工作	预订人员完成预订事项交接	导游管理规范	整理团组汇总资料
		内部IT互动线						
	与IT技术相关的辅助流程	网站:业务介绍;通过局域网实现各部门信息工作箱共享,形成各部门工作模板 ERP系统支持						

图1-2　环意单团的详细服务流程

四　研究思路、内容与方法

（一）　研究思路与内容

本书将围绕导论、不忘初心、精准定位、对内夯实、对外整合、直入心智、继续前行、授人以渔八个部分来展开。这个思路来源于三个方面：一是受到阿五黄河大鲤鱼创始人樊胜武先生的有关品牌五大基因（品牌初心、品牌品类、品牌运营、四大权威、品牌认知）的启发，二是我们近十年对环意的持续跟踪研究的成果，三是我们在理论上对品牌发展脉络的梳理。

基于以上思路，将本书的内容划分为14章，如表1-2所示。

表 1 - 2　全书框架

全书逻辑		章节构成	内　容
问题提出		第一部分　导论	第 1 章　引言
环意品牌发展过程研究	品牌定位	第二部分 不忘初心	第 2 章　社会企业家精神对企业经营绩效的作用机理
		第三部分 精准定位	第 3 章　基于战略匹配视角的企业品牌化作用机理 第 4 章　数字化赋能及其在品牌内化中的作用
	内外部品牌强化	第四部分 对内夯实	第 5 章　服务流程双元的实现机制 第 6 章　基于杠杆理论的品牌生命力构建
		第五部分 对外整合	第 7 章　基于结构洞的关键资源对旅游供应链渠道权力的影响 第 8 章　营销公关对品牌认同的影响
	品牌文化传播	第六部分 直入心智	第 9 章　基于文化融合与创新的品牌共鸣研究 第 10 章　基于社交媒体传播的品牌虚拟文化适应的影响
	品牌战略转型	第七部分 继续前行	第 11 章　从面向企业到面向消费者的转型 第 12 章　战略新产品开发
理论贡献		第八部分 授人以渔	第 13 章　领导品牌成长机理——基于 SPP 框架的双案例研究 第 14 章　结论

（二）　研究方法

（1）长期跟踪调研

长期跟踪调研是目前的前沿方法，在研究方面具有较大优势。与短期研究相比，长期调研能够纵观企业的持续发展变化，不仅能够更为全面地对战略问题进行阐述，还能够基于企业发展对所采用的营销战略/策略进行验证。

（2）案例研究

案例研究（Greswell，2012）是一种质性研究方法，随着时间的推移，研究者通过各种来源以及各种形式（访谈、观察、报告、文本、图片、音频、视频等等）的数据收集，进行深入而详尽的分析与判断，探索现实生活中的案例，并进行案例描述，报告案例主题（李亮等，2020；Creswell，2012）。本成果源于研究团队对案例企业——环意国际旅行社的跟踪研究，小微旅游企业品牌化运营过程是根植于组织情境的复杂现象，此类在情境丰富、难以量化的环境中解决"如何"的问题，更适合采用案例研究方法，可以有效揭示主要发现的意义及批判性反思。案例研究法是实证研究方法的一种，该方法最适合研究"怎么样""为什么"的问题。同时，针对所研究问题的特点，本研究第 13 章内容，采用双案例研究的方法。双案例研究方法是指在理论抽样原则的指引下，对两个案例进行对比和分析，以识别被分析案例单元的相似性和异质性，实现理论构建，这样所得到的理论比单案例研究所得到的理论更具普适性（Eisenhart，1989；Yin，2009，2014；毛基业、陈诚，2017；李亮等，2020）。通过多方面收集资料，将资料汇总进行分析。本研究在之前的案例研究理论和文献的基础上，初步构建出研究模型之后，进行了数据、理论和模型的三方校对，并得出最终结论。

　　本书利用 SPS（Structure，Pragmatic and Situational）案例研究方法，通过申请准入、现象概念化、初始数据收集、建立并完善理论视角、结构化访谈、数据筛选、理论—数据—模型校对和撰写案例研究报告八个研究步骤，确保案例研究的系统性与全面性（见图 1 - 3）。

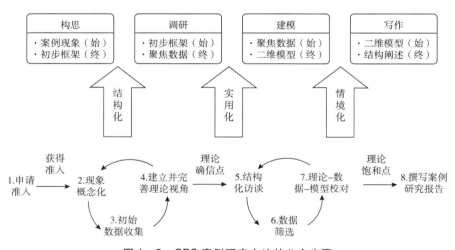

图 1 - 3　SPS 案例研究方法的八个步骤

资料来源：Pan，S. L. and Tan，Barney C. C.（2011），" Demystifying Case Research：A Structured-Pragmatic-Situational（SPS）Approach to Conducting Case Research". Information & Organization 21，161 - 176。

（3）深度访谈法

　　研究团队对案例企业进行了近 50 次的访谈，共形成了 100 余万字的访谈资料，保证了数据的翔实性，可以做到三角验证。

（4）数据来源

研究中一手资料的主要来源：①访谈：对环意的创始人张环女士以及对涉及研究问题的高管和各业务部门进行非结构化访谈或者半结构化访谈；②直接观察：对环意进行实地考察，观察环意的决策者、企业自身的状态和对利益相关者的影响；③直接参与：对环意进行多次实地考察和体验，参与环意每周晨会和部门会议。从 2011 年 3 月至 2019 年 12 月，到环意公司调研共计 14 次，跟踪调研环意的广州旅游博览会 1 次，跟踪环意在意大利大使馆举办的活动 1 次，跟踪环意新产品发布会 1 次，跟踪调研环意在北京举办推广活动 2 次，经过企业家面对面交流、电话、微信以及邮件等方式进行深度访谈共计 50 余次，积累了针对环意的品牌化发展问题达100 余万字的调研资料。二手资料的主要来源包括：杂志、网络、微信平台等的档案记录。

本研究在实地调研访谈以及研究报告撰写过程中，以面对面的访谈为主，电子邮件和电话交流为辅，对一些关键的问题进行交流互动和验证，以保持数据的真实性和可靠性。

五　创新

本书以品牌定位——品牌强化——品牌传播——品牌战略转型为逻辑，具有以下五个方面的创新。

（一）　创新性地明确了小微企业品牌定位的关键

通过以品牌领导者成立品牌的企业精神文化内核与思考品牌化作用机理的双重路径，基于新视角捕捉了小微企业在品牌建设过程中进行精准定位的关键要素。

（1）创新性地探讨了社会企业家精神对企业经营绩效的作用机理，引入将企业经营绩效作为社会企业家精神作用结果的研究视角，并通过将跟踪十年的小微企业——环意国际旅行社的品牌发展历程作为案例研究对象，构建了社会企业家精神与企业经营绩效作用机理的理论模型，该理论模型通过社会企业家精神的两种行为表现方式，即亲社会行为与利企业行为，揭示了社会企业家精神对企业经营绩效的关键路径与要素。运用案例研究方法，打开社会企业家精神对企业经营绩效的作用机理黑箱。

（2）通过将战略匹配和数字化赋能理论引入品牌化研究中，弥补了现有理论中内部品牌化实现机制、外部品牌化与内部品牌化互动机理的不足。分析出外部品牌化和内部品牌化之间的匹配过程是推动品牌定位内涵不断丰富和贯彻执行的内在机制，并从组织战略的角度，通过演示数字技术促进内部品牌的实现机制，强调了 B2B 品牌过程中技术—战略一致性的重要性；探讨了数字化对企业的不同重要程度——数字化是一个附加工作系统还是符合战略目标的重要价值链元素，可以采用不同的数字化赋能机制，以实现最优化运作，增强感知和响应能力，最终实现双元发展。

（二） 揭示了小微企业品牌强化的有效路径

通过深度剖析案例企业的服务流程的动态演化过程以及如何构建品牌生命力的问题，提出了小微企业可以通过服务流程优化和构建品牌生命力来强化品牌发展。与此同时，整合优化企业有限资源来获得渠道权力，并通过营销公关有效获取品牌认同。

（1）有效拓展了服务流程双元理论和品牌杠杆理论在品牌营销领域的应用。品牌内部运营的关键路径是在实现业务流程双元的同时，利用杠杆逻辑借助外部要素，实现资源的最优配置，永葆品牌活力。通过分析营销关键因素对输出业务流程双元的重要作用，揭示了利用资源与组织结构理论的运作逻辑的设计，服务型企业可以保证其业务流程双元性；基于杠杆理论，构建了品牌的"借力"与"使力"模型，并运用杠杆逻辑深入剖析了借力使力机制的内部作用机理，阐明了通过有限的品牌内部力量借助更多的品牌外部力量构建品牌生命力，从而使得企业尤其在资源限制情境下品牌达到平衡，实现资源的最优配置。

（2）阐明了品牌对外整合的过程黑箱，深化了资源依赖理论在品牌营销领域的应用。揭示企业通过结构洞的关键资源获得渠道权力的作用机理，处于旅游供应链上游的地接社，基于结构洞的关键资源与企业已有关键资源相结合，将加速旅游供应链中的渠道权力由下游向上游转移，帮助企业获得渠道控制权；通过构建营销公关对品牌认同的作用模型来探讨营销公关对品牌认同的影响机制，并打开了营销公关对品牌认同的作用过程黑箱，从而更好地促进品牌研究的理论发展与现实意义，推动企业通过资源优化来打造强大品牌。

（三）　探讨了小微企业进行有效品牌传播的方式策略

通过分析案例企业以文化融合与文化创新来实现品牌共鸣的过程机制，为其他小微企业的品牌传播策略提供参考。并有机地结合了社交媒体情境，剖析了如何提升国外游客的文化适应性问题，以提高品牌传播的效率与效果。

（1）探究了文化融合对品牌共鸣的作用机理，扩展了文化融合和文化创新理论。剖析了文化性新产品对品牌共鸣的作用机理，文化性新产品通过产品文化表述所传递的组织身份的相似性、独特性及声誉来吸引具有相似身份的消费者，达到品牌共鸣。

（2）研究了基于社交媒体传播的品牌虚拟文化适应的影响，构建了虚拟文化适应的理论框架，揭示了在旅游情境下社交媒体在虚拟文化适应过程中的作用，对企业管理者及其游客具有双重现实意义。

（四）　论证了小微企业进行品牌战略转型的有效路径

由于企业品牌战略发展的阶段性目标不同，往往需要根据品牌建设的实际需求进行战略性的转型与调整。

（1）基于文化库与认同理论，将文化库理论引入企业品牌战略转型研究，扩展了品牌发展战略理论。通过研究案例企业从面向企业到面向消费者的战略转型演化过程，充分利用文化库的相关理论，诠释了运用文化来成功实现品牌的战略转型。由于企业文化库的建立和扩展是一个长期动态的过程，该过程实际上是文化库中的文化资源与企业品牌发展战略相互匹配的过程。因此，论证企业文化库扩展有利于实现企业品牌运营战略转型。

（2）基于文化融合及文化创新并结合新产品开发，通过文化库与组织身份耦合不仅可以获得顾客认同，还可以逐步带动品牌从 B2B 品牌战略向 B2B2C 品牌战略转型，进而获得竞争优势，推动企业实现强大品牌目标。在线旅游打破了传统大型组团社对于游客市场的垄断，一方面游客倾向于越过中间环节直接与地接社联系，获得直接的旅游资源；另一方面地接社也借助新兴技术的发展，具备了与游客直接接触的能力。因而探讨企业的品牌战略转型具有现实意义。

（五）剖析了小微企业领导品牌的构建过程及其成长机理

创新性地探讨了基于资源依赖理论领导品牌的成长机理，首次引入资源依赖理论中的结构依赖以及过程依赖双重视角。在探讨领导品牌如何突破资源束缚的同时，将资源整合、资源重构以及资源获取和释放与动态能力的共同演化有机结合，共同推动形成打破资源依赖的有效路径，以此形成基于资源依赖理论的领导品牌成长机理。在此过程中研究在不同的品牌发展阶段，所叠加形成的利益相关者品牌认同的动态发展结果。突出强调了如何通过对现有企业内外部资源的探索与开发有效打破结构资源依赖与过程资源依赖，建构动态能力，以增强品牌的市场适应能力，以期撬动整个行业与市场，获取可持续竞争优势，使得企业在资源有限的前提下，也能够打造强大品牌，实现企业价值最大化目标。

第二部分
不忘初心

　　本部分主要是对品牌创始人张环女士从小的梦想和愿望的挖掘，以及对张环女士在管理企业时所提倡的一些观点进行分析，如"全力以赴做一个对身边人有用的人""二十年只做一件事：意大利旅游"等。

　　通过研究发现环意创始人张环女士是一位具有社会企业家精神的企业家，在企业运营过程中，本着"利他"的战略逻辑，不断为客户解决问题，为旅游行业的发展做出突出贡献，随之而来的也是客户以及其他利益相关者对于企业品牌的认同与支持，水到渠成地实现"利己"的结果。

　　在这个过程中，一方面是张环女士的个人企业家精神特质发挥着重要作用，另一方面张环女士充分展现了企业家具有哲学性的战略思维，使其创立的品牌在如此激烈的旅游市场竞争中占据重要位置，连续创造营销神话，成为行业内的品牌引领者。

第2章 社会企业家精神对企业经营绩效的作用机理[*]

一 引言

随着社会经济的快速发展，社会企业家和社会企业得到了社会媒体和社会公众的广泛关注。在传统的企业家精神概念中，企业家行为往往等同于经济合理性和效用最大化。但鉴于社会企业家精神的日益普及，其企业活动主要旨在改善他人的福利（例如，解决社会或环境问题），因而传统意义层面的理论已无法解释当前出现的企业家现象（Gruber & MacMillan，1993）。

社会企业家通常被视为以独特的企业家方式使用业务逻辑来改善被排斥、边缘化或遭受困难且本身无力改变这种状况的部分人群的状况的人或组织（Tina，Nicolai & Stefan，2019；Peredo & McLean，2006）。社会企业家通过从事创业活动，例如机会识别、开发与创新等活动，以创建"新企业或以创新方式管理现有组织"以实现其社会使命（Zahra et al.，2009）。而社会企业则强调实体混合组织的概念（Doherty et al.，2014）。Bacq 和 Alt（2018）认为同情心是区分社会企业家与传统企业家的关键特征，也是社会企业家意愿的先决条件。但关于社会企业家精神（Social Entrepreneurship，SE）的研究仍旧存在较大争议。

Choi 和 Majumdar（2014）提出 SE 是一个有争议的概念，阐明了 SE 产生多种含义的原因所在。Tina 等（2019）通过确定 SE 定义中的通用元素，来简化 SE 与区分相关现象以探究 SE 的通用概念。具体而言，SE 重点突出了创造社会价值与经济价值的核心特征（Pache & Santos，2013），

---

* 尚秦秦. 社会企业家精神对经营绩效的作用研究［D］. 西安工业大学学士学位论文，2016.

该特征使 SE 与其他部分重叠概念区分开来。尽管社会价值是 SE 形成与发展的关键驱动力量，但 SE 需要实现的经济价值也不容忽视。SE 不仅需要道德与社会激励措施加以补充，还需要寻求实现利润的空间（McMullen, 2011）。因而，社会企业家在从事企业经营活动的过程中，需要实现社会价值与经济价值的双重使命，而这可能会导致相互矛盾的战略逻辑并产生关系张力（Bacq et al., 2016），因此，需要通过运用综合思维来剖析研究问题的本质（Miller et al., 2012）。但是，关于 SE 实现经济价值与社会价值创造张力的逻辑理念尚未得到论证。

已有研究主要集中于探讨 SE 的概念界定以及维度划分问题，关注 SE 的前因结果研究（Grimes et al., 2013），而对于 SE 所进行的价值创造——经营绩效的作用机理缺乏研究。尤其是众多学者强调了 SE 创造经济价值与社会价值的双重使命的关键特征，但关于如何推动 SE 提升经营绩效，即实现经济价值与社会价值的关键路径以及关系研究尚缺乏。Miller 等（2012）深入剖析了 SE 产生的动机来源，指出需要探索关于 SE 的多种动机，明确了亲社会动机与自我动机可以共存，但二者的优先级顺序有待研究。关于二者的优先级顺序，有学者提出社会企业家应该平衡自我动机与亲社会动机；还有一些学者则认为社会企业家优先考虑亲社会动机而不是自我动机（Dees, 1998）。笔者认为，对于自我动机与亲社会动机的优先级顺序的研究，本质上是对于亲社会行为与利企业行为的排序，反映出了"利他"与"利己"的战略逻辑选择，应该回归到 SE 的本质属性进行探究。

基于此，本文试图揭示以下问题：剖析社会企业家精神对企业经营绩效的作用过程；阐明综合思维对于社会企业家精神创造经营绩效的必要性；探究社会企业家精神各要素之间的逻辑关系。为此，本研究以环意国际旅行社为例，从多个层面分析社会企业家精神如何运用综合思维协调不同战略逻辑与企业行为，从而实现企业经济价值与社会价值的双重使命，提升企业经营绩效，实现组织目标。

二 文献述评

（一）社会企业家精神

社会企业家（SE）的概念在 20 世纪 50 年代就已经出现。SE 是指试图通过利用基于市场的方法来解决社会问题，并寻求同时实现具有竞争性组织目标的过程，即经济价值与社会价值（Austin et al.，2006）。Mair 和 Marti（2006）分别研究了"社会"和"企业家精神"这两个术语，并将社会企业家精神定义为一个创新性地利用资源解决社会问题的过程。Pache 和 Santos（2013）认为 SE 不是专门关于创建市场机制、获得政府补贴或创建一个社会企业，它是关于使用一切有效的制度手段组合来制定有效和可持续的解决方案。社会企业家精神理论家提出，SE 是对于制度缺失的临时补充。Saebi 等（2019）就可持续发展在促进包容性增长和制度变革方面的作用为 SE 的理论研究提出了重要见解。已有相关研究论证了组织身份形成的一般过程，创始人、领导者和成员尝试用不同的组织角色描述"他们是谁"以及定义"他们做什么"的替代性社会影响策略（Cornelissen et al.，2020）。由于其亲社会动机，社会企业家进行干预以引入解决方案，这些解决方案可以使制度、社会和经济实现发展，而这些发展不是仅仅依靠财务激励就可以实现的。社会企业家通过他们的亲社会行为，向可能没有任何亲社会动机的竞争者展现如何通过服务于先前被边缘化和未被考虑的客户需求而获利（McMullen & Bergman，2017）。在亲社会动机的研究基础之上，SE 动机可能不仅受自我效能动机驱动，还受社会价值的公共动机驱动（Bacq & Alt，2018）。SE 文献的三个"主要支柱"是亲社会动机、创新和盈利（Newbert & Hill，2014）。社会企业家的一个典型特征就是对社会使命的热情，虽然 SE 的主要目标是提供社会福利，将寻求利润绩效作为次要目标，以提供对社会企业投资的激励，并促进社会企业的增长，即"混合型企业"；但是关于 SE 的动机研究主要集中在亲社会动机和行为基础之上，鲜有研究对社会企业家的利润要素进行探讨。

Ault 和 Joshua（2016）将制度视角应用于 SE 相关研究，探究了建立包容性市场的商业与非营利方法的相对有效性。从制度配置的角度出发，了解国家背景对 SE 的促进作用是必要的（Newbert & Hill，2014）。社会企业被定义为主动识别和解决其社区重要社会问题的个人或私人组织。组织和社会企业家为特定的问题和满足特殊人群的需要开发新的项目、服务和解决方案（Korosec & Berman，2006）。Sharir 和 Lerner（2006）认为，社会企业家是一个变革的推动者，在不受现有资源限制的情况下创造和维持社会价值。虽然 SE 文献中许多企业的使命是处理和解决明确的社会问题，但是企业只有通过经济活动产生收入才能进行可持续地发展，因此，企业的经济问题必须与社会问题取得平衡。在存在重大社会经济、文化或环境问题的领域，SE 更有可能产生和发展（Dacin et al.，2010）。York 等（2016）研究发现，环境企业家受到基于商业和生态逻辑的身份的激励，根据这两种身份类型之间耦合的强度和优先级，对商业或生态风险投资目标进行优先级排序，而基于身份耦合和目标，以包含排他或共同创建的方式与利益相关者联系。

笔者认为，创造社会价值与经济价值是对立统一的关系，需承认二者发展过程中的矛盾点，但不可否认的是，二者在社会问题的处理结果层面又具有统一性。因此，二者并非完全对立的关系，而是在矛盾对立过程中谋取良好发展，在统一中达到可持续发展状态。社会企业家精神在创造社会价值与经济价值的过程中，其内驱动力分别来源于亲社会行为与利企业行为，而社会企业家精神所创造的社会价值及经济价值的结合，即为社会企业家所产生的经营绩效。因此，对于社会企业家来说，其身兼重任，他们需要融合不同逻辑的关键要素，而这些要素恰好可能存在冲突矛盾点（Tracey et al.，2011）。但是随着不断地探讨，个人自我价值的实现、自我满足、情感需求等都可能成为社会企业家的动机，而其本质的出发点依旧处于"利我"的逻辑状态。笔者认为，社会企业家精神的驱动力来自"利我"与"利他"的统一，但是最终行动力的落脚点在于"利他"的初衷。

（二） 亲社会行为

Miller 等（2012）通过对同情心与亲社会动机进行研究，建立了三种机制（整合思维、亲社会成本效益分析和致力于减轻他人痛苦）的模型，将同情心转化为 SE，并确定了边界条件。有研究表明，由亲社会动机所促成的产出最大化行为，引发了一种心理上的权利感，即以受益人感激的形式获得社会情感投资回报（McMullen & Bergman，2017）。亲社会组织具有不同的道德目标，既包括寻求社会福利，也希望能够促进社会正义与平等。Goenka 和 Van（2019）论证了情感的道德领域与组织的道德目标之间的一致性对亲社会行为的作用发挥具有重要影响。领导者道德行为基础的价值观（例如，同情心、忠诚度）决定了出现的追随者行为的具体类型（Fehr et al.，2015）（例如，亲社会行为）。而 McDonnell 和 King（2013）

探讨了被消费者抵制的目标公司通过使用亲社会声明（组织对社会可接受的规范、信念和活动的承诺的表达）策略性地反应以维护其公众形象的程度。亲社会的主张是一种印象管理策略，旨在通过稀释抵制活动所吸引的负面媒体关注来保护目标公司。因而亲社会行为是企业形象管理的重要策略。

基于先前在经济学和心理学方面的研究，Gneezy 等（2012）认为亲社会行为是亲社会身份的信号，人们后续行为会符合这种自我感知。Ramara-jan 等（2017）探讨了亲社会认同如何与集体和个人认同相结合，以冲突和增强的方式影响组织环境中的亲社会行为。通过两个实地研究和两个实验，发现亲社会身份和集体身份之间的增强（一种聚焦增强配置）导致最高水平的亲社会行为。Choi 和 Winterich（2013）从理论上证明了道德认同超越亲社会行为影响市场判断（品牌态度和分类）。国家商业意识形态，包括变革型领导和利他主义与员工的亲社会价值观正相关。而员工的亲社会价值观有助于培养帮助、合作和志愿行为，从而提高公司绩效（Muethel et al.，2011）。随着"双重底线"的日益突出，亲社会行为不仅承认利润，而且承认社会福利是企业的目标。但是关于亲社会行为的现有研究主要集中于对非营利组织的探讨，缺乏深入剖析亲社会行为与动机对营利企业的重要意义。因而，对亲社会行为研究的持续关注与探讨是极为必要的（Grewal et al.，2020）。

（三）经营绩效

社会企业家精神所创造的经营绩效，主要包括社会绩效与经营绩效两个方面。阐明社会企业家精神如何基于战略高度平衡社会价值与经济价值之间的绩效转化问题具有现实意义。

社会价值是一个宽泛的概念，承载的是整个社会发展的原动力。社会本来就是一个庞大的生态圈，在这个生态圈中，不同领域通过利用整合社会资源，以实现资源使用的最大化目标，从而各自为社会创造提供价值，以促使社会呈现可持续发展状态。Sinkovics 等（2014）将社会价值创造定义为一项活动，可导致实现发展的三种共同重估价值中的任何一种，即维持生计、自尊和摆脱奴役的自由。Kenter 等（2015）认为"社会价值"一词也被以不同的方式使用。它可以引用的是某一社区或社会的文化价值观和规范，但也可以用来指公共利益、公共产品价值、"利他"的价值观和假装利他主义价值观、人们在社交场合的价值观、对福利的贡献或幸福的支付意愿（WTP）的一个群体，聚合 WTP 的个人，或者通过社会价值派生的过程（Kenter et al.，2015）。而有学者认为，社会价值关注的是我们如何为我们工作的社区做出积极贡献（Smith & Loosemore，2017）。Daniel 等（2013）将社会价值划分为社会、经济以及环境三个层面。而 Mulhol-land 等（2019）从创造社会价值与评估社会价值的视角，以英国两个核退役案例研究的经验教训探讨了社会价值的时空动态的二元结构。显然，我们主要探讨的是企业管理领域的社会价值概念，以期能够阐释清楚企业管理领域如何向社会创造提供价值的作用过程。著名战略学者迈克尔·波特（Michael E. Poter）在其重要著作《竞争论》中，阐述了"通过采用竞争的方式解决社会问题"的观点，提出了企业谋求自身利益与兼顾社会利益是一种双赢战略。因此对于企业管理领域，与社会价值相对的概念即为企业价值，社会价值的战略逻辑在于"利他"，而社会价值与企业价值的协同发展也是企业管理领域长期追求的目标。

在企业管理领域，对于商业型企业，经济价值一直是企业长期不懈追求的目标。恩格斯就曾明确指出："每一个社会的经济关系首先是作为利益表现出来。"因此，我们一定不能够忽视经济价值在社会价值实现过程中的重要地位。所谓的经济价值，是指主体在经济方面所肯定的东西，不仅仅是对人的物质需要的满足或对财富的积累和追求，如效益、利润、绩效等价值取向，更外延至人与社会在经济上的意义（陆庆平，2006）。但是由于资源局限性，经济价值早已经不再是衡量一个成功企业的单一指标。经济价值与社会价值的协同并最终回归到社会价值最大化目标，成为这个时代经济发展的重中之重。市场经济的运作本就不是依靠单个个体或者个体利益就可以创造出整个社会的经济价值。只能够是团体所创造的经济价值融汇在一起形成社会经济价值，与此同时，经济价值影响着经济利益的发展走向。由于经济价值的主导逻辑在于"利己"，倘若每个企业都是利己行为，在资源能力有限的情况下，势必会导致混乱局面。我们在此并非批判"利己"行为，只是"利己"行为也是"利他"行为的驱动力之一。它们之间相辅相成，共同创造经营绩效。

三　案例描述

（一）　建立新品类——单团地接社

2009 年秋天，意大利米斯特拉旅行社总部决定关闭其北京代表处，从中国的出境游市场退出，而在意大利米斯特拉旅行社工作了 11 年的中国首席代表张环女士面临是独自离开自己付出 11 年心血的行业还是带领自己的团队直面挑战的艰难抉择。张环女士没有选择逃避问题与放弃，而是毅然选择通过"新品牌，老团队"开创了"环意国际旅行社"，弥补米斯特拉退出中国市场造成的真空。

张环女士在定位专家的指导下基于中国市场的情况分析，将环意国际旅行社的业务定位于"意大利单团地接社"。首先，环意国际旅行社帮助组团社建立了"单团地接"的崭新认知，这是国内旅游行业前所未有的概念与业务。其次，伴随着中国旅游行业的发展以及经济发展水平的提高，旅游服务中散拼团的流水线作业无法满足客户的个性化旅行定制需求，而聚焦个性化定制的单团地接是对散拼团的完善与改良，二者区别在于提供的价值不同，客户群体不同，满足的客户需求不同。因此，这就使得"单团地接"具有存在的现实必要性。例如，曾经出现身家千万的游客被安排到散拼团里的事件，这导致他们内心对旅行的渴望与期许无法满足。最后，正是基于这样的现实问题，该类游客先展示了新的需求，他们需要量身定制的旅行服务与路线，单独成团，从而满足内心对个性化旅行的体验。而"环意国际旅行社"正是基于该类客户的需求，在国内旅游业中开创了一个全新的品类——"单团地接"。由此可见，环意国际旅行社的业务定位充分展示了环意在品牌定位上对于品牌发展的清晰认知，利用企业拥有的资源聚焦于"单团地接"业务与品牌的发展，从而使得环意作为资源优势并不明显的旅行社，却可以在旅游行业中开创一个新品类并彰显其品牌生命力，产生影响力。

所谓的"单团"，即为"单团地接"，是指来自同一个家庭、单位、系统或圈子的旅行者，单独组成的一个旅行团队。而环意国际旅行社聚焦于"意大利单团地接"业务的品牌发展，专注于为有个性化需求的该类客户提供赴意大利旅行的个性化旅行服务，从而满足该类客户内心对于个性化旅行的渴望，对艺术的心灵满足以及对美的追求。而与其相对的一般散拼团的区别在于：第一，单独成团，可以和自己所熟悉的圈子与家人一起旅行；第二，不受旅行社的限制，按照客户需求的时间出发与规划设计路线；第三，根据客户自身的经济预算为其量身定制个性化的旅行服务。

其实，张环女士通过长期观察发现，"全球有很多小型地接社，一直专注服务于有个性化定制需求的旅行团，长期以来精耕细作自己的业务，等待着中国旅游市场的成熟，等待中国旅游行业的人员对其业务的认可，等待着中国游客发现他们对于个性化定制服务的内心期许。"而就在很多旅行社考虑自己的生存问题，没有勇气放弃散拼团的业务时，环意国际旅行社率先做出主打"意大利单团地接"业务的大胆决策，采用品牌聚焦战略，使得单团地接社成为中国的"星星之火"，并不断地为"可以燎原"而努力着……

环意国际旅行社在国内开创了"单团地接"的新品类，一方面，在这个过程中，通过卓越的市场策略为客户提供价值，满足他们内心的渴求，解决其旅行的现实问题；另一方面，依靠自身在国内建立崭新的认知并获取认可，而随着投入产出，渐见成效，势必惠及逐渐出现的其他单团地接社。例如，张环女士会通过写一些文章来介绍单团、散拼团、单团地接社以及散拼团地接社的相关概念界定，阐述高端的散拼团与单团的区别以及单团是如何运营与向客户提供价值的。此外，环意国际旅行社通过自身努力，致力于服务细节与个性化服务体系的改进与完善，保证本公司的服务质量以及客户的满意度，也促进了国内专门接待单团的旅行社的发展，为其发展保驾护航（见表 2 - 1）。

表 2 - 1　建立单团地接新品类访谈资料

访谈对象	访谈内容
怀新欣（员工）	我们同事有走过散拼团什么的，那种就不太理想，包括我们自己出去玩，我们是坚决不会报一个散拼团的
张环女士	那对于单团地接社来讲，如果能不断优化各项服务细节，深度链接单团游客内心的渴望，做国内单团从业人员的幕后专家，为他们在单团圈地之战中保驾护航，那么单团地接社的价值一定会得到认可，单团地接社的生命力（迸发）也将会像春天一样势不可当

续表

访谈对象	访谈内容
张环女士	我们在建立一个新品类的过程当中，花了很多钱。实际上真正受益的不只有环意，就相当于我给自家地里浇水，我浇了挺多的水，这个水就漫到邻居家的地里了，他们也受惠了
张环女士	我现在开始写一些文章，因为我们创建了单团地接这个品类，我就开始写很多的文章，来讲什么叫单团，什么叫散拼团，什么叫单团地接社，什么叫散拼团地接社，高端的散拼团跟单团有什么区别，就是在一个新的领域里，为我们在说话
徐华（游客）	我相信如果客人出现问题的话，环意会比我们更着急，所以它肯定是把游客的利益放在第一位。我们那一次也是，我们那个刘老师把东西丢了，最后就给他找回来了，真的比我们还要在意自己的这种切身利益，比游客自己还要在意这些
王淑琴（游客）	因为它带给我美好的回忆和印象，如果还要去意大利的话，我首先想到的是它（环意）
秦伟光（游客）	觉得印象最深的还是导游，导游的素质很高。因为我前后去过三次（意大利），印象最深的可能就是去南部线的那个导游，他颠覆了我对导游的看法
李杨（员工）	它在某种程度上引领了旅游的潮流。虽然它暂时还看不到商业上所谓的那种成功。但是它绝对是比别人先走了两步，这一方面确实优秀

（二）服务规范化

新品类成功推广后，随着业务的推进，环意国际旅行社也遇到了各种各样的问题，例如组团社投诉其导游服务质量差、预订的酒店无法按时入住等。环意在总经理张环女士的带领下，基于诚信、简单的原则，对其服务细节进行规范，如表 2-2 所示。诚信是张环女士管理企业最基本的原则，她将诚信刻在了骨子里，做任何事情的第一要义是诚信，对游客要诚信，对客户要诚信，对政府要诚信，诚信体现在其工作和生活的方方面面。受张总的影响，其企业提供的服务也必须是诚信的，例如环意在旅游手册中表明会提供什么样的服务，游客就能享受到什么样的服务。简单也是环意国际旅行社遵守的十分重要的原则，简单可以使事情高效化完成，减少不必要的麻烦，例如环意国际旅行社为导游制定了行程手册，这一手册删除了供游客阅览的景点介绍，使导游能够快速明了其自身的工作。

表2-2　经营原则相关访谈资料

原则	访谈对象	访谈内容
诚信	张环女士	那我们在旅游册中写什么东西，就让游客体验什么东西，就是说让你体验本该体验的那个东西
	张环女士	品牌转换的时候，客户向我们咨询，所有的人说实话，不骗人，我们都在，你要的服务都有
	游客	我感觉他们诚信做得很好，服务也挺到位的，每到一个地方都能使顾客了解情况，随时随地都在关心旅客，因为旅客的行程需要，服务做得很到位
简单	业务总监	每个复杂的事情都简单化，都是用最简单的话说清楚了，让别人看起来也一目了然
	组团社	就是很简单，就是它们有专门说意大利语的操作人员，这点是最重要的，就是他会双语
	张环女士	我们一直把我们的定位通过一句话、一句简单易懂的话传播出去
	张环女士	对外部实际上我是喜欢简单，就一个点

　　本着这样的原则，环意不断从内外部对服务细节进行全方位的规范。在外部，环意对导游与客户进行了一系列的培训与宣传；在内部，环意对员工做了一系列的要求。

　　首先，环意对导游服务进行规范。由于导游是直接接触游客、提供服务的关键人员，导游的服务质量决定了游客的旅游体验和对环意的评价，因此环意十分注重导游的素质。环意在培训导游方面做了一系列的工作：（1）制定导游工作模板。环意在定位为单团地接之前，其总经理张环女士及其所带领的团队已经有了11年的意大利旅游服务工作经验，对旅行过程中可能出现的各种问题有了一定的应对体验。在此基础上，环意收集整理了各个环节可能出现的问题，建立了工作模板，包括两方面。一方面，制定防范问题出现的规定，例如环意规定导游必须提前到达机场，举接机牌，防止游客到达目的地后由于语言不通而不知所措，从服务的开端就让游客安心；环意还为导游提供简洁的行程模板，在行程表中取消了供游客阅览的景点介绍等等。另一方面，建立解决问题的表格，例如当游客临时改变行程时，需要填写自愿变更申请书，防止责任不明，企业承担不必要的损失。（2）与经验丰富的导游合作，培训新的导游。在与导游合作过程中，环意坚持用其企业价值观来规范约束导游，希望导游诚信、真心实意地为游客提供高质量的服务。相关访谈资料，如表2-3所示。

表2-3　对导游的培训相关访谈资料

访谈对象	访谈内容
张环女士	最重要的就是在导游这一关
张环女士	环意在这一方面最大的特点就是，重视对导游的培训和相关薪酬及奖励机制的建立，以确保一切变化都在预料中，从容面对
业务总监	我们找一些境外的培训机构，专门负责培训，找一些比较合适的培训，带导游上团，刚开始是要带他，之后就要自己慢慢独立带团
客户	另外我知道环意有一套自己对导游的专门培训系统，这套系统对我们来说是非常重要的

其次，环意对内部员工进行培训（见表2-4），方式有三种：（1）对员工进行培训。环意每年都会输送部分员工到意大利进行培训与考察，学习环意的单团地接业务流程，查看酒店与餐厅的状况，进行旅游现场体验。（2）要求每一位员工做到"更懂意大利"，做意大利的专家，培养员工对意大利真心实意地热爱，只有热爱才能发自内心地提供更好的服务。（3）建立标准化的业务处理流程。环意要求员工按流程工作，减少重复工作，确保工作的准确性。

表2-4　内部规范相关访谈资料

项目	访谈对象	访谈内容
员工培训	张环女士	我们是年年派各个部门出去考察，学习。一年大概有三批。今年第一批有我们的会奖单团部，有我们的总负责人，会奖单团部的几名人员，从西西里一直到罗马，一直到米兰去，一个一个酒店地看，一点一点地学习，一点一点地体验
	业务总监	我们部门还进了一个新人，他进来的时候接受了公司一些业务层面的基础培训，培训完了之后呢，在我们部门那边，我给他做了一些部门内部的培训
"更懂意大利"的企业文化	张环女士	更懂意大利就是拼命研究意大利
	业务总监	你啥事都要跟意大利扯上关系，不跟意大利扯上关系，你叫"不务正业"
建立服务流程及工作模板	业务总监	咱们需要明确，机票需要至少提前多长时间预订
	业务总监	然后用餐的价格表，如果需要的话可以发给游客

　　另外，环意对其客户进行培训，帮助 B 端客户解决专业问题，以期给游客提供更专业的服务。由于环意将自身定位为 B2B 企业，其客户为组团社，张总始终坚持一个理念，只有客户发展得好，自己才能发展。因为游客对于组团社来说大多是终身客户，游客一生可能要进行多次旅行，组团社可以提供多个目的地的旅游路线，组团社将游客交给环意来服务，若环意服务不到位，游客不满意，那么游客可能不会再信任组团社，组团社由此失去了这个客户，相当于环意也失去了这个客户，因此环意与组团社的利益息息相关。相应地，若组团社没有专业度，接待不好潜在目标顾客，那么环意也没有客户来源。在此基础上，环意为组团社提供专业的服务培训，如接触顾客后如何向其介绍单团，介绍单团如何提供服务等，具体访谈资料如表 2 - 5 所示。

表 2 - 5　对客户的培训相关访谈资料

访谈对象	访谈内容
张环女士	关键环意是怎么安排单团的，怎么为单团安排地接的
张环女士	我们现在为什么说没有营销，没有销售，我们的营销都变成培训了，我们跟他见面就是培训他：你怎么照顾好你的客户
张环女士	2013 年主要抓的就是入户培训，进入 B 的公司去培训
张环女士	现在我们就培训组团社，告诉他单团地接社服务对象来服务这类游客，他们可以单独成团，你告诉他可以量身定制了
业务总监	需要整合什么样的资源，需要怎么对客户进行培训和引导，包括我们自己怎么加强我们的基本功
张环女士	我们把 30 家、50 家旅行社请出来，请到意大利大使馆里面，我们和旅游局一起给他们做培训

　　最后，环意采取合规的市场服务战略（见表 2 - 6）。（1）环意取消了不合法但合理的司机兼导游（简称"司兼导"）的服务模式。由于"司兼导"模式减少了工作人员，在意大利很多旅行社采取该模式控制成本，然而一旦意大利警察拦车询问，司机要说车上是朋友，而不能说是游客，甚至需要游客也说类似的话，张环女士认为这不符合其诚信的企业文化，另外将司机与导游分离，也减少了危险发生的可能，在细节上达到合法合规。（2）诚实地纳税，不弄虚作假。张环女士主张进行诚信纳税，在财务上不要有水分，要如实向意大利政府提交经营额。

表2-6 合规化访谈相关资料

访谈对象	访谈内容
张环女士	司机兼导游的替代方案，就是 NCC 车型，意思是意大利有运营资质的小车
张环女士	我们受惠于意大利，我们要遵守意大利的纳税制度

　　环意规范服务细节的策略及战略，帮助其获得了成功。其赢得了客户的信任，得到了游客的好评。业务量增多，营业额已增至成立初始的数倍，在同行业内成为领军企业，各旅游企业吸收其理念，模仿其做法，希望能够复制环意的成功。此外，当今旅游行业乱象频出，如导游逼迫游客购物、不合理低价团等现象严重降低了游客的旅游体验，侵害了游客的合法权益，扰乱了旅游市场秩序，破坏了旅游服务业在大众心目中的形象。环意对服务质量的高要求以及诚信的做法，使得其利益相关者对于旅游行业产生敬畏之心，极大地提高了行业的人文素质标准，无疑为旅游服务业注入了一针强心剂，我们期待在未来，旅游服务能够在环意的影响下，帮助游客获得高质量的旅游体验。

（三） 行业标杆

　　环意国际旅行社通过近二十年的努力成为行业的品牌冠军，其在专注自身发展的同时，通过不断完善企业运营机制，在旅游行业市场中逐渐拥有一定的话语权。尤其是在其建立的新品类"意大利单团地接"领域，环意不仅开创了一个旅游新品类，而且在行业内建立了单团地接的新概念并进行传播。而环意作为专注于意大利单团地接的旅游品牌，一步一步地发展壮大，建立单团地接的行业标准与规则，致力于为客户提供极致的服务，其发展历程及运营的智慧，使其在旅游行业内起到示范与带动作用。作为一个只有40来人的旅游行业的小微企业，能够充分调动企业可利用资源，极大地发挥员工以及其他利益相关者的主观能动性，在旅游行业内成为标杆，确属难能可贵。例如，张环女士通过撰写单团地接的相关文章，向大家介绍了什么是单团，什么叫散拼团，什么叫单团地接社，什么叫散拼团地接社，以及高端的散拼团跟单团有什么区别，而单团是如何进行运营与提供服务的（见表2-7）。这就是环意国际旅行社在一个新的领域里，传播企业经营的理念，而环意的成功，必然会在行业内吸引新的竞争者加入，但是作为开创者，环意拥有更大的话语权，能够引导单团地接服务的行业规则与标准向着好的方向发展与前进。

环意作为专注于意大利单团地接业务的旅行社，它通过致力于极致的服务，以细节个性化服务体系，为国内专门接待单团的旅行社保驾护航。其在发展过程中，充分考虑到利益相关者的利益，让利益相关者有利可图，这便是环意存在的价值。在这个过程中，环意不仅通过企业实践，引导旅游行业走上合规的道路，使其服务更加体系化、规范化。而环意国际旅行社对于员工的管理，人岗匹配的策略以及对于员工的尊重，都对其他企业具有积极的指导作用。因此，引导整个行业树立正确的价值观，从企业服务层面、员工层面以及行业层面，起到了积极的示范效应，做出了一定的贡献与努力。

表 2 - 7　示范效应访谈相关资料

访谈对象	访谈内容
张环女士	如果把散拼地接社提供的车加酒服务模式做成流水线，可以大规模生产的话，那么就把单团地接社比作手工艺人，不能以团量论英雄，更能体会到单团地接社密集型服务所体现的价值，对国内单团从业人员起到支持和带动作用
张环女士	如果说在企业中把合适的人放在合适的岗位上，会减少管理成本的话，那么把适合的团交给匹配的地接社，至少可以大大降低沟通成本，让旅游从业人员的生活、工作更加有序化，更加受到尊重

环意作为一个旅游行业品类及其新品牌的开创者，专注于打造企业品牌与服务质量。环意能够成为行业内的品牌冠军与行业标杆，且一步一步地、稳扎稳打地发展壮大，势必具有其独特的发展眼光与经营智慧。而在该过程中，环意的成功便会吸引其他企业主动去学习借鉴其发展策略，而环意作为一家具有社会企业家精神的企业的理念，定然能够影响更多的企业向好发展。因此，环意作为行业内的标杆企业，其发展成功致使其能够自带示范效应，从而更好地为行业引入积极的正能量，使得旅游行业的发展越来越好。

四　案例分析

通过对环意国际旅行社的案例研究，来探索社会企业家精神对企业经营绩效的作用机理。通过相关资料的收集与整理，形成了对环意案例的初步认知，制定了案例分析框架。研究社会企业家精神的前提是其企业创始人具备社会企业家精神。因此，本研究通过对环意创始人张环女士的特质以及其创办企业的初衷进行分析，探索社会企业家精神对经营绩效的作用机理。

笔者通过对环意国际旅行社的长期追踪与调查研究，发现环意国际旅行社的创始人张环女士身上呈现出明显的社会企业家的精神气质与胸怀。笔者认为环意国际旅行社的战略思维，本质上是与社会企业家的概念相符的。

首先，环意国际旅行社是一个运用"利他"的战略逻辑，通过定义单团地接新品类来实现行业创新的企业。在旅游行业中，推出旅行产品并实现组团一般是由组团社完成的，因为组团社才是直接面对游客的环节。环意作为一家地接社，其探索单团地接新品类的过程正是"利他"战略逻辑的体现。

环意的创始人敏锐地发现，仅仅通过传统的旅游产品形式（如散拼团的旅行方式）无法实现自身的可持续发展。尽管如此，在其推出单团地接新品类时，环意并非单纯从自身收益出发，而是从各利益相关者的角度出发进行决策。比如，环意从意大利政府的角度出发，总是在合适的时机对意大利文化与旅游资源进行宣传，受到了意大利旅游官方机构的认可，为中国企业带去良好声誉的同时，也树立了中方地接社的崭新形象；从组团社角度考虑，单团地接新品类的推出，实际上拓展了组团社为游客提供的服务，能够帮助组团社多元化自身的产品构成；从与环意对接的旅游服务供应商而言，单团地接新品类的推出为当地带来更多的优质游客；从游客的角度考虑，为了满足中国游客对个性化旅行的渴求，环意愿意利用自身资源去为游客定制旅行路线；秉承着为自身员工的考虑，最大限度地发挥环意员工的业务优势，为其职业成长提供更大的空间。

如果单团地接新品类成功运营，将是一个多赢的局面。但是，从旅游行业来看，环意当时还是一个业务规模较小的地接社，推出新品类实际上对自身运营风险是比较高的，一方面环意必须在业务、人员、资金等方面加大投入；另一方面如果规模更大的同行挤占该市场，那么环意将面临创新失败的风险。不过环意在其他企业尚未意识到单团地接新品类对旅游行业发展价值的时候，仍然坚决地甚至是执意地进行品类创新。这是需要环意的创始人拥有巨大的勇气的。这种勇气和选择的时机，本质上就是社会企业家精神的集中体现。环意将自身定义为单团地接品类的领导者，并非实现自身发展这么简单，而是为中国游客出境游提供创新服务、为所处行业探索重新配置资源和发展机会的企业家创新行为。

因此，社会企业家并不局限于慈善事业，也可以将这种"利他"的思维运用到企业的其他利益相关者，让大家都能够从运营的企业中获取利益，实现价值，而这也恰恰证明了社会企业家的高门槛以及拥有社会企业家精神的企业家的难能可贵与高瞻远瞩。

其次，真正的社会企业家需要寻求社会价值与经济价值的平衡点。一个企业的经济利益本就不是只涉及其自身，势必会牵涉其他利益相关者。因此，仅仅通过牺牲经济价值，实现所谓的社会价值的看法具有现实的不合理性。以环意国际旅行社为例，环意作为单团地接的国际旅行社，涉及股东、客户、酒店、车行、餐厅、意大利政府等多个利益相关者，如果环意让多个利益相关者在与环意国际旅行社的接触以及合作中，实现经济价值与自我价值，那么环意国际旅行社自身的经济价值与社会价值便会在这个过程中自然实现。"利他"不仅像慈善组织那样去帮助他人，而且要像环意国际旅行社一样，为自己的员工努力提供一个实现自我价值的平台，让客户需求得以满足，让导游能在与环意合作时感受到尊重，让供应商获取应有的利润等，这些都是环意国际旅行社"利他"主导战略逻辑的重要表现，也充分说明环意国际旅行社很好地实现了社会价值与经济价值的统一。在这个过程中，环意国际旅行社能够积攒更多的能量，不仅为企业的品牌奠定了坚实的基础，而且通过成为品牌标杆，建立示范效应，促使旅游行业朝着更好的方向发展。

最后，环意国际旅行社通过融入充满智慧的哲学思维，开辟了一条具有鲜明特色的品牌发展之路。环意国际旅行社在品牌发展的不同阶段，始终坚持着"利他"的主导逻辑思维，辅之以"利己"的逻辑思维，运用亲社会行为与利企业行为，将二者融会贯通，贯彻社会价值与经济价值协同发展的经营绩效指标。通过长期研究发现，环意国际旅行社的创始人张环女士，从未忘记自己创办环意国际旅行社的初心，一路不畏困难与挑战，以身作则，用自己的实际行为来诠释作为一个社会企业家的精神魅力与力量，并得到各个利益相关者的认同与支持。

社会企业家精神是在企业发展过程中以亲社会行为与利企业行为作为内驱动力，将创造经济价值与社会价值有效结合。而在此过程中，所产生的经济价值与社会价值即为在社会企业家精神引领下所产生的经营绩效。由此可以看出，经营绩效是社会企业家精神作用的结果。我们希望通过构建社会企业家精神对经营绩效的作用机理模型（见图2-1），打开社会企业家精神对企业经营绩效的作用过程黑箱。

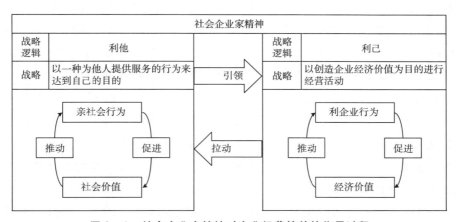

图2-1 社会企业家精神对企业经营绩效的作用过程

（一） 社会企业家精神对社会价值的作用机制

社会企业家精神通过亲社会行为作为驱动力产生和提供社会价值，在企业发展过程中自愿为其他利益相关者的收益做出贡献与努力。亲社会行为其本质是一种"利他"的战略逻辑，社会企业家将以为他人提供服务的行为来实现自我的"利他"目标作为战略指导，促进企业在运营过程中产生社会价值，例如，利益相关者对企业的认同与支持。而这种社会价值的获取与积累，会推动社会企业家亲社会行为的进一步发展，从而回归到"利他"的主导战略逻辑，实现社会价值最大化。而该过程在环意国际旅行社的发展中，最能体现的一点便是，通过社会企业家精神的行为方式与战略逻辑，环意成为利益相关者认同型企业，在资金以及各项资源都很匮乏的现实条件下，作为小微企业依旧可以从行业市场中脱颖而出。

从案例研究中我们发现社会价值中涉及的主要概念共有四个：亲社会行为、促进、推动、利他。接下来，本文对以上四个概念进行逐一界定。

1. 亲社会行为

早在 1972 年，Weisberg 创造性地提出了亲社会行为（prosocial behavior）这一概念来指代与反社会行为相对立的行为，例如捐款、分享以及自我牺牲等；尽管这些行为所表现出的行为方式以及情境背景有所不同，但是本质上目的一致，即"利他"倾向，希望他人与社会受益。目前心理学领域主要从行为动机与行为结果两个角度进行界定。从行为动机角度来看，有研究者认为亲社会行为是在内外部动机作用之下产生的，例如为了名誉、获得奖励或逃避惩罚等，迫于压力才会行使亲社会行为（Ryan & Connell，1989）。有学者认为个体的亲社会行为是自主实施的，行为动力则源自个体内部的道德价值观，而非为了获得奖赏或者避免处罚；而从行为结果角度来看，绝大多数学者认为亲社会行为能够给他人以及社会带来益处。美国《心理学百科全书》指出，亲社会行为是指对于行为的实施者来说无明显利益，但是对于行为接受者具有一定益处的行为。"亲社会行为"主要指人们在社会交往中表现出的友好积极的行为，其特点是使他人乃至整个群体获益，并能促成交往双方的和谐关系，从本质上说，这种行为反映了自我与他人的关系，反映了个人与社会或群体的关系，对人类的生存适应和社会的发展具有积极作用（寇彧、张庆鹏，2006）。

本研究中的亲社会行为是指亲社会身份的信号，使得企业后续的产品与服务会为消费者提供符合这种信号的自我感知。例如，环意国际旅行社通过发掘客户的个性化定制需求，帮助该类客户解决他们在散拼团中无法满足内心对旅行的期许问题，从而创立了"意大利单团地接"的新品类，如对意大利文化的学习，对艺术的欣赏，对美的追求。此外，环意本着诚信及简单的原则，对其服务系统中的细节进行全方位把控，从而提升了整个行业的人文素质标准，践行了社会主义核心价值观，引领了行业创造与传递社会价值的正确方向。

2. 促进

"促进"是指价值的实施方对受益方提供了合作机会，受益方积极地回应了这种合作，直接导致价值的提高。在"利他"的战略逻辑指导下，也就是说亲社会行为是原因，社会价值是结果，原因促进结果的形成，即亲社会行为促进了社会价值的发展。环意国际旅行社在发展历程中，不仅着眼于自身的利益诉求，也非常看重各个利益相关者的利益，并且在企业的战略抉择上，考虑他人利益是亲社会行为的具体表现方式，而通过该方式获得各个利益相关者对企业的认同与支持，是环意亲社会行为产生社会价值的表现之一，从而证明了亲社会行为必然对企业的社会价值起到一定的促进作用。例如，环意国际旅行社在推行新品类的过程中，也遇到了各种问题，如组团社投诉其导游服务质量差以及预订酒店无法按时入住等，而环意之所以可以解决这些问题并得到客户的理解及认同，是因为张环女士在面对问题时本着为客户着想的初衷，坚守企业的经营原则，切实做到企业内外部的合法性与合规性，敢于承担社会企业责任，引领完善旅游行业经营环境，采用基于诚信、简单原则的社会企业家精神，从而解决客户的问题，解决企业品牌发展的问题，从本行业中脱颖而出。

3. 推动

"推动"是指受益方接受了实施方的合作，通过一定的经营活动来配合。当实施方感到利他的行为方式导致他们的利益增加时，这种感觉会进一步推动他们实行亲社会行为。环意在"利他"过程中，势必会因为给他人创造提供了价值而获得回馈，从而实现共赢局面，共同发展。环意国际旅行社通过与意大利政府和意大利旅游局等政府机构合作，帮助意大利政府解决他们在工作中面临的问题，同时也推动了企业自身发展，并且提高了环意国际旅行社的公信力。因此，在环意国际旅行社采取"亲社会行为"的同时，其产生的社会价值会使环意国际旅行社更加蓬勃向上地发展，而企业积极成长的态势也会使环意国际旅行社更加坚定企业战略方向，从而实现良性循环。例如，环意国际旅行社通过在服务中对客户需求的准确把握与提供价值，更好地为顾客设计和提供产品与服务，进而满足顾客对旅游的精神层面需求。正是由于环意全心全意地为顾客考虑，因而才能够获得顾客对环意的品牌认同，才能够提升环意品牌在行业内的社会影响力。

4. 利他

自从生物学家 Richard 等（1976）使用演化博弈理论（Evolutionary Game）来解释大自然的生态现象，这一演化博弈过程就引起了经济学家的广泛关注，于是他们也开始运用演化博弈的相关理论与思想来分析经济中行为的产生过程与机制。"利他"行为被越来越多地纳入经济研究的相关分析之中，甚至成为研究众多经济现象的一个必要路径。但是在企业管理领域，对于"利他"行为的相关研究起步较晚，而从营销学的角度来探讨"利他"的行为动机与经济学的"利他"的表现方式既有区别又有联系。管理学领域，"利他"行为的具体表现可以是企业为客户提供高质量产品、提供更优质的服务等，从而更好地满足客户的需求，方便客户的生活，提高其生活质量，帮助他们解决生活难题等。而笔者认为"利他"行为是指满足他人需求的过程。也就是说，想要实现社会价值，实施方必须付出努力，通过感知行为的受益方的需求，积极自愿做出满足其需求的行为，使受益方的认同度增加。比如环意取消"司机兼导游"的模式，推动企业内外部合法化与合规化，积极为用户解决问题以及提供解决方案，建立服务流程以及工作模板，积极为其员工提供培训的机会，这一系列行为不仅为员工提供了学习平台，帮助他们实现自我价值，而且能够更好地为客户服务，帮助客户简化问题与解决问题。环意在其新品类建设过程中，由于是开创者，必然会通过自身各项资源的投入，来获得更好的发展，并惠及其他的单团地接社，带来培育新市场的机会。而且张环女士为了更好地传递品牌价值，建立了"更懂意大利"的企业文化，并且以身作则，倡导"平凡的人也能拥有卓越的人生"以及"全心全意做一个对身边的人有用的人"等思想，都是"利他"思想的典型代表。

（二） 社会企业家精神对经济价值的作用机制

社会企业家精神通过利企业行为作为驱动力生产和提供经济价值，在企业经营活动中会表现出积极的逐利诉求及行为，从而使得在满足自己的需求前提下满足他人的需求。利企业行为其本质是一种"利己"的战略逻辑，社会企业家将以创造企业经济流入为目的来实现经营活动的"利己"目标作为战略指导，促使企业在运营过程中产生经济价值，例如，利润、身份地位等。而这种经济价值的获取与积累，需要建立在资源利用价值最大化的前提之下，避免有限资源的浪费和盲目追求利润财富最大化；而经济价值，则会推动社会企业家利企业行为的进一步发展，从而由"利己"的主导战略逻辑逐步转化为高境界的"利他"的主导战略逻辑，最终实现社会价值最大化。企业所承担的社会责任与其所追求经济利益往往是一种对立统一的关系，一方面，企业只有实现了其经济价值，增强了自身的获利能力，才能有更雄厚的财力进行社会责任投资，为社会价值的实现打下雄厚的物质基础，为全社会创造更多的价值（肖婷 & 苏亚民，2010）；另一方面，企业只有实现了其经济价值才有可能更好地解决就业、纳税和促进经济发展，而这些也是对社会做出的贡献。在发展过程中，环意国际旅行社战略思维既包含"利他"的战略思想，也存在"利己"的动机取向，即企业产生与创造经营绩效，也即经济价值，而经济价值的产生是为企业实现其社会价值提供物质基础与保障。

同样，从案例研究中我们发现经济价值中涉及的主要概念共有四个：利企业行为、促进、推动、利己，下文对以上四个概念进行逐一界定。

1. 利企业行为

"利企业行为"从企业管理的角度来讲，是企业对于其经济价值的追求，也就是指企业在经营活动中表现出积极求利的行为，其特点是使企业获利，并能在满足自己需求的同时满足他人的需求。对于环意国际旅行社而言，"利企业行为"的主体对象包含环意国际旅行社与其他利益相关者。对于环意国际旅行社来讲，旅行社的本质依旧是企业，因此追求经济利益是它本身所承载的价值与使命，关键在于其发展是否盲目追求经济利益，企业需要寻求发展的平衡点；对于环意国际旅行社的其他利益相关者来讲，在环意国际旅行社采取"利他"行为之后，为了维持这种长久目标一致性的关系，作为对环意国际旅行社的回馈，其他利益相关者自发产生"利企业行为"，从而达到双赢的效果。

2. 促进

"促进"的概念界定。如果说利企业行为是因，经济价值是果，那么利企业行为促进了经济价值的提高。企业通过采取"利企业行为"的方法策略，以一定比例的成本投入，获得经济价值回馈，如获得更高的利润或者盈利能力与负债能力，而这些都是高经济价值的典型代表。而环意国际旅行社为利益相关者获得更为优质的旅游产品与服务投入一定的成本，最终会转化为经济价值来支撑企业后续的品牌成长与发展。例如，环意通过采用员工培训以及学习，为客户提供更高价值的服务，在此过程中，必然会促进经济价值的提升，如企业的财务利润指标表现较同行业其他小微企业来说相对理想等。

3. 推动

"利企业行为"促进环意国际旅行社产生经济价值，如良好的盈利能力等，由于企业本质上都是带有逐利属性的，因此经济价值产生会使得环意国际旅行社更加坚定实施"利企业行为"。例如，环意通过制定一系列的服务流程，使品牌的服务流程规范化、服务个性化，在此过程中产生的客户满意、客户忠诚以及利润，都会促使环意坚定"利企业"的行为方式，满足其品牌发展的经济价值需求。

4. 利己

自利是中国传统法家对人性的看法，法家认为"自利"不是"自私"，而是趋利避害或"为为"的意思。纵观整个人类发展历史，对利益的追求与向往是人类的普遍心态。亚当·斯密就曾在《道德情操论》中，通过对古希腊斯多葛学派进行深入的研究与探讨论证了个人利己的合理性和正当性。亚当·斯密就曾提出："像斯多葛学派的学者常说的那样，每一个人首先以及主要关心的是他自己。无论从哪一个方面，每个人当然比他人更适宜以及更能关心自己。"而哈奇森则认为，在人类的本能之中，除了自私地追求个人的幸福情感外，还有趋于追求社会公共利益的无私的爱。而笔者认为"利己"是指满足自己本身需求的过程。也就是说，企业想要实现经济价值的增加，就必须付出行动，比如资源整合、创新设计等经营活动，通过积极的经营活动提高企业的业务量、企业价值等，同时提升企业的经营效果。比如环意为了提高企业的经济价值，就需要积极配合其合作旅行社，获取大量的业务，通过业务量的增加提升企业的经济流入，从而使企业的绩效改善。例如，环意不论是建立新品类，还是在后续发展过程中对品牌服务流程优化与完善，不但解决社会问题还获得企业品牌的长足发展。

（三） 社会企业家精神对企业经营绩效的作用机制

社会企业家精神通过利企业行为与亲社会行为作为内驱动力，创造社会价值与经济价值，促使社会价值与经济价值协同发展，而协同的本质就是打破资源（人、财、物、信息、流程）之间的各种壁垒和边界，使它们为共同的目标而进行协调的运作，通过对各种资源最大的开发、利用和增值充分达成一致的目标（肖婷、苏亚民，2010），从而实现社会价值最大化的战略性目标。由此产生的经营绩效划分为社会价值与经济价值,但在社会企业家精神的加持下,社会价值引领着经济价值的发展,控制其实现经济价值最大化的方法策略,以防止出现违背经济发展初衷的结果,保证不会偏离经济价值发展的方向;而经济价值反过来会拉动社会价值的发展,为社会价值的实现提供物质基础,以保证社会价值实现。由此可见,若社会价值为阳,经济价值为阴,二者互为融合,即社会价值中有经济价值,经济价值中包含社会价值,对立统一,不可分割。环意国际旅行社在发展过程中充分考虑其多个利益相关者的利益,融合"利他"才有可能更好地"利己"的哲学思想,认为只有选择先"利他","利己"就会水到渠成,而企业打造强大品牌的战略目标也更有可能。尤其是对于环意国际旅行社为代表的小微企业,在面临资源限制的情况下,如何吸引更强大的能量,来帮助企业实现自身的经营绩效目标就显得尤为重要。

五 结论与讨论

(一) 理论贡献与实践意义

本研究的理论贡献主要包括以下几方面。

第一,创新性地探讨了社会企业家精神对企业经营绩效的作用机理,首次将企业经营绩效作为社会企业家精神作用结果的研究视角,并将跟踪十年的小微企业环意国际旅行社的品牌发展历程作为案例研究对象,运用案例研究方法,打开社会企业家精神对企业经营绩效的作用机理黑箱,由于目前相关研究大多尚未利用综合思考全面分析社会企业家精神对企业经营绩效作用及影响的两面性,因此该研究在一定程度上丰富了社会企业家精神以及经营绩效的相关文献研究,填补了社会企业家精神的研究视角的空白,具有一定的理论贡献价值。

第二,在探讨社会企业家精神对企业经营绩效的作用机理的同时,对社会企业家精神、社会价值以及经济价值等概念及其关系进行了梳理与界定。创新性地将亲社会行为与利企业行为作为社会企业家精神的表现行为方式,二者共同作用于企业经营绩效的两个有效衡量指标,即社会价值与经济价值,以此阐释社会企业家精神对企业经营绩效的作用机理。

在此过程中引入"利己"与"利他"的战略逻辑，研究在不同的价值导向下，所产生的不同经营绩效的结果。强调了社会价值与经济价值作为两个衡量经济绩效的指标，并非完全对立的关系，更多的是一种对立统一关系，而聚焦品牌的发展唯有在二者之间寻求发展的平衡点，才能撬动整个行业与市场，获取可持续竞争优势，使得小微企业在资源有限的前提下，也能够打造强大品牌，实现企业价值最大化目标。

第三，构建了社会企业家精神对企业经营绩效作用机理的理论模型，该理论模型通过社会企业家精神的两种行为表现方式，即亲社会行为与利企业行为，揭示了社会企业家精神对企业经营绩效作用的关键路径与要素。亲社会行为与利企业行为在企业品牌发展过程中能够分别有效促进社会价值与经济价值的形成，而社会价值与经济价值分别为衡量企业经营绩效的两大有效指标。在该过程中以"利他"为战略逻辑的社会价值引领以"利己"为战略逻辑的经济价值，而经济价值对社会价值具有反推力，二者相辅相成、不可分割。

本研究的实践意义主要包括以下方面。

第一，本研究通过该理论模型阐明了社会价值与经济价值、"利己"与"利他"战略逻辑以及社会企业家精神与企业经营绩效的对立统一哲学关系。一个伟大的社会企业家所经营的企业必然具备经济价值与社会价值双重价值，二者在两种对立统一的战略逻辑指导下，缺一不可。与此同时，对于资源力量相对薄弱的小微企业，只有在"利他"战略逻辑下，才有可能实现"众人拾柴火焰高"；比如环意即与其利益相关者，达到共同持续发展的企业目标，因此对于小微企业的品牌发展路径具有现实指导意义。

第二，阐明了社会企业家精神对企业经营绩效的作用机理。运用对立统一的哲学思想，强调了社会企业家精神与经营绩效二者本质上存在的内在统一关系，依旧承认二者存在短期的发展目标矛盾，但从可持续发展的长期目标来看，若企业能够把控发展方向的适度平衡，则在其资源能力有限的情况下仍旧可以获取和聚焦更为强大的品牌能量，从而拥有可持续竞争优势及能力，而小微企业在残酷的市场竞争中占据一席之地的同时，还获得品牌不断成长与发展的机会；没有控制好发展的平衡容易导致企业品牌发展逐渐走向畸形发展，违背企业品牌创造发展的初衷，从而最终为市场所淘汰。因此，本研究从社会企业家精神与企业经营绩效的角度，分析其对于小微企业的品牌发展之路所承载的现实意义，并为小微企业未来的发展指明了方向。

（二）　研究局限与展望

（1）本研究通过案例研究方法揭示了社会企业家精神对企业经营绩效的作用机理，但是由于选择目标企业类型的局限性，本研究结果适用于旅游行业，不能明确完全适用于其他行业，因此后续研究具有企业类型细分的必要性，将不同行业进行参照对比，以期本研究得出的结论更具有普适性。

（2）本研究对社会企业家精神与企业经营绩效的关系进行了探讨，虽然对理论和实践研究都有一定意义，但受限于主观与客观的原因，有待后续研究进一步完善与改进。

（3）未来学者们可以从以下两个方面开展相关研究：首先，社会企业家精神对企业经营绩效的作用机理在不同的企业背景下产生不同的结果；其次，社会企业家精神对企业经营绩效的作用影响因不同企业类别所产生的效果差异。

参考文献

Austin J. , Stevenson H. , Wei-Skillern J. Social and Commercial Entrepreneurship: Same, Different, or Both?[J] . *Entrepreneurship Theory and Practice*, 2006, 30(1): 1 – 22.

Ault, Joshua K. , An Institutional Perspective on the Social Outcome of Entrepreneurship: Commercial Microfinance and Inclusive Markets[J] . *Journal of International Business Studies*, 2016, 47(8): 951 – 967.

Bacq S. , Hartog C. , Hoogendoorn B. , Beyond the Moral Portrayal of Social Entrepreneurs: An Empirical Approach to Who They are and What Drives them[J] . *Journal of Business Ethics*, 2016, 133(4): 703 – 718.

Battilana J. , Sengul M. , Pache A. C. , et al. , Harnessing Productive Tensions in Hybrid Organizations: The Case of Work Integration Social Enterprises[J] . *Academy of Management Journal*, 2015, 58(6): 1658 – 1685.

Bacq S. , Alt E. , Feeling Capable and Valued: A Prosocial Perspective on the Link between

Empathy and Social Entrepreneurial Intentions[J]. *Journal of Business Venturing*, 2018, 33(3): 333 – 350.

Choi W. J., Winterich K. P., Can Brands Move in from the Outside? How Moral Identity Enhances Out-Group Brand Attitudes[J]. *Journal of Marketing*, 2013, 77(2): 96 – 111.

Cardon M. S., Wincent J, Singh J., et al., The Nature and Experience of Entrepreneurial Passion[J]. *Academy of Management Review*, 2009, 34(3): 511 – 532.

Cornelissen J. P., Akemu O., Jonkman J. G. F., et al., Building Character: The Formation of A Hybrid Organizational Identity in A Social Enterprise[J]. *Journal of Management Studies*, 2020, 58(5): 1294 – 1330.

Choi N., Majumdar S., Social Entrepreneurship as An Essentially Contested Concept: Opening A New Avenue for Systematic Future Research[J]. *Journal of Business Venturing*, 2014, 29(3): 363 – 376.

Douglas E., Prentice C., Innovation and Profit Motivations for Social Entrepreneurship: A Fuzzy-set Analysis[J]. *Journal of Business Research*, 2019, 99: 69 – 79.

Denny-Smith G., Loosemore M., Assessing the Impact of Australia's Indigenous Procurement Policy Using Strain Theory[C]//Proceedings of the 33rd Annual ARCOM Conference, 4 – 6 September 2017. Cambridge, UK: Association of Researchers in Construction Management, 2017: 652 – 661.

Dees J. G., The Meaning of "Social Entrepreneurship" [J]. *Corporate Governance International Journal of Business in Society*, 1998(5): 95 – 104.

Doherty B., Haugh H., Lyon F., Social Enterprises as Hybrid Organizations: A Review and Research Agenda [J]. *International Journal of Management Reviews*, 2014, 16 (4): 417 – 436.

Fehr R., Yam K. C., Dang C., Moralized Leadership: The Construction and Consequences of Ethical Leader Perceptions[J]. *Academy of Management Review*, 2015, 40(2): 182 – 209.

Grewal R., Gupta S., Hamilton R., The Journal of Marketing Research Today: Spanning the Domains of Marketing Scholarship[J]. *Journal of Marketing Research*. 2020; 57(6): 985 – 998. doi: 10. 1177/0022243720965237.

Goenka S., Van Osselaer S. M. J., Charities can Increase the Effectiveness of Donation Appeals by Using a Morally Congruent Positive Emotion[J]. *Journal of Consumer Research*, 2019, 46(4): 774 – 790.

Gruber M., MacMillan I. C., Entrepreneurial Behavior: A Reconceptualization and Extension based on Identity Theory[J]. *Strategic Entrepreneurship Journal*, 2017, 11(3): 271 – 286.

Grimes M. G. , McMullen J. S. , Vogus T. J. , et al. , Studying the Origins of Social Entrepreneurship: Compassion and the Role of Embedded Agency[J] . *Academy of Management Review*, 2013, 38(3) : 460 – 463.

Gneezy A. , Imas A. , Brown A. , et al. , Paying to Be Nice: Consistency and Costly Prosocial Behavior[J] . *Management Science*, 2012, 58(1) : 179 – 187.

Korosec R. L. , Berman E. M. , Municipal Support for Social Entrepreneurship[J] . *Public Administration Review*, 2006, 66(3) : 448 – 462.

Kenter J. O. , O'Brien L. , Hockley N. , et al. , What are Shared and Social Values of Ecosystems?[J] . *Ecological Economics*, 2015, 111(3) : 86 – 99.

Miller T. L. , Grimes M. G. , Mcmullen J. S. , et al. , Venturing for Others with Heart and Head: How Compassion Encourages Social Entrepreneurship[J] . *The Academy of Management Review*, 2012, 37(4) : 616 – 640.

Muethel M. , Hoegl M. , Parboteeah K. P. , National Business Ideology and Employees' Prosocial Values[J] . *Journal of International Business Studies*, 2011, 42(2) : 183 – 201.

Mair J. , Marti I. , Social Entrepreneurship Research: A Source of Explanation, Prediction, and Delight[J] . *Journal of World Business*, 2006, 41(1) : 36 – 44.

Mulholland C. , Ejohwomu O. A. , Chan P. W. , Spatial-temporal Dynamics of Social Value: Lessons Learnt from Two UK Nuclear Decommissioning Case Studies[J] . *Journal of Cleaner Production*, 2019, 237: 117677.

McMullen J. S. , Delineating the Domain of Entrepreneurship Development: A Market-based Approach to Facilitating Inclusive Economic Growth[J] . *Entrepreneurship Theory and Practice*, 2011, 35(1) : 185 – 215.

McDonnell M. H. , King B. , Keeping up Appearances: Reputational Threat and Impression Management after Social Movement Boycotts[J] . *Administrative Science Quarterly*, 2013, 58(3) : 387 – 419.

McMullen J. S. , Bergman Jr B. J. , Social Entrepreneurship and the Development Paradox of Prosocial Motivation: A Cautionary Tale[J] . *Strategic Entrepreneurship Journal*, 2017, 11(3) : 243 – 270.

Newbert S. L. , Hill R. P. , Setting the Stage for Paradigm Development: A "small-tent" Approach to Social Entrepreneurship [J] . *Journal of Social Entrepreneurship*, 2014, 5 (3) : 243 – 269.

Peredo A. M. , McLean M. , Social Entrepreneurship: A Critical Review of the Concept[J] . *Journal of World Business*, 2006, 41(1) : 56 – 65.

Pache A. C. , Santos F. , Inside the Hybrid Organization: Selective Coupling as A Response to Competing Institutional Logics[J] . *Journal Academy of Management*, 2013, 56(4) : 972 – 1001.

Ramarajan L. , Berger I. E. , Greenspan I. , Multiple Identity Configurations: The Benefits of Focused Enhancement for Prosocial Behavior[J] . *Organization Science*, 2017, 28(3) : 495 – 513.

Ryan R. M. , Connell J. P. , Perceived Locus of Causality and Internalization: Examining Reasons for Acting in Two Domains[J] . Journal of Personality and Social Psychology, 1989, 57 (5) : 749 – 761.

Sinkovics N. , Sinkovics R. R. , Yamin M. , The Role of Social Value Creation in Business Model Formulation at the Bottom of the Pyramid-implications for MNEs?[J] . *International Business Review*, 2014, 23(4) : 692 – 707.

Stephan U. , Uhlaner L. M. , Stride C. , Institutions and Social Entrepreneurship: The Role of Institutional Voids, Institutional Support, and Institutional Configurations[J] . *Journal of International Business Studies*, 2015, 46(3) : 308 – 331.

Saebi T. , Foss N. J. , Linder S. , Social Entrepreneurship Research: Past Achievements and Future Promises[J] . *Journal of Management*, 2019, 45(1) : 70 – 95.

Sharir M. , Lerner M. , Gauging the Success of Social Ventures Initiated by Individual Social Entrepreneurs[J] . *Journal of World Business*, 2006, 41(1) : 6 – 20.

Tina Saebi, Nicolai J. , Foss, Stefan Linder. Social Entrepreneurship Research: Past Achievements and Future Promises[J] . *Journal of Management*, 2019, 45(1) : 70 – 95.

York J. G. , O'Neil I. , Sarasvathy S. D. , Exploring Environmental Entrepreneurship: Identity Coupling, Venture Goals, and Stakeholder Incentives[J] . *Journal of Management Studies*, 2016, 53(5) : 695 – 737.

Zahra S. A. , Gedajlovic E. , Neubaum D. O. , et al. , A Typology of Social Entrepreneurs: Motives, Search Processes and Ethical Challenges[J] . *Journal of Business Venturing*, 2009, 24 (5) : 519 – 532.

陆庆平. 以企业价值最大化为导向的企业绩效评价体系——基于利益相关者理论 [J]. 会计研究, 2006 (3).

寇彧, 张庆鹏. 青少年亲社会行为的概念表征研究 [J]. 社会学研究, 2006 (5).

迈克尔·波特. 《竞争论》[M]. 中信出版社, 2003.

肖婷, 苏亚民. 企业财务管理目标新探: 企业价值与社会价值协同 [J]. 财会通讯, 2010 (2).

第三部分
精准定位

在第二部分详述环意品牌创立初心的基础上，本部分为"精准定位"，主要是从战略匹配视角搭建环意的内外部品牌化作用机理的理论框架，打开数字化赋能及其对品牌内部化作用的黑箱。

首先研究基于战略匹配视角的企业品牌化作用机理。第一，内外部品牌化不同的匹配战略会促使企业的品牌化进入不同发展阶段：外部环境主导的品牌战略匹配促使企业进入品牌导入期，组织主导的品牌战略匹配促使企业进入品牌知晓期，组织内外部环境主导的均衡战略匹配促使企业进入品牌知名期。第二，外部品牌化的逻辑是"反者道之动"，通过传播／反馈实现管理层与客户之间对企业品牌定位的沟通；内部品牌化的逻辑是"弱者道之用"，通过践行／控制实现管理层与员工之间对品牌定位的贯彻执行。第三，企业通过内、外部品牌化之间的引领／推动作用实现品牌化发展的螺旋式上升。

其次研究新兴市场背景下数字化赋能技术在B2B品牌化建设过程的不同阶段如何帮助企业实现品牌内化。第一，数字化技术作为企业资源通过技术—战略之间的匹配转化为企业能力。第二，确定了数字实现技术在不同开发阶段促进内部品牌的三种主要方式：初步数字化、系统升级和数字化整合，分别促进企业成为制度适应者、品牌建设者和品牌引领者。第三，证明品牌内部化实践中的数字化赋能机制是在数字化整合程度和空间视角两个维度共同作用的基础上形成的。

本部分不仅为企业的品牌建设提供一个系统化的研究视角和经验性支持框架，同时也为理解品牌内部化背景下数字技术及其实践者的相互关系提供了更多重要参考。

第 3 章　基于战略匹配视角的企业品牌化作用机理[*]

一　引言

　　创立品牌的根本目的在于将产品、服务与竞争对手相区别，让产品在市场中与众不同，并为购买者所认知。品牌化则是赋予产品和服务一种品牌所具有的能力，并使其按照更有价值和意义的方式进行升华。品牌化可分为外部品牌化和内部品牌化两个方面，外部品牌化即品牌定位，内部品牌化即品牌定位的贯彻执行。品牌成功的关键不仅在于有成功的品牌定位，更重要的在于企业各业务部门之间的配合，从而能够向消费者传递品牌形象并感知品牌价值。品牌定位只有与企业各层面的活动衔接起来才有意义，即实现各要素、各活动之间的协调，才能完成品牌化的全部过程。只有建立企业内外部品牌化的战略匹配，才能真正使企业获得持续的获利能力（Porter，1981）。那么，在资源约束条件下，企业在品牌化发展的不同阶段，其外部品牌化与内部品牌化之间如何分配企业资源以及两者之间是什么关系，值得深入研究。

　　本研究基于战略匹配的理论视角，以意大利环意国际旅行社品牌化的历程为研究对象，采用单案例的研究方法，探讨企业品牌化的不同阶段，企业外部品牌化和内部品牌化的特点及相互统一的逻辑关系。试图探讨以下问题：（1）企业在品牌化的不同阶段中内、外部品牌化的特征有何不同？（2）企业如何使内、外部品牌化之间相互匹配来共同促进品牌化全过程？

　　* 李纯青，张海丽，马军平，李松玲. 基于战略匹配视角的企业品牌化作用机理研究——以意大利环意国际旅行社为例 [J]. 管理案例研究与评论，2015，8（3）：269－283.

二 文献述评

（一） 战略匹配理论

企业战略与企业外部环境、企业资源、能力的匹配一直以来都是战略管理理论研究中的核心问题（Venkatraman，1984）。战略匹配（Strategic Fit）的观点，最早由 Porter（1981）提出，Porter 认为建立在经营领域选择基础上的竞争优势容易被复制，应当建立一个为其所选择的经营领域而实现各项活动间相互协调的机制，这个机制即称为匹配。Venkatraman（1989）将寻找外部环境的需求与企业内部管理系统之间的匹配性或适应性作为企业战略选择的目的之一。企业可以根据战略与企业所处环境或组织权变要素之间的匹配、适合或一致来判断企业战略的适当性（Miles & Snow，1984）。

Porter 认为，企业的战略匹配主要包括三个层面：第一层面的匹配是保持企业各项运营活动或各职能部门目标与总体战略之间的简单一致性；第二层面的匹配是企业各项活动间的匹配；第三层面的匹配是投入最优化，即要实现企业内部生产效率与内部环境的相互协调。其中，第三层面的匹配更难模仿，获得的优势更强。

根据战略匹配对象和程度的不同，战略匹配理论分为以下三个方面。

第一，外部环境主导的战略匹配。其中包括研究战略制定与外部环境、企业战略类型与外部环境（Mintzberg，1973）、企业竞争战略与外部环境（Miles & Snow，1978；Hambriek，1983）之间的匹配关系，并进一步研究这种匹配关系对企业绩效的影响。这种外部环境主导的战略匹配已经延伸到企业间关系（Smith et al.，1995）或战略联盟间的匹配。

第二，组织主导的战略匹配。在该匹配类型中，企业处于战略制定的主导地位，外部环境仅起到有限作用。其中的资源基础理论就认为组织战略制定的焦点必须从外部环境转移到企业内部独特的资源和能力，企业资源与能力会引导企业的经营战略方向（Grant，1991）。一些学者着重研究了企业的组织结构与竞争战略之间的兼容性（Chandler，1962；Child，1972；Galbraith & Nathanson，1978）。Bergeron 等（2004）研究发现，竞争战略、组织结构、IT 战略、IT 结构这四个内部要素之间的不匹配会带来企业的低绩效。

第三，组织内外部环境主导的均衡战略匹配。在该匹配类型中，组织内部资源和能力以及外部环境均处于主导地位，两者之间的匹配衍生出企业战略。Zajac 等（2000）在其研究中就指出，企业的高绩效必须实现企业战略、外部环境、组织因素这三者之间的动态匹配。

匹配理论是解决战略管理的基本问题、实现战略落地的有效方式，也是企业建立持续的竞争优势的手段。因此，匹配理论同样适用品牌战略管理。这为本研究提供了很好的切入点，本研究的研究重心正是在于探讨中小企业内外部各相关者如何协调对外实现品牌定位战略，同时企业内部如何贯彻品牌定位，并且在资源约束的前提下，如何平衡这两者的关系。

（二）品牌化

品牌化是指给产品或者服务赋予品牌的力量。营销者通过营销方案和其他活动来为品牌提供动力，通过赋予产品名称以及其他用以识别的元素告诉消费者这个产品是"谁"，它是干什么的，以及消费者为什么应该关注它。产品或服务完成品牌化会经历一个品牌从出生、成长到成熟的过程（Kotler，2003）。现有研究表明，从顾客视角出发，外部品牌化即品牌定位，品牌属于顾客的一种感知，企业需要了解消费者的品牌联想及品牌态度等，从而有效进行品牌定位；从企业运营视角出发，内部品牌化即品牌定位的贯彻执行，主要研究如何创建及管理品牌，强调服务企业内部品牌化管理，其中员工的内部品牌化管理尤为重要。

1. 外部品牌化

19 世纪 60 年代，Ogilvy 等最早提出和应用了"定位"这一词，并对定位的出发点和需要解决的基本问题进行了初步的探索（Ogilvy，1963）。1972 年，Trout 等提出"定位来源于产品"。在 Trout 等的广告定位理论和 Porter 的企业战略定位理论之间，营销主流学派提出了营销战略定位的理论（Kotler，1989），该理论以实现顾客价值和顾客满意为营销的目标，顾客的利益无可争议地成为定位的内容。Tracy 等提出了产品领先、经营出色（运营效率高）、服务亲和这三个方面的定位差异化（Tracy，1994）。

1996 年，Trout 等将"消费者请注意"的定位观转变为"请注意消费者"，提出了重新定位的问题，他们仍然坚持传播定位。随着时间的推移，品牌顾客需求的变化、竞争对手的行为或者其他营销环境的变化会导致品牌的重新定位（Keller，1998）。Trout 等首次提出了定位的六个步骤（Trout，2002），但这只是一个传播定位管理的过程，而不是一个营销战略定位的过程。Kotler 提出营销战略定位的过程，他认为"一系列营销活动都是以 STP（Segmentation，Targeting，Positioning）为基础的"（Kotler，2003）。定位地图的发明是营销定位理论一个重要的贡献（李飞，2006），它把顾客对企业和竞争者品牌的认知情况通过定位地图的方式表现出来，企业可以一目了然地发现目标顾客最为关注的营销组合要素和自身的品牌优势。

本章通过对品牌定位的内在逻辑进行梳理，试图从中国传统文化对企业发展潜移默化的影响情境下，探索关于品牌定位的内在逻辑。

2. 内部品牌化

品牌定位固然十分重要，然而营销者必须考虑到企业品牌定位应与企业的愿景和核心价值观相适应。员工对品牌定位的评价是很重要的，品牌定位可以帮助利益相关者认识到品牌能为他们做什么（De Chernatony，1999）。因此，品牌定位在内部品牌化中的贯彻执行与外部品牌化同等重要。特别是服务型企业，所有员工对品牌定位及时而深刻的理解是至关重要的。因此，一些学者开始从内部品牌化的角度研究品牌定位（King & Grace，2009；Punjaisri & Wilson，2007）。内部品牌化的研究从以下三个方面展开。

第一，强调内部品牌化的重要性，特别是服务企业内部品牌化的重要性。品牌定位是一种承诺，顾客对于服务的满意取决于品牌承诺贯彻到组织系统和员工行为当中。内部品牌化是指有助于员工了解品牌并受到品牌激励的活动与过程（Maklan & Knox，2000）。李飞提出了钻石定位图，并强调企业还需要有一个与定位战略有关的业务流程来保障（李飞，2008）。同时也有学者认为应当根据不同国家的消费文化制定不同的品牌定位（Aaker，1997）。当员工的行为与品牌定位相一致时，品牌绩效会增加（Sirianni et al.，2013）。服务品牌强调顾客对服务的体验，但是对于服务企业而言，最重要和最困难的恰恰是确保顾客品牌体验的一致性（De

Chernatony，2006），因此，服务企业一旦建立了积极的品牌形象，其主要任务就是确保内、外部品牌化的一致性（Berry，2000）。

第二，从品牌识别的角度分析内部品牌化与外部品牌化的逻辑关系。Kapfer 构建了品牌识别六棱柱模型，其中将品牌外形、反映、关系归为外部视角，将个性、文化和自我形象归为内部视角，而两者统一在同一个品牌识别中（Kapfer，2004）。De Chernatony（2010）提出的品牌识别包括品牌愿景、文化、定位、个性、关系和展示六个方面，其中展示、定位属于外部视角，愿景、文化、个性属于内部视角，而关系则涵盖了内外部两种视角。可见，不论是顾客的视角还是员工的视角，都来源于对同一个品牌的理解，因此二者不但不矛盾，而且存在很强的内在一致性。

第三，强调内部品牌化是外部品牌化成功的前提。Bansal 在其构建的内部营销和外部营销结合的模型中，认为内部品牌化可以促进外部品牌化；他认为内部营销活动提升了员工满意度与忠诚度，这会直接影响员工对外服务的质量，最终直接影响顾客的满意度与忠诚度（Bansal，2001）。同时，因果链理论、战略管理理论以及卓越组织文化理论都可以从不同角度解释内部品牌化是外部品牌化的重要基础。

本章通过对内部品牌化的内在逻辑进行梳理，尤其是在中国文化影响的情境下，阐释企业内、外部品牌化相互统一的内在逻辑。

三　案例描述

意大利环意国际旅行社（Vogliad'Italia Tours. r. l），于 2009 年在罗马成立，专注于为单独成团前往意大利并需要量身定制旅行方案的中国高端游客安排意大利的地面接待，其中国服务团队的合法载体是意大利环意（北京）国际旅行社，该服务团队 1998～2009 年，一直使用意大利米斯特拉国际旅行品牌。

2009 年，当意大利米斯特拉旅行社退出中国市场时，米斯特拉当时的中国首席代表张环女士及其团队决定结合团队自身的特点，明确并强化"单团地接"这个定位，启用新品牌"环意"，从此开启新的发展里程。环意品牌化发展阶段的关键事件如图 3 - 1 所示。根据环意内部品牌化和外部品牌化发生的关键事件以及品牌定位内涵的关键节点，本研究将意大利环

品牌导入期			品牌知晓期				品牌知名期		
2009~2011年			2011~2012年				2013~2014年		
2009年之前定位欧洲商旅专家，随着欧洲签证的开放，米斯特拉没有跟进，以致陷入困境，竞争力弱	2009年米斯特拉退出中国市场，和米斯特拉延续合作以及与竞争对手A合作协商无果后，张环女士决定创建新品牌	2010年制定了品牌定位战略，只从事单团地接业务，不接待散拼团，同时进行网络改版和部门的划分，创建新品牌	2011年在业内知名杂志阐述单团地接内涵，员工赴意大利培训学习	2011年被旅行社和榜中榜评为最佳接待社，获得了新老顾客的好评	2012年跟马尔凯大区政府全面启动中国市场推广计划，采购了酒店资源	2012年与意大利商会加深合作	2013年意大利旅游局和环意共同开展中国巡回推介会	2013年确定境外可控服务是单团的独特之处，改版网站，同时用ERP系统提升内部运营效率	2014年通过意大利艺术之旅新产品的开发和上线，对外传播意大利单团地接品牌形象、对内强化内部品牌化

图 3-1 环意品牌化发展阶段的关键事件

意国际旅行社的案例描述分为三个阶段：品牌导入期、品牌知晓期以及品牌知名期。每一个阶段环意在外部品牌化和内部品牌化中的侧重工作有所不同。

（一） 品牌导入期 （2009～2011 年）

由于向米斯特拉和竞争对手寻求品牌合作无果，同时面临运营、团队和市场等多方面压力，公司创建了新的品牌。

在创建新品牌的过程中，通过对环意管理层和业务部门主管有关创建初期情况的访谈摘录（见表 3－1），回顾在米斯特拉 11 年的业务开展情况，张环发现自己团队的目标客户并不是游客数量最大的散拼团，反而是对旅游产品有特殊要求的客人。环意的管理层请来了定位专家为他们梳理本企业在顾客心目中的认知——接待的大多是单独成团去意大利旅游的团组、比较诚信、有点贵（适合定制化）。于是他们提炼出了"意大利单团地接"这一概念。在和定位专家的充分讨论下，公司决定环意这个品牌只做意大利单团地接，不接散拼团，只做 B2B，不做 B2C（Business to Customer）。公司对"环意"品牌的定位是"协助中国旅行社为其需要量身定制的单团提供意大利地接服务"。其核心价值是"创造个性化的旅行体验"。

表3-1 对环意管理层和业务层有关品牌创建之初情况的访谈摘录（1）

访谈对象	访谈内容
张环女士	2009年开始，我们整个管理层就意识到，品牌认知的建设，一定要充分利用互联网24小时不间断传播的属性
副总经理	公司刚改名叫"环意"的时候，我作为对外事务的主管有一项特别的工作，就是给许多旅游杂志写文章，这些文章的主题只有一个：什么是单团地接。希望更多的游客至少能了解单团地接与原来那种散拼团的区别，如果他们都不知道有什么区别，那我们企业的定位就无从说起了。当然，这些文章每次都是张总亲自修改的
助理Susan	那个时候（2009年）挺难的，我们利用所有的机会，比如说行业内的一些活动，向一些可能的潜在客户宣传我们自己，我们希望对外传递的是"我们了解你们的客户，我们会帮助你们留住这些客户"的信息。那时候我们参加活动都是穿着统一的玫瑰红色的工作服，不过大家都觉得还挺好看的

在进行市场定位的同时，环意的管理层也考虑到为了支撑其定位，在企业内部也做了一些相应的调整和改进（见表3-2）。

表3-2 对环意管理层和业务层有关品牌创建之初情况的访谈摘录（2）

访谈对象	访谈内容
副总经理	2009年一开始，我们沿用了以前米斯特拉时期比较熟悉的一些业务，结合我们的品牌定位，当时公司主要有四个业务部门：展会单团部，会奖单团部，旅游单团部，公商务单团部，其他的部门都是为这四个部门服务的。但是具体的组织结构其实没有现在划分得这么清晰
会奖单团部总监	从2009年成立会奖单团部开始，我就一直在这个部门。那个时候不知道这个部门会不会长久存在，工作就是完成手中的单子，没有一种长远发展的感觉，不像现在感觉公司的组织结构还比较稳定

（二）品牌知晓期（2011～2012年）

尽管在品牌定位阶段，环意的品牌定位得到了同行的认可，业务也得到了大幅度的提升。但品牌定位效应带来的业务量提升逐渐趋于平缓。"顾客十个团询价，最后只成交3个。"这个对环意来说还是一个打击。张环女士这个时候意识到她根本没有分析到顾客有更深层次的需求，一时之间环意进入发展停滞阶段，找不到突破口。

环意经过一段时间的调研和思考发现：目前真正的竞争对手并不是

意大利 A 国际旅行社，而是擅长接待散拼团的大型欧洲地接社。因为手握单团地接社品牌的中国旅行社的思考逻辑是选择规模更大的欧洲地接社以满足其安全感的需求。因此环意明晰境外服务的可控性是品牌定位的新内涵（见表 3 - 3）。

表 3 - 3　关于环意品牌的访谈摘录（1）

访谈对象	访谈内容
Show Daily 评价环意	感慨他们如此善于提炼顾客的需求，感慨他们为满足需求所做的细微又精心的设计
张环女士	目前（2010 年）最重要的不是意大利单团地接社之间的竞争，而是单团和散拼团的竞争，如果单团增多了，每家地接社的业务量都会相应增加
助理 Susan	2011 年的主题词是：实相，环意对服务的理解是：服务的灵魂是真诚，服务的目标是创造体验

2012 年 4 月 18～20 日环意作为唯一一家"单团地接社"展商亮相在北京举办的 COTTM（China Outbound Travel & Tourism Market）。环意以重视细节和满足个性化需求的服务著称，得到了参会商家的认可。同时环意发现只有更好地与旅游相关的政府机构形成联盟，共同推广不同于散拼团的旅行方式，才能站在行业制高点上发表言论：消费者采用单团定制这种方式前往意大利，能够收获深度的旅行体验。意大利旅游局、中国意大利商会（CICC）、意大利国家环境保护监控协会（ANSAC）、意中基金会、意大利使馆文化处 Ciao 都和环意展开过合作，从不同的角度来讨论不同于散拼团的旅行方式给游客带来的美好体验。

从 2011 年开始，环意定期组织环意的中国区旅行设计师前往意大利考察培训，与其专属导游互动学习，经过一次次的培训，他们懂得如何贴近游客的心并在旅行设计中为游客创造出更非凡的体验。环意认为：一个优秀的旅行设计师，对交易的成交环节至关重要。环意甚至赋予他们主动放弃业务的权力，特别是在旺季，当导游资源紧缺的时候，他们把客户的满意度放在首位，绝不会为了业绩，而冒着"失去客户好评"的风险来成团。2012 年，环意打破旅游行业盛行的低成本的司机兼导游的 9 座车的服务形式，实现司机和导游分开，用车合法化。这一举动增加了成本，使很多合作伙伴不理解，环意也因此失去很多业务，但是张环却说："企业应该首先做正确的事，再进一步完善，守正才能出奇。"但也正是培养自己的导游以及让境外用车合法化，使同业者慢慢体会到环意提出境外服务的可控性的意义，让环意在未来获益良多。

（三）品牌知名期（2013～2014 年）

从 2013 年开始，环意不仅对外继续借助高势能组织来宣传自己的品牌形象，同时对内也通过一系列的措施使品牌定位得到更好的贯彻执行。从 2013 年 10 月 1 日起实施的新《旅游法》，明确了导游私自营利模式的非法性。如果散拼团的市场销售价格提升，单团游客和参加散拼团游客实际消费差距会缩小，但是与散拼团相比，单团游客能赢得触动心灵的旅行，至此环意更加坚定了自身品牌定位方向（见表 3 - 4）。

表 3 - 4　关于环意品牌的访谈摘录（2）

访谈对象	访谈内容
会奖部总监张艳	康辉（旅行社）之所以选择了我们，而放弃了有 60 人在意大利工作的 A 公司，是因为我们对会议团的服务更有深度。除了报价外，我们把大会的议程、把各种各样的信息，用最专业的手法做了详细的 PPT，提供给康辉旅行社。这对于他们在竞标中获胜非常有帮助，所以我们赢就赢在专业的第一印象上。虽然我们在意大利同事少，可我们中国服务团队强，A 公司意大利员工虽然多，但服务中国市场的也只有 3 个人。同时 A 公司中国服务团的服务深度不够，他们相信价格低廉是关键，可单团的关键要素，价格并不是第一位，当地接社为了竞争获胜报出成本价时，客户更害怕
助理 Susan	环意从成立到现在，据我们统计，在旅行杂志上发表了 30 多篇文章，文章大部分是对单团地接这个新品类的推广，是通过服务标准不同来解析单团地接社和散拼地接社的区别，通过心理诉求的不同来解析单团游客和散拼游客的区别。从而使环意的目标客户——国内各大旅行社明确地认识到：单团的游客应该交给单团地接社才能获得可控的境外服务，才使人更放心

2013 年环意和意大利旅游局合作共同举办主题为"DISCOVER A NEW ITALY!"的中国巡回推介会。2014 年初，CCTV《空姐新发现》意大利之行在环意的协助下完成了拍摄。环意通过积极参与各种活动和项目，传递对意大利的深度理解和对旅游服务的热爱。

在对外宣传品牌形象的同时，环意也通过一系列措施将品牌定位在企业内部进行更好地传递（见表 3 - 5）。首先，2013 年初，环意开始培养其专属的导游团队，最大限度地保证了客户的满意度。同时还促成境外用车合法化以确保境外服务的可控性。其次，环意对内部也进行了大的改进，引进了 ERP 系统。最后，通过"环意·意大利艺术之旅"产品的开发和投入市场，将企业的外部品牌形象的传递和内部的品牌定位的理解实现融合。

表 3-5　关于环意品牌的访谈摘录（3）

访谈对象	访谈内容
张环女士	我们一开始引入的 ERP 系统，怎么说呢，应该是可以用的。但是就好比一间会议室，凳子没在地上而在桌子上，而白板呢又一直在地上，你要写东西只能蹲着很不舒服。后来我们花了很大的精力去改进 ERP，让它真正变得好用，需要什么随时可以看到。这样才能真正提高内部效率
旅行单团部总监 Cathy	在 7 月份，我们对 6 人游旅行网的旅行体验师做了一次针对"环意·意大利艺术之旅"的培训。环意产品研发团队专门为这次培训做了一个 100 多页的 PPT，6 晚 8 天的行程，被分解成了上百个细节：市中心的酒店哪些房间是新装修的？出租车如何打？下车后步行到景点需要多长时间？涉及的餐馆的特色菜是什么？用什么话术回答游客的问题……
副总辛春阳	公司提供干净整洁的办公环境，为员工提供来自意大利的咖啡，每天给公司饮具消毒，每周给会议室消毒，员工结婚时公司给予关注和红包，员工怀孕给予照顾，员工家有丧事公司给予慰问金，过年给员工的父母写汇报信并寄钱……每年给员工提供去意大利考察和学习的机会，来提高他们的专业度

四　案例分析

本章采用单案例研究方法。第一，分析企业在品牌化的不同阶段，内外部品牌化的特征有何不同？第二，企业是如何平衡外部品牌化与内部品牌化之间关系而共同促进品牌化的过程？研究目的在于揭示企业在有限资源中，组织的内部品牌化与外部品牌化之间的演变如何在其品牌化的过程中产生影响及两者之间的关联。案例研究主要用于回答"怎么样"这一类问题，该研究内容若用定量的方法进行研究可能是较为困难的，而从案例到理论的"分析性归纳"的原理可能更容易实现验证的效果（Yin，2009）。

值得说明的是，选择环意旅行社作为案例研究对象，原因有三：案例典型性，意大利环意国际旅行社（以下简称"环意"）已成为意大利单团地接市场上最具号召力的高端品牌，其报价通常高出行业平均水平 5% ~ 10%；获得了意大利商会颁发的"旅游金熊猫"奖，环意成为中国赴意大利单团地接服务的"龙头老大"；相比其他的企业，环意注重通过外部品牌化和内部品牌化的平衡来获得持续的竞争优势，并最终形成领导者品牌。2009 年至今，环意品牌化经历了变化明显的三个阶段，这三个阶段的特征、问题及后续发展都很有趣，历史数据比较完整。

企业内外部环境变化促使企业重视内、外部品牌化的共同发展，两者的不断匹配有利于品牌化的最终实现。如果它们同时进化达到匹配，则品牌化将达到最好的状态，这种状态下企业品牌将进入品牌知名阶段，即完成了品牌化的全部过程。基于现有文献和环意的案例，提出如下分析框架（见图 3 - 2）。

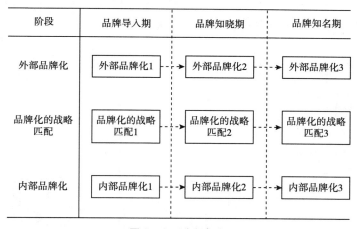

图 3 - 2　分析框架

（一）不同导向的品牌战略匹配对品牌化发展阶段的影响

1. 阶段一：外部环境主导的品牌战略匹配促使企业进入品牌导入期

企业品牌导入阶段，内部品牌化与外部品牌化的匹配对品牌化的作用模式如图 3 - 3 所示。创建品牌初期，由于生存的压力，企业面临是将有限的资源分配给让顾客了解品牌的外部品牌化还是分配给让员工接受新品牌的内部品牌化的矛盾。

　　对于外部品牌化，来自行业认同的杂志、组织和专家的背书，可以明显加强人们对品牌的感受和态度，起到四两拨千斤的作用，拉动销售增长（De Chernatony，1999）。管理层以竞争为导向，明确品牌定位，即给竞争对手贴上"散拼团"的标签，同时通过借助业内著名杂志、B2B见面会宣传自身的品牌定位。但是在品牌导入期，客户对品牌的认知只停留在文字上，认知比较弱，只有让他们真实体会到高价格给他们带来的好处才会提升其对品牌的认知。

　　与此同时，由于企业管理层更多地关注客户对品牌的感知，疏于对内部品牌定位的传递，即内部品牌化的过程相对较弱，服务创新也非常弱，更多地依赖于早期老品牌的资源。各业务部门这个时期对企业树立"单团地接"的定位理解不到位，从而也无法有效地贯彻执行品牌定位，更会因自身对品牌理解的欠缺而对客户的反应并不敏感。这一阶段的内、外部品牌化的特点是：管理层重外部品牌化轻内部品牌化；业务部门对外部品牌化的认知较弱，对内部品牌化的接受也很弱。

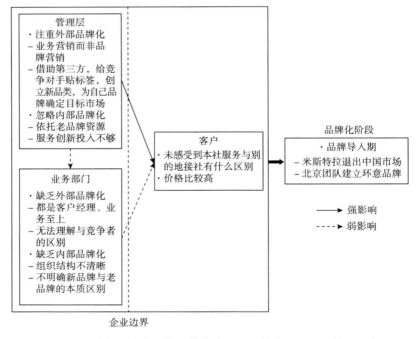

图3-3　外部环境主导的品牌战略匹配促使企业进入品牌导入期

2. 阶段二：组织主导的品牌战略匹配促使企业进入品牌知晓期

品牌知晓期，内部品牌化与外部品牌化的匹配对品牌化过程的作用模式如图 3 - 4 所示。在品牌导入期，企业已经认识到如果外部品牌化和内部品牌化不能均衡发展，较低的内部品牌化水平会严重阻碍外部品牌化的发展。为了解决这一问题，企业管理层进行组织结构重组，将企业分为业务部门和支撑部门，业务部门主要是对组团社进行营销和服务，而支撑部门主要协调游客在旅行过程当中需要的资源和遇到的问题。同时，企业通过与有影响力的企业及机构合作，采取制定业内服务标准的战略；为了提升一线员工的专业度，环意派员工去意大利体验学习，让他们成为名副其实的旅游定制设计师。此阶段内部品牌化效用就是让组织中每一个员工认清自己的角色：为组团社服务好他们的顾客，让他们对环意放心。这种为组

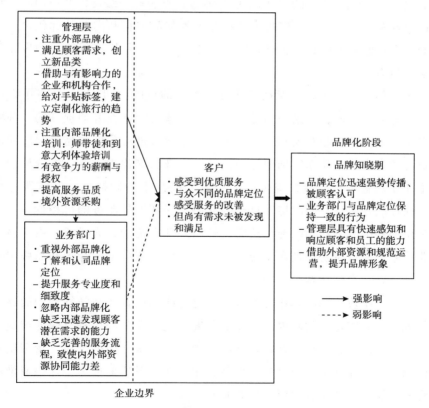

图 3 - 4 组织主导的品牌战略匹配促使企业进入品牌知晓期

团社提供解决方案的品牌定位更具有竞争力。管理层、外部客户和内部员工对品牌的理解都开始积极响应，并且各业务部门对品牌化的接受程度远高于外部客户。

这个阶段的内部品牌化与外部品牌化的匹配在品牌管理上的体现是：品牌借助营销在迅速和强势的传播下被顾客认识，同时企业员工与品牌定位相一致的行为，使得品牌被顾客接受；管理层一方面具有感知—响应顾客需求并将顾客需求显性化这两种能力；另一方面培养员工感知—响应顾客需求的能力。

3. 阶段三：组织内外部环境主导的均衡战略匹配促使企业进入品牌知名期

品牌知名期，内部品牌化与外部品牌化的匹配对品牌化过程的作用模式如图 3-5 所示。当时隐含的矛盾是业务量增长趋于缓慢以及业内有些组团社对环意还存在怀疑，管理层具有化解外部品牌化和内部品牌化之间矛盾的能力；业务部门具有将顾客隐性需求显性化以及快速感知—响应顾客需求的能力。

在外部品牌化中，环意把组团社最重视的风险"可控"，变成了自己擅长及努力的方向，而这一点是其他意大利地接社并没有捕捉到的。环意以多种方式将品牌与意大利联系起来，有效地通过可信度和品牌联想使品牌更受顾客喜欢，从而得到顾客的信赖。内部品牌化中，企业投资软硬件设施建立信息集成平台，规范企业运营，提升服务敏捷性；制定服务标准，保证服务质量，同时培养自己的导游，保证境外服务的可控性，与品牌定位的外部品牌化相匹配，从而化解内外部平衡的二元矛盾。由于服务企业的服务质量主要体现在一线员工上，一线服务员工的行为和品牌定位保持一致就会得到顾客积极的回应。

在这一阶段内部品牌化与外部品牌化的匹配在企业品牌管理中的新内涵体现在：品牌定位的新内涵迅速被顾客接受，业务部门具有快速响应—感知顾客的能力，可化解顾客隐性需求和显性需求之间的矛盾。管理层具有协调平衡企业外部品牌化和内部品牌化之间的矛盾的能力，能快速推动品牌的发展，提高品牌价值，拓展业务。

从以上分析得出，企业内外部品牌化匹配促进品牌化三阶段的特征是：品牌导入期由于企业生存的需要，企业管理层将更多的企业资源配置

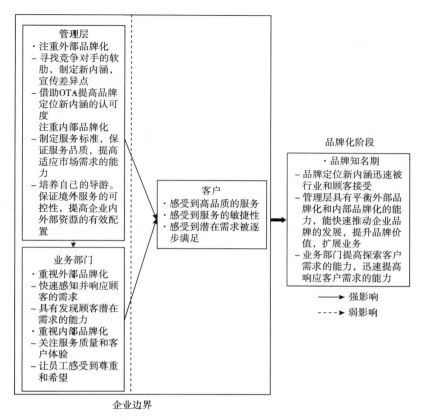

图 3－5 组织内外部环境主导的均衡战略匹配促使企业进入品牌知名期

在外部品牌化上，然而当企业发现其预期的品牌价值或形象与实际存在差距时，才发现其忽视了内部品牌化；品牌知晓期由于企业发展的需要，企业管理层在聚焦品牌定位的过程中也开始着手将企业更多的资源配置在内部品牌化上；品牌知名期由于企业品牌内涵丰富的需要，从管理层到普通员工都对品牌价值和形象有了更深刻的理解，企业内部对品牌定位的贯彻执行与外部的品牌定位战略相互匹配。可见，外部品牌化与内部品牌化是一个逐步强化的过程。其强化的过程使得整个企业从管理层到业务部门不断深入对品牌价值的理解，并逐步内化为品牌精神。

　　企业通过外部品牌化和内部品牌化之间的平衡来实现品牌化战略，这个平衡的过程是一个不断更新和完善的过程，品牌定位不断深入的动力是保持外部品牌化和内部品牌化之间的协调共进。在内外部品牌化的过程中，体现了事物处在发展的动态过程中，被忽略的弱小也可以不断强大，最终成为推动事物发展的决定性力量。外部品牌化与内部品牌化之间的不断循环互动推动品牌定位内涵不断丰富。

（二） 企业品牌战略匹配对品牌化过程的作用机理模型

企业品牌战略匹配对品牌化过程的作用机理模型如图 3－6 所示。该模型是通过"外部品牌化"和"内部品牌化"的相互匹配来实现企业品牌化的全部过程的。外部品牌化的逻辑是"反者道之动"，通过传播让客户感知管理层的品牌定位，客户通过选择行为给企业的管理层反馈；内部品牌化的逻辑是"弱者道之用"，管理层通过企业活动使员工践行并内化品牌精神。通过内、外部品牌化之间引领/推动作用实现企业品牌化的螺旋式上升。

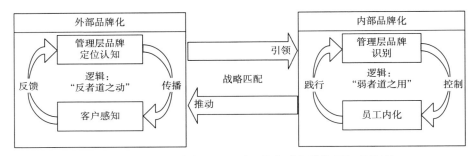

图 3－6　企业品牌战略匹配对品牌化过程的作用机理模型

1. 外部品牌化过程

外部品牌化是指企业主动地向企业外部利益相关者传递品牌价值和品牌重要信息，促进形成正面的、积极的品牌形象认知，形成对潜在客户和利益相关者的有效诱导，也就是企业期望能够在利益相关者（主要是客户）心中展现的形象。从图 3－6 左半部分可以看出，外部品牌化的过程的逻辑是"反者道之动"，"管理层"以弱势地位在市场中出现，将"单团地接"品牌定位通过"传播"让"客户感知"其品牌承诺，客户通过自身的选择行为（消费、重复购买或不消费等）反馈给企业的管理层让其获知客户对品牌的态度，并得到其预期的品牌价值与客户感知品牌价值之间的差距。一般外部品牌化作为企业的战略层面，其主体是企业的管理层，对象是利益相关者（主要是客户），客体是品牌价值，方式是通过媒介传播。

图 3-6 左半部分所示的外部品牌化过程是企业管理层主动传播其品牌形象，并通过客户的选择行为判定自己行为合理性并为之调整的过程，这个过程包括以下三个阶段。

管理层品牌定位认知阶段。外部品牌化是在"反者道之动"这种逻辑的指导下进行的。"反者道之动"是指宇宙万物繁盛的反面蕴藏着无穷的生发动力，即"道"的运行是向相反的方向发展，任何事物发展到极点后就会走向它的反面。对于实力相对弱小的企业或者某一市场的后动者而言，远离市场主流的企业通行的做法是反其道而行之，不失为竞争的有效手段。

在这种逻辑下企业立足于"反"。首先，总结竞争对手的特征，并给其"贴标签"（如"散拼地接"）；其次，以竞争对手的劣势为导向，不断探索竞争对手的"反面"（如"单团地接"），进一步发现市场中竞争对手忽略的客户需求（如越来越个性化的需求），在此基础上树立一个新品类（"单团地接"）；最后，本企业成为这个新品类的领导者品牌。在这个过程中，企业借助竞争对手的弱点定位自己，使其品牌内涵不断演化，定位逐渐明确。

品牌传播阶段。企业不仅要将品牌进行定位，同时要将其定位的品牌形象传播给客户并让目标客户能够接受，也是极其关键的部分。在"反者道之动"的逻辑指导下，企业借助传播媒介时，不是首先以自身的利益为出发点，而是考虑借助的媒体有什么需求，然后以媒介组织的需求为导向，帮助其做事情，从而通过帮助媒介组织，将其与自己绑定；最后这些影响力大并且形象好的媒介组织成为企业低成本的、正向的传播媒介，最终实现在客户面前展现企业期望展现的领导者品牌形象。

品牌价值反馈阶段。企业给客户传递品牌价值并不是一个简单的过程。因此在这个过程中，能够了解企业预期的品牌价值和客户感知的品牌价值的差距是十分必要的。首先，客户将自己感受到的品牌价值作为自己消费行为选择的重要判断依据，这些行为可能是消费、不消费、重复消费或者是口碑等；其次，企业的管理层以"反者道之动"的逻辑去探究企业目的的反面，即"期望的目标客户没有进行消费选择行为"的主要原因；最后，发现解决与预期偏差的途径是改善业务部门对客户的服务，通过这种品牌价值的反馈，企业进入新一轮外部品牌化的调整阶段。

2. 内部品牌化过程

内部品牌化是指服务组织界定其服务品牌的内容，并将其传递给员工，使员工认同和内化品牌，并通过其自觉的行为，实现服务品牌对客户的承诺，最终缩小外部客户的品牌识别与感知之间的差距，是建立强势品牌的途径（Punjaisri & Wilson，2007）。它不是一系列孤立的沟通事件，而是一个反复的过程。从图 3 - 6 右半部分可以看出，内部品牌化的过程是以"弱者道之用"为逻辑，"管理层识别品牌"之后通过企业"控制"的一系列品牌活动（包括品牌沟通、品牌领导、品牌培训、品牌奖励等）将品牌价值有效地沟通给"员工"，员工通过自身对品牌精神"内化"，并通过践行的效果让管理层获知员工对品牌的态度，并得到其预期的品牌践行与实际效果之间的差距。一般内部品牌化作为企业的执行层面，其主体是企业的管理层和员工，客体是品牌定位，方式是企业控制和员工理解与自我践行，目的是兑现品牌承诺。

管理者在品牌识别后，还要将服务品牌价值传递给员工，以便员工理解并信任服务品牌，对品牌产生承诺，进而确保其行为与品牌价值一致。这个过程包括以下三个阶段。

企业控制阶段。内部品牌化在"弱者道之用"这种逻辑的指导下进行，"弱者道之用"往往是指在柔弱或弱小处发挥作用，即企业只有立足于柔弱，以学习的态度，才能走向刚强。任何事物发展如果以柔弱的方式运作，那么它受到的阻力就小。

在这种逻辑下对于实力相对弱小的企业，或者某一市场的后动者而言，弱小的地位看似劣势，但是劣势的改善往往是不易被外界关注的，厚积薄发，最终反而会发展壮大企业。立足于自己的"弱"，以学习者的态度，从劣势改善出发，开展品牌沟通、品牌领导、品牌培训、品牌奖励等活动，通过企业自上而下的学习、教育和社会化，使员工理解企业品牌。

员工内化阶段。首先，通过企业控制阶段，员工不断将品牌内化，并以谦卑的态度面对其品牌所要服务的客户，在这个过程中员工基于品牌表现出自觉的行为，品牌与文化融为一体，形成隐性知识。其次，服务企业的员工品牌化是一个由外而内再由内到外的过程，品牌定位的内化仍然只是一种内在反应。

员工践行阶段。只有员工的态度转化为实践活动，才是一种外在的倾向，这种外在的倾向既包括品牌公民行为，也包括品牌建设行为。员工将外在的服务品牌识别内化为自己的品牌知识后，以个性化的行为践行品牌定位，从而引起客户对企业服务品牌态度的根本性转变，进而使客户表现出品牌忠诚，并产生服务购买、品牌推荐等行为。企业管理层通过对这两种行为的判断，对自身行为做出调整，从而开始新一轮的内部品牌化的过程。

3. 企业品牌战略匹配对品牌化过程作用机理的实现条件

企业品牌战略匹配对品牌化过程的作用机理需满足以下三个条件才能实现。

服务品牌的特点决定企业必须实现外部与内部品牌化的匹配。与有形的产品营销相比，服务营销具有无形性、异质性、生产与消费的同时性以及易逝性的特点。虽然产品品牌与服务品牌都遵循着"企业创造的功能和情感价值与客户获得的感知价值一致"这一品牌化的原则，但在执行层面还是具有一定差异性：服务品牌与客户有许多接触点，因而服务品牌的价值附加过程对消费者来说是高度可见的（Bansal，2001）。服务品牌本质上就是一种承诺（Berry，2000）。因此，服务品牌的塑造很大程度上依赖员工和客户的互动，对于客户来说，员工就是服务品牌。因此对于服务品牌来说，要想缩小企业期望的品牌价值与客户感知的品牌价值之间的差距，管理层一定要使内部品牌化和外部品牌化之间相互匹配。

外部品牌化与内部品牌化都基于同一个管理层的品牌识别。基于客户的品牌资产描述了客户与品牌的关系（Keller，1999），同样员工拥有的品牌知识也会导致基于员工的品牌资产的形成，即"品牌知识影响员工对其工作环境的差异化反应"（King & Grace，2009），从服务品牌识别的内容也可以看出内部品牌化和外部品牌化的关系。企业定位服务品牌主要是界定品牌愿景、品牌文化、品牌个性和品牌关系。所谓品牌愿景，是指为了保持相关性和管理品牌（包括企业对客户的各种承诺）而确定企业创造品牌知识的方向。品牌愿景具体表现为品牌格言或品牌颂章；品牌文化则起着约束行为的作用，确保行为的一致性；品牌个性是指"与品牌相关的一系列人格特征"（Aaker，1997）；服务企业比非服务企业有更强的建立品牌关系的倾向，通过建立品牌关系可以降低与服务品牌相关的感知风险，建立品牌关系更有助于建立品牌忠诚。

　　品牌化过程中企业内、外部品牌化的匹配关系。服务企业品牌化的过程一定是内部品牌化与外部品牌化之间不断匹配的过程。当企业的资源（资金、人力资本等）有限时，根据企业不同时期的战略，在两者之间会略有侧重。外部品牌化是内部品牌化的目的，而内部品牌化是外部品牌化的实现途径，两者是互动统一的整体。作为企业的管理层，如何在有限的资源约束条件下平衡内外部品牌化的发展，可以认为是两者相互匹配的动态实现过程。在整个调节过程中，不论是结构功能层面、经济层面、心理层面还是整体的效果层面，内、外部品牌化的发展方向都应该是一致的。任何有益的调整、修改对于企业有限资源来说都是帕累托改进，而非此消彼长的结果。

五　结论与讨论

（一）　理论贡献与管理启示

　　环意通过平衡外部品牌化和内部品牌化的战略匹配推动品牌化以及品牌内涵丰富。在这一过程当中，企业通过夯实企业内部品牌化，制定服务标准来提高顾客体验的满意度；同时借助第三方资源来打造品牌形象，成功贯彻执行了品牌定位战略。本研究对理论的贡献主要包括两个方面。

　　1. 揭示了外部品牌化和内部品牌化之间的匹配过程对品牌化螺旋式上升的促进作用

　　本研究揭示了企业如何通过"外部品牌化"和"内部品牌化"的相互匹配来实现企业品牌化的全部过程。这种匹配战略会推动企业的品牌由导入期、知晓期向知名期发展。此外，外部品牌化的逻辑是"反者道之动"，即通过传播/反馈实现管理层与客户之间对企业品牌的定位；内部品牌化的逻辑是"弱者道之用"，即通过控制/践行实现管理层与员工之间对品牌定位的贯彻执行。本研究补充了品牌化理论中缺少的如何平衡协调外部和内部品牌化实现企业品牌战略匹配的实证研究。

　　2. 为战略匹配理论在营销科学中的应用提供了实证分析

　　在企业面临外部环境变革与内部资源有限的双重约束下，传统的以营销策略和消费者行为为视角的大企业品牌战略管理已不再适用。本研究将战略匹配理论引入营销科学中的品牌化过程，为企业如何通过内部、外部资源的动态匹配来实现其品牌战略管理目标提供了一个新的理论解释。

本研究实践的意义在于提供了一个外部、内部品牌化匹配对品牌化的作用机理模型，用于指导中小型服务企业的品牌定位战略。本研究开发的模型提供了企业执行品牌定位需要的战略逻辑，即"反者道之动"和"弱者道之用"的逻辑。而且，剖析品牌导入期、品牌知晓期以及品牌知名期三个阶段的特征和过程，有助于给今后的实践者在品牌化过程的不同阶段提供有益的启示。尤其是在实践者遇到困难时，能将本研究的过程模型作为一个路标，这样他们才有可能找到问题的关键，从而调整企业的品牌定位战略以及挖掘自身的潜能，来应对可能面临的挑战。

（二）　研究局限与展望

尽管本研究揭示了外部品牌化和内部品牌化之间的匹配逻辑和品牌化的关系，得出了一些有价值的结论，但还存在一些不足。本研究仅采用的意大利环意旅行社品牌化的单案例，样本企业来自旅游行业，那么对于其他非服务业以及垄断市场的企业而言，研究的结论还要进一步得到证实。本研究属于探索性研究，目的在于对关键要素的识别，是从案例理论进行"分析性归纳"得出的原理。未来的一个研究方向是直接通解确认本研究的命题，从而能够更好地定义过程模型的限制条件。

参考文献

Aaker J. L. , Dimensions of Brand Personality[J] . *Journal of Marketing Research*, 1997, 34 (3) : 347 – 356.

Bergeron F. , Raymond L. , Rivard S. , Ideal Patterns of Strategic Alignment and Business Performance [J] . *Information & Management*, 2004. 41(8) : 1003 – 1020.

Berry L. L. , Cultivating Service Brand Equity[J] . *Journal of the Academy of Marketing Science*, 2000, 28(1) : 128 – 137.

Bansal H. S. , Mendelson M. B. , Sharma B. , The Impact of Internal Marketing Activities on External Marketing Outcomes[J] . *Journal of Quality Management*, 2001, 6(1) : 61 – 76.

Chandler A. , *Strategy and Structure: Chapters in the History of American Industrial Enter-*

prise[M] . Cambridge, MA: MIT Press, 1962.

Child J. , Organizational Structure, Environment and Performance[J] . *Sociology*, 1972(6) : 2 – 22.

De Chernatony L. , *From Brand Vision to Brand Evaluation*[M] . Routledge, 2010.

Douma M. U, Bilderbeek J. , Idenburg P J. , et al. , Strategic Alliances: Managing the Dynamics of Fit[J] . *Long Range Planning*, 2000, 33(4) : 579 – 598.

De Chernatony L. , Brand Management through Narrowing the Gap between Brand Identity and Brand Reputation[J] . *Journal of Marketing Management*, 1999, 15(1 – 3) : 157 – 179.

Grant, Robert M. , The Resource-based Theory of Competitive Advantage: Implications for Strategy Formulation [J] . *California Management Review*, 1991, 33(3) : 114 – 135.

Hambriek D. C. , Some Tests of the Effectiveness and Functional Attributes of Miles and Snow's Strategic Types [J] . *Academy of Management Journal*, 1983(1) : 5 – 26.

Kotler P. , From Mass Marketing to Mass Customization[J] . *Strategy & Leadership*, 1989, 17(5) : 10 – 47.

Kotler P. , Marketing Management[M] . 11th ed. Upper Saddle River: Prentice Hall. 2003.

Keller K. L. , Heckler S. E. , Houston M. J. , The Effects of Brand Name Suggestiveness on Advertising Recall[J] . *Journal of Marketing*, 1998, 62(1) : 48 – 57.

King C. , Grace D. , Employee-based Brand Equity: A Third Perspective[J] . *Services Marketing Quarterly*, 2009, 30(2) : 122 – 147.

Kapfer J. N. , *The New Strategic Brand Management: Creating and Sustaining Brand Equity Long Term* [M] . London: Kogan Page, 2004.

Luo Y. , Justin T. J. A, Comparison of Multinational and Domestic Firms in an Emerging Market: A Strategic Choice Perspective [J] . *Journal of International Management*, 1998, 4(1) : 21 – 40.

Miles, R. E. , Snow. C. C. , Designing Strategic Human Resource Systems[J] . *Organization Dynamics*, 1984, 13(1) : 36 – 52.

MilesR. E. , Snow. *Organizational Strategy, Structure and Process* [M] . New York: McGraw-Hill, 1978.

Maklan S, Knox S. , *Competing on Value*[M] . Upper Saddle River: Financial Times, Prentice Hall, 2000.

Ogilvy D. , Horgan P. , *Confessions of An Advertising Man*[M] . New York: Atheneum, 1963.

Porter M. E. , The Contributions of Industrial Organization to Strategic Management [J] . *Academy of Management Review*, 1981, 6(4) : 609 – 620.

Punjaisri K. , Wilson A. , The Role of Internal Branding in the Delivery of Employee Brand Promise [J] . *Brand Management*, 2007, 15(1) : 57 – 70.

Smith G. E. , Venkatrajnan M. P. , Wortzel, L. H. , Stratic Marketing Fit in Manufacturer-Retailer Relationships: Price Leaders Versus Merchandise Differentiators [J] . *Journal of Retailing*, 1995(3) : 297 – 315.

Sirianni N. J. , Bitner M. J. , Brown S. W. , et al. , Branded Service Encounters: Strategically Aligning Employee Behavior with the Brand Positioning[J] . *Journal of Marketing*, 2013, 77(6) : 108 – 123.

Venkatraman N. , Camillus J. C. , Exploring the Concept of"Fit" in Strategic Management [J] . *Academy of Management Review*, 1984, 9(3) : 513 – 525.

Venkatraman N. , The Concept of Fit in Strategy Research: Toward Verbal and Statistical Correspondence[J] . *Academy of Management Review*, 1989, 14(3) : 423 – 444.

Trout J. , Rivkin S. , Ries A. *The New Positioning: The Latest on The World's, Business Strategy*[M] . New York: McGraw-Hill, 1996.

Tracy M. , Wiersema F. , *The Discipline of Market Leader, Reading* [M] . Mass: Addison-Wesley, 1994.

Yin K. , Case Study Research: Design and Methods[M] . Thousand Oaks, CA, Sage Publication, 2009.

Zajac E. J. , Kraatz M. S. , Bresser R. K. F. , Modeling the Dynamics of Strategic Fit: A Normative Approach to Strategic Change[J] . *Strategic Management Journal*, 2000, 21 (4) : 429 – 453.

李飞. 钻石图定位法 [M]. 经济科学出版社, 2006.

李飞. 定位地图 [M]. 经济科学出版社, 2008.

第4章　数字化赋能及其在品牌内化中的作用*

一　引言

　　强大的品牌是企业竞争优势的重要来源，也是企业取得长足发展的关键（Kotler & Pfoertsch，2007）。尽管在企业对消费者市场（B2C markets）方面关于品牌化已有足够的文献研究，但是在企业对企业（B2B）领域，该概念尚未得到充分探索（Bendixen et al.，2004；Leek & Christodoulides，2011；Zahay et al.，2015）。早期研究认为，在与基于理性做出购买决策的企业进行实体交易时，品牌的价值不大（Rosenbröijer，2001）。但伴随着工业产品的商业化以及 B2B 通过互联网进行买卖呈现日益增长的趋势，B2B品牌的相关研究在学术界获得广泛关注，与此同时，从业者对 B2B 品牌的认知度也在不断提高（Van et al.，2005；Cretu & Brodie，2007；Biedenbach & Marell，2010；Marquardt，2013）。

　　由于 B2B 品牌的固有特性，致力于打造强大 B2B 品牌的公司面临巨大挑战（Tarnovskaya & Biedenbach，2016）。例如，B2B 品牌产品多样，组织决策过程复杂，需要行业各方的协同努力，以促进利益相关者间的长久关系，这就强调了需要直接联系客户、分销链合作伙伴或其他利益相关者的员工的重要作用（Glynn，2012；Gyrd-Jones et al.，2013；Mudambi，2002；Vallaster & Lindgreen，2011）。企业面临的挑战因此转化为如何精心组织员工从而有效且始终如一地向外部利益相关者提供品牌承诺（De Chernatony，

　　* Li，C.（李纯青），Guo，S.，Cao，L.，& Li，J.，Digital Enablement and its Role in Internal Branding：A Case Study of HUANYI Travel Agency [J]. Industrial Marketing Management，2018，72：152 – 160.

2010）。尤其是企业越来越多地鼓励员工参与到核心品牌价值建立过程中，更多地参与促进品牌支持行为（Punjaisri & Wilson，2007）。

数字化为 B2B 品牌化建设过程中的品牌价值传播带来了新的机遇和挑战。关于信息系统（IS）的文献表明，诸如信息和通信技术（ICTs）等数字技术为信息流到达其合法的受益者开辟了更多的途径，因此与更有效的工作方式、节省时间、更好的客户沟通和管理需求呈正相关（Sharma et al.，2016）。品牌内化的研究表明（Asha & Jyothi，2013；Lai & Hsu，2015；Papasolomou & Vrontis，2006；Punjaisri & Wilson，2007），企业内部通信技术可以提升员工的品牌认同度和忠诚度。值得注意的是，B2B 公司正在利用数字技术来促进员工对品牌的拥护和认同、与顾客和其他利益相关者沟通、发展和维持长期关系，这在概念上与建立品牌认同的不同阶段有所联系。

本研究旨在探讨新兴市场背景下数字化赋能技术在 B2B 品牌化建设过程的不同阶段如何帮助企业实现品牌内化。学界虽然越发关注 B2B 品牌化，却不够关注企业内部的沟通工具，而这些工具最终可能影响员工的品牌内化成果（Sharma & Kamalanabhan，2012），因此需全面了解各互联网可用工具如何帮助企业在 B2B 市场中进行品牌沟通（Simmons et al.，2010）。另外，学界普遍缺乏对中小企业（SMEs）品牌化建设的研究（Merrilees，2007），且数字化赋能技术由西方开发、最初又服务于西方组织机构，所以值得进一步研究数字化基础设施欠发达的新兴市场中的中小企业如何通过此种通信策略受益（Bakar & Mustaffa，2013）。因此，我们的研究在理论和管理层面均有重要意义。我们对初创的中国 B2B 旅行社"环意（北京）国际旅行社"进行个案研究，以期阐明新兴市场中数字化赋能技术对中小企业员工品牌内化的作用。

众所周知，旅游市场竞争激烈，中小企业难以取得竞争优势。而环意旅行社将数字化赋能技术应用于日常运作，纳入企业品牌内化战略之中，从而迅速崛起为 B2B 旅游市场中的一流品牌，成功完成转型，从同类竞争对手中脱颖而出。我们分析了环意探索和应用数字技术的"足迹"，旨在了解数字技术推动品牌创新的革命性效应。我们尤其希望补充品牌内化和数字化赋能方面的文献，论证数字技术如何从企业的资源转化为能力，从而在品牌内化过程的不同阶段赋能员工以获得品牌支持成果。我们的案例是从内部利益相关者角度进行的描述性和探索性研究。本研究为理解数字化赋能技术在品牌内化过程中的作用提供了重要参考，为现存 B2B 品牌化及信息系统方面的文献做了补充。

本章的内容安排如下：首先，我们回顾 B2B 品牌内化和数字化赋能技术方面的文献，并对当前研究问题的基本原理通过介绍案例情境设置、运用数据收集过程和分析方法进行了论证，最后提出关键结论。

二 文献述评

（一） B2B 品牌化及品牌内化

以企业为中心的 B2B 品牌化方法是将品牌视为基于市场的重要资源，对企业业绩及持续性竞争优势至关重要（Kozlenkova et al.，2014）。这种方法中营销经理被认为在沟通和提高产品品牌价值方面具有核心作用并为之负责，但忽视了利益相关者的相互依存关系及其对品牌意义和建设活动的不同看法（Tarnovskaya & Biedenbach，2016）。利益相关者缺乏全面理解品牌的意义，其做法因而与品牌开发商可能产生分歧，对 B2B 品牌价值产生负面影响（Gyrd-Jones et al.，2013）。这一点与部分 B2B 服务品牌息息相关；在这些品牌中，一线员工充当"品牌大使"、传递品牌承诺并塑造顾客的品牌认知（Berry，2000）。

另外，根据资源基础及市场基础观点，利益相关者共容的方法是视品牌建设为协作过程，该过程是企业与其利益相关者关系的一部分（Mäläskä et al.，2011）。该方法中 B2B 品牌化是理解各利益相关者不同需求并做出响应的结果（Tarnovskaya & Biedenbach，2016），强调利益相关者之间更广泛地进行持续、动态互动（Balmer，2001；Balmer & Gray，2003；Leitch & Richardson，2003；Schultz & DeChernatony，2002）。企业品牌价值是企业对其主要利益相关群体做出的明确承诺（Foster et al.，2010），员工必须理解此种承诺、与顾客交流时始终如一地进行传递，所以能帮助员工理解并传递品牌价值的内部沟通工具和政策就显得更为重要（Sartori et al.，2012）。

在品牌内化领域，大量关于品牌内化的文献关注企业内部利益相关者的品牌支持行为与企业品牌价值的一致性，但"现在关于多个利益相关者如何持续参与的动态品牌信息和社会共同创造品牌资产的知识是稀缺的"

（Vallaster & von Wallpach，2013，第 1506 页）。

（二）　数字化赋能：从资源到能力

数字化赋能的概念源于赋能理论，可以追溯到几十年前关于员工投入和参与的研究，以及关于组织变革、平权行动及工作绩效的研究（May-nard et al.，2012）。赋能理论从根本上认为，赋能措施可以增强员工的工作表现，促进其身心健康，培养个人、团队和组织的积极态度（例如，Hempel et al.，2012；Maynard et al.，2012）。之前关于赋能理论的研究基于两个激励框架（Hackman & Oldham，1976；Bandura，1977，1982），由此产生了两个主要的赋能角度：心理赋能和结构赋能（Menon，2001；Sp-reitzer，1995）。心理赋能关注员工对赋能的看法或认知状态；而结构赋能的核心在于权力下放和责任转移，组织通过一系列形式控制加以实现，如就工作设计等向员工告知企业现状、政策和程序等的组织安排（Kanter，1977；Maynard et al.，2012）。根据这一理论，笔者认为数字化赋能技术是一种结构赋能，因其促使员工利用信息和通信技术以求在信息访问、互动、流动、运用多媒体能力、参与、休闲及反馈等方面更具灵活性，最终提高组织效率和灵活性（Abbott，2010）。

具体来说，大量关于信息系统的文献将数字化赋能技术视为企业竞争优势的来源，因其关注以信息为基础的资源特质——价值、稀缺性、可转让性、可模仿性、可替代性和流动性（Mata et al.，1995）。人们认为通过信息系统资源与非信息系统资源之间的互动、配合可以实现数字化赋能（Wade & Hulland，2004）。例如，学界提出动态能力理论来解释数字化赋能，该理论强调不断变化的环境中新资源与商业策略保持一致，有助于企业加快决策、促进沟通、迅速应对不断变化的情况（Eisenhardt & Martin，2000；Nazir & Pinsonneault，2012）。

数字化赋能也使得客户与企业间的动态发生改变（Rowley，2004）。特别是最近数字技术的涌现和迅猛发展为 B2B 企业创造了更多品牌化机会（Zahay et al.，2015；Strong & Bolat，2016）。例如，数字化赋能技术促使企业及时交流市场信息、沟通更加丰富，有利于建立和维持业务合作伙伴之间基于信任的关系（Chelariu & Osmonbekov，2014）。数字化赋能技术也提高了 B2B 采购流程的速度和效率，从而提高了生产力和客户满意度

（Bolat & Kooli，2013）。此外，最近研究表明，企业内部沟通技术可以促进员工的品牌认同与忠诚（Asha & Jyothi，2013；Lai & Hsu，2015；Papasolomou & Vrontis，2006；Punjaisri & Wilson，2007）。

虽然现存文献反复断言数字技术与大战略目标保持一致可以使组织收到更积极的成效，但是数字化赋能技术提高组织绩效的过程仍被视为"黑匣子"，人们盲目地认为这一过程是自发自觉的（Tan et al.，2010）。人们对于数字技术实践及其实践者间相互关系的认识也相当有限，因为学界甚少关注利用数字化赋能技术提高 B2B 品牌内化效能和效率的过程中，"人"这一关键因素的作用（Pan & Lim，2015）。为弥补这一知识短板，我们运用"策略即实践"框架作为理论基础，研究内化到新业务流程中的数字化赋能技术如何改变员工参与品牌化建设支持活动的方式。

三 案例描述

过去十年，中国经济蓬勃发展，许多国家简化了中国公民的签证申请程序，中国出境旅客数量激增。面对快速增长的旅游需求，许多新旅行社受吸引进入市场，这大大改变了过去由少数国有旅行公司主导的中国旅游市场格局。从 2005 年到 2015 年，旅行社总数增长超 60%，包括国内和国际旅游服务供应商（Iresearch，2016）。尽管市场竞争激烈，但是中国旅行社彼此差异并不明显，而且很少有企业了解中国游客的需求（Lui et al.，2012）。波士顿咨询公司近日调查显示，95% 的中国游客不满意旅行社提供的国内和国际旅游服务。

原意大利米斯特拉旅行社的中国首席代表张女士发现，该公司国内旅游服务供应商未能满足中国游客需求，于是接手公司并将其更名为环意国际旅行社，品牌目标重新树立为"优质定制旅游服务供应商"，专注于向 B2B 市场零售游客提供一站式、定制化旅游服务，包括行程规划和预算、签证申请、预订管理和导游等服务。专注 B2B 市场、提供定制优质旅游服务产品的决策在当时相当冒险，因为许多国内旅游服务供应商都在向 B2B 和 B2C 市场提供同类旅游服务。然而这一决策不仅动摇了当时关于旅行社立足市场并力争领军的观念，更重要的是为环意创造了机会，通过提供特别的旅游服务取得竞争优势。短短 8 年时间内，环意从新加入市场的企业成长为中国意大利 B2B 旅游服务市场的领军品牌。2015 年米兰世博会期间，由环意提供服务的中国 B2B 市场零售旅游客户占比超 70% 。表 4 -1 对品牌内化过程中数字化赋能技术进行描述，并体现其作用和给出现象实例。图 4 -1 具体展现了环意应用数字技术的关键事件。

表 4 -1　品牌内化中数字化赋能技术的描述、作用的现象实例

描述	数字化赋能技术的作用	现象实例
品牌成长阶段：初创——初步数字化		
数字化工具： 定制化 ERP 系统及数据库 内联网、虚拟会议门户、线上协作平台 品牌建设目标： 提高品牌知名度及可信度 响应迅速的现代化品牌形象	数字化赋能技术实现信息内化和有效沟通 提高员工绩效、养成新的工作习惯 鼓励超越弱连接分享知识 促进软知识获取	简化运营流程，且提高生产力以激发更多团队合作 避免员工变动和其他情况导致客户信息丢失 时刻提醒员工品牌的核心所在 网站渠道……提高了营销及沟通的透明度、准确性和效率。这是与企业利益相关者沟通的最简单方式
品牌成长阶段：发展——系统升级		
数字化工具： 加入支持决策功能的基于云计算的 ERP 系统 强化业务智能系统 重新设计网站 品牌建设目标： 感知、响应客户不断变化的需求 "可控"服务	提高感知市场动态、快速响应客户不断变化的需求的能力 增强企业内部通过数字化平台的沟通与协作 深入分析从而升华认识	企业可以通过新系统内更复杂且定制化的报告或活动面板及时查询业务信息 企业提出集成式商业智能解决方案适应其全新的市场定位 参与市场论坛、接触各种媒体从而随时了解市场趋势和变化 重新设计网站提供客户网站和在线反馈工作流，随后更关注其功能和交互
品牌成长阶段：强化——数字化整合		
数字化工具： 同步通信系统 社交媒体 品牌建设目标： 品牌双元发展 动态、有活力且不断发展的身份 真实、有创意、始终如一的品牌信息	强调自下而上、基于员工的品牌内化双元发展成果 加强始终如一且密切相关的品牌身份内涵的丰富度，避免被他人模仿 培养内部沟通文化，员工可以自由表达甚至争论非传统的多元观点	社交媒体平台对员工有天然的吸引力……因为自然又有趣，就像和朋友聊天 员工可以自由表达且有效交流、商讨、巩固各种见解、观点和关注点 员工可以在微信上写自己的品牌故事。2016 年，环意官方微博发布了员工写的一篇文章，一天内有 41 万多人浏览 与内部利益相关者的接触激增，企业内部沟通内容也由专注管理转向关乎品牌、行业背景和社会变化的更广泛概念

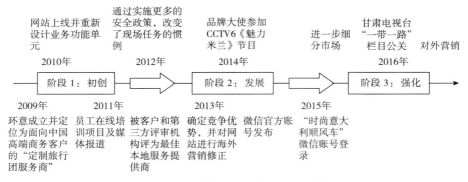

图 4-1　环意应用数字技术的关键事件

（一）　品牌初创——初步数字化　（2009～2012年）

环意初创之时即已经准备进行品牌建设。企业总裁张女士说："毕竟，大多数客户重视价格，但我们知道他们最终会转而关注服务质量……显然我们需要打造强大品牌来吸引市场关注。"

此阶段的主要任务目标是建立品牌形象，即面对市场需求迅速响应，开发现代化B2B旅行社，致力于提供卓越的团队定制旅游体验。品牌价值源自更好地理解客户需求、提供符合预期的定制服务。为了提高品牌知名度和可信度，企业员工需在现阶段深化以客户为导向的认识、提高运营能力。企业主要从两个方面设计数字化应用以支持策略定位：引入ERP系统和有效沟通。

1. 引入ERP系统

2010年中国旅游业仍处于起步阶段，许多旅行社过度依靠人力工作，缺乏简化内部工作流程的技术能力。例如，销售代表牢牢掌握客户详细信息，导致信息管理混乱、产生信息孤岛，企业可能因员工流失而遭受信息丢失。这也是环意公司引入ERP（企业资源计划）系统的一大重要原因。

> 2010年以来，我们已投入100多万美元打造根据企业实情定制的ERP系统，意在简化运营流程，且提高生产力以激发更多团队合作。
>
> 总裁助理

市场总监王女士如是评价ERP系统：

我们将所有客户信息数字化，包括历史交易明细和服务咨询等。将信息输入 ERP 系统可以更好地管理客户关系。这也可以避免员工变动和其他情况导致客户信息丢失。

ERP 系统是环意首个集中式数字化数据库。系统无缝融入运营流程后，其优势变得显而易见。物流主管表示：

我见证了企业应用 ERP 系统前后的日子。应用之前，我们基本依靠办公桌上的口头沟通以及电话和电子邮件等沟通方式。有时，一个事件需要多次与不同的人沟通。但我们当时并没有意识到问题所在，因为我们已经习惯了这种运作方式，不愿学习使用新系统。但我们熟练掌握 ERP 系统后这一切已完全改变。信息输入系统后，可以随时随地查看，不论是财务部还是预订部。我们可以在系统中检索、查看所有详细信息。这大大提高了工作效率和透明度。效果非常好。

新的 ERP 系统不仅降低了购买和维护多个软件系统的成本，而且消除了孤立的数据仓库和商业活动。此外，系统也使得我们与合作伙伴、客户之间的实时互动更加迅速、方便且安全。除了 ERP 系统，环意还建立在线培训模块促进信息内化。员工逐渐适应了新系统，也开始养成新工作习惯。"新系统提高了工作速度和效率，我们甚至期望所有工作能立马完成。"

2. 有效沟通

为了更加迅速、准确、有效地探索和应用品牌创新机会，环意运用了有效的沟通技术使利益相关者可以充分沟通从而更好地生产和共享知识。定期会议和其他虚拟场景中多人实时音视频通话等先进通信技术超越了弱连接、扩大了沟通范围，使获得和分享软知识及解码信息成为可能，从而形成互动、信念和价值的长期共享结构。

实际上，创新的品牌价值和意义延伸是由员工创造和诠释的，这时刻提醒他们品牌的核心所在。

市场经理

除了采用数字化工具可以实际获益，环意投资购买数字化通信技术的另一主要原因是与其响应迅速的现代化品牌形象保持一致。现阶段中国B2B旅游市场主要营销形式是发放纸质印刷品，环意希望尽量避免使用此种材料，因为创始人张女士认识到"必须充分利用网络这一全年无休、随时随地提供服务的营销工具，将我们的品牌推广为'意大利现代化定制团体旅游服务供应商'"。不久，环意官方网站上线，成为向企业内外各利益相关者提供专有内容和促销信息的主要渠道。当然，环意企业选用数字化通信技术不只是因其作用或新颖性，更是因其可有效促进各方了解企业。

> 运用电子通信材料可以创造一种氛围，人们意识到企业在通信上实现了现代化，提供的服务也就与现代化息息相关。
>
> 市场总监

> 网站渠道为我们提供了一个自动化营销和关于定制信息沟通功能的机会，这样提高了营销及沟通的透明度、准确性和效率。这是与企业利益相关者沟通的最简单方式。
>
> 市场总监

（二） 品牌发展——系统升级 （2013～2014年）

这一阶段环意品牌已获得业界认可，初步渗入市场。B2B旅游市场客户群不断扩大、期望不断提高，迅速成长的环意也面临相应挑战。现有系统无法应对不断变化的市场形势，且无法完全满足不断增长的业务需求，这影响了企业提供品牌承诺的能力。例如，ERP系统最初的设计目的仅在于存储交易及客户数据、生成数据等，缺乏可扩展性，不便于查询、更新或分析数据。

> 不断增长的业务需求超出系统的处理能力。有时我们必须浏览无数的记录和报告才能更新或提交客户或决策者提出的变更（要求），导致信息流动低效、拉低整体效率。
>
> 运营经理

为保持品牌形象、适应不断变化的市场环境，环意必须面对压力迎难而上，提高数字化系统的能力，从而感知市场动态、快速响应客户不断变化的需求。因此，企业需要提出集成式商业智能解决方案，适应其全新的市场定位。为此，环意将系统升级为基于云计算的 ERP 系统，增加了支持决策的功能。例如，企业可以通过新系统内更复杂且定制化的报告或活动面板及时查询业务信息。这种合乎逻辑的业务流程和功能大幅提高了企业内部的生产力和协调性，并能生成全面信息帮助企业进行深入分析从而升华认识。

为提高感知市场、响应客户的能力，利用企业内外部信息，环意参与市场论坛、接触各种媒体，随时了解市场趋势和变化。此外，环意重新设计了网站，提供客户网站和在线反馈工作流，员工得以更好地了解客户需求，从而更轻松地支持品牌建设。

> 网站改版是企业的一大转折点。我们一开始只在网上罗列信息、展示图像，现在我们更关注功能和互动。
>
> 运营经理

在快速发展时期，公司所处的市场运营环境动荡不定、千变万化，这就要求公司具备感知和响应的能力以适应不断变化的环境。Zaheer 等（1997）发现，配备集成信息网络的公司在千变万化的商业环境中显示出更好的响应能力和感知表现。环意在此阶段强化业务智能系统和即时反馈机制，进一步增强了企业内部通过数字化平台的沟通与协作，有助于其感知、理解、评估种种影响企业的变化及趋势。通过升级系统，环意由初步运用信息技术的公司过渡为信息技术高端标准化流程受益者。创始人张女士说："企业定位有所变化，因为我们可以为客户提供更'可控'的服务，这可以说是我们竞争优势的来源。"

（三）　品牌强化——数字化整合　（2015 年至今）

前两阶段中，通信和信息技术促进环意取得竞争优势、传播品牌价值。第三阶段中，环意面临的挑战是同步沟通和营销工作，从而更均衡地维护和完善品牌价值及企业战略以长期反映品牌的一致性和相关性。环意的高层管理人员已意识到运用数字化赋能技术进行品牌建设的内在力量。他们认为品牌应该打造"动态、可行且不断发展的身份"，这种创新应该通过利益相关者之间的互动实现，品牌价值生成过程必须对所有员工透明。因此，现阶段的数字化赋能技术强调自下而上的、基于员工的方法以打造始终如一且密切相关的品牌身份，避免被他人模仿，在这一过程中，员工更多地参与企业运营、展开协作，并逐渐提升，从而产出品牌理念和价值。现阶段品牌建设信息力求真实性、创意性和一致性三大关键因素。

为充分利用品牌内化机会、鼓励企业内部利益相关者参与创造品牌价值，环意利用社交媒体平台，使品牌创新的社会化过程融入员工的日常生活中。此前，环意内部主要利用内联网沟通，内联网由企业内部控制，存储明确、正式的"官方"信息，发挥了重要作用。但是，集中控制的沟通机制不利于打造始终如一、密切相关的"动态、可行且不断发展的身份"、实现自下而上的品牌创新，因为沟通流程和多样性受组织规范和文化的影响（Huang et al.，2013）。Evans 和 Wurster（1997）指出，信息的"丰富"程度由其内在的三个相互关联的方面定义，即带宽、定制化和交互性。内联网等传统通信系统可以使组织内部广泛沟通，共享并强化企业的重要价值和政策，但这些系统往往无法定制和实现交互，有时会导致始料未及的后果，如造成"电子围栏"，破坏沟通丰富性（Huang et al.，2013）。有鉴于此，环意开始在企业内部促进社交媒体沟通，从而培养内部沟通文化，员工可以自由表达甚至争论非传统的多元观点。社交媒体平台固有人际交互及相互关联的特性，对员工有天然的吸引力，自然为公司上下广泛接受、热情支持。公司迅速形成参与性、互动式沟通文化，员工积极参与到跨部门创新中，他们运用新沟通方式自由表达且有效交流、商讨、巩固各种见解、观点和关注点。

> 企业通过文字、图像、音视频等在社交网站、博客、视频照片共享应用程序及播客上传播有关产品和品牌的内容。员工很享受在社交网络平台上交流，因为自然又有趣，就像和朋友聊天！
>
> 首席执行官

> 这是一个双向沟通的过程，在这个过程中，企业必须将自己的理念与价值观传播给员工，员工也会将自己的理解和热情传递给潜在客户。通过让员工更灵活地参与价值识别和问题的解决，我们鼓励员工朝着更开放、参与度更高的商业环境努力。
>
> 市场总监

　　我们开始在社交媒体平台上进行个性化营销。由于人们喜欢阅读故事而不是企业广播信息，我们的员工被赋予了更多的自主权，可以在微信平台上创作自己的品牌故事。2016年，我们的一名员工发布的一条微博，一天之内就收到了超过41万的点击量。

公关经理

　　由于社交媒体平台的启用，与内部利益相关者的接触点大大增加。内部传播的内容也从最初的狭隘的管理焦点扩展到更广泛的关于品牌、环境和社会变化的概念，这也为维护和培育组织内部的关系提供了巨大的机会。

四　案例分析

　　本章旨在探索数字化赋能技术如何帮助员工在 B2B 品牌化建设过程的各个阶段实现积极的品牌内化效果。采用案例研究方法的原因：首先，于情境丰富、难以量化的环境中解决"如何"的问题（Pan & Tan，2011）。其次，品牌内化过程是根植于组织情境的复杂现象。鉴于研究现象的动态和纵向视角，案例研究方法可以有效揭示主要发现的意义及对其批判性反思，其他方法均不适用。虽然仅对单个案例进行研究可能缺乏概括性，但确实具有特定的优势，因为"许多情境变量保持不变，排除了以其他方式解释数据的可能"（Tan et al.，2010）。

　　我们选择环意国际旅行社（Vogliad'Italia Tour）这一组织作为案例研究对象，原因如下。首先，旅游服务市场内在体验成熟，而且旅游服务往往为一次性消费，因此在旅游服务市场建立品牌相当困难，而品牌内化可能是组织成功的关键，因为内部利益相关者对组织的忠诚及其对目标品牌的评估通常是基于交际联系的，而非基于契约关系（Sartori et al.，2012；Sheehan & Ritchie，2005）。因此，案例公司——环意国际旅行社在短短 8 年内重新定位自身、成长为中国 B2B 旅游市场知名品牌，这一过程值得研究。其次，案例组织在一系列探索、应用活动中已广泛应用数字化赋能技术促进品牌价值传播，推动员工参与品牌支持行为。此外，中国旅行社尚未广泛应用数字化赋能技术，因此本案例研究提供的情境有助于理清数字技术运用及其实践者之间的相互关系。在数字化基础设施欠发达的新兴市场实现企业内部沟通的策略方面，研究尚显不足，本案例研究也为此做出相应贡献。

数字技术实施提供了一个非凡的平台，以市场传播的新速度、范围和交互性接触利益相关者。在本章中，我们将使用第 2 节中提供的理论基础来回顾上一节中的案例结果，通过关注数字技术实践和实践者之间的相互关系来获得关于数字实现机制的见解。我们的目标是揭示数字技术在不同品牌发展阶段的作用，使员工能够在 B2B 情景下获得品牌支持的结果。

我们的归纳抽象产生了一个过程框架，在这个框架中，我们确定了数字实现技术在不同开发阶段促进内部品牌化的三种主要方式（见图 4-2）：在企业生命周期初始阶段，数字化赋能作为附加工作系统，员工是作为制度适应者的角色，对于企业品牌内化建设行为处于被动反应状态；在快速增长阶段，员工在数字化整合作用下，将数字化赋能作为企业的价值链元素。员工以品牌建设者的角色参与到企业品牌内化的进程中；在提升阶段，员工作为品牌引领者，主动融入推动品牌内化的活动，以利益相关者为导向，与企业建立紧密联系，实现从价值保护到价值创造的质的飞跃。该框架包括两个维度。第一个维度是数字化整合水平，在此基础上，数字赋能技术可以被归类为实现效率的附加服务，或者根植于价值链以形成功能间和组织间的协调机制。第二个维度是空间视角，考虑品牌发展的发起者和驱动者，可以分为以公司为中心或利益相关者为主导。该框架有助于全面理解所采用的数字实现系统如何与涉众团体在各种内部品牌化过程中的被动响应或主动参与相关联。

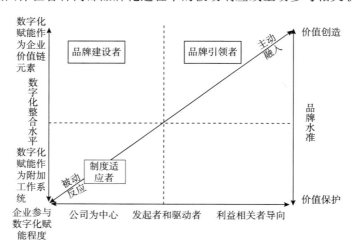

图 4-2　品牌内化实践中的数字化赋能机制

（一）　制度适应者

在企业生命周期的初始阶段，从功能的角度来看，品牌身份可以真正由市场驱动，服务于特定的利基市场，并提供对企业主张的清晰诠释。就像在这个案例中发生的一样，环意的目标是建立自己的品牌身份，成为一个现代、敏捷的 B2B 旅游服务提供商，深刻理解客户的需求，为客户提供符合预期的定制服务。因此，这个初始阶段的数字实现工作集中于信息内部化和有效的沟通，以适应其市场定位，这可以看作实现效率的附加服务。例如，ERP 和内部网系统的实施促进了合作伙伴之间的沟通，并帮助企业处理紧密合作伙伴之间有调整的信息交换，最终提高企业内利益相关者群体与企业沟通的速度、准确性和效率。除了操作的最优性，捆绑的数字技术还可以使利益相关者对他们的工作及其结果实现更高层次的控制，从而对他们的工作稳定性和满意度产生直接的积极影响，以及减少内部管理正常过程中受干扰的间接影响。研究发现，员工形成了利用数字系统实现结果的新工作习惯，这有助于长期形成交互、信念和价值观的共享结构。随着工作能力和效率的提高，员工更加适应内部管理过程，进而形成一个更高层次的跨功能单元和层次结构的信任和合作关系，从而导致积极的自我形象和工作导向，而这种自我形象和工作导向被认为是更一致的管理定义的目标。综上所述，以运营最优化为核心的数字化技术使管理层能够有效地协调、激励和整合内部利益相关者的品牌一致性态度和行为，从而形成一个连贯的品牌传播策略，这种策略导致了企业内部关系的重塑和亚单位层面的定位对齐，以及与企业品牌定义中个人价值的契合。

（二）　品牌建设者

在快速发展阶段，面对不断升级的竞争和市场的千变万化，企业需要更强的感知和应对不断变化的业务需求和市场条件的能力，以发现更多的竞争创新和品牌双元性的途径。对于中小企业来说，能够同时寻求并平衡探索和利用品牌机会的能力可能是一种更为关键的能力，因为它们面临着更大的生存挑战。因此，在决定如何应对外部趋势以保持与组织战略和运营的相关性方面，员工必须对外部刺激有适当的知识和更新的理解。为此，环意对现有的数字基础设施进行系统更新，建立即时反馈机制，通过快速、及时地提供全面的信息，减少信息的丢失和不对称。更新后的资讯系统使员工具备更强的感应能力，更全面的资讯和决策支援，这有利于联合解决复杂问题，鼓励各利益相关者承担责任，尝试新的品牌创新，同时降低联合活动的风险和协调成本。当这种机制在组织文化中根深蒂固时，内部利益相关者就会做出品牌支持行为，不是基于价值和管理的原因，而是响应他们自己的期望，成为自愿的品牌执行者，自愿为品牌价值进行推广。这种增强的品牌身份也对员工在与客户接触时履行品牌承诺的行为产生积极影响。因此，数字传感和响应能力为提高企业对新品牌机会的意识和鼓励内部利益相关者共同采取创新行动提供了潜力。

（三）品牌引领者

正如我们在环意从品牌诞生到发展演变的数字实现轨迹中所观察到的，环意始终展现出其协调内部品牌机会与外部刺激的能力，弥合内部利益相关者与外部利益相关者之间的信息鸿沟，共同向品牌双元性发展。数字实现技术的发展代表了技术和知识相互适应的过程，因此构建数字选项的适应性经验重塑了关于信息技术和品牌机会之间互补性的管理见解。在提升阶段，充分融合数码科技的机会，让员工成为品牌大使。开放参与的沟通是社会化媒体传播文化的默认模式，是员工角色从"反应性回应"的机构适应者向"积极融入"的品牌大使转变的代表（Huang et al. , 2013）。数字实现技术可以产生更多关于品牌创新的声音和信息，因为社交媒体支持技术最重要的含义之一是它对挖掘员工工作和私人生活边界的影响。社交媒体嵌入技术鼓励员工在个人生活中自由表达自己的"品牌"自我，因此他们身上带有"被品牌化"的形象，甚至在组织外部也扮演着品牌代表的角色。更重要的是，员工的个人生活活动可以转化为一种劳动形式，"通过建立品牌的真实性来创造价值"（Land & Taylor，2010）。反过来，员工也不是以品牌为中心的被动控制对象，而是积极参与形成这一过程的贡献者。他们更热情地投入品牌价值和考虑自己是骄傲的品牌大使，并在被认可的品牌基础上获得自我实现的满足感。

五 结论与讨论

（一）理论贡献与管理启示

通过回答本研究开头提出的研究问题，本研究具有一定的理论贡献和实践意义。首先，从组织战略的角度，通过演示数字技术促进内部品牌化的实现机制，本研究强调了 B2B 品牌建立过程中技术—战略一致性的重要性。以往的文献研究大多集中于数字技术的技术维度，忽略了其与组织更广泛的战略目标的一致性（Pan et al.，2015）。虽然采用新技术经常被提到是为了追求更高效的工作方式，但本研究是首次尝试在内部品牌化过程的不同阶段检验数字技术的好处的研究。我们的案例研究表明，这取决于它们在多大程度上可以被视作注重效率的附加服务或者是与企业战略目标紧密结合的价值链中的不可或缺的元素；并且数字化技术可以与实现最优化操作的不同机制以及更强的感知与反应能力相关联，而最终实现多元发展。而且我们的流程框架从资源到功能的角度提供了对数字技术实现机制的全面理解。

其次，本研究为理解品牌内部化背景下数字技术及其实践者的相互关系提供了更多重要参考，补充了品牌化及信息系统方面的文献。根据已有文献，我们发现数字技术可以通过促进内部利益相关者的运营能力和与组织的价值一致性来提升品牌效果（Bolat & Kooli，2013；Kaplan，2012；Michaelidou，Siamagka & Christodoulides，2011）。如我们的案例分析所示，数字技术帮助员工形成新的工作习惯和共同的价值观、提高运营绩效、培养跨职能和跨组织业务目标的积极态度。具体来说，在企业数字化的初始阶段，员工对内部管理活动的适应性更强，从而产生了与管理层定义的品牌目标相一致的积极工作导向；在快速发展阶段，数字化感知和响应能力为员工提供了更多的决策支持，鼓励利益相关者在降低风险和协调成本的情况下探索品牌创新，从而实现自我提升的品牌绩效；在最后的增强阶段，同步的数字化和品牌化工作促进了自下而上的、基于员工的内部品牌化进程。我们的案例研究还有助于丰富动态能力文献，从利益相关者的角度打开有关内部品牌化结果的数字实现机制的"黑盒子"。

（二）　研究局限与展望

与其他许多采用单一案例研究方法的论文一样，本研究呈现的是情境化的企业特定结果，可能具有有限的泛化。然而，这项研究的发现对于数字基础设施薄弱的新兴国家的许多中小企业尤其重要。具体而言，本研究旨在引导实践者关注在不同的品牌发展阶段，如何利用数字技术来改善员工的品牌支持行为，进而帮助管理者证明数字化的优先级和评价原则。此外，本研究成果建议 B2B 企业在投资时注重数字化和品牌内部化的联合效应以实现协同作用，从而打造强大品牌。对于未来的展望，团队有必要研究不同背景下各类企业的数字化赋能机制，也需要从企业外部客户的角度考察数字化和品牌化成果的联合作用。

参考文献

Abbott R. , Delivering Quality-Evaluated Healthcare Information in the Era of Web 2. 0: Design Implications for Intute: Health and Life Sciences[J] . *Health Informatics Journal*, 2010, 16(1) : 5 – 14.

Asha C. S. , Jyothi P. , Internal Branding: A Determining Element of Organizational Citizenship Behaviour[J] . *Journal of Contemporary Management Research*, 2013, 7(1) : 37 – 57.

Bakar H. A. , Mustaffa C. S. , Organizational Communication in Malaysia Organizations: Incorporating Cultural Values in Communication Scale[J] . *Corporate Communications*, 2013, 18 (1) : 87 – 109.

Balmer J. M. T. , Corporate Identity, Corporate Branding and Corporate Marketing – Seeing through the Fog[J] . *European Journal of Marketing*, 2001, 35(3/4) : 248 – 291.

Balmer J. M. T. , Gray E. R. , Corporate Brands: What are They? What of Them?[J] . *European Journal of Marketing*, 2003, 37(7/8) : 972 – 997.

Bandura A. , Self-efficacy: Toward A Unifying Theory of Behavioral Change[J] . *Psychological Review*, 1977, 84(2) : 191.

Bandura A. , Self-Efficacy Mechanism in Human Agency[J] . *American Psychologist*, 1982, 37(2) : 122.

Bendixen M. , Bukasa K. A. , Abratt R. , Brand Equity in the Business-to-business Market [J] . *Industrial Marketing Management*, 2004, 33(5) : 371 – 380.

Berry L. L. , Cultivating Service Brand Equity[J] . *Journal of the Academy of Marketing Science*, 2000, 28(1) : 128 – 137.

Biedenbach G. , Marell A. , The Impact of Customer Experience on Brand Equity in a Business-to-Business Services Setting[J] . *Journal of Brand Management*, 2010, 17(6) : 446 – 458.

Bolat E. , Kooli K. , Mobile Social Media as A Strategic Capability: Expanding Opportunties Social Media Has to Offer to B2B Firms[J] . 2013.

Chelariu C. , Osmonbekov T. , Communication Technology in International Business-to-

Business Relationships[J]. *Journal of Business & Industrial Marketing*, 2014, 29(1): 24 – 33.

Cretu A. E., Brodie R. J., The Influence of Brand Image and Company Reputation Where Manufacturers Market to Small Firms: A Customer Value Perspective[J]. *Industrial Marketing Management*, 2007, 36(2): 230 – 240.

De Chernatony L., Creating Powerful Brands[M]. Routledge, 2010.

Eisenhardt K. M., Martin J. A., Dynamic Capabilities: What are They?[J]. *Strategic Management Journal*, 2000, 21(10 – 11): 1105 – 1121.

Evans P. B., Wurster T S., Strategy and the New Economics of Information[J]. *Harvard Business Review*, 1997, 75(5): 70 – 83.

Foster C., Punjaisri K., Cheng R., Exploring the Relationship between Corporate, Internal and Employer Branding[J]. *Journal of Product & Brand Management*, 2010, 19(6): 401 – 409.

Glynn M. S., Primer in B2B Brand-Building Strategies with A Reader Practicum[J]. *Journal of Business Research*, 2012, 65(5): 666 – 675.

Gyrd-Jones R., Merrilees B., Miller D., Revisiting the Complexities of Corporate Branding: Issues, Paradoxes, Solutions[J]. *Journal of Brand Management*, 2013, 20(7): 571 – 589.

Hempel P. S., Zhang Z. X., Han Y., Team Empowerment and the Organizational Context: Decentralization and the Contrasting Effects of Formalization[J]. *Journal of Management*, 2012, 38(2): 475 – 501.

Huang J., Baptista J. O., Galliers R. D., Reconceptualizing Rhetorical Practices in Organizations: The Impact of Social Media on Internal Communications[J]. *Information & Management*, 2013, 50(2 – 3): 112 – 124.

2016 China's Online Travel Industry Report. http://www. iresearchchina. com/content/details8_23149. html.

Campbell B., *Men and Women of the Corporation*[M]. Basic Books, 1978.

Kaplan A. M., If you Love Something, Let it Go Mobile: Mobile Marketing and Mobile Social Media 4x4[J]. *Business Horizons*, 2012, 55(2): 129 – 139.

Kotler P., Pfoertsch W., Being Known or Being One of Many: the Need for Brand Management for Business-to-Business(B2B) Companies[J]. *Journal of Business & Industrial Marketing*, 2013, 22(6): 357 – 362.

Kozlenkova I. V., Samaha S. A., Palmatier R. W., Resource-based Theory in Marketing [J]. *Journal of the Academy of Marketing Science*, 2014, 42(1): 1 – 21.

Lai C. S., Hsu K. T., Internal Branding with Corporate Ethical Values and Corporate Social Responsibility: The Case of the Life Insurance Industry in Taiwan[J]. *South African Journal of Business Management*, 2015, 46(1): 47 – 55.

Land C. , Taylor S. , Surf's up: Work, Life, Balance and Brand in A New Age Capitalist Organization[J]. *Sociology*, 2010, 44(3): 395 – 413.

Leek S. , Christodoulides G. A. , Literature Review and Future Agenda for B2B Branding: Challenges of Branding in A B2B Context[J]. *Industrial Marketing Management*, 2011, 40(6): 830 – 837.

Leitch S. , Richardson N. , Corporate Branding in the New Economy[J]. *European Journal of Marketing*, 2003, 37(7/8): 1065 – 1079.

Lui V. , Kuo Y. , Fung J. , et al. , Taking Off: Travel and Tourism in China and beyond[J]. Boston, MA: The Boston Consulting Group. https://www.bcg.com/documents/file74525. pdf, 2011.

Mäläskä M. , Saraniemi S. , Tähtinen J. , Network Actors' Participation in B2B SME Branding[J]. *Industrial Marketing Management*, 2011, 40(7): 1144 – 1152.

Marquardt A. J. , Relationship Quality as A Resource to Build Industrial Brand Equity When Products are Uncertain and Future-based[J]. *Industrial Marketing Management*, 2013, 42 (8): 1386 – 1397.

Mata F. J. , Fuerst W. L. , Barney J. B. , Information Technology and Sustained Competitive Advantage: A Resource-based Analysis[J]. *MIS Quarterly*, 1995, 19(4): 487 – 505.

Maynard M. T. , Gilson L. L. , Mathieu J. E. , Empowerment—Fad or Fab? A Multilevel Review of the Past Two Decades of Research [J]. *Journal of Management*, 2012, 38 (4): 1231 – 1281.

Menon S. , Employee Empowerment: An Integrative Psychological Approach[J]. *Applied Psychology*, 2001, 50(1): 153 – 180.

Merrilees B. A. , Theory of Brand-led SME New Venture Development[J]. *Qualitative Market Research: An International Journal*, 2007, 10(4): 403 – 415.

Michaelidou N. , Siamagka N. T. , Christodoulides G. , Usage, Barriers and Measurement of Social Media Marketing: An Exploratory Investigation of Small and Medium B2B Brands[J]. *Industrial Marketing Management*, 2011, 40(7): 1153 – 1159.

Mudambi S. , Branding Importance in Business-to-Business Markets: Three Buyer Clusters [J]. *Industrial Marketing Management*, 2002, 31(6): 525 – 533.

Müller M. , "Brand-centred Control": A Study of Internal Branding and Normative Control [J]. *Organization Studies*, 2017, 38(7): 895 – 915.

Nazir S. , Pinsonneault A. , IT and Firm Agility: An Electronic Integration Perspective[J].

Journal of the Association for Information Systems, 2012, 13(3): 150 – 171.

Pan S. L., Tan B., Demystifying Case Research: A Structured-Pragmatic-Situational(SPS) Approach to Conducting Case Studies[J]. *Information and Organization*, 2011, 21(3): 161 – 176.

Pan G., Pan S. L., Lim C. Y., Examining How Firms Leverage IT to Achieve Firm Productivity: RBV and Dynamic Capabilities Perspectives[J]. *Information & Management*, 2015, 52 (4): 401 – 412.

Papasolomou I., Vrontis D., Building Corporate Branding through Internal Marketing: The Case of the UK Retail Bank Industry[J]. *Journal of Product & Brand Management*, 2006, 15 (1): 37 – 47.

Punjaisri K., Wilson A., The Role of Internal Branding in the Delivery of Employee Brand Promise[J]. *Journal of Brand Management*, 2007, 15(1): 57 – 70.

Rosenbröijer C. J., Industrial Brand Management: A Distributor's Perspective in the UK Fine-paper Industry[J]. *Journal of Product & Brand Management*, 2001, 10(1): 7 – 25.

Rowley J., Online Branding[J]. *Online Information Review*, 2004, 28(2): 131 – 138.

Richard H. J., Oldham G., Motivation through the Design of Work: Test of A Theory[J]. *Organizational Behavior and Human Performance*, 1976, 16(2): 250 – 279.

Sartori A., Mottironi C., Corigliano M. A., Tourist Destination Brand Equity and Internal Stakeholders: An Empirical Research [J]. *Journal of Vacation Marketing*, 2012, 18 (4): 327 – 340.

Schultz M., De Chernatony L., The Challenges of Corporate Branding[J]. *Corporate Reputation Review*, 2002, 5(2/3): 105 – 113.

Sharma N., Kamalanabhan T. J., Internal Corporate Communication and Its Impact on Internal Branding: Perception of Indian Public Sector Employees[J]. *Corporate Communications: An International Journal*, 2012, 17(3): 300 – 322.

Sharma R., Fantin A. R., Prabhu N., et al., Digital Literacy and Knowledge Societies: A Grounded Theory Investigation of Sustainable Development [J]. *Telecommunications Policy*, 2016, 40(7): 628 – 643.

Sheehan L. R., Ritchie J. R. B., Destination Stakeholders Exploring Identity and Salience [J]. *Annals of Tourism Research*, 2005, 32(3): 711 – 734.

Simmons G., Thomas B., Truong Y., Managing I-branding to Create Brand Equity[J]. *European Journal of Marketing*, 2010, 44(9 – 10): 1260 – 1285.

Spreitzer G. M., Psychological Empowerment in the Workplace: Dimensions, Measurement, and Validation[J]. *Academy of Management Journal*, 1995, 38(5): 1442 – 1465.

Strong J. , Bolat E. , A Qualitative Inquiry into Customers' Perspectives on Branding and the Role of Digital Technologies in B2B: A Case Study of Panasonic[J] . *Journal of Customer Behaviour*, 2016, 15(1) : 97 – 116.

Tan B. C. C. , Pan S. L. , Hackney R. , The Strategic Implications of Web Technologies: A Process Model of How Web Technologies Enhance Organizational Performance[J] . *IEEE Transactions on Engineering Management*, 2009, 57(2) : 181 – 197.

Tarnovskaya V. , Biedenbach G. , Multiple Stakeholders and B2B Branding in Emerging Markets[J] . *Qualitative Market Research*, 2016, 19(3) : 287 – 309.

Vallaster C. , Lindgreen A. , Corporate Brand Strategy Formation: Brand Actors and the Situational Context for A Business-to-Business Brand[J] . *Industrial Marketing Management*, 2011, 40(7) : 1133 – 1143.

Vallaster C. , Wallpach S. V. , An Online Discursive Inquiry into the Social Dynamics of Multi-Stakeholder Brand Meaning Co-creation[J] . *Journal of Business Research*, 2013, 66(9) : 1505 – 1515.

Van Riel A. C. R. , De Mortanges C. P. , Streukens S. , Marketing Antecedents of Industrial Brand Equity: An Empirical Investigation in Specialty Chemicals[J] . *Industrial Marketing Management*, 2005, 34(8) : 841 – 847.

Wade M. , Hulland J. , The Resource-based View and Information Systems Research: Review, Extension, and Suggestions for Future Research [J] . *MIS Quarterly*, 2004, 28 (1) : 107 – 142.

Zahay D. , Schultz D. , Kumar A. , Reimagining Branding for the New B2B Digital Marketplace[J] . *Journal of Brand Strategy*, 2015, 3(4) : 357 – 372.

Zaheer A. , Zaheer S. , Catching the Wave: Alertness, Responsiveness, and Market Influence in Global Electronic Networks[J] . *Management Science*, 1997, 43(11) : 1493 – 1509.

第四部分
对内夯实

　　第三部分揭示出企业通过内外部品牌化的战略匹配实现品牌精准定位的过程，那么品牌定位之后在企业内部的运营品牌怎样？因此，本部分讲述对内夯实，进一步揭示中小型企业服务流程双元的实现机理，打开品牌生命力形成的借力使力机制的"黑箱"。

　　首先，研究服务流程双元的实现机制。第一，揭示营销关键因素，通过资源与组织结构理论的运作逻辑的设计，服务型企业可以保证其业务流程双元性；第二，打开服务流程双元实现过程的"黑箱"，即通过资源与组织逻辑运作，能够不断提升流程运行状态以达到高效率与内生柔性的动态平衡，逐渐实现双元的业务流程为依托输出产品与服务；第三，揭示服务企业业务流程由"外生柔性＋低效率"到"通过提高效率带动柔性升级"，最终"高内生柔性与效率"的路径。

　　其次，研究基于杠杆理论的品牌生命力构建。第一，借力过程，即利用外部资源的战略逻辑——"先人后己"，即通过发现借力主体的需求，寻找既能满足借力主体需求又有利于环意发展的"双赢"或"多赢"策略，达到借力的目的；第二，使力过程即内部运营的过程中的战略逻辑是"先己后人"，即通过激发员工对身边人的"有用性"，以员工自身为圆心，不断地向外辐射，在调动员工积极性的同时，达到使力的目的；第三，通过借力过程和使力过程之间的不断循环互动、螺旋上升来构建强大的品牌生命力。

　　本部分为服务型企业围绕其品牌定位进行内部运营提供了一个广泛以及具有经验支持性的框架。

第 5 章　服务流程双元的实现机制[*]

一　引言

近年来，经过国内外学者的深入研究，"双元性"或"组织双元"的概念已经开始应用于企业管理中。组织管理学家将"双元能力"作为组织协调和处理流程管理中面临的这种内在的冲突的能力，对于受外部影响较大的中小服务企业来说，具备双元能力是生存发展与竞争取胜的关键。关于"流程双元"的探究主要集中在供应链管理、IT 技术应用、制造业等领域，针对服务行业的研究较少。"如何平衡业务流程的效率和柔性"仍是中小服务型企业亟待解决的问题。为实现较高的效率，流程各环节需要保持规范性和稳定性，这会减少流程的柔性；如果只注重流程柔性的提升，那么流程各环节工作的灵活性增强，可能会引起效率的降低。本研究研究的是在资源基础观与组织结构理论作用下，服务型企业业务流程双元的实现机制。

二　文献述评

（一）双元理论

双元能力是企业同时拥有的两种相冲突的能力，如效率与柔性、开发与探索、协同与适应等。双元能力既是企业运营中的平衡能力，也是管理者适应变化环境的决策能力和灵活应对能力（Rothaermel & Alexandre,

---

* 范琳. 中小服务型企业流程双元对成本效益影响研究 [D]. 西安工业大学硕士学位论文, 2019.

2009），主要体现在组织结构、流程等方面，直接影响企业的发展。

1. 组织双元

组织双元理论，最早于 1976 年由 Duncan 提出，是指企业为适应市场环境变化，对组织结构进行调整并使之与整体战略相一致，从而有效地应对、协调和管理当前的业务需求，同时具备效率与创新的动态能力（O'Reilly & Tushman，2008）。有学者认为，这种动态能力主要受到组织感应能力、掌握能力和重新配置能力及业务流程操作环境的影响（Gibson & Birkinshaw，2004；Daniel et al.，2013），能够提升整体绩效（李烨 & 彭思喜，2011）。Geerts 通过对组织双元的大样本数据分析，也印证了该理论（Annelies et al.，2010），即在市场存在不确定性的情况下，拥有组织双元能力的企业能借助先进的技术，有助于提升企业绩效（Simsek et al.，2009）。在此值得注意的是，制造业和服务业对于技术定义有差别，先进的生产、研发技术是制造业的关键；而案例企业属于服务型企业，本研究将专业的管理方式、信息系统、产品研发等作为其发展过程中的关键技术。

近年来，有学者将组织双元与组织结构理论研究相结合（Sebastian & Birkinshaw，2009），认为管理者可通过组织的适应性或规范性设计，实现组织运营过程中的适应性、流动性和有效的稳定性（Gilbert，2005）。Robinsons 在《组织行为学》中提到，组织结构设计影响资源的利用，组织结构的适应性和规范性设计，对组织双元能力起到调节作用。适应性的结构设计能为组织内外的沟通开辟新渠道、提高反应速度，有助于开发资源潜力、灵活配置资源，加强资源与组织双元的相关性；而规范化的结构可确保制度的执行、流程的可控，可抑制资源短缺或冗余对组织双元的影响强度（Nohria & Gulati，1996）。

2. 流程双元

业务流程的概念最早出现在 1990 年的《哈佛商业评论》中，指出业务流程是由一个或多个输入/输出结果组成的活动，能为客户带来产品或服务的增值。Thomas 等（2012）认为，"业务流程会为特定的市场或客户产生特定的输出"，为保障业务的顺利开展，流程活动在时间和空间上的转移可以有较大的跨度，但活动之间应有严格的顺序限定，其内容、方式、责任等有明确界定。业务流程主要决定组织的整体质量、创新程度和生产力（Minonne & Turner，2012）。有效率的业务流程是企业独特且重要的资产，占组织成本的大部分，为提高市场份额、决策能力和绩效管理提供保障（Seetham-raju，2012）。当组织侧重于终端客户的需求时，这种流程优势才能实现。因此，业务流程中要求组织面向客户的需求（Rosemann，2014）。

整个业务流程分为输入资源、流程活动、流程活动相互作用（结构）、输出结果、客户需求和价值的创造等五个要素。围绕着业务流程的要素，Hammer（2007）指出应在降低成本、提高产品质量和服务质量等方面管理业务流程（Hammer，2007），提高工作效率、提升流程环节反应速度，最终增进顾客满意度和竞争力，并实现利润最大化和经营效益增长（Kohl-bacher，2010）。亦可通过建模和分析提高组织运营过程的透明度，进而降低成本和资源消耗、提高业务绩效和合规性（Seethamraju，2012），提升业务流程的输出能力，使企业在快速适应经营环境的同时，创造出更多的价值（Khosravi，2016）。

流程双元性，是从业务部门的最高层到较低层，利用流程规范和流程适应性实现平衡的能力。近年来，有国内学者对流程双元性进行研究，并将其定义为，"组织流程在其效率和柔性之间取得平衡的一种状态"，保证流程作业的开展既可与当前业务需求保持一致，又能适应动态变化的运营环境（谢蓉等，2012）。

对于流程双元评价因素，在不同行业有所差别。依据现有研究，服务型企业的流程效率与流程柔性的评价指标主要有：服务成本、服务效率、服务能力、客户满意度、客户参与度（孙浩、徐文宇，2017）。同时，研究者 Karimi 在对业务流程绩效的研究中，就流程效率、效能和柔性的表现形式做出了具体解释，认为流程效率是指降低成本和周转时间，提升生产流程的生产率，改进客户服务和产品质量；效能是指改进组织决策和规划、资源管理和交付；柔性则是指为满足客户的差异化需求，增加基础设施、部门配合等的柔性（Karimi & Somers，2007）。因此，服务业的流程效率体现在：流程作业消耗的时间成本、内部协作密切程度与信息畅通度；而流程柔性体现在面对复杂多变环境时，业务多样化程度和满足顾客需要具备相应的柔性，即产品与服务多样化和客户对产品/服务质量满意度等。

关于实现流程双元的方法，可大致总结为以下几方面：①明确的业务目标，做好客户、员工反馈和行为研究，市场研究和竞争的综合分析。Niehaves & Henser（2011）曾指出，了解组织以外的行为者（如客户、供应商）是实现业务流程动态能力的关键，而流程的效率与柔性的管控，依赖于这种动态能力。②保证组织目标自上而下具备一致性。③具备专业化的流程管控系统。④有规范的改进措施。同时，信息技术在组织内部资源互补作用下，有助于实现流程双元性（赵付春、凌鸿，2011；Morais，2014）。但是，这些方法较为宏观，大多应用在制造类企业研究中。因此，要根据企业类型具体问题具体分析。

（二）资源基础理论

资源基础观源于经济学的内生增长理论，而后不断被经济学家结合企业经营实例展开研究。最初，有学者从资源基础理论的角度，将企业看作资源的结合体，企业的资源既有形又无形，一般指实物资源、人力资源和组织资本资源（Jay & Barney，1991；Prahalad & Hamel，1990）。当企业的竞争对手缺少该资源无法为客户生产有价值的产品时，资源是有价值的，掌握关键资源的企业在创造产品价值时，能够实现可持续发展或获取当前的竞争优势（Lee & Grewal，2004；D'Aveni et al.，2010）。

早期的研究大致概括了资源基础理论的内容与特点，该理论也逐渐进入战略管理领域，并将企业的资源主要归纳为企业的能力、技能、资产和战略投资项目等（Priem & Butler，2001），认为企业拥有的资源是"可用于检测和应对市场机会或威胁的资产和能力的集合体"。其中，资产是企业在其创造、生产或向市场提供其产品（商品或服务）的过程中可以使用的任何有形或无形的东西；而能力则是能使用现有资产不断创造、生产或向市场提供产品（Sanchez et al.，2001）。如果从投入/产出过程角度来看，资产可以作为过程的投入或产出；而能力（如技术或管理能力）将投入转换为更大价值的产出（Amit & Schoemaker，1993）。总之，资源基础理论不但是在指导企业识别关键资源，也在强调资源配置与整合的重要作用，能为企业带来持续竞争优势和差异化。资源基础观强调拥有产品设计优势的企业，应"识别客户需求并设计出能够达到客户满意的产品"，与现有资源进行比对，若资源组合更能满足其他客户需求，应再进行客户跟进；在产品促销和定价时，强调自身的资源异质性特点，宣传企业的相对优势（Wernerfelt，2014）。案例企业从资源角度出发，适时调整产品类型和服务重心，在资源有效配置的前提下，确保了产品的多样性和业务流程的强化。

随着新技术和时代热点的出现，资源基础理论研究领域亦呈现出不断拓展的趋势（Jay，2014；George，2014；Kozlenkova et al.，2014）。资源主要分为以下几类。①实物资源，建立能存储和分析不同来源的实时数据平台（Thomas et al.，2012）。案例企业引进 ERP 系统，收集流程所需信息，为数据分析与应用提供保障。②人力资源，专家的洞察力能够从消费者活动中获取信息，提取并管理大数据（Viaene，2013）。③组织资源，包括组织结构和业务流程各单位的协调能力，使企业能够将对市场的洞察力转化为行动（Bharadwaj et al.，2013）。学者 Eisenhardt 指出，企业若要适应环境的变化，必须具备动态的资源管理能力（资源获取、整合与释放的能力）（Eisenhardt et al.，2000），因为它能够影响并调节资源投入实现绩效的过程，从而提升企业综合绩效，包括财务绩效、流程绩效、顾客绩效等（曹红军等，2011）。

与此同时，组织内部及组织际对资源的依赖主要分为两种：成本导向型依赖和关系价值导向型依赖（Scheer et al.，2010）。前者从关系中断的成本角度出发，并未从盈利角度看待资源依赖关系，而将重点放在配合资源需求的行为上，采取更多满足内外部客户需求的行动（Lusch et al.，1996）。而关系价值导向型依赖着眼于组织际、部门间的长期合作关系，基于情感联结及关系双方的互相信任。组织际或部门资源需求双方的依赖关系越平衡，越有助于发展长期互惠合作（Ragatz et al.，2002）。

综上所述，第一，现有研究认为业务流程管理中的决策是以资源为基础的，先前资源分配后的资源储备，将影响现阶段的决策或策略的提出。但是，研究者对企业发展不同阶段的关键资源的运用逻辑及其对业务流程双元性状态的输出如何达成并不清楚。第二，大多数关于企业双元理论的研究围绕着组织双元能力与组织绩效管理展开，对流程双元的探讨不多，在理论上需要打开企业的资源使用逻辑及其在组织内部的转化如何达成流程双元的"黑箱"。第三，面对动态的外部环境，企业业务流程发展的过程中，在理论上实现由"低水平流程效率与柔性平衡"到"高水平流程效率与柔性平衡"的达成路径需要深入研究。

因此，本章采用案例研究法，以环意国际旅行社为研究对象，从案例企业各阶段具备的资源能力出发，以资源配置逻辑为基础，从业务流程改善的角度入手，依据流程效率与柔性的发展对企业的流程运行状态进行分析，在理论上探究中小型服务企业流程双元的实现过程、实现机制和演化路径。

三 案例描述

根据时间线、组织结构变革和业务流程改进历程，可将案例企业服务流程改进过程分为三个阶段，分别是过渡阶段（2009 年左右）、改进阶段（2010～2013 年）和发展阶段（2014 年至今），如图 5-1 所示。

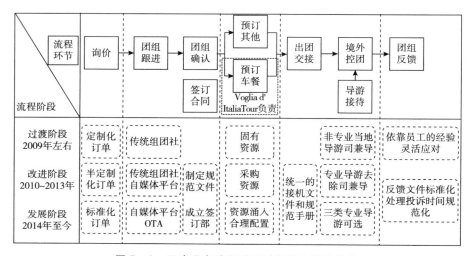

图 5-1 环意业务流程改进过程及各阶段特点

（一）过渡阶段（2009 年左右）

《2009 年中国旅游市场分析及前景预测报告》显示，我国当时已成为第四大出境旅游客源国。出境游需求快速增长，处于观光游向休闲游转换和升级的阶段。

此时，环意坚持"老团队，新品牌"，"以客户感受为重"，在与客户接触时，仍遵循米斯特拉时期老团队的服务宗旨，坚持定制化、个性化的旅行服务。从业务来源来看，环意此时期接待的旅游团全部来自国内传统组团社，如中旅、国旅等组织的中国游客赴意大利旅游单团，各团之间旅游需求各异，环意需要针对每个团进行旅游定制服务；从组织上看，环意的组织结构较为简单，在保留扁平化组织结构时，重点设置三个业务部，各业务部工作任务的相似性，易引发职能交叉的问题。从资源上看，环意的忠实客户及人力资源成为其发展的基础，并且客户的关系强度和员工的专业水平较高。但是，随着旅游资源预订压力的增加，资源支持明显缺失，无法满足客户需求，境外资源方面较之于竞争者仍处于劣势，需要持续采购扩充。这导致固有的低成本效率的服务模式与客户需求的矛盾，重视客户服务的柔性，虽然对客户保持有积极作用，但个别部门低效率，如"司兼导"使得工作单环节的效率与安全隐患并存。

表 5 - 1　关于环意业务流程特点的访谈资料（1）

项　目	数据描述
流程重心	不能过于追求成本导向，使服务流程中的客户感受成为价值派生的核心 环意的核心竞争力在于单团地接业务，新品牌、老团队，不接散拼团 定制行程要按客户的意愿，强调个性化的旅行服务 全流程的地接服务
流程接触点	做的是 B2B 单团地接，不接受 C 端客户询价。为降低资源需求，保持专门的工作方法和配套设施（手工作业） 对组团社的不合理要求，当场拒绝，避免把问题带给游客 以前我们没打接机牌 境外服务的反馈，游客有不满或需求，直接联系组团社，组团社把信息传送给我们
组织特点	业务一部、二部、三部都是交叉的，每个部门做四种类型
资源特点	没有流失老客户，也没有流失主力员工 基层员工具备专业度 组团社一旦合作很少流失，服务对象多为来自这些组团社的政府公务团 竞争者的资源占优势
流程效率	刚开始老客户还在，业务运行平稳，但没有快速增长的趋势 询报价确认缓慢，回复客户迟缓且不统一
流程柔性	（环意）软性的服务，影响消费者并使其成为长期客户，这种体验让客户觉得不虚此行 老客户感觉除了意大利人外还有中国人参与操作，更灵活 我们先将客户的认知建立起来，业务拉动运营 很多合作伙伴一如既往地信任环意老团队创建的新品牌

从访谈资料中可知，过渡时期的业务流程运行较为平稳，受柔性的流程服务影响，老客户的满意度和信任感较强，但关键环节效率低，整体流程效率亟待提升。长此以往会出现以下问题：服务灵活与资源短缺的矛盾，即服务领先、资源配置不足，对原有组织形式的效率信任度过高，不追求成本导向，业务流程缺乏规范性，逐渐影响效率。

（二）改进阶段（2010～2013 年）

据统计，2010 年国内出境旅游市场加速增长。我国公民出境人数达到 5738.65 万人次，当年赴意大利 27.18 万人次，同比增长 23.5%。由此可知，环意有着良好的发展环境，市场需求不断增加。

为保证业务量的增长，环意在满足客户柔性需求的基础上，将"改进服务流程中的瓶颈环节"作为提升效率的关键，以适应环境与任务的变化（见表 5-2）。

表 5-2 关于环意业务流程特点的访谈资料（2）

项　目	数据描述
流程重心	所有的东西，一直在规范化，原来不规范的我们让它规范化
流程接触点	在询价环节，确定报价时，能与组团社议价，而不是被动接受他们的定价 把报价、行程等信息做成专业的文件，组团社只要换抬头纸，即可发给客户 根据客户需求提前预订、采购资源 采购签约前，先和客户对接 打了接机牌，下飞机游客就直接朝这个牌走过来 去掉司兼导模式 我们通过一些媒介与 C 端游客有了一些信息上的交互
组织特点	业务线明确，组织结构清晰 增设签证部与总部负责境外预订，并与财务部为会奖、展会、公商务及旅游单团部四个业务部门服务 境外部门由专人管理，财务部通过 ERP 系统核对查账 派各部门出去考察、体验，组成采购团队
资源特点	每年三次境外采购，不应一味压低价格，受惠于意大利要遵守其纳税制度 由于环意始终坚持"诚信、专一"的原则，积累了超过 200 家意大利政府、行业协会和知名企业资源 国旅、中旅、凯撒等纷纷与环意签订新的供应商合同 通过内部培训支撑员工成长 招意大利语系的毕业生，各部门有讲意大利语的人 拥有的专属导游团队服务意识好，著名景点用当地导游
流程效率	能对当地优势资源全面梳理，快速筛选匹配的资源，协助组团社迅速成团 协作为时间而战，且保证各环节万无一失 投诉减少，文件处理效率和准确度提高 2010 年业绩增长 30%，2011 年业绩增长 58%，创造旅游市场奇迹
流程柔性	环意能保证组团社的客户满意，让游客成为组团社的重复消费的客户 旅游体验设计的能力与境外导游服务、前期服务的细节，符合客户心理需求 时间管理能体现单团的品质，可以为顾客创造更好的旅行体验

从业务来源来看，环意此时期接待的旅游团仍然全部来自国内传统组团社，但是随着业务量的增加，环意逐渐将境外旅游资源统一采购并整合使用，在满足各团旅游需求的同时降低自身的运营成本。从组织上看，环意的业务范围得到扩展，业务线更加明晰，拥有了会奖单团、展会单团、公商务单团和旅游单团四个部门，分别负责相应业务板块，并且成立采购部专门负责境外旅游资源的采购和调配。由于部门服务的专业性，环意能够对每个环节的构成、服务标准进行详细分析，从组团社沟通、产品设计、时间的高度可控性衔接等方面对整个流程进行控制；从资源上看，境外旅游资源经过持续采购得到了扩充，使得预订服务环节更可控，国内团组确认环节更有序，过签率提升，境外服务安全得到保障，投诉减少，ERP 系统的使用也使得企业内部业务沟通效率和准确度提高，确保服务品质与流程效率，最终吸引了更多的合作者与客户资源。年销售额也由 2009 年的 2100 余万元上升到 2013 年的 4100 余万元，业绩大幅增长，改进效果显著。

从访谈中可知，改进阶段环意重视业务量激增导致的业务可达成性，环意一方面坚持提供给客户"品质化柔性化的单团服务"，另一方面试图通过改进内部服务流程的可控性达成整体运营效率的提升。但是，由此带来成本的快速上升，并且采购部负责的资源预订环节始终处于满负荷工作状态。长此以往，难以支撑业务规模的快速增长。

（三） 发展阶段 （2014 年至今）

截止到 2014 年，中国已经连续两年成为世界第一境外游客来源地，客户消费能力增长，游客对旅行的认知也逐渐成熟。

环意经过多年的发展，在这一时期成长为"意大利单团地接"的领导品牌，已经成为国内组团社首选的意大利旅行合作者，成为意大利旅游局信赖的宣传者，亦是"一带一路"文化交流不可或缺的助力者。从业务来源来看，环意开始与新兴的在线旅游代理（OTA）合作，通过 OTA 进行游客组团，摆脱传统组团社业务单一的缺陷，不断拓展业务来源。从组织上看，环意设立了营销部，专门负责将自己研发的新产品向市场推广，引导OTA 与自身合作进行旅游线路销售，同时通过自媒体加强与终端游客沟通。这种对组织结构进行的整合（减少流程沟通障碍），不断提升员工的专业能力和管理技术水平（控团能力增强）。从资源上看，环意围绕着时尚与文化等主题推出标准化旅游线路服务（如意大利时尚古国之旅），从"以客户感受为重的定制化服务"转变为"引导客户消费习惯的定制化与标准化服务并存"。由此，环意的境内外资源在长期积累与检验中，实现扩充与优化升级。最终，实现业务流程的细节可控、信息有效传达（见表5－3）。同时，确保业务流程的自动运转与螺旋式上升。

表5－3　关于环意业务流程特点的访谈资料（3）

项　　目	数据描述
流程重心	新产品在不断升级中，变成标准产品，要把意大利艺术之旅、时尚古国之旅在终端游客中形成认知与销量
流程接触点	询价时直接找环意的，我们会引导到B端 导游既会遵守规定也会人性化地服务客户 环意做的司兼导用的车属于公司性质的专车，车和导游也是合法的 听取导游的反馈意见，由业务人员用电话、见面或邮件进行回访，看资源是否需要改善
组织特点	业务上我是故意后退的，让下级有格局观、决策力与果断的预判力 旅游单团部解散，分散到其他部门，现在全公司业务人员可以做旅游单团 业务部有会奖、展览、公商务等专业部门，后方专门做行程、预订、采购，将专业性发挥到极致 未设置研发部，由产品部的凯瑟或张总指挥设计，产品开发团队是灵活的、临时组织起来的。同时，借助专业人员帮助，如与咨询人员讨论
资源特点	新产品线路用到的境外资源，是这些年所有单团类型积累出来的，有一定的合作基础，他们知道我们的需求，给我们匹配和支持 境外资源靠老团队的经验筛选，再从使用中验证资源可行性 采用多种交通方式，增加公司专车及专业车行服务；拥有600多家单团专用的4星及5星级协约商务酒店，另有特色、交通便利的酒店 新的工服和网站 导游跟环意关系更紧密，更有归属感 LUISS大学旅游专业硕士到环意实习 境内资源联合常合作的酒店，介绍我们开发新产品的意向，希望他们能给予支持 合作渠道大部分是主动找来的
流程效率	我们把细节落实到位，细化使我们可控 前端部门和后方部门是紧密沟通的 因为有了新产品，我们和OTA、终端游客的信息交互都有了大幅度的提升
流程柔性	即使我（张环女士）有段时间不在公司，公司也能自动运转起来。业务流程运转，是螺旋式的上升 靠组织把这些资源整合起来，比散拼团更深度、更细致、节奏更慢，一些资源我们的对手无法复制

总经理张环女士认为，"国家在提倡智慧旅游，企业不是因为你需要客户而存在，而是因为企业有价值，客户需要企业，企业才能够存在"。由此，环意提出"快乐地提供有品质的服务"与"慢生活"的旅行方式，在业务流程及与客户的接触中引导客户消费习惯，向忠实客户传递新理念，向潜在客户传递品牌价值。这一阶段，环意在流程接触点中，仍旧坚持以对 B 端客户的服务为主，并且兼顾规范化与人性化服务，兼顾合法化与便捷化的出行方式，增加收集反馈意见的渠道与重视程度，做到持续改善。

四 案例分析

本研究对环意公司实现流程双元性的过程进行深入分析，将该过程分为三个阶段：过渡阶段——实现侧重柔性的可达成业务流程；改进阶段——实现以效率带动柔性的可控制业务流程；发展阶段——实现效率与（内生）柔性的动态平衡的模块化业务流程。

根据环意的不同发展阶段的流程环境和任务，将各时期的营销重点作为关键因素输入，经资源和组织设计逻辑作用后，达到符合当期目标的状态，即业务流程运行的效率与柔性，即输出的流程双元结果。

（一） 环意流程双元实现过程

1. 过渡阶段——实现侧重柔性的可达成业务流程

环意在创建初期资源缺乏、产品功能多样性难以保障预订的顾客满意度，因此这种以满足客户需求而形成的外生柔性较为被动，难以实现整体业务流程的提升与发展。过渡阶段，客户多为老客户，如中青旅、国旅总社、康辉旅行社等，面临着保持老客户与开发潜在客户的任务。如何保证国内外业务正常开展、实现公司的平稳过渡、避免业务波动，是亟待解决的问题。过渡阶段—流程双元分析，如图 5 - 2 所示。

环意从"以客户感受为导向"的流程重心出发，将"专业团队"作为关键因素。该团队从事意大利单团地接服务 12 年，具备专业的业务能力，能准确把握服务细节；同时，环意专业团队与境内外资源存在长期的合作关系，能在资源维系上起到关键作用，成为公司过渡的坚实基础。研究显

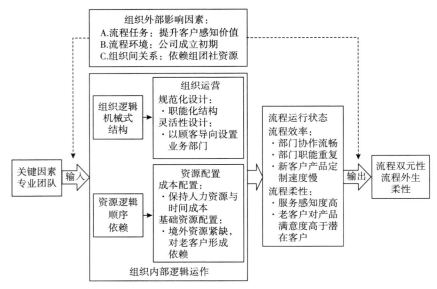

图5-2　过渡阶段——流程双元分析

示，对超过90%的管理者来说，团队是组织成功的关键（Morgeson et al.，2010）。

　　若过分迎合新的客户需求，对于时间、资金、产品资源补充不及时的公司，很难实现业务流程运行的平衡（Sonia，2012）。这一阶段，由于资源的短缺且组织规模较小，环意采取保守的资源与组织运作逻辑，围绕"客户感受"构建服务流程，以业务带动运营。

　　组织运营层面，环意保持机械式的组织结构，即在规范化设计上，采用扁平的职能化结构，管理权限较集中，可抑制资源短缺，确保流程的稳定性（Nohria & Gulati，1996）；团队熟悉的流程设计使各环节协作流畅，也起到节省改组成本的作用（Kindström et al.，2013）。灵活性设计方面，环意业务部门设置较为灵活，各业务部面向所有单团类型的客户，从询价到反馈的全流程中注重细节，能保证客户服务满意度；但职能的重复配置，往往导致计划外的和无利可图的定制服务（Kindström et al，2013），员工价值未得到充分发挥，流程效率有提升的空间。因此，机械式的组织结构中，规范化的设计对业务流程的稳定性起到积极作用，而灵活性的设计强化了流程的适应性。"过渡阶段的服务通常基于已经存在的资源和技术，应与现有组织资源相适应"（Eggert et al.，2011；Oliva et al.，2003）。

资源配置层面，由于境内外资源短缺，环意对长期保持的组织资源与境内外合作资源，采取链条式的资源顺序依赖。①基础资源配置与依赖，依赖既有的人力、物力及信息资源，保持业务流程正常运转，控制成本消耗；依赖原有资源组合的单团产品，导致新客户的出单率低。②保持柔性的服务和定制化的产品，各环节力求满足客户需求，赢得客户口碑与推荐，但有限的资源会延长整个流程服务的周期，定制化产品出单慢，阻碍新客户的进入。因此，资源的顺序依赖对流程的稳定性影响较小（仅控制成本消耗），过于开发流程的适应性特点，对效率起到负面作用。

综上所述，环意在这一阶段仅在面向客户的服务时存在柔性，而满足客户定制需求的资源配置能力较低，流程内部缺乏效率，即外生的流程柔性强。柔性的重要属性包括预见性、敏捷性、适应性（Golden & Powell，2000），而环意的流程更为保守，柔性的适应性属性更为突出，还需要调整资源量及资源依赖强度以改进流程运行状态。

2. 改进阶段——实现以效率带动柔性的可控制业务流程

2010～2013 年，环意实现了平稳过渡，开始发现自身不足，采取流程改进措施。与依赖已有资源的过渡阶段不同，改进阶段企业需要改变组织结构和流程，以开发更先进的服务（Heiner et al.，2017）。该阶段不但秉持"以客户感受为重心"的理念，还强调业务流程的有效性、服务的可控性。表面上企业以规范业务流程的内需和更好服务客户的外需为任务，但从更深层面上看，只有可控才能使环意与组团社的对接有章可循、及时纠偏。旅行产品是组织性极高的服务产品，业务流程组织和资源的可控决定了客户对服务和产品的满意度，影响环意运营利润及效率。该阶段流程分析，如图 5 - 3 所示。

这一阶段，环意从流程的规范化改进入手，并将"协同管理"作为灵活连接流程各部门、资源使用各方的管理思维纽带，使组织各部门、流程环节之间高度衔接，甚至改善组织及关系；有助于组织资源的优化重构，其效果远大于资源分散、各部门独立工作的总和（Schultz et al.，2013）。

组织运营层面，环意在业务可控的前提下加快流程反应速度，进行了组织部门调整，即采用权变结构组织逻辑。该逻辑重点在于根据所处环境和任务，结合协同管理思维进行核心流程优化。规范化设计方面，建立规

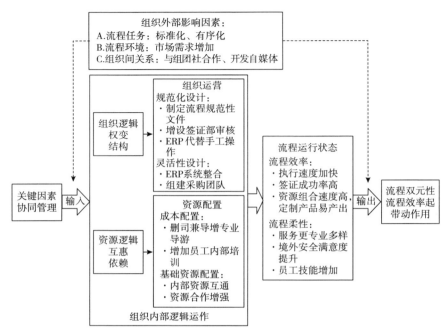

图5-3 改进阶段——流程双元分析

范化部门及工作模板，同时用管理信息系统代替手工作业，弥补技术漏洞，保证协作的高度可控性衔接。灵活性设计方面，发挥 ERP 系统的集成效应，通过管理信息的可视化与透明度，提高信息质量、提高流程反应速度（Pfeiffer，1992）；派业务部门组成采购团队，开发人力资源的潜力（Nohria & Gulati，1996），能同步发挥业务部的职能优势，结合市场上的资源成本数据与公司客户订单情况做出采购考量，避免部门间反复沟通，使流程运行效率提高，且能发挥职能优势，根据市场环境与需求的变化配置资源。因此，权变结构组织逻辑对流程的影响主要体现在：通过规范化设计（如规范的制度、先进的技术）实现流程有效的稳定性；以灵活性的设计（如系统整合、职能互通）提升流程的适应性与敏捷性，即业务流程运行的效率与柔性显著提高。

在资源配置层面，环意通过连续的境外采购，增加差异化的资源，以开发更先进的服务（Bart & Glenn，2017）；同时，为改变被动局面，向资源互惠方向发展。①组织内部资源成本控制与互惠方面，以境外资源的规范化，降低各部门工作质量成本（如赔付、罚款、反面口碑、调查时间成本等），从而保证流程高效；通过内部培训，支撑各级员工的成长，从而提升资源配置能力（周文辉等，2017）与客户服务质量。②基础资源配置与合作方面，环意与信誉度高的境内外资源合作，高水平的宣传渠道为环意提供更多订单达成机会，保证产品产出速率；同时，受合作资源身份/信誉的影响，组团社对服务品质的信赖与满意度也会升级，其稳定的合作状态也保障了终端消费者的回购率，实现互惠共赢。因此，在资源互惠逻辑中，内部资源的成本配置促进业务流程的有效的稳定性（降低出错率、提高衔接度）与流程运行的敏捷性（资源配置的动态能力）；基础资源配置能保证流程的适应性（满足客户的产品/服务需求），即流程效率与柔性均升高。

综上所述，关键因素经过组织逻辑的运作后，缩短流程环节的反应时间，提升了工作规范性和速率，对流程效率产生正面影响；而资源互惠，使高质量的资源在流程部门间和业务组织际均实现互动，带动流程柔性的提升；因此，流程柔性的提升离不开以效率为目标的组织逻辑运作。完成流程可控、序化（效率）的阶段任务，为流程柔性的进一步优化提供可能。

3. 发展阶段——实现效率与（内生）柔性的动态平衡的模块化业务流程

流程双元性是"业务流程在其效率和柔性之间取得平衡的一种状态，平衡的目标是保证组织既可以与当前的业务需求保持一致，同时也能适应环境的变化"。模块化流程具有适应性，可以应对变化多端的市场。

发展阶段，环意业务趋于成熟、客户群稳定，资源逐渐充足。品牌要保持活力，最为关键的是要进行产品的更新，只有开拓新市场，才能找寻出路。因此，要求环意把握时机向客户传递品牌价值与新理念的同时，在更大程度上改变客户价值和行为。这就对业务流程的动态能力产生了更高的要求，需要改善组织内外部合作关系和工作流程，使得关系纽带更加紧密、组织结构更加灵活（Schultz et al.，2013），如图 5 - 4 所示。

环意将新产品作为发展阶段的关键因素，主要受流程任务与流程环境的影响。面对忠实客户的选择，为实现客户体验的周期外非重复化，环意开始更新旅行主题；同时，以标准化产品弥补定制化产品带来的选择惯性、旅行路线选择陈旧化的不足，改变资源闲置以及客户期待停滞等现状。

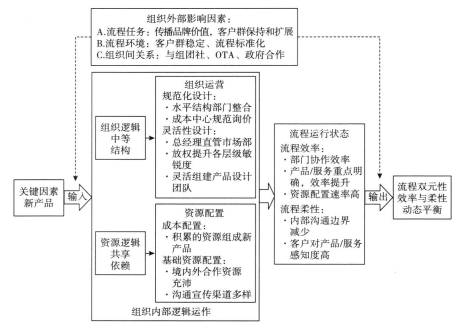

图 5 - 4　发展阶段——流程双元分析

　　组织运营层面，环意选择组织逻辑中等结构，用简单的（未达到有机的）结构提升流程执行速度和效率，使流程各部门有更大的发挥空间，提高流程绩效（Kathleen et al., 2010）。规范化设计方面，进行水平方向的部门整合，减少部门间的沟通边界，提升流程内部执行速率；通过成本中心规范询价，保证流程的精确性。灵活性设计方面，用"放权"提升管理者与员工的洞察力，能使各流程环节对变化的需求做出灵活的响应；同时，裁减订单少的部门，将组织资源分散到重点单团部，从而抑制资源的冗余，提升使用率；以市场部为重心，会增强业务流程的市场响应与市场反应的柔性（Michael, 2004），能快速适应市场的变化、做好预算准备并快速响应，从而有效地控制产品开发、引导客户需求。因此，组织逻辑下的规范化设计（如部门整合、规范询价）影响流程效率（执行速度），保证业务流程有效的稳定性；而灵活性设计（如"放权"、市场部门引导），使环意在产品开发和客户服务中更为主动，提高流程柔性中的适应性、预见性与敏捷性，达成内生流程柔性。

　　资源配置层面，环意对合作资源的依赖程度也较弱，开始转向关系较平衡的资源共享依赖，有助于长期合作（Ragatz et al.，2002）。①在组织内部资源成本配置与共享方面，环意的新产品由各部门积累的资源重新配置而成，挖掘现有资源的潜力、反复验证其组合的可行性，降低服务质量成本，实现流程的稳定性。②在基础资源配置与共享方面，环意的合作资源充足，各合作方为达到运营目的实现资源共享，使产品营销的潜在客户数据增加，能够提升流程的预见性；与信誉度高的合作者共享宣传平台，使客户增强了对品牌的信任与价值感知，从而提高出单率，保证流程运行有效的稳定性。因此，资源共享依赖逻辑中，内部资源的成本配置促进业务流程的稳定性（提升资源重复配置能力、降低服务成本）；基础资源配置能增强流程预见性与有效的稳定性（市场信息丰富，品牌感知增强）。有效的流程稳定性与预见性的逐渐提升，强化了流程效率与柔性。

综上所述，该阶段的组织逻辑与资源逻辑，承接上一阶段的改进效果，继续对流程效率与柔性产生积极影响。有研究显示，以产品为重心的企业存在资源瓶颈，尽管需要定制服务，但是企业需要对服务进行标准化以确保流程效率；如果一味调动人力、物资和信息资源来满足个别客户需求，则会为业务开展带来挑战（Eloranta & Turunen，2015）。这一阶段，资源能保证满足客户定制化需求，且环意的主动性增强，摆脱了被动地呼应客户需求的状况，以新颖的产品服务适应多变的市场，即流程效率带动柔性的增强，增强了柔性的敏捷性与预见性，是一种内生的状态柔性（Powel，1990）。

（二）服务型企业流程双元动态演化的实现机理

该部分讨论了服务型企业业务流程双元实现过程，并对其过程进行了展现，如图 5 - 5 所示。企业从资源的短缺、获取到充裕，从组织运作以客户、优化资源为重心再到以产品为重心，经历了三个阶段。在此过程中，流程状态呈良好的上升趋势，从流程的"低效率、高外生柔性"，到"效率提升带动柔性水平提升"，再到"高效率与高水平内生柔性"，实现流程效率与柔性的动态平衡，即流程双元。

第一阶段，即过渡阶段，成立初期的服务型企业多以客户为重，为在市场上立足，他们全力保证客户对服务的满意度及对品牌价值观的感知。但是，提供定制化服务的企业，起步时资源储备较少，需要根据客户消费

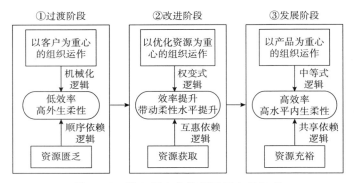

图5-5　服务型企业流程双元实现机理

趋势进行资源配置。因此,需要一定的逻辑运作,保证流程运转。

　　组织在机械化逻辑下,设置繁多的业务岗位,以专业化、权限集中的指挥链,对稀缺资源进行有效利用,保证服务具备针对性和客户感知价值,但不能保证组织灵活性。同时,基于资源的顺序依赖逻辑,客户和境外资源依赖于原有的关系网,使得整个业务流程较为被动;机械结构和较少的资源共同影响下,从客户感受出发,呼应客户定制化需求,但面向新客户的服务流程效率较低;忠诚客户满意度高于新客户且回购率稳定。该阶段的企业状态较差,流程的低效率与高外生柔性并存,难以实现持续发展。

　　第二阶段,即改进阶段,重点放在组织的流程改进与资源的优化升级,以更高效的服务和更丰富的组织资源提升流程效能,保证流程能对客户需求做出积极响应,从而留住老客户、吸引更多新客户。

　　组织运作采取权变结构组织逻辑,包括影响业务流程的重点部门设定、管理技术升级、流程标准化、部门协同管理等,保证业务流程可控。此时,资源逐渐扩充,包括产品和信息资源增加,人力资源水平提升;部门间协同管理,鼓励人力资源的职能兼容。互惠依赖的资源逻辑,实现与组织及部门间的互惠,设定持续的采购能保证柔性配置的资源,有能力保证新老客户满意度与企业利润最大化;组织资源(此处指管理技术、人员技能)的升级也能增强部门间的资源互惠,通过对各部门信息的集成与分析,以合理的成本水平为基准,在流程部门间灵活地调度资源,即流程效率提升带动流程柔性的升级。

　　第三阶段,即发展阶段,经过业务流程的序化改进后,以定制化服务为起点的企业为保持活力，开始用新产品改变客户消费惯性。由于注意到流程效率提升带来的强大效能，企业将以标准化产品结合高效流程，增强获利能力。

受中等化组织逻辑影响，企业为保证业务流程高效，对组织结构进行整合和优化，部门职责更明确、目标更统一，工作内容更符合当前情境；同时，放权给具备市场敏锐度的管理者，灵活制定业务战略、设计价值创造机制，以分担公司的业务责任和风险。资源的共享依赖逻辑，使企业与客户之间的资源依赖强度改变，企业具备更强的资源主导力来引导客户消费行为，弱化定制化服务的被动形势；资源实现部门间共享，为领导部门进行成本可控的资源选购与配置提供依托，从而输出多样化的设计理念，并提高流程各部门的服务质量与效率。以内部良好的资源状态，保证流程的高水平的效率与内生柔性。

经研究发现，服务型企业业务流程的改进，需要根据环境因素与流程重心的变化，输入关键因素，并进行逻辑运作。在组织运作和资源配置层面存在三组逻辑，包括机械化、权变式、中等式组织逻辑，以及资源顺序依赖、互惠依赖、共享依赖逻辑。这两类逻辑在流程运行中存在互补性，使得流程效率与柔性互相促进，以达到最佳状态，即在服务型企业的组织与资源逻辑互动中，实现高水平的流程效率与内生柔性，从流程效率与柔性的动态平衡中提升流程效能，实现企业高绩效。

五　结论与讨论

（一）　理论贡献与管理启示

本章从单团地接旅行社的业务流程出发，引入资源基础理论与双元理论，探讨了中小型服务企业流程双元的实现过程、机理和路径。主要理论贡献如下。

第一，研究发现营销关键因素对输出业务流程双元的重要作用，揭示了通过资源与组织结构理论的运作逻辑的设计，服务型企业可以保证其业务流程双元性。

通过对企业流程发展各阶段的外部环境、服务流程任务和营销重点的识别，找出关键因素，即输入符合阶段任务的营销关键因素——经组织结构规范性与灵活性设计、资源有效控制与优化配置以达到组织内部流程运作双元、面向客户服务的双元性——输出流程双元。这种流程双元的实现是一个由表及里、由低层次到高水平的不断改进过程。通过对案例企业的研究论证，该方法也可用于相似的中小型企业服务流程改进，具有一定的实践意义。但在实践应用中，由于所处行业环境和企业战略的不同，要结合实际情况做出适当调整。

第二，研究发现了中小型服务企业实现流程双元动态演化的机理。

客户资源、组织资源等的不断扩充，可作为实现流程双元的资源条件；而能够协调内部流程部门运作、连接外部资源与流程部门实现优化配置，这两种效用可作为组织条件。服务型企业发展初期，资源有限且结构设计较为机械，无法为流程效率与柔性提供有利条件；而经过流程改进与资源逐步扩充，中等组织结构设计推动了领导力提升，整个流程运作更富灵活性，两个条件达到最佳状态，可实现对资源的配置优化和成本控制、产品与服务的客户满意和内部协调状态良好。最终使流程更具备适应多变的环境的能力，流程双元更接近动态平衡。

第三，揭示服务企业业务流程从"外生柔性＋低效率"到"通过提高效率带动柔性升级"，最终实现"高内生柔性与效率"的路径。

通过对案例企业的研究，打通了中小服务型企业业务流程双元的实现路径。由于服务型企业具有以资源为依托、客户为重心的业务流程运行特点，因此，为满足市场需求、保证持续发展，服务型企业应当以"序化"与"可控"的方式提升流程效率；进而实现资源的高效配置，带动服务的柔性升级。将以适应性为主的外生流程柔性向内生柔性转变，改变企业在市场中的被动地位。最终，以标准化、定制化兼备的资源配置方式，培养并引导客户消费习惯，进一步提升流程效率与柔性的敏捷性与预见性，即实现高内生柔性与效率。

第四，对流程双元性研究的行业类型有所扩充。

现有研究大多围绕着制造业、物流业、金融机构的流程优化，主要探讨信息技术对于流程优化的重要性。但对服务业，特别是旅游行业很少有所涉及。本研究的案例对象是中小型旅游服务企业，研究其服务流程双元的实现弥补了现有研究不足。

（二） 研究局限与展望

本研究主要存在几方面不足：首先，由于是单一企业的案例研究，未能列出营销关键因素实现流程双元性的所有可能的方式，仍可以此为基础进行扩展研究。其次，研究发现对于整个行业的普适性仍需要进一步的探索。未来的研究可以针对验证这项研究的命题，以便可以更好地定义所提出的理论的边界条件。再次，案例分析所用的数据大多是研究团队整理的访谈资料与在案例公司网络各平台收集的第二手数据，虽然数据来源有限，但足以支撑本研究所需。可以在以下几个方面继续研究：第一，探讨流程双元对于企业运营成本控制的影响；第二，关注标准化产品的盈利能力。

参考文献

Ambrosini, Bowman. What are Dynamic Capabilities and are They a Useful Construct in Strategic Management? [J]. *International Journal of Management Reviews*, 2009, 11 (1): 29 – 49.

Annelies Geerts, Floortje Blindenbach-Driessen, Paul Gemmel. Ambidextrous Innovation Behavior in Service Firms[J]. *World Development*, 2010, 19(7): 779 – 789.

Ali Khosravi. Business Process Rearrangement and Renaming: A New Approach to Process Orientation and Improvement [J]. *Business Process Management Journal*, 2016, 22 (1): 116 – 139.

Amit R. , Schoemaker P. J. H. , Strategic Assets and Organizational Rent [J]. *Strategic Management Journal*, 1993, 14(1): 33 – 46.

Bharadwaj A. , El Sawy O. A. , Pavlou P. A. , Venkatraman N. , Digital Business Strategy: Toward a Next Generation of Insights[J]. *Management Information Systems*. 2013, 37(2): 471 – 482.

B. Wernerfelt. On the Role of the RBV in Marketing[J]. *Journal of the Academy of Marketing Science*, 2014, 42(1): 22 – 23.

Bart Kamp, Glenn Parry. Servitization and Advanced Business Services as Levers for Competitiveness[J]. *Industrial Marketing Management*, 2017, 60(1): 11 – 16.

Daniel Kindström, Christian Kowalkowski, Erik Sandberg. Enabling Service Innovation: A

Dynamic Capabilities Approach[J]. *Journal of Business Research*, 2013, 66(8) : 1063 – 1073.

D'Aveni R. A., Dagnino G. B., Smith K. G., The Age of Temporary Advantage[J]. *Strategic Management Journal*, 2010, 31(13) : 1371 – 1385.

de Morais R. M., Kazan, de Pádua, Costa A. L. An Analysis of BPM Lifecycles: from a Literature Review to a Framework Proposal[J]. *Business Process Management Journal*, 2014, 20 (3) : 412 – 432.

Eisenhardt K. M., Martin J. A., Dynamic Capabilities: What are They?[J]. *Strategic Management Journal*, 2000, 21(10) : 1105 – 1121.

Eloranta V., Turunen T., Seeking Competitive Advantage with Service Infusion: A Systematic Literature Review[J]. *Journal of Service Management*, 2015, 26(3) : 394 – 425.

Eggert A., Hogreve J., Ulaga W., Muenkhoff. Industrial Services, Product Innovations, and Firm Profitability: A Multiple-group Latent Growth Curve Analysis [J]. *Industrial Marketing Management*, 2011, 40(5) : 661 – 670.

George S. Day. An Outside-in Approach to Resource-based Theories[J]. *Journal of the Academy of Marketing Science*, 2014, 42(1) : 27 – 28.

Gibson, J., Birkinshaw. The Antecedents, Consequences, and Mediating Role of Organizational Ambidexterity[J]. *Academy of Management Journal*, 2004, 47(2) : 209 – 226.

Golden W., Powell P., Towards a Definition of Flexibility: in Search of the Holy Grail[J]. *Omega*, 2000, 28(4) : 373 – 384.

Gilbert. Unbundling the Structure of Inertia: Resource versus Routine Rigidity[J]. *Academy of Management Journal*, 2005, 48(5) : 741 – 763.

Hammer M., The Process Audit[J]. *Harvard Business Review*, 2007, 85(4) : 111 – 123.

Heiner Lütjena, Frank Tietzeb, Carsten Schultza. Service Transitions of Product-centric Firms: An Explorative Study of Service Transition Stages and Barriers in Germany's Energy Market[J]. *International Journal of Production Economics*, 2017, 3(21) : 1 – 12.

Jay B. Barney. How Marketing Scholars might Help Address Issues in Resource-based Theory[J]. *Journal of the Academy of Marketing Science*, 2014, 42(1) : 24 – 26.

Jay B. Barney. Firm Resources and Sustained Competitive Advantage[J]. *Journal of Management*, 1991, 17(1) : 99 – 120.

Karimi J., Somers T. M., Bhatta cherjee A., The Role of Information Systems Resources in ERP Capability Building and Business Process Outcomes[J]. *Journal of Management Information Systems*, 2007, 24(2) : 221 – 260.

Kozlenkova I. V., Samaha S. A., Palmatier R. W., Resource-based Theory in Marketing

[J]. *Journal of the Academy of Marketing Science*, 2014, 42(1): 1 – 21.

Kindström D., Kowalkowski C., Sandberg E., Enabling Service Innovation: A Dynamic Capabilities Approach[J]. *Business Research*, 2013, 66(8): 1063 – 1073.

Kathleen M., Eisenhardt, Nathan Furr, Christopher Bingham. Crossroads—Micro-foundations of Performance: Balancing Efficiency and Flexibility in Dynamic Environments[J]. *Organization Science*, 2010, 21(6): 1263 – 1273.

Lee R. P., Grewal R., Strategic Responses to New Technologies and their Impact on Firm Performance[J]. *Journal of Marketing*, 2004, 68(4): 157 – 171.

Lusch R. F., Brown J. R., Interdependency, Contracting, and Relational Behavior in Marketing Channels[J]. *Journal of Marketing*, 1996, 60(4): 19 – 38.

M. Rosemann. Proposals for Future BPM Research Directions[J]. *Asia Pacific Business Process Management*, 2014: 1 – 15.

Morgeson F. P., DeRue D. S., Karam E. P., Leadership in Teams: A Functional Approach to Understanding Leadership Structures and Process[J]. *Journal of Management*, 2010, 36(1): 5 – 39.

M. Kohlbacher. The Effects of Process Orientation: A Literature Review [J]. *Business Process Management Journal*, 2010, 16(1): 135 – 152.

Minonne C., Turner G., Business Process Management: Are You Ready for the Future[J]. *Knowledge and Process Management*, 2012, 19(3): 111 – 120.

Michael Wade. The Resource-based View and Information Systems Research: Review, Extension and Suggestions for Future Research[J]. *MIS Quarterly*, 2004, 28(1): 107 – 142.

N. Nohria, R. Gulati. Is Slack Good or Bad for Innovation[J]. *Academy of Management Journal*, 1996, 39(5): 1245 – 1264.

Niehaves B., Henser J., Boundary Spanning Practices in BPM: A Dynamic Capability Perspective[A]. Proceedings of the 17th Americas Conference on Information Systems, Detroit, MI, 2011.

O'Reilly, Tushman. Ambidexterity as a Dynamic Capability: Resolving the Innovator's Dilemma[J]. *Research in Organizational Behavior*, 2008, 28: 185 – 206.

Oliva R., Kallenberg. Managing the Transition from Products to Services[J]. *International Journal of Service Industry Management*, 2003, 14(2): 160 – 172.

Prahalad C., Hamel G., The Core Competence of the Corporation[J]. *Harvard Business Review*, 1990, 68: 71 – 91.

Priem R. L., Butler J. E., Tautology in the Resource-based View and the Implications of

Externally Determined Resource Value: Further Comments[J] . *Academy of Management Review*, 2001, 26(1) : 57 – 66.

Pan S. L. , Tan B. , Demystifying Case Research: A Structured-Pragmatic-Situational(SPS) Approach to Conducting Case Studies[J] . *Information and Organization*, 2011, 21(3) : 161 – 176.

Pfeiffer H. K. C. , The Diffusion of Electronic Data Interchange[J] . *Contributions to Management Science*, 1992, 15(2) : 704 – 709.

Powell W. W. , Neither Market nor Hierarchy: Network Forms of Organization[J] . *Research in Organizational Behavior*, 1990, 12: 295 – 336.

Rothaermel Alexandre. Organizational Ambidexterity: Towards a Multilevel Understanding [J] . *Journal of Management Studies*, 2009, 46(4) : 597 – 624.

Ragatz G. L. , Handfield R. B. , Petersen K. J. , Benefits Associated with Supplier Integration into New Product Development under Conditions of Technology Uncertainty[J] . *Journal of Business Research*, 2002, 55(5) : 389 – 400.

Simsek Z. , Ciaran, Veiga, Souder D. , A Typology for Aligning Organizational Ambidexterity's Conceptualizations, Antecedents, and Outcomes [J] . *Journal of Management Studies*, 2009, 46(5) : 865 – 894.

Sebastian, Birkinshaw. Organizational Ambidexterity: Antecedents, Outcomes, and Moderators[J] . *Journal of Management*, 2008, 34(3) : 375 – 409.

Seethamraju, R. , Business Process Management: A Missing Link in Business Education [J] . *Business Process Management Journal*, 2012, 18(3) : 532 – 547.

Sanchez R. , Heene A. , Thomas H. , Introduction: Towards the Theory and Practice of Competence-based Competition[M] . Pergamon Press, Oxford, 1996.

Scheer L. K. , Miao C. F. , Garrett, J. , The Effects of Supplier Capabilities on Industrial Customers' Loyalty: The Role of Dependence[J] . *Journal of the Academy of Marketing Science*, 2010, 38(1) : 90 – 104.

Sonia D. Bot. Process Ambidexterity for Entrepreneurial Firms[J] . *Technology Innovation Management Review*, 2012(2) : 21 – 27.

Schultz C. , Salomo S. , Talke K. , Measuring New Product Portfolio Innovativeness: How Differences in Scale Width and Evaluator Perspectives Affect its Relationship with Performance [J] . *Product Innovation Management*, 2013, 30(S1) : 93 – 109.

Thomas H. , Davenport, Paul Barth, Randy Bean. How Big Data is Different[J] . *MIT Sloan Management Review*, 2012, 54(1) : 43 – 46.

Ulaga W. , Reinartz W. J. , Hybrid Offerings: How Manufacturing Firms Combine Goods and Services Successfully[J] . *Journal of Marketing*, 2011, 75(6) : 5 – 23.

Viaene S. , Data Scientists aren't Domain Experts[J] . *IT Professional*, 2013, 15(6) : 12 – 17.

曹红军，卢长宝，王以华. 资源异质性如何影响企业绩效：资源管理能力调节效应的检验和分析 ［J］. 南开管理评论，2011，14（4）.

李烨，彭思喜. 战略柔性、双元性创新和企业绩效 ［J］. 管理学报，2011，8（11）.

孙浩，徐文宇. 社会组织承接公共服务效能评价指标体系的构建 ［J］. 统计与决策，2017，478（10）.

谢蓉，凌鸿，张诚. 流程柔性研究：组织双元性理论的借鉴 ［J］. 软科学，2012，26（6）.

赵付春，凌鸿. IT 对组织流程双元性的影响研究——基于中国信息化500 强榜单企业的面板数据分析 ［J］. 研究与发展管理，2011，23（2）.

周文辉，杨苗，王鹏程，王昶. 赋能、价值共创与战略创业：基于韩都与芬尼的纵向案例研究 ［J］. 管理评论，2017，29（7）.

第6章 基于杠杆理论的品牌生命力构建*

一 引言

全球化进程的加快以及随之而来的竞争激烈化，使得企业为了寻求更好的发展采取各种营销战略，品牌战略也被作为关键战略之一。正如营销大师 Kotler 曾指出的，品牌和产品具有一定的相似之处，也要经历导入、成长、成熟和衰退的发展过程。一个品牌是否具有生命力，将决定一个企业在竞争中能否具有持续的竞争优势。迈克尔·波特要求公司建立一种可持续的竞争优势，即公司拥有一种力量，使其在一个或多个方面的表现让竞争者难以企及（Porter，1980）。从现有文献来看，已有文献主要关注了品牌建设的重要性以及企业保持持续竞争优势的重要作用。主要观点认为，企业如果拥有有价值的、不可模仿的资源，就有可能获得持续的竞争优势（Barney，1991；Barney，2001）。而资源既可以来自企业外部，也可以来自企业内部，企业只有通过对资源进行整合，才能提升其动态能力（Wang & Ahmed，2007）。但经过整合的资源具有一定的时效性，随着企业的不断发展，这些资源可能无法继续发挥最初的效能（Eisenhard & Martin，2000）。因此，企业在整合资源的过程中需要形成一种动态能力，从而使企业保持持续的竞争优势（Wu，2010；马鸿佳等，2010）。

上述研究初步解释了品牌保持持续竞争优势的重要性，但是，关于品牌建设的研究只关注品牌占有资源以及品牌保持持续竞争优势的重要性，而忽视了品牌在其发展过程中，如何通过有限的内部力量借助更多的外部力量发展，从而使品牌具有强大的生命力。因此，本章试图回答：（1）品

---

* 张静．基于杠杆理论的品牌生命力构建研究［D］．西安工业大学硕士学位论文，2014.

牌如何通过有限的内部力量来借助更多的外部力量，从而形成品牌的"借力过程"；（2）如何将借助的外部力量内化为品牌自身力量，从而形成品牌的"使力过程"；（3）如何通过借力过程和使力过程的互动与配合，构建品牌生命力。

二　文献述评

（一）　财务杠杆理论

杠杆原理最初作为物理学概念，在管理学领域中较早应用该原理的是财务管理学。Modiglian 和 Miller（1958）提出 MM 理论，该理论认为，在不考虑公司所得税，且企业经营风险相同而只有资本结构不同时，公司的资本结构与公司的市场价值无关。公司通过财务杠杆利益的不断增加，不断降低其资本成本，负债越多，杠杆作用越明显，公司价值越大。高杠杆的公司更有可能失败，暴露潜在的诉讼和审计费用，因此产生高费用（Simunic，1980）。杠杆被作为总资产的长期负债，公司在处于困境的情况下，很少考虑创新性投资产生的未来收益，高杠杆会减少公司创新性投资（Bhagat & Welch，1995）。杠杆被认为对公司绩效产生负面的影响，高杠杆可能使得管理者减少对盈利的投资（Ahn et al.，2006）。对于所有公司来说，失败的可能性与更高的杠杆显著相关，高财务杠杆的公司会减少对服务创新的投入（Wilson & Wright，2012；Dotzel et al.，2013）。同时，举债经营容易增加债权人对公司未来盈利能力的信心，更高的财务杠杆可以推动工业多样化（Singh et al.，2001；Kochar & Hitt，1998）。

国内学者也通过不同视角分析了财务杠杆的作用。何源等（2007）关注控股股东与中小股东的利益冲突，分析了股权集中背景下财务杠杆的作用，发现随着控股股东持股比例的提高，财务杠杆对投资的抑制作用会减弱。王鲁平和毛伟平（2010）提出财务杠杆既可以抑制过度投资，也会导致投资不足，并且短期负债所引致的投资不足程度大于对投资过度的抑制。

（二）　战略杠杆理论

杠杆原理在战略管理领域得到了进一步发展，Barney（1991）从资源

角度出发，提出企业如果拥有有价值的、不可模仿的资源，企业就有可能
获得持续的竞争优势。还有学者综合了竞争战略理论、业务组合计划、
PIMS 原则以及博弈论的基本思想提出战略杠杆理论，向管理者阐明了如何
通过改变竞争地位及产业结构创造新的机遇，进而为管理者分析、制订长
远的战略规划提供了一种有效的工具。企业的竞争优势不仅体现在企业在
市场中具有支配地位，而且体现在企业具有不断完善资源杠杆的能力
（Wernerfelt，1984；Grandvaland & Vergnaud，2006）。杠杆资源，是指企业
通过资源杠杆作用来追求机会，而不管其自身能够控制这些资源（Steven-
son & Jarillo，1990）。Elfring 和 Hulsink（2003）提出获取资源的关键是在
获得所需资源的过程中使用最小的成本。Coff（2006）指出，杠杆资源的
利用效率和效果比杠杆资源的可获得性本身更为重要。

　　战略杠杆来源于企业内部资源，其中包括有形资源和无形资源，内部
资源优势与资源的性质、数量、结构等因素相关，资源的稀缺性和资源整
合能力是形成内部资源优势的关键（许合先，2008）。战略杠杆发挥作用
的关键在于企业内部资源的价值，能够使企业具有内部竞争优势，同时有
价值的资源也能够提升企业对合作伙伴的吸引力。资源的应用存在于一定
的战略环境中，要将资源与战略结合起来，形成一定的资源与战略相适应
的环境，才能让资源真正发挥作用。

　　企业外部资源也是充分发挥战略杠杆作用的重要因素。公司的快速成
长需要利用更多的外部资源，但这往往受到企业自身控制资源的限制，企
业需要利用更多的杠杆资源来解决这种资源约束（Jarillo，1989；Stevenson
et al.，1985；Timmons，1999）。企业通过参与、交流、合作等方式来吸收
外部相关资源，通过借用外部资源形成杠杆机制。企业通过寻找对自身有
价值的资源为自己所用，处于更有利的竞争位置，通过对外部资源的整
合，提升企业自身竞争力。借力行为是外部导向的，并且其目标是对资源
进行配置和利用，从而在市场中获得有利的位置（Ndofor et al.，2011）。
借力行为并不会对组织机构产生快速的影响，也不会瞬间影响其他行为。
结构化的行为可以影响有价值的资源，同时通过组织对机遇的把握程度影
响组织收益（Barney，1986；Moliterno & Makadok，2003）。

　　赵海峰等（2003）提出核心能力可以控制战略杠杆，从而获得更大收
益，企业可以通过战略杠杆确定发展目标，同时，战略杠杆可以看作企业

外部环境所提供的机会或是施加的限制，只具有核心能力而不关注外部环境的影响，或是只关注外部环境而忽视了核心能力建设，都很难使战略杠杆发挥作用，企业通过核心能力的建立、培养与调整，使核心能力与战略杠杆相匹配，从而获得更大的收益。王迎军（1997）提出战略应更多地关注借助企业外部资源以获得竞争优势，而不是仅仅关注企业自身的资源和能力。赵道致和张靓（2006）则从资源观点出发，对资源杠杆的关键要素、实施条件以及实施策略进行了分析，认为资源杠杆是指企业利用自身资源和对外部资源的管理能力，借助企业外部资源，从而保持持续竞争力的战略运营模式。企业内部资源与外部资源之间存在着互动关系，这种互动关系使得杠杆能够发挥其效用，最终提升企业竞争力（许合先，2009）。

（三） 品牌杠杆理论

企业品牌是特殊的，因为它明确地代表一个组织，它可以促进品牌管理，支持内部品牌建设，通过支持沟通扩大公司支持者的范围，并形成最终的品牌，通过杠杆作用建设品牌的途径有：加强品牌的形象、让沟通更加有效、对品牌形象进行改进、善于利用已有的品牌资产、对竞争者给予限制以及给予品牌驱动力（Aaker，2004）。品牌在竞争中，通过借助多方资源的力量提升自身的竞争力（Phoenix & Arizona，2009；Barney et al.，2010）。品牌杠杆战略不仅关注品牌内部资源，而且关注品牌外部资源，通过与外部实体建立联系，将人们对外部实体积极的态度、印象、评价等转移到自身品牌上来，从而增强品牌竞争力，强调通过借助外部力量来创建品牌的自身资产，即"借势"战略（王海忠、刘红艳，2009）。

此外，通过次级品牌知识杠杆化（leveraging secondary brand knowledge），也可以实现品牌借力。品牌本身可以和消费者大脑中具有的其他实体的知识结构联系起来，通过这种联系，消费者就可以假设或推断，这些实体所引发的一些联想或拥有的特征也许某品牌同样具有。也就是说，一个品牌的创建，可以借助于其他的品牌或是组织，当消费者缺乏足够的知识来选择品牌时，就会根据次级品牌知识做出购买决策。消费者对某一实体具备一些知识，当一个品牌与该实体相关联时，消费者会推断属于该实体的性质同样也属于该品牌。如果现有品牌联想在一定程度上不足，那么，通过次级品牌知识杠杆化对于建立强有力的、偏好的和独特的品牌联想就非常重要（Keller，2009）。与品牌关联的实体包括：公司（如通过品牌战略）、国家或其他地理区域（如通过对产品原产地的识别）（Li & Wyer，1994）、分销渠道（如通过渠道策略）、其他品牌（如通过品牌联盟）、特色（如通过许可授权）、代言人（如通过其为商品做广告）（McCracken，1989）、事件（如通过赞助）以及其他第三方资源（如通过奖励或评论）等。

表6-1 杠杆理论相关研究

相关理论	主要观点	来源
财务杠杆理论相关研究	在不考虑公司所得税，且企业经营风险相同而只有资本结构不同时，公司的资本结构与公司的市场价值无关	Modiglian & Miller（1958）
	高杠杆的公司更有可能失败，暴露潜在的诉讼和审计费用，因此产生高费用	Simunic（1980）
	公司杠杆被作为总资产的长期负债，在公司处于困境的情况下很少考虑创新性投资产生的未来收益，高杠杆会减少公司创新性投资	Bhagat & Welch（1995）
	杠杆被认为对公司绩效产生负面的影响，高杠杆可能使得管理者减少盈利投资	Ahn et al.（2006）
	对于所有公司来说，失败的可能性与更高的杠杆显著相关，高财务杠杆的公司会减少对服务创新的投入	Wilson &Wright（2012）；Dotzel et al.（2013）
	举债经营容易增加债权人对公司未来盈利能力的信心，更高的财务杠杆可以推动工业多样化	Singh et al.（2001）；Kochar & Hitt（1998）
	随着控股股东持股比例的提高，财务杠杆对投资的抑制作用会减弱	何源、白莹（2007）；姚明安、孔莹（2008）
	财务杠杆既可以抑制过度投资，也会导致投资不足，并且短期负债所引致的投资不足程度大于对投资过度的抑制	王鲁平、毛伟平（2010）
战略杠杆理论相关研究	企业如果拥有有价值的、不可模仿的资源，就有可能获得持续的竞争优势	Barney（1991）
	战略杠杆理论在综合竞争战略理论、业务组合计划、PIMS原则以及博弈论的基本思想基础上，向管理者阐明了如何通过改变竞争地位及产业结构创造新的机遇，进而为管理者分析、制订长远的战略规划提供了一种有效的工具	Lele（1992）

续表

相关理论	主要观点	来源
战略杠杆理论相关研究	企业的竞争优势不仅体现在企业在市场中具有支配地位，而且体现在企业具有不断完善资源杠杆的能力	Wernerfelt（1984）；Grandvaland & Vergnaud（2006）
	杠杆资源，是指企业通过资源杠杆作用来追求机会，而不管其自身能够控制这些资源	Stevenson & Jarillo（1990）
	获取资源的关键是在获得所需资源的过程中使用最小的成本	Elfring & Hulsink（2003）
	杠杆资源的利用效率和效果比杠杆资源的可获得性更为重要	Coff（2006）
	战略杠杆来源于企业内部资源，其中包括有形资源和无形资源，内部资源优势与资源的性质、数量、结构等因素相关，资源的稀缺性和资源整合能力是形成内部资源优势的关键	许合先（2008）
	企业外部资源也是充分发挥战略杠杆作用的重要因素。公司的快速成长需要利用更多的外部资源，但这往往又受到企业自身控制资源的限制，企业需要利用更多的杠杆资源来解决这种资源约束	Jarillo（1989）；Stevenson et al.（1985）；Timmons（1999）
	借力行为是外部导向的，并且其目标是对资源进行配置和利用，从而在市场中获得有利的位置	Ndofor et al.（2011）
	借力行为并不会对组织机构产生快速的影响，也不会瞬间影响其他行为。结构化的行为可以影响有价值的资源，同时通过组织对机遇的把握程度影响组织收益	Barney（1986）；Moliterno & Makadok（2003）
	资源杠杆是指企业利用自身资源和对外部资源的管理能力，借助企业外部资源，从而保持持续竞争力的战略运营模式	赵道致、张靓（2006）
品牌杠杆理论相关研究	企业品牌可以促进品牌管理，支持内部品牌建设，通过支持沟通扩大公司支持者的范围，并形成最终的品牌	Aaker（2004）
	品牌在竞争中，通过借助多方资源的力量提升自身的竞争力	Phoenix & Arizona（2009）；Barney et al.（2010）
	品牌杠杆战略是一种通过整合外部资源来达到借力、省力目的的品牌资产创建新模式，强调通过借助外部力量来创建品牌的自身资产，即"借势"战略	王海忠、刘红艳（2009）
	通过次级品牌知识杠杆化，可以实现品牌借力	Keller（2009）

（四） 杠杆理论相关研究总结

通过总结杠杆理论的相关研究（见表 6 - 1），我们发现在相同的内部资源条件下，战略杠杆可以形成放大效应，使企业获取更多的外部资源从而赢得竞争优势。企业通过投资于关系共享资产，达到借用资源的目的，通过吸纳和借用外部资源，发挥杠杆作用（许合先，2009）。

已有研究关注企业应在内部力量的前提下，通过借助相关外部力量，形成有效的借力机制，从而进一步扩大企业的竞争优势。但是，已有研究并没有对企业如何通过内部力量从而借助更多外部力量进行深入的分析，以及缺乏对企业借力使力机制作用机理的详细阐述。本章深入分析品牌如何通过有限的内部力量来借助更多的外部力量、如何将借助的外部力量内化为品牌自身力量以及如何通过借力过程和使力过程的互动与配合形成强大的品牌生命力。

虽然现有文献对本研究提供了十分有意义的启示，但是已有研究没有深入剖析借力使力机制的内部作用机理，即只关注在相同的内部资源条件下，战略杠杆可以形成放大效应，使企业获取更多的外部资源从而赢得竞争优势。已有研究或是关注通过借助企业外部资源，发挥战略杠杆作用（Jarillo，1989；Stevenson et al.，1985；Barney，1991；王迎军，1997；Timmons，1999；Barney，2001；Wu，2010），或是关注内部资源的价值以及企业的核心能力，有价值的内部资源能够提升企业对合作伙伴的吸引力，资源的应用要存在于一定的战略环境中，要将资源与战略结合起来，形成一定的资源与战略相适应的环境，才能让资源真正发挥作用（Wernerfelt，1984；Barney，1991；Barney，2001；Grandvaland & Vergnaud，2006；许合先，2008；Barney et al.，2010）。只具有核心能力而不关注外部环境的影响，或是只关注外部环境而忽视了核心能力建设，都很难使战略杠杆发挥作用，利用自身资源和企业对外部资源的管理能力，借助企业外部资源，从而保持持续竞争力，企业内部资源与外部资源之间存在着互动关系，这种互动关系使得杠杆能够发挥其效用，最终提升企业竞争力（赵海峰等，2003；赵道致、张靓，2006）。但是，已有研究缺乏对外部资源的利用能力、内部运营能力以及整合外部资源利用与内部运营能力的详细阐述。

三 案例描述

（一） 案例背景介绍

环意品牌的创建过程，如图6-1所示。

1998年	2003年	2005年	2006年	2007年	2008年	2009年	2010年
意大利M国际旅行社北京代表处成立	张环女士成为这一代表处的首席代表，为游客提供定制化的服务	随着欧洲签证的开放，在欧洲其他大型地接社的冲击下，M旅行社渐失竞争力	团队与各大旅行社合作经营B2B业务，偶尔直接与消费者做B2C业务	团队将M旅行社的品牌定位为：欧洲商旅专家，协助国内旅行社为从中国出境去欧洲旅行的游客提供定制化服务	M旅行社在中国的经营陷入困境，竞争力再度被削弱，最终退出中国市场	张环女士及其团队与自己的客户心中期待已久的"单团地接"心智认知连接	张环女士及其团队在意大利罗马投资注册新的地接社——意大利环意国际旅行社

图6-1 环意品牌的创建过程

意大利环意国际旅行社的前身为意大利 M 国际旅行社 1998 年设立于北京的代表处，张环女士（现为环意总经理）于 2003 年成为这一代表处的首席代表，该代表处从属于该公司威尼斯分部，专注服务中国市场，为前往意大利旅游和进行商务活动的中国出境游客提供定制化服务。

2005 年，随着欧洲签证的开放，在欧洲其他大型地接社的冲击下，M 旅行社渐失竞争力。张环女士带领的北京团队出于业务的压力，不但与各大旅行社合作经营 B2B 业务，偶尔也直接与消费者做 B2C 业务，而且在 2005～2006 年，他们把去日本、韩国、美国、意大利等国家的行程都印刷到公司的宣传手册里，但这一分散经营策略不仅削弱了经营团队的力量，而且并没有带来业务量的增加。

在经营过程中，张环女士及其团队逐渐树立起品牌意识，2006 年，北京员工开始统一穿工服。2007 年，团队将 M 国际旅行社的品牌定位为：欧洲商旅专家，协助国内旅行社为从中国出境去欧洲旅行的游客提供定制化服务。即使这个定位已经开始聚焦，但仍没有从根本上解决其竞争力相对薄弱的问题。

2008 年，随着中国旅游市场的逐渐成熟，M 旅行社并没有根据大环境的变化准确地理清其核心竞争力——为单团游客提供量身定制服务。2009年，M 旅行社在中国的经营陷入困境，竞争力再度被削弱。

张环女士及其团队分析造成这种困境的原因，主要是中西方思维方式和语言的差异、与威尼斯分部预订服务沟通不灵活、威尼斯分部独立预订服务的模式不能做到成本透明化等。于是张环女士及其团队提出继续使用 M 旅行社品牌并且直接预订意大利地接服务的经营方案，但是这一改革方案并没有被意大利总部采纳，并且在意大利总部的权衡之下决定关闭北京代表处，退出中国出境旅游市场。在这种情况下，张环女士及其团队寻求与有着 30 多年经营历史的竞争对手意大利 A 旅行社的品牌合作机会，但也没有成功。在与 A 旅行社接洽的同时，张环女士已经着手在意大利成立新的地接社，在寻求合作未果的情况下，最终团队选择了创建自己的品牌。

2009 年开始，张环女士及其团队通过与自己的客户心目中期待已久的"单团地接"心智认知进行连接，同时通过给自己的竞争对手贴上"散拼团地接"标签的方法，将自己的业务定位为"单团地接"，进一步将满足游客定制化出行需求的单团地接服务与以往的无法为游客提供个性化服务体验的散拼团地接服务区分开来。

2010 年初，张环女士以原核心团队成员为基础、以意大利单团地接为主要经营业务，在意大利罗马投资注册新的地接社——意大利环意国际旅行社。环意国际旅行社以"协助中国旅行社为游客量身定制满足其需求的意大利单团地接服务"作为品牌定位，以"为游客创造个性化的旅行体验"作为核心价值，开创了国内旅游行业"单团地接"新品类。

一个品牌在其创建与发展过程中，不仅要依靠品牌自身的力量，而且要充分借助品牌外部力量。在品牌建设与品牌发展过程中，环意充分在现有品牌内部力量的基础上，通过借助外部力量提升自身品牌竞争力。环意凭借其专业化的服务品质，通过传播和强化环意在客户心智中的认知来不断树立其行业领导者的形象，并且通过借助外部力量构建更高层面的营销推广平台，同时进一步夯实内部运营实力，最终使环意在客户心智认知中形成代表"单团地接"这一新品类的品牌，成为国内单团地接旅行社的领导者。

（二） 品牌具有的内部力量

作为新兴单团地接旅行社品牌，由于其经营团队有着在 M 旅行社时期的经验积累，环意凭借标准化的服务流程、专业化的服务团队、完善的沟通渠道以及领导者特质，为品牌的发展积蓄了一定的品牌内部力量。

1. 标准化的服务流程

环意的核心竞争力在于对单团的理解和把握比较到位，在服务细节以及服务专业程度上做得十分到位。单团游客重视实现自身个性化的旅游体验，单团的这一特点，决定了环意在市场上比竞争对手的散拼团更具有优势。同时，环意在意大利拥有 600 多家单团专用的四星及五星级协约商务酒店，各种单团专用的小型豪华车及专业车行服务，以及在意大利的各种公务活动安排渠道，这就使得在单团游客旅行的各个环节，环意都能够提供专业化、定制化的服务。

环意服务的特点包括：细节化、个性化和专业化。首先，公司的服务在细节上做到无可挑剔。酒店提前办理手续，减少旅客在大厅里等待的时间；把助理安排到领导隔壁的房间，方便提供服务；为情侣安排市中心的特色酒店，导游下班后，情侣还可以自行出来活动；安排游客去意大利本地人购物的场所购物，让游客获得真正的实惠；去特色酒庄品酒，体验原汁原味的意大利风情；等等。其次，环意通过对时间的管理，为游客创造更多美好的旅行体验。例如，在一般人看来的一本普通地图册，通过环意在地图上标注了两个目的地之间的距离，可以估算行程时间，从而使游客能够做出更合理的出行安排。再次，环意的员工对工作流程以及相关事宜都十分熟悉。比如，接机时是否安排拉展品的拖车，展会期间要几个翻译，展会期间是否有人想组织一个半天的旅游，展期结束就要回国的展商是否要送机，还有展后行程设计等方面，每个环节都提前安排好。环意在客户询价、报价、团队跟踪、团队确认、客户回传及相关操作、资料收集、团队运行、售后服务、归档整理等一系列过程中都有着规范化、专业化的服务流程。在此基础上，环意对境外导游服务的要求也十分严格，注重培养导游人员超前的服务意识，将为游客提供优质的服务作为标准，为客户提供了可控的境外服务。环意标准化的服务流程，如表 6 - 2 所示。

表6-2　标准化的服务流程访谈描述

访谈对象	访谈内容
张环女士	每一次旅行都应是十分细腻的体验，环意的价值就是通过服务帮助游客创造这段人生体验！
	旅行是人生难得的体验，非常珍贵，在旅行中获得的体味是十分细腻的
	当环意安排游客沿狭窄的螺旋楼梯爬到圣彼得大教堂的穹顶俯瞰罗马时，安排游客在撒丁岛骑马，感受河水拍打在腿上的温度与力量时，当游客悠闲地享受异国风情，而不必赶时间，放纵景点从身边飞驰而过时，这才是人们对旅行本真的期待。这也是环意为什么专注单团地接的另一个原因，舍弃散拼团业务其实并不是单单为了追求特立独行的市场竞争优势，更是因为我们坚信"自由自主的旅游体验"才是符合人性的服务，即使现在的市场仍以大众产品为主，但我们依然坚定人性的渴望和力量是市场需求的本源。消费者的旅游目的及需求会伴随着社会的发展而被唤醒，并将更加清晰
	环意只有是一个专家，才能保证他的客户满意，并在这里重复消费。所以我们的表现必须是专家，因为我们知道，我们只有以专家的身份出现，才是对他最好的支持

2. 专业化的服务团队

环意为了保证企业员工的稳定性，不仅在战略定位上满足员工的成就感，同时创造条件激发员工的正能量，并在员工的心中植入公司的企业文化。公司的企业文化可以由两句话来概括："全心全意照顾好身边的每一个人"和"更懂意大利"。通过派员工去意大利学习、让他们当领队、内部培训意大利风土人情等方式，形成了一个不断学习意大利相关知识的氛围。公司坚信一个企业的专业度不是体现在领导层的专业度上，而是体现在基层员工的专业度上，为了培训员工的专业性，公司每年都会派各个部门的基层员工去考察学习，每个部门的员工大概每年都会参加一次这样的培训。此外，公司为了培养员工的积极心态，激发员工的正能量，在每周一有一个小时的晨会，在这个晨会中，大家一起来齐声朗读一些激发员工正能量的书。环意专业化的服务团队，如表6-3所示。

表6-3　专业化的服务团队访谈描述

访谈对象	访谈内容
张环女士	经过各项资源的进一步整合，环意目前在吃住行游购娱等各方面都具备品质资源保证，在硬件不断扩大完善的同时，"更懂意大利单团地接"则是提升员工专业素养的重要准则

访谈对象	访谈内容
张环女士	当没人比你更懂意大利单团地接的时候，你就成功了
张环女士	只有不辍地学习、创新、进步，才对得起客户对我们的这份信任
张环女士	环意团队的每个人犹如蚂蚁，每个人都在一丝不苟地各司其职、谦逊自信。个体虽小，但集体的合力则力大无穷，在推动企业发展的同时，分享美好的旅游体验给游客，收获人生的价值与自我
张环女士	就好像说有一种资产，它是轻的，讲究软实力，一个单位不同的员工，同样的平台，同样的品牌，同样的产品，不同的员工他有不同的收获和业绩，企业和企业比也是比的那个软功，软实力
张环女士	一周读一次羊皮卷，一个月四次。读完之后换下一章，但是每次读还是有不同的感受，当时新员工来还是会排斥。他们说这是华而不实，但是他们坚持一两个月后观念就变了，就是因为很多员工的正能量被激发出来，企业才能够激发正能量
环意部门总监	每个人都是心甘情愿，不是被动的，都是主动的，就是爱这份工作，爱这份事业，不是当作给谁打工，就把它当作自己的事，当你播了种子并精心培育时，你不愁没有果实
环意客户	我们去意大利旅行的团队，一般情况下会交给环意，因为我们的游客大部分是高端客户，对旅行的要求比较高，而环意的服务品质是可以保证游客需求的，并且环意在接待赴意大利旅行团队上，在同行业中是最专业的
环意客户	我们会把赴意大利旅行团队中 30% 的游客交给环意，环意的服务品质是十分专业的，由于环意的价格稍微高于同行业其他品牌，因此我们会考虑到游客的需求，从而选择合作伙伴

3. 完善的沟通渠道

环意借助各种媒体资源与客户、合作伙伴以及其他利益相关者不断完善沟通渠道。环意在做品牌推广的时候使用的策略是减法，明确只接待前往意大利的单团。对环意来说，目前最重要的不是意大利单团地接社之间的竞争，而是意大利和其他国家之间的竞争，如果来意大利旅游的人多了，那么每家地接社的业务量都会相应增加。环意市场营销的格局从高层次拉开序幕，虽然营销成本高，但是在新品牌建立之初，张环女士也坚信，市场营销的目标就是让销售成为多余，环意员工只负责踏踏实实地接好每一单业务，做好每一个团，服务好每一个客户。环意站在单团地接这个品类的高度进行宣传，讲述单团与散拼团的区别，通过这些途径让组团社对单团逐渐从认知、了解到依赖。环意的营销策略是市场先行的，即市场建立起来了，品牌建立起来了，品类建立起来了，市场认知就逐渐建立起来了。通过两年的努力，不仅单团地接的影响力在逐渐增强，同时环意的品牌也建立起来了，品牌认知也建立起来了，品牌高度也建立起来了，客户看到环意就会想到高端的品质，可信赖的品牌。

环意在成立之初，就十分注重自身网站的建设，力求赢得公众的信任和业务。环意的网站建设围绕品牌定位进行了专业的设计，主要包括以下几个方面：（1）背景颜色和环意品牌 LOGO 颜色一致。（2）网页上公司定位以及公司业务类型和内容描述简洁清晰，一目了然。（3）环意利用网站宣传自己对单团的理解，对客户需求的分析，自身对服务的理解以及有关客户关心问题的解决方案。（4）公司的简介，公司最新的动态，让客户充分了解环意，增加信任感。（5）有关于意大利旅游的各个方面的信息。（6）环意网站更注重软文化营销，环意网页上面有很多张环女士对单团和服务的看法，同时公司的员工根据自身的经验，也会把客户关心的问题在网站上分享，例如，"公务单团采用司机导游分开的服务模式更安全"，发表在《旅行社》2013 年 3 月的文章《单团地接社的生命力来自哪里？》等。网站营销赢得信任和业务，节约了大量的人力财力成本。环意完善的沟通渠道如表 6 - 4 所示。

表 6 - 4 完善的沟通渠道访谈描述

访谈对象	访谈内容
张环女士	我们的市场推广是多层次的。首先是网站上，我们就写出来，环意新品牌、老团队，原先叫 M 旅行社，现在叫环意，最早专注于意大利单团地接，不接散拼团。在专业的媒体杂志上写文章，参加专业的媒体活动，都在讲我们是单团地接社，不接散拼团

4. 领导者特质

环意总经理张环女士在经营品牌的过程中，十分重视将个人能力的提升与整个团队的经营管理相结合，通过对自身的提升影响整个经营团队，这也使得公司的企业文化"全心全意照顾好身边的每一个人"在领导者个人的身上得到了充分的体现。张环女士善于发现机会，在企业发展过程中的关键时刻，能够对品牌发展做出准确的分析，同时善于把握时机，借助外部力量发展自身品牌，提升品牌的整体运营能力。

张环女士不仅严格要求自己在心灵上和思想上保持诚实，同时还要求她的企业诚实。2012 年，张环女士决定在公司实行一个挑战业界惯例的措施，取消在旅游业内持续盛行的低成本的司机兼导游 9 座车的服务形式，实现司机导游分开，用车合法化。这一举动使很多人不理解，环意也因此失去了很多业务，但是张环女士却说："企业应该首先做正确的事，再进一步完善，守正才能出奇。"公司逐渐形成了诚信、谦逊并且积极向上的企业文化氛围，为品牌提供了良好的成长环境。2012 年张环女士去意大利学习意大利语，这一行动使得很多会说意大利语的人来公司应聘，并且公司内部也有很多员工自己在学习意大利语，这样有助于环意建设更加专业化同时具有学习能力和创新能力的营销团队。环意领导者特质如表 6－5 所示。

表 6－5　领导者特质访谈描述

访谈对象	访谈内容
环意副总夏先生	张总是一个非常善于学习的团队领导人，她懂得对团队成员的短处"视而不见"，使每个成员的优势得以充分发挥，然后组成一个完美的团队，并尽量发挥团队整体优势，避免因个人不足而对团队发展产生影响。这样的团队本身就充满了竞争力，因为它展现了自己的长项
环意部门总监	跟随张总多年，每一次面临困境，她总是带我们走上新的台阶
张环女士	环意是整个团队一起创建的，自己只是起到了"组织"的作用。从 1998 年起，环意团队只做了一件事：在意大利地接服务行业中，独辟蹊径，走了一条与主流的散拼团地接不同的道路，由此开创了单团地接业务
张环女士	以后环意会发展成为一个大部分员工讲意大利语的旅行社，那才是一个真正的意大利单团地接社。一个品牌树立起来，它要有方方面面的数据来支撑它，否则它就是一个抽象的东西
张环女士	我觉得发展是螺旋式的上升，有的时候需要真正再进一步脱离这个环境，进行沉淀，提炼，总结，提升，之后你才有这样的能力进一步作为精神领袖参与行业竞争。包括我读了很多书，更多的通过经历把它提炼出来

（三）　关键借力事件描述

要想打开环意借力使力的"黑箱"，我们在清楚环意所具备的内部力量之后，还需要借助一些关键的借力事件对其进行说明。本节通过三个关键的借力事件来进行展示，这三个关键事件是：（1）借助主题推介会来扩大意大利单团影响力；（2）借助屡获行业殊荣来提升品牌知名度；（3）借助国际旅游博览会来扩大品牌影响力。

1. 借助主题推介会来扩大意大利单团影响力

环意团队自 1998 年起就一直致力于为单团游客提供定制化的服务。单团作为中国旅游业出境游市场上两大业务类型之一，有着其特有的游客出行方式以及游客需求群体。单团，是指来自同一个家庭、单位、系统或圈子的旅行者，单独组成一个旅行团队，要求旅行社为团队提供独立行程与活动的个性化旅行服务。单团游客不喜欢走马观花，不希望被陌生人干扰，不希望被动地接受旅行社的各种旅行安排，比较注重个性化的旅行体验，他们要求单独成团，愿意接受更高的价格，为自己个性化的需求买单。相对于为游客提供必须按照旅行社的固定行程和日期完成旅行计划，却相对经济实惠的另一业务类型散拼团而言，单团属于高端的旅行方式。

为了推广单团旅游以及进一步宣传意大利旅游资源，环意和意大利旅游局合作共同举办主题为 "Discover a New Italy 2013！" 的中国巡回推介会，并选定中国十一座一二线城市作为举办城市。推介会在每站邀请当地旅游机构、同行及媒体参加，在推介会上，意大利旅游局官员对意大利最新的旅游资讯做了相关介绍，同时环意也向同行展示了意大利的资源优势以及这些优势如何满足各种类型的单团需求。此外，推介会的其他合作伙伴代表也从不同的角度介绍了意大利政府对境外投资人在意大利投资出台的新政以及在旅游方面如何给予中国旅游业者支持。其中，在北京、上海、广州三站的推介会上，意大利使领馆签证处官员对意大利签证新规定做了详细的解读及现场问题的解答。

推介会首站于 2013 年 8 月 28 日在北京意大利大使馆举行，意大利驻华大使和意大利驻华使馆签证官员在推介会上介绍了意大利政府在签证的发放上采取的宽松政策，并进一步优化了工作流程，从而吸引更多的中国游客到意大利旅游。意大利旅游局中国市场推广经理介绍了人们熟知的意大利经典城市，同时介绍了意大利其他丰富的旅游资源，除了悠久的历史和灿烂的文化，还有意大利优美的自然风光，以及意大利特有的民族风情。环意总经理张环女士在推介会上介绍了单团和散拼团的本质区别，突出了单团旅游是符合游客本性的方式，按游客的意愿安排行程，同时分析了意大利是最适合定制单团旅游的目的地之一的原因。

环意副总经理夏长虹系统介绍了单团的工作流程，以及如何通过技术手段确保个性化方案中各个环节之间相互衔接，为组团社全程提供更可控的地接服务。

"Discover a New Italy! 2013 年巡回推介会"分别在济南、大连等城市举行，在推广意大利各地丰富而又独特的旅游资源的同时，介绍了单团旅游这一新的出行方式，可以使游客对意大利有更深度的体验、更全面的了解。环意借助主题推介会来扩大意大利单团影响力，如表 6 - 6 所示。

表 6 - 6　借助主题推介会来扩大意大利单团影响力访谈描述

访谈对象	访谈内容
张环女士	地接社分为散拼地接社和单团地接社两种，而环意是第一家专业化服务中国市场的意大利单团地接社，不接待散拼团
	我们专注于自己单团地接服务的优势，将繁枝杂叶砍掉，这种做减法的方式，让我们有充足的时间与精力投入自己擅长做的事情中，并且将我们的资源与能力运用到淋漓尽致。这样，环意的服务品质造就出来了，同行业的排他性差异化凸显出来了，品牌的价值彰显出来了
	现在市场上出现了澳大利亚、日本的单团地接，他们在复制我们的广告，也就是当有人复制我们的时候，单团地接社这个品类也就成功地建立起来了

2. 借助屡获行业殊荣来提升品牌知名度

明确的品牌定位使得环意在经营过程中的各个方面都做到与品牌定位相匹配，从内部运营到外部宣传，环意都力求为意大利单团客户提供满足其定制化需求的服务，环意也因此得到了国内外同行的认可。

2011 年环意荣膺中国出境游风云榜"最佳单团地接社"奖，榜单由海内外旅游业者投票产生；同年，环意获得旅行社颁奖盛典"最佳境外单团地接社"奖，同业组团社客户给予了环意最高的肯定。

2012 年环意获得中国出境游风云榜"最佳单团地接社"奖，该榜单是业界最具影响力的评选；在该年环意还获得旅行社颁奖盛典"最佳意大利单团地接社"奖，该奖项由旅行社杂志、旅行社资讯网主办；同时环意还获得了由意大利商会颁发的"旅游金熊猫奖"。

2013 年环意获得广州国际旅游展览会"最具特色旅游路线"奖，并连续第三年荣获"旅游榜中榜"传媒及旅业网评选的"意大利最佳单团地接社"奖，以及旅行社颁奖盛典"意大利最佳单团地接社"奖。其中，由中国意大利商会颁发的"旅游金熊猫奖"的获得，是中国意大利商会对环意为中国游客发现意大利做出贡献的嘉奖。

意大利"金熊猫奖"是由中国意大利商会和中意基金会合办，并由意大利驻华大使馆、意大利外交部以及意大利经济发展部赞助的奖项，旨在表彰在中意两国双边经济发展中做出巨大贡献的中国和意大利公司。其中"旅游金熊猫奖"是专门用于表彰为意大利旅游行业做出贡献的奖项。自 2010 年以来，"旅游金熊猫奖"曾被授予歌诗达邮轮公司和中国国际旅行社。歌诗达邮轮公司起源于 1860 年的 Costa 家族，有着悠久而辉煌的历史，以"意大利风情"为品牌定位的意大利歌诗达邮轮公司同时也是欧洲地区最大的邮轮公司。中国国际旅行社总社有限公司，成立于 1954 年，是目前国内规模最大同时也是实力最强的旅行社企业集团，是"中国企业 500 强"中唯一的旅游企业。2012 年，环意能够与这些有着悠久历史的知名企业，共同获得"旅游金熊猫奖"，这与环意一直以来专注于意大利单团地接业务并为游客提供定制化的服务、促进中意旅游业发展有着密切的联系。"旅游金熊猫奖"的获得，给环意带来了更多的发展机会，同时也为环意团队未来的发展提出了更高的要求。环意借助屡获行业殊荣来提升品牌知名度，如表 6-7 所示。

表 6-7　借助屡获行业殊荣来提升品牌知名度访谈描述

访谈对象	访谈内容
张环女士	自 2010 年以来，"旅游金熊猫奖"曾被授予歌诗达邮轮公司和中国国旅，2012 年环意能够获此殊荣对环意来说是巨大的鼓励和鞭策，一方面我们感谢多年以来国内同行业组团社对我们的支持，同时更要不断提升自己，以更好地服务中国旅行社，让更多的中国游客获得更加精彩和美丽的意大利体验

3. 借助旅游博览会来扩大品牌影响力

环意在提升自身竞争力的同时，通过各种媒体资源提升环意的业内影响力，国际范围的旅游博览会对环意来说是让同行业者认识、了解环意的很好的机会之一。

2013 年 3 月 7 ~ 9 日，环意参加了在广州举办的国际旅游博览会，主办方为环意提供了 108 平方米的展位，而其标准展位每家公司只有 9 平方米，主办方之所以邀请环意参展并提供了大面积的展厅，有以下几方面原因：一是意大利被邀请作为此次博览会的主宾国，博览会想通过此次展览全面地展示意大利旅游资源。二是主办方原本邀请的意大利旅游资源官方宣传机构——意大利托斯卡纳旅游推广机构临时取消了他们的宣传计划，大会因此需要寻找另一家能够全面展示意大利旅游资源的宣传机构参展。三是环意对意大利旅游资源的了解以及多年来从事意大利单团地接业务的经验，使主办方放弃让整体发展规模优于环意的大型旅行社来做宣传而选择环意，主要考虑到虽然环意在整体规模上不占优势，但是环意是只经营意大利单团旅游的旅行社，其对意大利市场的专注程度和熟悉程度是高于一些大型旅行社的，因此，主办方希望环意能够代表意大利单团地接社来宣传具有独特魅力的意大利旅游资源。四是主办方成员之一曾经是环意的客户，与环意有过多年的合作，对环意有一定的信任，最终主办方把这一宣传意大利旅游资源的机会给了环意。

这次在国际范围旅游行业的宣传，对环意来说是一次在同行业内宣传自身品牌很好的机会，环意也为此而做了充足的准备。与此同时，环意为了更好地宣传意大利旅游资源，邀请了能够代表意大利并与环意业务相关的有代表性的机构来共同推广意大利，如意大利旅游局、中国意大利商会、意大利世通投资集团等机构。在宣传过程中，环意将宣传意大利放在第一位，在与意大利相关机构合作的过程中，环意不仅准备了较为完备的宣传方案，而且为邀请到的合作伙伴的宣传提供了相应的人力、物力支持。在宣传过程中，环意做了以下三方面的工作。

第一，环意的经营团队虽然有着多年的经营经验，但是寻找能够提升其品牌形象的外部资源，通过外部力量提升环意自身品牌形象也是十分关键的。环意在寻找合作伙伴的过程中，十分注重合作伙伴的多样性以及合作伙伴对环意品牌形象提升的影响，并且在合作过程中给予了合作伙伴相应的支持与帮助。对于此次博览会上环意重要的合作伙伴之一——博览会主办方来说，主办方为环意提供了 108 平方米的宣传场地，并且没有对环意收取任何费用，除此之外，主办方还为环意派出的参加展会宣传的 8 名工作人员以及环意邀请的为本次博览会共同做宣传的合作机构提供了五星级酒店的住宿。为了更好地宣传意大利旅游资源，同时发挥博览会宣传旅游市场的作用，环意将自己的宣传展位划分了若干个区域，除为自己留出部分宣传区域，其余宣传区域全部留给意大利国家旅游局、中国意大利商会等合作机构，环意以一种服务者的形象与这些机构合作共同宣传意大利的旅游资源。作为合作伙伴之一的意大利旅游局，其每年都有一定的用于推广意大利的费用，而旅游局往往会将这一推广费用分给大型旅行社，在这次旅游博览会的宣传过程中，环意并没有得到意大利国家旅游局资金上的支持，但是环意仍将宣传意大利旅游资源放在首位，环意总经理张环女士与意大利国家旅游局中国区首席代表共同在博览会上发表讲话，张环女士以宣传意大利为重心，旨在宣传意大利历史悠久的文化资源以及独具特色的自然风光。环意的另一重要合作伙伴之一——中国意大利商会（CICC），是中意两国政府承认的、由意大利各行业的商界人士组成的重要组织，长期以来为促进两国商界人士、企业和经济组织间的贸易、工业、文化发展做出了重要贡献，并且其700 余会员是环意在意大利的重要支持单位，通过会员关系，环意为众多组团社的公务和商务客户提供了意方对口企业信息、安排参观交流等服务。在这次博览会上，环意凭借这一合作伙伴在意大利与中国两国的影响力，通过在博览会上与其共同为意大利旅游资源做宣传的方式，提升了环意自身品牌的影响力，同时也进一步提升了中国意大利商会在行业内的影响力。在与意大利世通投资集团以及其他意大利单团地接社合作的过程中，环意为合作者提供了各种宣传支持，在合力宣传意大利的同时，也提升了相关组织在行业内的知名度。

第二，由于环意的客户主要是行业内的各大旅行社而非直接的游客，因此，环意将宣传重点放在了吸引行业内各大旅行社的资源上，在宣传过程中环意将"1998 年开创意大利单团地接，为定制旅行团提供可控的境外服务"这一宣传标语放在最明显的位置，让客户明确环意的品牌定位是意大利单团地接，而且让客户了解到环意最大的服务优势在于提供可控的境外服务，这对于经营出境旅游的组团社来说，是为他们提供了最放心的服务保障，这样简洁而明确的品牌宣传，使得客户在寻找合作伙伴的过程中能够迅速发现环意，在一定程度上提升环意的业务量。

第三，环意在宣传过程中，中高层管理人员以及各部门工作人员有着协调与默契的配合。市场部工作人员负责展览会前期各项相关事宜的协商与准备，包括与主办方进行场地和各项参展细节的协商，与邀请的合作机构进行具体宣传细节的沟通，接着由业务部工作人员在博览会现场负责活动现场的执行以及直接与客户进行交流。在展示品牌的过程中，环意也有着自己的宣传策略与细致的分工合作。环意总经理张环女士作为品牌的代言人，在与意大利国家旅游局首席代表同台发表讲话的过程中，以宣传意大利旅游资源以及最适合意大利旅游的旅行方式之一的单团旅游作为宣传重点，而各部门经理及工作人员对环意的宣传，则更多地侧重于环意自身的业务优势，这样的分工与配合，更好地宣传了意大利旅游资源，也更为全面地展示了环意的优势。

国际旅游博览会作为旅游业内获取最新旅游资讯以及行业发展动态的重要的大型交流会，为参展机构提供了良好的交流平台，环意作为参展单位之一，也因此获得了与国内外同行业者交流的机会。环意借助博览会的契机，通过精心准备的宣传方案，让国内外更多的同行业者认识并了解了意大利旅游资源以及单团旅游这一出行方式，同时了解环意为意大利单团旅游提供的定制化服务，进一步提升了环意在行业内的影响力，在扩大意大利旅游市场的同时，也扩大了环意自身业务的发展空间。环意借助国际旅游博览会来扩大品牌影响力，如表6-8所示。

表6-8　借助国际旅游博览会来扩大品牌影响力访谈描述

访谈对象	访谈内容
环意部门总监	每年都会举办多场大型旅游博览会，大部分的旅游博览会环意会参加，但由于我们的客户分布区域的不同，在参会选择上我们会有所侧重。旅游博览会是向同行业展示环意的机会，环意也可以通过这样的展会在一定程度上提升我们的业务成交量，因此，环意会认真准备每一次旅游博览会的宣传内容，并且各部门会做好配合
张环女士	我们是属于市场先行，就是市场建立起来了，我品牌建立起来了，品类建立起来了，市场的认知建立起来，业务也就过来了，就会拉动你的运营继续往前走，而不是说，我先运营，先搞得好好的，然后再找业务。我们是先有业务，然后拉动后台的运营，但是通过这两年我们在市场上的推广，品牌建立起来了，认知建立起来了，品牌的高度也建立起来了。什么时候看到环意都是高端有品质，都是这样的可信

通过环意的案例研究，探索服务型企业如何通过现有的品牌内部力量、借助品牌外部力量提升品牌自身的影响力。通过相关资料的收集与整理，课题组形成了对环意案例的初步认知，制定了案例分析框架，即通过环意品牌发展过程中的关键事件，来分析环意品牌的借力过程、使力过程以及两者相互作用进而构建品牌生命力的过程，即分析环意品牌利用外部资源的能力、内部运营的能力以及整合外部资源利用与内部运营的能力，最终总结出基于杠杆理论的品牌生命力构建模型。

四　案例分析

（一）　基于杠杆理论的品牌生命力构建过程分析

为了剖析环意基于杠杆理论构建品牌生命力的过程机理，通过对环意发展过程中关键事件的分析，剖析环意如何通过现有的品牌内部力量来借助品牌外部力量，进而将品牌外部力量内化为品牌自身的力量，从而使品牌具有持续的竞争优势。企业更多地专注于发动外部资源，可以获得杠杆的机会，不仅仅集中于企业自身的资源和能力，才能使企业获得更多的竞争优势。然而企业竞争优势不仅体现在企业在市场中具有支配地位，而且体现在企业具有不断完善的资源杠杆能力（Grandvaland & Vergnaud，2006），也就是说企业要形成一种持续的借力使力机制，能够使企业在竞争中形成强大的生命力。

在杠杆逻辑的指导下，环意通过在借力过程即利用外部资源的过程中使用"先人后己"战略逻辑，以及在使力过程即内部运营的过程中使用"先己后人"战略逻辑，从而将提升环意在意大利旅游市场影响力的发展时机、借助的外部相关资源以及进一步完善的内部运营有机组合，从而形成有效的借力使力机制。

1. 主题推介会借力事件分析

（1）借力过程——借助主题推介会来扩大意大利单团影响力

在借力过程中，环意本着"先人后己"初衷，"先人"指的是环意通过与意大利旅游局合作举办主题推介会，向同行业者展示了意大利独特的旅游资源，同时扩大了单团旅游的影响力；"后己"指的是环意在扩大意大利旅游市场以及单团旅游市场的同时，作为主营业务是意大利单团旅游的地接社来说，同时让更多的同行业者了解、认识了环意的品牌。

对环意来说，其竞争来自两个方面。一是品类间的竞争，即与散拼团地接社的竞争，由于这些地接社缺乏很好地服务于单团游客的细节化以及个性化服务的操作流程，其服务质量并没有得到游客及组团社的认可。二是品类内的竞争，即与具有单团地接服务的知名旅行社的竞争，他们的品牌知名度也很高，但是在客户心中，他们做的是整个欧洲的常规旅游接待业务，服务地区和种类都非常广。当客户或组团社要选择意大利单团地接服务时，他们第一时间可能不会想到要选择这些旅行社，也就是说在客户心目中这些旅行社并没有非常紧密地和"意大利单团地接"联系在一起。

鉴于此，环意作为一家意大利单团地接社，放弃直客市场（B2C 业务），只服务中国旅行社（B2B 业务）；放弃其他国家，只专注意大利；放弃接待散拼团，只专注接单团，通过聚焦品牌认知，高举意大利单团地接旗帜。通过扩大意大利旅游市场以及单团旅游市场，提升环意在市场中占有的份额，从而使环意的目标客户——国内各大旅行社明显地认识到：意大利单团游客应该交给意大利单团地接社才更合适。

（2）使力过程——品牌内部调整与意大利单团地接定位相匹配

在使力过程中，环意运用"先己后人"战略逻辑，"先己"指的是环意在已有意大利单团地接旅行社明确的品牌定位指导下，要将品牌内部运营的各个方面进行调整，让品牌经营的各个环节服务于品牌定位；"后人"指的是调整后的品牌内部运营机制，能够进一步和品牌定位形成匹配，更好地服务于意大利单团旅游市场需求。

只做意大利单团地接这一件事，整合自己的全部资源为这一件事服务，从而努力做到当客户想起意大利单团地接的时候首先能想到环意，当客户想到环意的时候，能够想起意大利单团地接，这样也就在客户心中创建环意和意大利单团地接的紧密联系。同时，环意为游客提供专业的旅行设计师并为游客量身定制出行服务，旅行设计师根据客户的意愿制定出符合客户需求的出行方案，使客户不仅能观赏风景，还能在观赏风景的过程中产生身心合一的独特感受。这样的服务模式，在很大程度上提高了单团游客的满意度，单团游客的满意也直接使环意的目标客户——国内的旅行社更满意。不仅如此，明确的定位能够让客户更加明确环意的主营业务。

　　首先，在品牌内部运营调整上，环意将核心业务与核心市场进行聚焦。当意大利 M 旅行社退出中国市场时，环意借助外部品牌咨询专家的力量，并结合团队自身的特点，强化"单团地接社"这个定位，启用新品牌"环意"。因此，环意聚焦核心业务，率先打出单团地接社的旗帜，为单团游客提供定制化服务。不仅如此，环意还努力为客户提供他们想象不到的服务，更好地体现单团定制化的服务理念，使得环意成为国内第一家单团地接旅行社。环意通过聚焦核心市场，将其单团业务的旅行目的地定为意大利。一是由于环意团队对意大利熟悉，以及团队长期从事赴意大利旅游的团队操作，积累了大量意大利的合作伙伴资源，如当地的合作酒店、汽车租赁公司等，这为环意提供了服务于单团游客的优势资源。二是由于意大利本身丰富的旅游资源以及意大利政府为旅游业发展提供的良好氛围。意大利作为地中海沿岸的国家，拥有众多的旅游资源，并且意大利政府十分重视旅游业的发展，为意大利旅游提供了良好的发展环境。环意依托意大利浓厚的艺术氛围与文化底蕴，将公司与意大利国家资源联系起来，借助国家地理区域资源的优势，为意大利单团地接服务提供了良好的资源保障。

　　其次，品牌推广最佳的策略，应该是鉴别出自己的定位，将之提炼出来，然后深化这个定位概念。环意的品牌得益于对 M 旅行社品牌的延伸，以及自身对品牌新的诠释。环意新品牌推出后，第一件事就是把公司的品牌和老客户对原 M 旅行社的认知进行链接，同时开始大力推广新品类：单团地接。环意主动与客户讲述品牌转换的原因，获得了老客户的支持，很多旅行社合作伙伴都一如既往地信任环意团队创建的新品牌，当年业绩增长 30%。同时，服务业的挑战之一是：相对于产品，服务是无形的，并且在质量上可能会有所变化，这取决于提供具体服务的人。在服务型公司处理无形的、多变的问题过程中，品牌服务符号在品牌化过程中显得尤为重要，因为它们有助于将抽象的服务变得更加具体（keller，2009）。Kotler（2012）的营销理论也指出，营销者通过给产品赋予名字以及介绍其他用以识别的元素来教育消费者这个产品是什么，以及消费者为什么应该关注它。环意作为新兴单团地接旅行社，公司处于刚刚起步阶段，在品牌知名度上与行业内其他大型旅行社相比较低，实力还比较薄弱，如果不采用适当的品牌标识，一方面不能突出环意的特点，另一方面也很难在客户心目中留下深刻的印象，这不利于环意品牌的发展。因此，环意在 logo 的设计上也别具风格，直接采用"环意"名称的汉字作为环意的品牌标识，让客户一目了然，第一时间发现环意，同时第一时间记住环意。

（3）借力过程和使力过程的相互作用

环意在杠杆逻辑的指导下，通过在借力过程中运用"先人后己"战略逻辑，以及在使力过程中使用"先己后人"战略逻辑，在时机、业务单元与相关外部资源力量的有机组合下，形成了有效的借力使力机制。首先，环意通过借助主题推介会，通过减法原则聚焦企业核心竞争力，塑造企业专业化的服务形象。通过核心业务聚焦，形成强大的品牌竞争优势。作为一家意大利地接社环意敢于"亮剑"，通过聚焦品牌认知，高举意大利单团地接旗帜，让手握单团资源的中国旅行社一眼就能看到区别，不再苦于选择，环意在"单团地接"领域实现以弱胜强。其次，环意放弃其他国家，只专注意大利旅游市场，这就使其在意大利旅游市场上占据了更大的资源优势，为游客定制意大利深度旅游提供了更好的保障。再次，由于环意继承了部分 M 旅行社的品牌文化，原有团队有着 M 旅行社时期的积累，有着对单团的了解以及规范化的操作模式，团队凭借其细致、真诚的服务在行业中得到了认可，即使在价格高于竞争者的情况下，环意仍然是客户的首选合作伙伴。

环意在品牌借力过程中运用"先人后己"战略逻辑，在品牌建设过程中将满足客户需求、满足游客需求作为自己的发展目标，同时企业经营团队从在 M 旅行社时期起一直以来专业化的运营流程，为新品牌的发展提供了良好的保障。在使力过程中，环意运用"先己后人"战略逻辑，通过完善自身业务单元，为品牌外部力量内化为品牌自身力量提供良好的品牌内部氛围，与明确的品牌定位匹配。在借力过程和使力过程中的内部力量和外部力量的相互作用以及借力过程和使力过程之间的相互作用下，构建了环意品牌生命力。

在借力过程中，在核心业务聚焦、对意大利旅游资源的熟悉以及原有团队积累一定的品牌内部力量基础上，寻找外部事件资源作为品牌发展的外部力量。因此，品牌内部力量对寻找外部力量来说是起到一个支撑作用，同时寻找到的外部力量对品牌自身内部力量有一个更好的指导作用，能够使品牌的发展方向更为明晰。

在使力过程中，通过将品牌定位在团队运营上进行落实，将寻找到的外部力量内化为品牌自身的力量，进而提升品牌自身的内部力量，使得品牌形成适合自身发展的品牌战略，同时提升服务能力，最终得到客户的认可。因此，品牌借助外部力量促进了内部力量的提升，同时品牌内部力量的提升也增强了进一步将外部力量内化为品牌自身力量的能力。

2. 行业殊荣借力事件分析

（1）借力过程——借助屡获行业殊荣来提升品牌知名度

在借力过程中，环意运用了"先人后己"战略逻辑。"先人"是指在最初进行品牌宣传的时候，都是将推广意大利旅游资源以及扩大单团新品类放在首位，只有一个市场强大，一个品类强大，其中的品牌在这个平台上才能有更好的发展。"后己"是指环意通过扩大对意大利单团旅游的宣传，扩大意大利单团旅游在市场上的整体竞争力，最终实现环意品牌的发展，同时也使得环意在行业中得到了认可。

建立的新品牌需要得到客户以及行业的认可，在服务质量方面，服务品牌建设要以为顾客提供的服务为核心，满足顾客的基础性要求，并在此基础上增加相关的辅助因素。在品牌影响力方面，品牌可以通过广告、公关等媒体宣传影响客户对企业的认知，塑造企业的品牌形象。强势品牌宣传的核心，是对公众进行的心理战术。在某种意义上，影响传播代表着企业及其品牌的声音，是企业与消费者进行对话建立关系的手段。环意的品牌宣传力求赢得公众的信任和业务，因此，来自第三方证言的力量对品牌发展起到了巨大的推动作用。环意获得的众多奖项，从行业内不同角度体现了环意在意大利旅游行业中的地位。一方面是行业内对环意一直以来专注于意大利单团地接业务，为游客提供定制化服务体验的一种认可，给环意带来了更多的发展机会；另一方面也为环意团队未来的发展提出了更高的要求。

（2）使力过程——提供优质服务满足客户需求

在使力过程中环意运用"先己后人"战略逻辑，"先己"是指环意首先通过完善自身业务单元，从团队预订到游客接待的每一个环节，环意都力求做到最好，让客户感知到环意在服务过程中的专业化。"后人"是指环意通过提升自身品牌力量，更好地为客户提供定制化的服务，同时促进意大利单团旅游市场的发展。

环意的品牌进一步得到了行业的认可，品牌的市场影响力也在不断提升。因此，为了与已有的品牌形象相称，环意在原有服务的基础上，更加关注于服务细节，尽可能地满足游客的需求。为客户提供优质的服务，是品牌发展最核心的目标。环意的核心竞争力在于对单团的理解和把握比较到位，单团的游客重视实现个性化的旅游体验，明确的单团地接品牌定位使得环意更加注重为游客提供服务过程中的每一个细节。环意凭借其拥有的众多协约商务酒店，各种专业车行服务，以及其对意大利各项旅游资源的熟悉程度，为游客提供专业化、定制化的服务。环意只有为客户提供优质的核心服务，才能更好地满足客户的心理诉求，从而使品牌真正占领客户的心智资源。客户体验具有整体性的特点，在客户与企业接触的各个环节，客户都会产生相应的体验。环意在兑现品牌的承诺上，实行上下游、境内外联动，在整个出境游服务的链条上，公司的上游是国内各大旅行社，下游是境外导游与游客相关的吃、住、行资源，境内外联动使公司兑现了对客户的承诺。不仅如此，环意还从软实力上着手，通过企业文化来体现公司的品牌定位，使公司的品牌目标对于每个人来说都是真实的，所有参与者从品牌的视角出发，以独特的思维方式和价值观来理解他们如何为品牌贡献力量，从而为客户提供更优质的服务。

（3）借力过程和使力过程的相互作用

环意在杠杆逻辑的指导下，通过在借力过程中使用"先人后己"战略逻辑，以及在使力过程中使用"先己后人"战略逻辑，在时机、业务单元与相关资源的有机组合下形成借力使力机制。

在借力过程中，环意在单团市场扩大、专业化的服务水准以及正确的宣传定位这些已有的品牌内部力量基础上，满足客户需求，赢得行业认可，进而寻找第三方证言作为品牌发展的外部力量。因此，品牌自身的发展实力对寻找外部力量起到了支撑的作用，同时寻找到的外部力量对品牌自身内部力量来说，起到了指导作用，为品牌发展提出了更高的要求。

在使力过程中，通过进一步夯实品牌内部运营，提升品牌满足客户需求的能力，进而与品牌得到的行业认可相匹配，将外部力量内化为品牌自身的力量，增强品牌自身内部力量，促使环意借助更高层面的品牌外部力量，发展自身品牌。因此，在品牌外部力量的影响下，品牌自身力量得到了提升，同时品牌进一步将外部力量内化为品牌自身力量的能力也增强了。

3. 国际旅游博览会借力事件分析

（1）借力过程——借助国际旅游博览会来提升品牌业内影响力

在借力过程中，环意运用"先人后己"战略逻辑，"先人"指的是环意先满足合作伙伴——广州国际旅游博览会主办方以及包括意大利旅游局、中国意大利商会、意大利世通投资集团等在内的意大利相关组织的利益；"后己"指的是在满足合作伙伴利益之后，满足环意自身的需求，提升环意自身的品牌形象。

在短时期内借助第三方证言将品牌提升到一定的高度，才有可能占有更多的市场份额。企业加强与政府部门的沟通，可以获得更多有价值的资源。环意与意大利政府合作，将在中国推广意大利作为己任，环意相信，只有更多游客前往意大利，环意作为一家专注意大利一国旅游市场的地接社，才可能有长足的发展。这种思维方式正好符合意大利旅游局的发展战略，实现了多方合作共赢的局面。在意大利政府主导的项目中，环意团队始终能做到从对方的角度出发，通过成就对方，来践行环意企业文化：全力以赴成为对别人有用的人。正是这种利他的思维方式，使环意品牌在业内获得了越来越多的认可。环意还通过参加旅游行业举办的相关活动来宣传自身的品牌。环意借助2013年3月在广州举办国际旅游博览会的契机，通过与相关组织合作，借助相关组织力量，不仅宣传了意大利旅游资源，进一步扩大了意大利旅游市场，而且宣传了环意自身的品牌。

首先，在与博览会主办方合作的过程中，环意满足了博览会主办方宣传意大利旅游资源的需求。环意借助旅游博览会举办方提供的108平方米的展厅资源，邀请意大利相关机构来共同推广意大利，将宣传意大利放在第一位，准备了较为完备的宣传方案，从展位布置、人员选定到与相关组织协商的各个环节，环意都做了精心的准备，从而为旅游博览会对意大利旅游宣传提供了相应的支持。通过旅游博览会这一平台，国内外同行更了解意大利丰富且独具特色的旅游资源，同时让国内外同行业者看到这一旅游市场广阔的发展空间，使得中国旅游博览会宣传扩大旅游市场的作用得到了彰显。与此同时，品牌可以通过相关事件资源提升自身品牌高度（keller，2009），环意在博览会上大面积的展位以及精心准备的宣传方案，也使得业内相关组织对环意的品牌形象有了新的认识，扩大了环意在业内的影响力，最终实现环意自身业务的发展。

其次，在与意大利相关组织合作的过程中，环意通过满足各组织的需求，实现宣传目标。环意邀请意大利旅游局、中国意大利商会、意大利世通投资集团等组织参加全国性的旅游博览会，这在一定程度上扩大了这些组织在中国旅游市场上的影响力。通过国家或其他地理区域资源可以有效提升品牌自身的高度，而环意也因为和意大利相关组织的合作，通过合作伙伴的影响力，提升了自身品牌的影响力。意大利旅游局作为意大利官方旅游机构，其在国际旅游业的重要地位以及其发挥的重要作用是不言而喻的，环意邀请意大利旅游局作为其在旅游博览会上的宣传合作伙伴，这在一定程度上加大了对意大利旅游资源的宣传力度。由于环意15年来持续专注为前往意大利的商务团组服务，为中意两国的经济交流做出一定的贡献，在这次博览会上，中国意大利商会给予了环意极大的支持。意大利世通投资集团等相关合作机构凭借其在经济等领域的影响力，为环意在此次博览会上的宣传提供了相应的支持。

（2）使力过程——夯实内部运营匹配品牌形象

在使力过程中，环意运用"先己后人"战略逻辑，"先己"是指环意首先完善自身品牌，通过完善业务单元，夯实内部运营，为品牌发展保驾护航。"后人"是指环意尽可能地通过自身的完善，提升自身品牌发展的实力，从而实现与合作伙伴的共赢。

环意通过夯实品牌内部运营实力，提升团队服务质量。在团队建设上，环意实施系统化的管理流程，提升运营效率。为了提升现代化的管理水平和员工的工作效率，环意也一直在投资建设自己的信息管理系统、业务操作系统。同时用外部视角进行组织重建与员工激励，环意充分依赖老团队的力量，通过重新布局组织架构和设计奖励机制，让核心老团队成员转变角色成为教练来带队伍，传承公司的企业文化，提高员工业务能力。此外，公司每年给员工提供去意大利考察和学习的机会，来提高他们的专业度。同时，公司还在意大利培养自己的导游团队，通过导游这个窗口进行验证。公司为了能够让服务品质得到保证，花费大量时间、精力和金钱进行导游队伍建设，以确保运营实力匹配市场营销。另外，公司努力形成内外联动机制，通过供应链管理满足了客户多样化的需求。环意为了保证企业员工的稳定性，不只在战略定位上满足了员工的成就感，同时创造条件使员工读一些能够激发正能量的书，并在员工的心中植入公司的企业文化。

（3）借力过程和使力过程的相互作用

环意在杠杆逻辑的指导下，通过在借力过程中使用"先人后己"战略逻辑，以及在使力过程中使用"先己后人"战略逻辑，在时机、业务单元与相关资源的有机组合下，形成了有效的借力使力机制。

在借力过程中，运用"先人后己"战略逻辑，环意凭借其专业化的服务水准以正确的宣传定位这些已有的品牌内部力量，对于寻找外部力量来说，品牌自身的力量首先要起到一个支撑作用，这样才可能借助为品牌发展所需要的外部力量。另外，寻找到的外部力量对品牌自身内部力量发展起到一个更好的引导作用。在旅游博览会上，环意首先宣传意大利旅游资源，其次宣传环意自身品牌，实现了旅游博览会对意大利旅游的宣传，同时也提升了意大利相关组织在中国旅游市场的影响力，在满足外部相关资源需求的前提下，环意借助外部资源的力量发展了自身的品牌。

在使力过程中，环意运用"先己后人"战略逻辑，通过在大型旅游博览会上与意大利政府层面机构合作共同宣传意大利的方式，提升了环意的品牌形象，将外部力量内化为环意品牌自身的力量，使得环意品牌知名度得到了提升；另外，环意在内部运营的各个环节也都进行了调整与优化，将品牌所借助的外部力量转化为品牌自身的力量，进而促进品牌自身力量的提升，品牌自身的发展也进一步增强了其将外部力量内化为品牌自身力量的能力。品牌自身的发展，可以使品牌在下一发展阶段得到更多的认可，从而提升环意对合作伙伴的吸引力，增强环意在下一阶段借助更高层面的品牌外部力量的能力。

（二） 基于杠杆理论的品牌生命力构建模型

基于杠杆理论以及对环意品牌发展过程的分析，我们总结出环意是通过借力过程和使力过程之间的不断循环互动、螺旋上升来构建强大的品牌生命力，即品牌利用外部资源的能力、内部运营的能力以及整合外部资源利用与内部运营的能力，而整个品牌生命力构建过程背后的逻辑是杠杆逻辑（见图 6－2）。

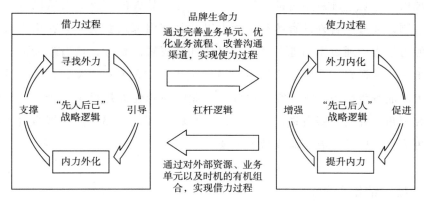

图 6－2　基于杠杆理论的品牌生命力构建模型

　　在借力过程即利用外部资源的过程中，环意采用的是"先人后己"战略逻辑，通过发现借力主体的需求，寻找既能满足此需求又有利于环意发展的"双赢"或"多赢"策略，进而达到借力的目的。在这样的逻辑下，环意不断地将自己的"内力"，即企业自身的实力"外化"，让借力主体在认识和了解自己的同时，愿意帮助自己成长，使自己能在更高的层面上寻找新的外力，以便与符合公司快速发展需要的相关资源进行对接和"匹配"，这样"内力外化"对"寻找外力"就起到了很好的支撑作用，而更高层面的"外力"对"内力外化"有一个很好的引导作用，两者不断相互作用和影响，与"先人后己"战略逻辑一起，形成一个螺旋上升的正向循环，从而达到借力的目的。

　　在使力过程即内部运营的过程中，环意采用的是"先己后人"战略逻辑，通过激发员工对身边人的"有用性"，来充分调动每个员工的积极性，使每个员工以身作则，以自身为圆点，不断地向外辐射，形成大小不同的同心圆，而这些同心圆相互作用，形成叠加效应和共振，将借来的"外力"，即将相关外部资源的力量进行"内化"，即转化为品牌自身的力量，"外力内化"就可以促进"提升内力"，而"内力"的提升又可以加快"外力内化"的速度和进程。两者不断相互作用和影响，与相应的"先己后人"战略逻辑一起，形成一个螺旋上升的正向循环，进而达到使力的目的。

　　借力过程是通过完善业务单元、优化业务流程、改善沟通渠道实现使力过程，而使力过程又是通过对外部资源、业务单元以及时机的有机组合实现借力过程。环意通过借助外部资源，并在品牌内部形成有效的内部运营机制，通过整合外部资源利用能力以及品牌内部运营能力，在借力过程和使力过程中通过不断地循环互动以及杠杆逻辑的指导，使看似矛盾又相互统一的分逻辑"先人后己"和"先己后人"之间有机互动，构建了环意强大的品牌生命力。本研究为服务型企业的品牌建设提供了一个系统化的研究视角，并为实践者提供了一个借助品牌内部、外部力量发展自身品牌的更为广泛以及具有经验支持的框架。

五　结论与讨论

（一）　理论贡献与管理启示

本研究通过环意的案例研究来探索服务型企业品牌如何在现有的内部资源的基础上，借助品牌外部力量，形成有效的借力使力机制。结合杠杆理论、品牌生命力理论以及对环意案例的分析，总结出环意是在借力过程和使力过程之间的不断循环互动、螺旋上升中构建强大的品牌生命力；而整个品牌生命力构建过程背后的逻辑是杠杆逻辑。在借力过程，即利用外部资源的过程中，环意采用的是"先人后己"战略逻辑，通过发现借力主体的需求，寻找既能满足借力主体需求又有利于环意发展的"双赢"或"多赢"策略，达到借力的目的；在使力过程，即内部运营的过程中，环意采用的是"先己后人"战略逻辑，通过激发员工对身边人的"有用性"，以员工自身为圆心，不断地向外辐射，在调动员工积极性的同时，达到使力的目的。借力过程是通过完善业务单元、优化业务流程、改善沟通渠道实现使力过程，而使力过程又是通过对外部资源、业务单元以及时机的有机组合实现借力过程。借力过程和使力过程通过不断地循环互动、螺旋上升，在杠杆逻辑的指导下，使看似矛盾又相互统一的分逻辑"先人后己"和"先己后人"之间有机互动，构建了环意强大的品牌生命力，即环意有效的外部资源利用能力、内部运营能力以及整合外部资源利用与内部运营的能力。首先，环意在杠杆逻辑的指导下，将扩大"单团地接"新品类放在首位，通过各种方式扩大对新品类的宣传，增强"单团地接"这一新品类在旅游市场上的整体竞争力，通过与合作伙伴的合作以及借助事件资源提升了环意的品牌知名度，在此基础上，通过完善服务过程中的各个环节，提升客户对"单团地接"新品类的整体认知，扩大"单团地接"影响力，进一步增强了品牌生命力。

本研究对品牌发展过程中如何基于杠杆理论构建品牌生命力具有如下理论价值。

第一，本研究关于企业品牌建设的研究关注了品牌动态能力以及品牌保持持续竞争优势的重要性，并在此基础上分析了品牌发展过程中的借力使力机制，即品牌如何借助其他相关实体发展。

第二，结合已有文献中相关理论，分析了品牌借力使力机制的作用机理以及基于杠杆理论的品牌生命力构建过程，总结出基于杠杆理论的品牌生命力构建模型，拓展了品牌生命力的相关理论研究。

本研究为相关企业的管理启示如下。

首先，品牌应关注内部资源力量，努力夯实内部运营能力。在一个品类里，只有排名第一、第二的企业才能活得精彩，对于创建新品类的企业，应努力增强自身品牌的生命力，抢占领导品牌的地位。对于一个新的品类，首先要让其成长、发展，其次才是竞争，这就需要企业将关注点同时集中在品牌自身竞争力的提升以及整个新品类竞争力的提升上。

其次，品牌应重视外部资源力量，借助外力发展。品牌在其发展过程中，自身的力量起到了主要的作用，但是如果能够在提升自身力量的同时，借助品牌外部力量，形成有效的借力使力机制，将会使品牌更快地成长，然而在这些外部力量中，公共关系资源、事件资源等力量所发挥的作用是十分显著的。巧妙借力，树立自己的行业先锋形象，在提升企业品牌实力的基础上，通过与政府、媒体、公众等各种公共关系资源合作以及相关事件资源，可以有效提升自身的品牌形象。

最后，在企业作为行业领导者形象树立的同时，更应关注品牌的建设，努力夯实内部运营能力，将借助的外部资源力量与自身运营能力相结合，使品牌具有强大的生命力。发展品牌需要充分考虑到品牌优势以及品牌发展的内外部环境等因素，只有充分了解和掌握资源，并且为资源的使用匹配品牌运营能力，品牌才能够借助内部、外部力量形成有效的借力使力机制，进而形成强大的品牌生命力。

（二） 研究局限与展望

尽管本研究揭示了品牌发展过程中借力使力机制的作用机理，得出了一些有价值的结论，但还存在一些不足，主要是案例研究样本的局限。单案例有其自身固有的局限性，本研究仅采用了环意品牌建设的一个案例，样本来自旅游业，并未对其他行业进行研究，本研究的结论是否可以适用于其他行业领域，是否可以通过对其他行业领域的研究进一步完善，还需要未来更深层次的研究。

参考文献

Ahn S., Denis D. J., & Denis D. K., Leverage and Investment in Diversified Firms[J]. *Journal of Financial Economics*, 2006, 79(2): 317 – 337.

Bhagat S., Welch I., Corporate Research & Development Investments International Comparisons[J]. *Journal of Accounting and Economics*, 1995, 19(2): 443 – 470.

Barney J., Firm Resources and Sustained Competitive Advantage[J]. *Journal of Management*, 1991, 17(1): 99 – 120.

Barney J. B., Strategic Factor Markets: Expectations, Luck, and Business Strategy[J]. *Management Science*, 1986, 32(10): 1231 – 1241.

Barney J. B., Is the Resource-based"View" A Useful Perspective for Strategic Management Research? Yes[J]. *Academy of Management Review*, 2001, 26(1): 41 – 56.

Barney C. C. Tan, Shan L. Pan, and Ray Hackney[J]. *IEEE Transactions on Engineering Management*, 2010, 57(2): 180 – 197.

Coff R. W., Coff D. C., Eastvold R., The Knowledge-leveraging Paradox: How to Achieve Scale Without Making Knowledge Imitable[J]. *Journal of Academy of Management Review*, 2006, 31(2): 452 – 465.

Dotzel T., Shankar V., Berry L. L., Service Innovativeness and Firm Value[J]. *Journal of Marketing Research*, 2013, 50(2): 259 – 276.

David Aaker, *Brand Portfolio Strategy*[M]. New York: Free Press, 2004.

Elfring T., Hulsink W., Networks in Entrepreneurship: The Case of High-technology Firms[J]. *Journal of Small Business Economics*, 2003, 21(4): 409 – 422.

Eisenhardt K. M., Martin J. A., Dynamic Capabilities: What are they?[J]. *Journal of Stra-*

tegic Management, 2000, 21(10 – 11) : 1105 – 1121.

Grandvaland S. , Vergnaud S. , Interrelationships Among Business Units as A Way to Leverage Resources[J] . *Journal of Problems and Perspectives in Management*, 2006, 1: 151 – 163.

Jarillo J. C. , Entrepreneurship and Growth: The Strategic Use of External Resources[J] . *Journal of Business Venturing*, 1989, 4(2) : 133 – 147.

Kochar R. , Hitt M. A. , Linking Corporate Strategy to Capital Structure: Diversification Strategy, Type, and Source of Financing[J] . *Journal of Strategic Management*, 1998, 19(6) , 601 – 610.

Kotler P. & Keller K. L. , Marketing Management, Global Edition, 14th Edition. Pearson Education. 2012.

Li W. K. , Wyer Jr R. S. , The Role of Country of Origin in Product Evaluations: Informational and Standard-of-comparison Effects[J] . *Journal of Consumer Psychology*, 1994, 3(2) : 187 – 212.

Modigliani F. , Miller M. H. , The Cost of Capital, Corporation Finance and the Theory of Investment[J] . *The American Economic Review*, 1958: 261 – 297.

Michael E. , Porter. *Competitive Strategy: Techniques for Analyzing Industries and Competitors*[M] . New York: Free Press, 1980.

Makadok R. , Doing the Right Thing and Knowing the Right Thing to Do: Why the Whole is Greater than the Sum of the Parts[J] . *Journal of Strategic Management*, 2003, 24(10) : 1043 – 1056.

McCracken G. , Who is the Celebrity Endorser? Cultural Foundations of the Endorsement Process[J] . *Journal of Consumer Research*, 1989.

Ndofor H. A. , Sirmon D. G. , He X. , Firm Resources, Competitive Actions and Performance: Investigating a Mediated Model with Evidence from the In-vitro Diagnostics Industry[J] . *Strategic Management Journal*, 2011, 32(6) : 640 – 657.

Phoenix, Arizona. Leveraging Digital Business Ecosystems for Enterprise Agility: The Trilogic Development Strategy of Alibaba. com[J] . *Journal of International Conference on Information Systems*, 2009.

Simunic D. A. , The Pricing of Audit Services: Theory and Evidence[J] . *Journal of Accounting Research*, 1980, 18(1) : 161 – 190.

Singh M. , Mathur I. , Gleason K. C. , & Etebari A. , An Empirical Examination of the Trend and Performance Implications of Business Diversification[J] . *Journal of Business and Economic Studies*, 2001, 7(2) , 25 – 51.

Stevenson H. H. , Roberts M. J. , Grousbeck H. I. , *New Business Ventures and the Entrepreneur[M]. Irwin, Homewood, IL.* 1985.

Stevenson H. H. , Jarillo J. C. A. , Paradigm of Entrepreneurship: Entrepreneurial Management[J] . *Journal of Strategic Management*, 1990, 11(5) : 17 – 27.

Timmons J. A. , Spinelli S. , New Venture Creation: Entrepreneurship for the 21st Century [M] . Boston: Irwin, 1994.

Wilson N. , Wright M. , Private Equity, Buyouts and Insolvency Risk(CMBOR Working Paper) . London: Centre for Management Buy-out Research, Imperial College Business School, 2012.

Wang C. L. , Ahmed P. K. , Dynamic Capabilities: A Review and Research Agenda[J] . *International Journal of Management Reviews*, 2007, 9(1) : 31 – 51.

Wu L. Y. , Applicability of the Resource-based and Dynamic-capability Views under Environmental Volatility[J] . *Journal of Business Research*, 2010, 63(1) : 27 – 31.

Wernerfelt B. A. , Resource-based View of the Firm[J] . *Journal of Strategic Management*, 1984, 5(2) : 171 – 180.

何源，白莹．负债融资、大股东控制与企业过度投资行为 [J]. 系统工程，2007 (3).

〔美〕菲利普·科特勒．营销管理 [M]. 吕一林，王俊杰，译．中国人民大学出版社，2010.

〔美〕keller. 战略品牌管理（第 3 版）[M]. 卢泰宏，吴水龙，译．中国人民大学出版社，2009.

王鲁平，毛伟平．财务杠杆，投资机会与公司投资行为——基于制造业上市公司 Panel Data 的证据 [J]. 管理评论，2010, 22 (11).

王海忠，刘红艳．品牌杠杆——整合资源赢得品牌领导地位的新模式 [J]. 外国经济与管理，2009 (5).

王迎军．战略杠杆 [M]. 天津人民出版社，1997.

许合先．基于战略杠杆效应的企业竞争优势获取模式——以 INTEL 为例 [J]. 科技管理研究，2009, 28 (12).

姚明安，孔莹．财务杠杆对企业投资的影响 [J]. 会计研究，2008 (4).

赵海峰，万迪．核心能力与战略杠杆综合分析的实证研究 [J]. 系统工程，2003, 21 (1).

赵道致，张靓．资源杠杆——基于企业网络的竞争优势获取模式 [J]. 科学学与科学技术管理，2006, 27 (9).

第五部分
对外整合

　　品牌定位的实现不仅取决于内容运营的支撑，同时也依赖于外部利益相关者的认同。因此，本部分"对外整合"，主要从关键资源和营销公关两个角度来展开，阐述环意品牌获得渠道权力和品牌认同的内在动力。

　　首先，从结构洞的视角，研究旅游供应链中上游地接社通过对供应链结构洞的管理逐渐获得渠道权力的过程。第一，处于旅游供应链上游的地接社，可以通过信息技术削弱自身与终端游客之间的结构洞，或者与下游组团社通过契约增强组团社之间结构洞及其稳定性；第二，削弱或利用结构洞将为旅游供应链中的上游地接社带来新的关键资源；第三，基于结构洞的关键资源与企业已有关键资源相结合，将加速旅游供应链中的渠道权力由下游向上游转移。

　　其次，研究营销公关对品牌认同的影响。第一，发现了营销公关对品牌认同的影响机制，该机制是企业通过营销公关在情感方面独特的沟通方式与消费者沟通，使品牌与消费者之间达到地位、价值观、感知等方面的趋同，从而实现企业品牌认同目标。第二，打开了营销公关对品牌认同的作用过程黑箱。在企业经营过程中，企业通过营销公关借助外部力量提高社会地位及公信力，再运用内部力量向消费者传递有效的企业信息，达到让消费者了解认可的目的，最终在品牌价值和消费者的个人价值达到一致性时，产生品牌认同。

　　本部分为服务型小微企业在资源条件有限的情况下，实现渠道权力和品牌认同提供一个系统化的分析视角。

第 7 章 基于结构洞的关键资源对旅游供应链渠道权力的影响[*]

一 引言

旅游供应链由向旅游者提供旅游产品和服务的所有供应商构成，具体包括供应商、旅行社以及终端游客（Tapper & Font，2004）。其中，供应商提供交通、酒店、餐饮等旅游基本产品；旅行社包括组团社以及地接社，地接社负责与供应商保持紧密的业务关系，并且为终端游客到达出游地后提供地面接待服务；组团社处于地接社与终端游客之间，是负责营销旅游产品和服务的企业或个人（杨丽、杨帮义，2008）。本研究研究的是地接社、组团社和终端游客之间的关系，不考虑供应商。同时，本研究将组团社分为两类：传统组团社与在线旅游代理（OTA）。

在传统的旅游供应链中，组团社占据中心位置，作为连接终端游客与地接社的桥梁，控制着供应链间的资源以及获得资源的途径。地接社作为游客到达出游地后直接为终端游客提供服务的企业，其客户的业务与信息均来源于组团社，获取资源的途径单一，使得自身的资源配置完全围绕组团社进行，在与组团社的合作关系中处于劣势。这种现象在理论上可以解释为由于地接社与终端游客之间存在结构洞，其过于依赖组团社，也就是说，组团社在传统旅游供应链中占据着渠道权力。另外，即使地接社对游客在出行过程中的需求把控，对景点、交通、餐饮等出游地产品更加熟悉，但是由于其直接客户是组团社，地接社在实际运营中难以增加对终端游客的影响力。

---

[*] 马军平，陈昱竹，李纯青，张海丽. 基于结构洞的关键资源对旅游供应链渠道权力的影响——以环意国际旅行社为例［J］. 管理案例研究与评论，2015，8（6）：577 – 593.

　　随着地接社品牌意识的增强以及新兴线上旅游代理的出现，一些有实力的地接社试图打破传统旅游供应链中地接社在终端游客面前"隐姓埋名"的现状，将自己的优势资源转化为在终端游客中的影响力，进而改变完全依附组团社的被动局面。那么，对地接社而言，应该如何处理自己与组团社、终端游客之间的关系，从而在一定程度上获得渠道权力呢？这就涉及旅游供应链间渠道权力转移的问题，目前相关的研究多集中探讨渠道权力转移的路径，而没有关注渠道权力转移背后的机制，打开转移机制的黑箱（张闯等，2012）。

　　综上所述：本研究选择环意国际旅行社作为案例研究对象，基于结构洞理论、资源依赖理论研究旅游供应链间渠道权力的转移。本研究具体包括以下三个方面：第一，探讨地接社在不同阶段结构洞管理方式的变化；第二，探讨不同的结构洞管理方式为地接社带来的关键资源的变化；第三，探讨不同的关键资源对渠道权力转移的作用。

二　文献述评

（一）　渠道权力

　　渠道权力是指一个渠道成员对处于同一渠道系统内、不同层次上其他渠道成员的营销决策变量施加影响和控制的能力（Setrn et al.，1980）。Anderson 和 James 于 1990 年证实了"被依赖"的程度与权力的使用程度呈正相关关系，也就是说，一个渠道成员对另一个渠道成员的依赖程度越深，另一个渠道成员相对于这个渠道成员的渠道权力也就越大。随着近些年对渠道权力研究的深入，有学者发现两个渠道成员之间的权力关系不仅由二者之间相互依赖的程度决定，还受到二者所处渠道网络中其他成员的影响。为克服渠道权力理论研究局限于二元分析范式的不足，有学者开始考虑三元范式的研究视角。张闯等（2012）在研究中发现在渠道关系中，A 对 B 的权力会对 B 对 C 的权力产生影响，这种影响来源于渠道成员之间的资源依赖关系。所以本章探讨由地接社、组团社和终端游客构成的旅游供应链，从而更全面地分析旅游供应链间的渠道权力转移的问题。

　　某一渠道成员掌握的渠道权力并不是一成不变的，它会随着渠道成员间依赖关系的变化而发生变化。Schultz 等（2003）提出渠道权力对角线转移理论。该理论指出，在企业发展初期，供应商掌握了大部分的渠道权力，而随着时间的推移，渠道权力的掌握逐渐转移到中间商那里，当发展到某一程度时，渠道权力又会被消费者掌握。但是由于时间界定的模糊性，权力的转移不会像理论中描述的那样有很明显的时间节点，从目前情况来看，第二次转移的完成会经历一个漫长的过程，但是在渠道中，越是能够代表消费者的群体越能获得更多的渠道权力。在一般的旅游供应链中，由于组团社与终端游客的距离更近，更多地占据着渠道权力，而地接社以承接组团社的业务为主要经营模式，在供应链中处于劣势。但是，随着信息技术的不断发展，地接社与终端游客之间的信息不对称正在逐渐减弱，地接社虽然目前没有掌握供应链中的业务来源，但是比组团社更加了解游客在境外旅游过程中的具体需求，即地接社更接近终端游客的出游需求（组团社实际上更接近终端游客的购买需求），渠道权力可能由下游组团社向它转移。

渠道权力可以通过以下三个指标进行衡量（庄贵军，2004）。（1）渠道关系与互动：Hibard 和 Kumar（2001）用信任与承诺两个变量来衡量渠道关系。承诺比信任更高级。并且在 Morgan 和 Hunt（1994）的研究中，不单独考虑信任，仅仅把承诺作为衡量渠道关系的变量，其中承诺是指渠道关系中的一方愿意付出较大的代价以维护二者的合作关系（Dwyer，1987）。经常使用强制性权力的渠道主体会与其他渠道成员产生较大的渠道冲突，而经常使用非强制性的渠道权力会降低渠道冲突水平，所以将渠道冲突也看作一个衡量渠道关系的变量。（2）渠道满意：包括经济满意和非经济满意。经济满意是指渠道成员对渠道关系中所产生的经济收益表现出的正面情感反应，代表了对渠道关系的有效性、产出和财务结果的满意，例如销售量、边际利润。非经济满意是指渠道成员在与其他渠道成员的合作关系中产生的不是物质带来的心理上的满足（Geyskens & Steenkamp，1999）。（3）渠道效率：包括渠道的整体绩效和每个渠道成员的个体绩效，测量的指标主要有商品的流通量、流通费用、利润额。渠道效率在现实的渠道流程中，涉及商流、信息流、物流、资金流等以及运营维护成本等。

（二） 资源依赖理论

Pfeffer 和 Slalancik （2003） 提出资源依赖是指对组织有重要作用的特定投入或者产出被相关的、较少的几个组织控制的程度。该理论认为组织 A 对组织 B 的依赖程度决定于 B 拥有多少 A 无法从 B 以外的其他地方获取的关键资源 （Lavie，2006）。也就是说，"关键资源" 是依赖关系的基础。对于关键资源，Collis 等 （2008） 给出了相关定义，即关键资源是能给企业带来竞争优势的资源，且具有稀缺性、价值性、不可替代、难于模仿的特性。无形资产包括知识产权、品牌、企业声望、企业网络、数据库、员工知识、社会资本等；而企业能力本质上是指企业将狭义资源进行整合和作用的技能 （Amit et al.，1993），它比企业的有形与无形资源更加复杂抽象，更难以被行业内其他企业效仿。根据 Grant （1991） 的研究，企业能力包括技术创新能力、组织创新能力、团队合作能力、学习能力、战略决策能力等。

组织 A 对组织 B 的依赖程度取决于以下三个因素：资源对于组织 A 生存的重要性；组织 A 内部或外部一个特定群体获得或处理资源的程度；组织 A 替代性资源的存在程度。如果组织 A 非常需要一种专门知识，而这种知识在其内部又非常稀缺，并且不存在可替代的知识来源，那么组织 A 将会高度依赖掌握这种知识的组织 B。根据渠道权力理论，渠道权力来源于组织 A 对组织 B 的依赖关系，而这种对关键资源的高度依赖正是组织 B 对组织 A 的渠道权力的来源 （Ford & Wang，2012）。在渠道关系中，拥有渠道权力的程度与其拥有与控制关键资源的程度成正比。一个组织拥有和控制的关键资源程度越深，且该关键资源对于其他渠道成员的生存、发展的影响越大，替代来源越少，那么这个组织对其他渠道成员的渠道权力也就越大 （Brown & Lusch，1983）。在渠道关系中，渠道成员拥有的渠道权力往往不是等同的，而是有一定倾斜的，根据资源依赖理论，造成这种倾斜的主要原因是，渠道成员拥有与控制关键资源的程度不同 （Geyskens et al.，1999）。那么在渠道关系中，处于弱势一方的渠道成员，要想获得更多的渠道权力就必须发展、加强关键资源，这样做的意义是，一方面可以减少企业自身对某个渠道成员的依赖，从而摆脱受制于人；另一方面则可以增强自己的影响力，向其他渠道成员提供更多的效用，从而增加了对方对自己的依赖。不管是削弱自己对别人的依赖还是增强别人对自己的依赖，都会使得组织在权力关系中由劣势地位逐渐向优势地位发展。

（三）　结构洞理论

结构洞理论的基础是 Coleman（1988）的社会资本理论与 Granovetter（1973）的弱关系理论，在该理论中，结构洞是指社会网络中某个或某些个体和有些个体发生直接联系，但与有些个体不发生直接联系，从而在整个网络结构上产生某些关系间断的现象。

为了衡量网络中的结构洞存在与否，Burt（1992）提出两个指标：凝聚标准（Cohesion criterion）和结构对等标准（Structural equivalence standard）。满足这两个指标中的任意一个，则结构洞不存在。凝聚标准是指网络中任意两者之间存在强关系，也就是说对于第三方而言，另两者的关系是冗余的；结构对等标准是指网络成员之间的结构地位是平等的。

在以往的研究中，结构洞是"中间人"获利的一种手段。Mcevily（1999）认为结构洞会给"中间人"带来信息利益与控制利益。其中，信息利益（Informational benefits）包含：（1）获取（Access），获得有价值的信息；（2）时机（Timing），快速获得有价值的信息；（3）推荐（Referrals），在某一时点，被其他人推荐。而控制利益（Control Benefits）指的是处在"中间人"位置的成员比没有处在该位置的成员更早获得有利的机会或是威胁，控制其他成员之间流动资源的通路（盛亚、范栋梁，2009）。Zaheer（2009）的研究发现占据结构洞位置的企业能够获得更好的企业绩效。之后，Zaheer 等（2005）又提出，占据结构洞的企业容易获得快速收益能力，也就是快速响应市场、快速获得有效信息的能力以及创新能力与资源整合吸收能力。

不管是控制利益还是信息利益，或是稀缺的信息、知识资源，抑或是企业的创新能力与资源整合能力，这些占据结构洞的"中间人"获得的资源多具有价值性、稀缺性、不易替代和难以模仿的特性。根据资源依赖理论，这些基于结构洞的关键资源往往构成了渠道成员间依赖关系的基础，其他渠道成员由于对基于结构洞的关键资源产生依赖，从而对占据结构洞的"中间人"产生依赖，继而赋予了其渠道权力。组织在网络中占据的结构洞越多，其获得与控制的关键资源就越多，其他渠道成员对组织的依赖程度也就越深，从而就赋予了组织更多的渠道权力（刘立，2014）。

占据结构洞的"中间人"拥有诸多好处，但是一个组织不是一直都能够占据结构洞的。Li 和 Choi（2009）提出这种获利位置并不是一成不变的，是会被削弱、转移的。位于结构洞两侧、原本无联系的渠道成员一旦产生联系就会对结构洞产生削弱作用，即双方找到了可替代的资源，占据结构洞的那一方将逐渐失去结构洞为自己带来的资源。孙笑明（2013）发现在网络中，发明家的中心性越强，被他吸引与之合作的发明家就越多，而当后者的中心性变强时，他也能吸引其他发明家与之合作，形成了一个良性的循环。也就是说，当原本位于结构洞一侧的企业，与另一侧的企业建立联系削弱二者之间的结构洞之后，经过一定程度的发展，该企业的中心性变强会吸引更多的合作伙伴与自己发展合作关系，而这时中心性变强的企业能够利用新旧合作伙伴之间的结构洞获得自己需要的关键资源，这样一来，占据结构洞的组织可能发生了改变。

综上所述：基于结构洞的关键资源会产生渠道成员之间的依赖关系，而依赖关系正是渠道权力的来源，所以笔者认为基于结构洞的关键资源有可能对旅游供应链间渠道权力的转移起到重要的影响作用。现有文献为本章提供了理论的基础，但是关于基于结构洞的关键资源如何作用于渠道权力转移的机理研究至今不多，本章尝试通过结构洞理论、资源依赖理论打开处于旅游供应链权力关系劣势地位的地接社获得渠道权力的"黑箱"，解释基于结构洞的关键资源对旅游供应链上渠道权力转移的演化机理和作用过程。

三　案例描述

（一）案例企业背景

环意（北京）国际旅行社隶属于意大利环意单团地接社，是意大利环意单团地接社的中国服务中心（本研究统称环意国际旅行社，简称环意）。

在 2012 年以前，环意国际旅行社在业务来源上完全依附于组团社，这种状况随着环意的发展在 2012 年之后有所好转，环意开始有意识地打通与终端游客之间的信息沟通渠道。在 2014 年之前环意国际旅行社采用 B2B 的商业模式，将自己的资源基本用于服务传统的组团社，如中青旅、国旅总社、中旅等。其承接的单团类型主要有公务单团、商务单团、会奖单团、展会单团和小型旅游单团。而从 2014 年起，环意国际旅行社推出自主旅游产品——意大利艺术之旅，加强与线上旅游代理（OTA）合作，通过 OTA 将自己的产品推向终端游客，使环意国际旅行社可以在终端游客面前亮相，试图推广由终端游客向组团社指定环意国际旅行社作为地接社的模式，逐渐完成向 B2C2B 商业模式的转变，这一战略性的改变打破了传统旅游供应链中组团社长期掌握渠道权力的状况，引起业界的广泛关注。环意国际旅行社的业务从成立至今的发展历程，如图 7 - 1 所示。

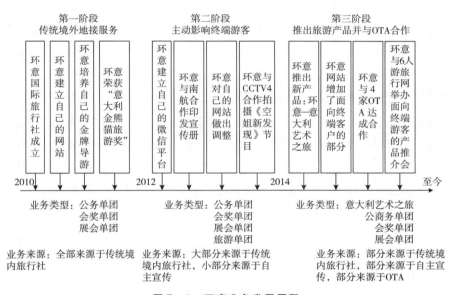

图 7 - 1　环意业务发展历程

（二）传统境外地接服务阶段 （2012 年以前）

环意成立之初，作为一家新成立的、规模较小的中国游客赴意大利旅游地接社，前期企业拥有的资源比较匮乏。但是，由于总经理张环有在原意大利米斯特拉旅行社工作的经历，她保留的环意团队成员来自米斯特拉旅行社各个业务部门，这个团队对中国市场和地接旅游业务都非常熟悉。2009 年环意根据自己的核心业务"单团地接"重新划分了组织结构和业务流程，根据其业务类型将企业分为四个业务部门：展会单团部，会奖单团部，旅游单团部，公商务单团部。这四个业务部门是公司运营的核心，其他部门为这四个部门提供支持工作。2010 年初，操作部成立，目的在于核查操作流程上的每一个细节的落实情况，特别是对境外部分的准确把控，以确保从接单到游客回国整个流程中每一个环节都没有失误，给客户最优质的服务体验。2012年，环意意识到了境外导游的重要性，培养了一批金牌导游，以其专业性、可控性最大限度地保证了客户的满意度。通过境外导游团队与内部运营团队的内外配合，环意在组团社心目中的知名度得到了迅速的提升，在客户群中传递了自己的品牌定位，扛起了意大利"单团地接"这一杆大旗。

在这个过程中，环意的业务全部来源于组团社，环意运营的核心工作就是围绕组团社承接业务。尽管环意服务的"可控性"和"专业性"受到了组团社的认可，但是与组团社合作的地接社众多，环意在与组团社合作的过程中，始终处于被动状态，经常出现业务流失的情况。环意通过自己的成本中心获得境外询价的相关资料，然后给组团社制定相关的流程报价，但最终由组团社决定团组的定价，而环意只能在接受定价的基础上进行优化资源配置来尽量控制自己的成本。另外，即使环意非常重视在境外对终端游客的服务质量，但是由于旅游供应链的传统观念，面对终端游客时，环意是"隐姓埋名"的，环意只是组团社为游客提供服务的一个环节而已。在这一阶段，环意与其他地接社一样，在整个供应链中，处于劣势地位（见表7-1）。

表7-1 关于环意获得渠道权力访谈资料（1）

项 目	数据描述
企业已有关键资源	环意每个部门每周都有一次部门会议来分析客户的需求，讨论时不断聚焦并落实服务细节，这保证了我们服务的可控性以及客户的满意度（总经理张环）
结构洞管理方式	我们专注于服务组团社，和终端游客没有什么联系（总经理张环）
基于结构洞的关键资源	我们不能从游客那里直接获得他们信息的反馈，都是要通过组团社（总经理张环）
依赖关系	我们的资源配置、广告宣传都是围绕着为组团社服务展开的（总经理张环）
渠道权力	我们的业务来源是组团社，我们受制于他们（总经理张环）
渠道关系与互动	我们在网站上努力呈献给客户专业性的形象，还花大价钱在面向我们客户的杂志上以专家的身份发表文章。我们尽自己最大的努力为我们的客户提供满意的服务。我们这时候老是跟在人家组团社后面跑，人家还爱搭不理的（总经理张环）

项　目	数据描述
渠道满意	我们刚开始的时候，因为之前一些老客户还在，业务水平发展得比较平稳，但是也没有快速增长的趋势。组团社向我们发出询价，我们会进行境外询价，给组团社提供相关的详细报价，但是最终的定价权还是由组团社掌握的。有时候我们为了接一单，公司的人都非常努力，但是后来组团社还是把这一单给了其他地接社（总经理张环）
渠道效率	在境外不管游客是有什么不满，还是有什么需求，他们不会联系我们，而是将信息传送给组团社，然后组团社再把这些信息传送给我们（总经理张环）

（三）　主动影响终端游客阶段　（2012～2013 年）

从 2012 年开始，环意不断地优化境外旅游资源的配置，使自己在组团社当中获得了极佳的声誉。同时网站上不断更新的接团案例，使得组团社对环意的定位以及客户认知度都有了清晰的了解；环意参加一系列与旅游相关的活动并向潜在客户宣传自己，这些活动不但树立起了其在组团社中的品牌形象，也获得了行业的认可。

但是，环意也意识到自己仍然受制于组团社的事实，主要原因是传统的组团社仍然控制和掌握着影响环意发展最关键的资源，即终端游客资源，这不可避免地造成了环意对组团社有较强的依赖。因此，环意开始有意识地加强自己对终端游客的影响力度，通过企业网站、微信平台、定向杂志、与意大利官方机构合作等方式建立与终端游客之间的联系。例如环意与航空公司合作，在航空宣传册上印发环意的宣传信息；改版企业网站，修改原来完全面对组团社的网站定位，增加面对终端游客的页面，直接向终端游客宣传企业的服务品牌；通过微信向终端游客推送企业动态信息、宣传企业经营理念等。

经过调整，环意开始逐渐得到市场响应，其承接的组团社的业务中，有小部分业务逐渐来源于终端游客通过各种渠道了解到环意后向组团社的反馈。环意的业务量不仅有了较大的增长，而且增加了品牌知名度。由于终端游客对环意品牌的认可，组团社在选择地接社时，不得不优先考虑与环意进行合作，因此，环意也拥有了一些议价权，可以在组团社进行团组定价时，提出一些自己的要求，获得了更大的利润空间。环意对传统组团社的依赖程度有所减弱，环意在与组团社合作的过程中，逐渐拥有一定的谈判权（见表7-2）。

表7-2　关于环意获得渠道权力访谈资料（2）

项　目	数据描述
企业已有关键资源	我们首先占领了单团地接这一大块市场，通过优质的客户服务，在客户群中获得了声誉与知名度（总经理张环）
结构洞管理方式	我们通过一些媒体的宣传，开始与游客建立一些间接的联系（展会单团部总监 Helen）
基于结构洞的关键资源	我们开通了微信平台，上面实时更新我们的最新动态，能让游客对我们有一个详细的了解。我们和南航合作，使游客在乘坐飞机的时候能看到我们在航空杂志上的宣传。我们和 CCTV 合作了《空姐新发现》，节目的最后还打出了环意的 Logo。我们的这些行为都使得环意在游客心目中有了一定的影响力，而且有的游客还会照着我们的联系方式来联系我们。我们从终端游客处获得了一些有价值的信息，也能更快地对客户的需求做出反应（展会单团部总监 Helen）
依赖关系	我们不完全依赖于组团社，我们也能从终端游客那里获得一些有价值的信息，我们开始用网络、微信等公众平台来全面营销推广我们的品牌，而不仅仅是针对组团社了（总经理张环）
渠道权力	我们通过与游客建立联系来影响组团社，同时不断完善自己的服务，加强自己的影响力，这还是有些收效的，我们可以有尊严地吃包子了（总经理张环）
渠道关系与互动	我们之所以想把我们的品牌打到游客面前是因为我们想通过这种做法来更多地影响组团社。我们受到意大利旅游局的邀请，代表旅游局，宣传意大利，在客户当中造成较大的影响，愿意跟我们合作的客户也多了起来（总经理张环）
渠道满意	我们的业务量有了较快的提高，原来一个业务员几十万的业绩我们都觉得特别多，现在突破百万也常有。客户对我们的服务越来越满意，也愿意和我们合作。在询价这个环节，我们在确定报价的时候，能够与组团社议价，而不是像原来一样只能被动接受他们的定价，在我们的争取下，我们与同行相比，相同的旅游线路收费要高出 10%~20%（总经理张环）
渠道效率	我们通过一些媒介，和游客有了一些信息上的交互。我们的业务源也增加了，获得的资金收入也增加了（展会单团部总监 Helen）

（四） 推出自主旅游产品并与 OTA 合作阶段 （2014 年至今）

2014 年开始，随着环意国际旅行社逐渐在终端游客面前显性化，环意开始思考如何更好地去影响终端游客，试图达成由终端游客迫使传统组团社与环意进行合作的目的，即提出 B2C2B 战略。经过一年多的研发，环意在原有的旅游单团的基础上，研发了一个面向终端游客的新产品——环意—意大利艺术之旅，希望通过环意—意大利艺术之旅来达成对终端游客的吸引，并且引导组团社在终端游客面前宣传和推广环意的产品和品牌。

环意针对环意—意大利艺术之旅对企业网站做了再次改版，用能够吸引终端游客的语言对这一产品进行描述。例如"环意专注接待小包团，'包团'去意大利欣赏艺术，找环意地接！""我们用一年的时间对产品提炼、序化，就是为了带给您更深度的旅行体验"等。这些语言和图片直击人心，激发了终端游客对艺术的崇敬，对遨游在艺术殿堂的渴望。

此外，国内旅游业在这一时期也正在经历行业的变革，有大量的在线旅游代理（OTA）出现，其中不乏一些具有崭新经营观念的企业。环意敏锐地捕捉到这一变化，以新产品为契机与新兴 OTA（如 6 人游旅行网、悠哉等）合作，多次举办面向终端游客的发布会、见面会等，从游客的现场反响以及问卷调查的结果来获得大量对环意有价值的信息，同时也大大增加了环意在终端游客之中的影响力。

与此同时，环意还进行了组织架构调整，设立市场营销部专门负责与 OTA 的开发、培训与合作。将自己的新产品交给它们，要求它们放在网站显眼的地方进行专门介绍，同时将每家 OTA 的网站链接放在自己网站的新产品界面下方。环意针对 OTA 进行产品及员工培训，使其掌握"环意—意大利艺术之旅"的产品推广能力，达成通过 OTA 向终端游客销售"环意—意大利艺术之旅"产品的销售通路。在这一崭新的合作过程中，环意要求 OTA 把自己推到终端游客面前，终端游客也开始在签单之前就知晓为自己提供服务的地接社是环意。由于与 OTA 的合作，环意在行业内获得了更大的影响力与号召力，更重要的是环意获得了更多有价值的外部资源并将这些信息、资源内化，不断修正新产品的能力。通过这样的努力，通过主动影响终端游客，环意达成最终撬动传统组团社（如国旅、中青旅）的目标，传统组团社开始重新审视环意在行业中的地位和双方原有的合作方式。开始有传统的大型组团社主动寻求与环意合作。而且，在这一阶段，借助新产品的契机，环意掌握了定价权，OTA 与传统组团社只能完全接受环意的定价。例如，2014 年，陕西卫视的"重走丝绸之路"节目摄制组，由环意国际旅行社作为国旅选择的意大利地接社负责接待，接受意大利最大的电视台 Rai 的采访，并接受中国驻意大利大使李瑞宇先生的亲切问候。环意在此阶段，在与传统组团社的合作中具有更多的主动权，并且在与OTA 合作中处于领导地位（见表 7 - 3）。

表 7 - 3　关于环意获得渠道权力访谈资料（3）

项　目	数据描述
企业已有关键资源	我们在开发新产品之后，团队结构、营销策略都以它为中心有序展开（旅游单团部总监 Cathy）
结构洞管理方式	我们开发新产品使我们直接走到了终端客户面前，和终端客户之间的联系加强了。我们将 OTA 作为我们的合作伙伴，我们把新产品的推广交给 OTA，和原来的合作伙伴还是做以前的业务，他们之间没有交叉（会奖单团部总监 Kevin）
基于结构洞的关键资源	我们把意大利艺术之旅这个新产品一推出来，大家上网一看，我们对新产品的提炼，就很感兴趣，直接打电话来找我们咨询。我们和唯意、6 人游旅行网、辛巴达、悠哉四家 OTA 达成合作关系。我们和 6 人游旅行网以前举办活动，直接面对直客，向他们推销我们的产品。我们能从 OTA 与终端游客那里获得更多有用的资源，这些资源与信息不断地使我们对我们的新产品与服务做出矫正，更好地强化自己的创新能力（总经理张环）
依赖关系	原来都是我们主动找中青旅啊、国旅啊这些大型组团社求合作的，但是现在他们也开始主动地找我们进行合作，而且他们也开始告诉终端游客是环意在为他们服务。我们关于新产品的网页下方有 OTA 的联系方式，好多直客来咨询我们，我们服务到一定程度再交给 OTA。我们更有话语权了（总经理张环）
渠道权力	现在我们有选择业务的权力（总经理张环）
渠道关系与互动	像国旅这样的大型组团社也开始主动找我们合作，也有些 OTA 来找我们，希望能就新产品和我们合作（总经理张环）

续表

项　目	数据描述
渠道满意	我们预计新产品会给我们带来业务量的井喷，现在之所以没有井喷，是因为我们还没有完善，没有到位，如果完善了，销售额一定会有一个大幅度的增长。国旅告诉我们，他们告诉游客在境外提供服务的是我们环意，这在以前是不可想象的。我们在网站上介绍新产品的界面下面放了每家和我们合作的OTA 的网站链接，他们 OTA 的网站上意大利板块下面也有对环意新产品的详细介绍。我们与合作伙伴的关系更加紧密，合作也更加频繁。新产品的定价是由我们环意决定的，OTA 和组团社为了能够卖我们的新产品，只能接受我们的定价（会奖单团部总监 Kevin）
渠道效率	因为新产品，我们和 OTA、终端游客的信息交互都有了大幅度的提升。更多的业务来源给我们带来更多的资金收入（旅游单团部总监 Cathy）

四　案例分析

本章构建的动态分析框架，如图 7 - 2 所示。本章的分析框架首先分析企业每一阶段拥有的资源怎样影响这一阶段结构洞管理方式的选择；其次分析每一阶段不同的结构洞管理方式会产生什么样的关键资源，然后根据资源依赖理论分析每一阶段不同的结构洞关键资源与企业已有关键资源相结合如何对组团社与地接社之间依赖关系产生影响，而依赖关系的变化又会对企业拥有的渠道权力产生什么样的影响；再次通过渠道关系与互动、渠道满意、渠道效率三个指标对每一阶段渠道权力的变化效果进行衡量；最后得出在各阶段当中，企业关键资源的变化是如何导致渠道权力发生转移的，并且在这个转移过程中，企业为何采取不同的结构洞管理方式以及由此带来的关键资源对渠道权力转移的加速作用。

（一）　环意利用结构洞带来的关键性资源获得渠道权力的阶段性讨论

我们按照环意的业务发展过程分析环意逐渐获得渠道控制权的三个阶段：受制于结构洞阶段，削弱结构洞阶段，利用结构洞阶段。详细分析企业不同阶段的结构洞管理方式是怎样变化的；企业每一阶段的关键性资源如何获得；基于结构洞的关键资源与企业已有关键资源如何加速旅游供应链间渠道权力的转移，渠道权力应用效果的变化程度是怎样衡量的。

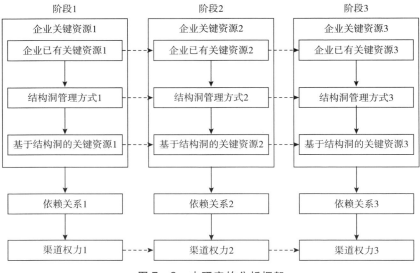

图7-2　本研究的分析框架

1. 受制于结构洞

2010年环意国际旅行社正式成立以来，始终以组团社附属的身份在境外为终端游客提供服务。环意将自己的外部营销与内部运营全部围绕组团社来进行，通过内部团队与境外导游团队的配合，全心全意服务组团社。

根据判断结构洞是否存在的"凝聚性标准"，环意国际旅行社与终端游客之间是存在结构洞的，而组团社这一阶段在环意与终端游客之间扮演着一种"桥梁"的角色。终端顾客对境外服务的回馈都是通过组团社传达给环意的，环意通过组团社的反馈对其服务不断调整、完善，环意国际旅行社在这一阶段无法及早地获得有用的信息，并使用它们，即无法从摄取、举荐、时效性三个部分获得信息利益。可以说环意受制于这一阶段的结构洞，所以无法获得该结构洞带来的一些关键资源。

这一阶段由于环意无法获得基于结构洞的关键资源，拥有资源少，所以在这一阶段对组团社的依赖程度高，同时组团社可以获得这一阶段结构洞为其带来的资源，从而决定组团社掌握了大部分的渠道权力。

由于环意受制于其与终端游客间的结构洞，产生一些信息不对称、资源不对等的现象，这时很有可能引发渠道冲突。这一阶段环意业务增长缓慢，环意没有定价权，可选择的组团社少，故其经济满意度低；由于其受制于组团社，故其非经济满意度也低。从信息流来看，环意国际旅行社的信息只能从组团社获取，这会造成信息的滞后以及不对称；从资金流来看，环意国际旅行社的业务来源是组团社，资金的流入量也受制于组团社，故这一阶段的渠道效率也非常低下。所以在这一阶段，环意国际旅行社对组团社的依赖程度高，组团社掌握了大部分的渠道权力。

2. 削弱结构洞

2012~2013年，由于前期受制于结构洞带来的发展瓶颈，环意部分地调整自己的发展策略，想要逐渐削弱其与终端游客之间的结构洞，为此，环意采取一些活动去间接接触终端游客，例如，2013年，环意建立了自己的微信平台，CCTV4《空姐新发现》节目摄制，主动邀请环意国际旅行社共同拍摄意大利艺术之旅的节目。这些行为使环意与终端游客之间逐渐产生了联系。

根据判断结构洞是否存在的"凝聚性标准"，由于环意上述的行为，二者之间产生了一定程度的"凝聚性"。二者间的结构洞逐渐被"削弱"（虽然没有直接的联系，但是确实已经建立某种能够对双方关系产生影响的联系）。环意和终端游客之间有了信息的交互，不光让环意国际旅行社被业内组团社熟知，更是被终端游客了解和接受，也就是环意可以及时有效地获取一些有价值的信息，并且能通过这些信息对组团社、终端游客施加影响，使得环意的品牌能够到达终端游客那里，同时也强化环意在组团社中的品牌形象。

这一阶段，环意采取的是削弱结构洞的管理方式，其带来的关键资源是快速收益能力，主要是指环意快速接触资源的能力、快速响应客户需求的能力。而企业在这一阶段最关键的已有资源是品牌。企业对市场的快速响应以及对信息的快速捕捉使得环意能够更快更好地满足终端游客与组团社的需求，并对自己的服务做出及时的调整，这样就加快了品牌到达终端游客的速度，而品牌日益被终端游客熟知使得环意能够获得更多有价值的市场信息。在这一阶段，尽管环意与游客建立了一些联系，但是结构洞并没有消除，所以环意仍然要注重维护与组团社的合作关系，但是较前一阶段而言，环意通过影响终端游客使得组团社不得不开始重视与环意的合作关系，二者之间的冲突也因为环意"削弱结构洞"的方式得到了缓解。所以这一阶段结构洞管理带来的关键资源——快速收益能力能够加速渠道权力的转移。

由于这一阶段，环意与终端游客之间结构洞的削弱，组团社开始重视与环意之间的关系，所以这一阶段的渠道冲突较上一阶段有所缓解；环意业务来源不再是单一地依赖组团社，还有一部分来源于自主宣传，与其合作的组团社也较上一阶段有所增加，环意的经济满意度有所增加；对组团社的依赖程度的降低也使得环意的非经济满意度有所增加；环意的信息来源不单单依靠于境内组团社，还有少部分来自终端游客；资金流也有所增加，所以这一阶段的渠道效率也较上一阶段有所提升。正是"削弱结构洞"带来的快速收益能力使得环意对组团社的依赖程度较前一阶段降低，使得组团社掌握的渠道权力有所减少，而环意掌握了部分的信息权力。

3. 利用结构洞

2014 年 9 月环意推出了符合终端游客需求的新产品——环意—意大利艺术之旅。新产品上线为填补环意与终端游客之间的结构洞，利用新、旧合作伙伴之间的结构洞提供了契机。

一方面，环意借助推出新产品的契机寻找新的合作伙伴，在将自己的新产品交给 OTA 的同时，要求 OTA 将环意的新产品放在首页进行专门介绍，这样一来二者形成了较为稳固的联盟关系；另一方面环意针对终端游客进行了多次的宣传推广，如将企业网站设计从原来的基于组团社视角调整为基于终端游客视角、与 6 人游旅行网共同举办活动、公开亮相等一系列活动。将新产品的信息传递给更多的终端游客，更多的游客开始打电话向环意问询这一新产品的信息，环意与终端游客之间的联系更加紧密，信息交互更加频繁。

根据判断结构洞是否存在的"凝聚性标准"，环意与 OTA 建立了新的合作关系，而 OTA 与组团社之间没有联系，根据"凝聚性标准"，判断 OTA 与传统组团社之间存在结构洞，而环意充当的是两者"结构洞"的"桥梁"。而这一阶段，环意与终端游客之间直接、强化的关系说明二者之间的结构洞被填补。

在这一阶段，利用结构洞的处理方式使环意可以获得关键资源——整合吸收的能力，即从终端游客与 OTA 处获得更多的资源，然后对这些外部资源进行整合，内化吸收，并加以创新的能力。整合吸收更多有价值的资源，为己所用，这种能力可以通过对外界资源的不断吸收创新来完成对企业新产品的调整、完善，使得企业的新产品更能打动终端游客、更符合新旧组团社的市场需求。而这一阶段，环意推出的新产品——环意—意大利艺术之旅成为企业最关键的资源。以新产品的开发推广为契机，环意与OTA达成合作，并与终端游客发生了大量、直接的交互，使得环意可以采取利用结构洞的管理方式，即强化削弱上一阶段的结构洞，发现利用新、旧合作伙伴之间的结构洞，而新产品的推广又使得环意能够获得更多的业务来源与信息来源，反过来又使得环意不断强化自己的整合吸收能力。所以这一阶段，环意通过利用结构洞管理方式获得的整合吸收能力使得渠道权力转移的速度更快。

在这一阶段，填补环意与终端游客之间的结构洞以及利用新、旧合作伙伴之间的结构洞使得终端游客与环意的关系更加密切，而新、旧合作伙伴都主动找环意合作，使得渠道冲突得到了大大的缓解；利用结构洞给环意带来了更多、更有质量的业务，使其逐渐拥有了定价权，并且有更多的组团社愿意与它合作，环意也有了选择合作伙伴的权力。故环意的经济满意度较上一阶段有了很大程度的提升；由于新合作关系的建立、旧合作关系的巩固，环意国际旅行社的非经济满意度也有了很大幅度的提升；在这一阶段，环意国际旅行社的信息来源增加了OTA，与游客之间的信息交互也更加密集；资金流来源也增加了，OTA与境内组团社的合作更加频繁，也为环意带来了更多的资金流入。因此，这一阶段环意国际旅行社获得了大部分的渠道权力。正是因为利用结构洞管理方式带来的"整合吸收能力"，使得这一阶段组团社对环意的依赖程度有所提高，渠道权力加速从组团社向环意转移，这一阶段环意主要获得的渠道权力是业务权。

综上所述，环意通过结构洞管理带来的关键资源获得渠道权力的阶段模型，如图7－3所示。

（二） 结构洞稳定性讨论

本研究讨论了两个结构洞，一个是终端游客与传统地接社之间存在的结构洞；一个是OTA与传统组团社之间存在的结构洞。二者的稳定性是不同的，我们通过"凝聚性"与"结构对等性"这两个衡量标准对其进行判别。

终端游客与传统地接社之间的结构洞是不稳定的，在第一个阶段，由于地接社与终端游客之间不存在"凝聚性"与"结构对等性"，所以地接

阶段	第一阶段 传统境外地接服务	第二阶段 主动影响终端游客	第三阶段 推出版主旅游产品并与OTA合作
企业已有关键资源	团队	品牌	新产品
结构洞管理方式	忽视结构洞〔环意、终端游客—→传统境内组团社〕 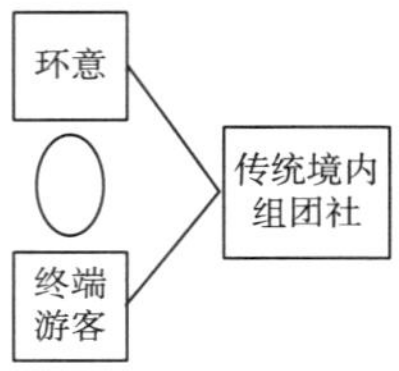	削弱结构洞〔环意、终端游客—→传统境内组团社〕 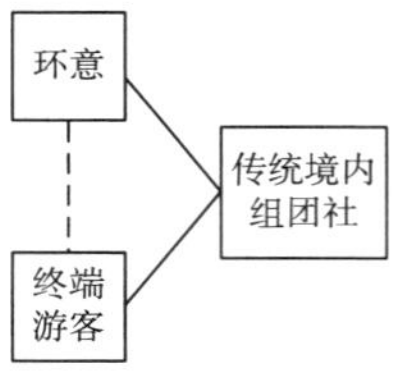	利用结构洞〔环意、终端游客、传统境内组团社、OTA〕 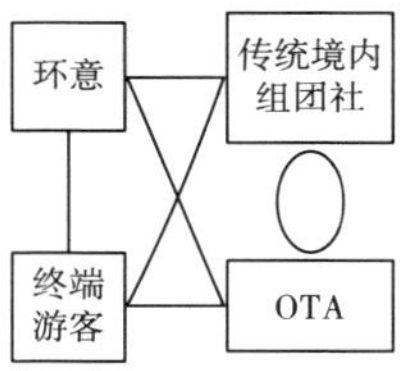
基于结构洞的关键资源	无	快速收益能力	整合吸收能力
依赖关系	环意对组团社依赖程度高	环意对组团社依赖程度较高	组团社对环意依赖程度高
渠道权力的转移	由旅游供应链下游（组团社）向上游（环意）逐渐转移		
渠道权力的测量／渠道关系与互动	①承诺：环意比传统组团更加重视二者之间的合作关系 ②渠道冲突：渠道冲突时有发生	①承诺：传统组团社开始重视与环意之间的合作关系 ②渠道冲突：渠道冲突减少	①承诺：OTA非常重视与环意之间的合作关系，组团社比以往更加重视与环意之间的合作关系 ②渠道冲突：上下游合作增加，冲突减少
渠道权力的测量／渠道满意	①经济满意：销量与边际利润小；无定价权 ②非经济满意：与渠道成员交互过程中获得的心理满意度低	①经济满意：销量与边际利润增加；议价能力增强 ②非经济满意：与渠道成员交互过程中获得的心理满意度增加	①经济满意：销量与边际利润大幅增加；拥有定价权 ②非经济满意：与渠道成员交互过程中获得的心理满意度较高
渠道权力的测量／渠道效率	①资金流：交易量小，与传统组团沟通成本高 ②信息流：环意完全从传统组团社获取客户信息	①资金流：交易量增加，与传统组团社沟通成本降低 ②信息流：环意增加与终端游客沟通的能力，减少对传统组团社信息的依赖	①资金流：增加OTA资金来源；交易量增加 ②信息流：环意与OTA共享客户信息，组团社开始主动提供其客户信息

图 7 - 3　基于结构洞的关键资源影响渠道权力的阶段模型

社与终端游客之间存在结构洞。但在第二个阶段，由于环意建设完善了自己的网站、微信平台，并与有影响力的电视台合作录制电视节目等，使得环意拥有了向终端游客传达自己的信息的平台，和终端游客实现了信息交互，发生了联系，二者之间存在的结构洞被逐渐削弱，即产生了"凝聚性"。组团社与终端游客给地接社提供的信息有一定的重叠部分，存在一定的冗余性，即产生了"结构对等性"，使得地接社与终端游客之间的结构洞被削弱。在第三个阶段，地接社针对终端游客对自己的网站进行不断地改版与完善，通过各种信息平台与终端游客产生了更直接、更多的联系，二者之间的结构洞"凝聚性"与"结构对等性"较上一阶段更强，使得地接社与终端游客之间的结构洞得到了填补。因此，这个结构洞是不稳定的，这种不稳定性使得环意有机会对此采取削弱或填补的行动，促进渠道权力向自身转移。

OTA 与传统组团社之间的结构洞在很长一段时间都是稳定的。这是基于以下两方面原因。一是环意与 OTA 之间战略合作伙伴关系的作用。在与 OTA 合作的过程中，由于对存在于地接社与终端游客之间原有结构洞的填补，环意在网络中的中心性地位得以提升，能够吸引更多的合作伙伴，更借由新产品开发、推广的契机，环意吸引到 OTA 与之建立合作关系。二是 OTA 与传统组团社之间竞争关系的作用。OTA 与传统组团社之间不存在"凝聚性"，二者均需要从环意处获得新产品的信息，故二者也不具备"结构对等性"，从而使得环意可以利用 OTA 与传统组团社之间存在的结构洞。因为地接社的新旧合作伙伴之间的竞争关系短期内不会发生变化，所以，这个"对等性"结构洞在较长时间内都是存在的。

由上述可知，在旅游供应链上，纵向排列的渠道成员之间存在的结构洞是不稳定的，会因为各种信息平台的建立而渐渐削弱甚至被填补；而横向的存在竞争关系的渠道成员之间的结构洞则是相对稳定的，会在二者保持竞争关系期间保持稳定。环意正是利用这两种结构洞的差异，通过不同的结构洞管理方式达成关键资源的获取和利用，最终获取渠道权力。

（三）　基于结构洞的关键资源获取对渠道权力的作用机理

通过案例分析，本研究尝试构建了基于结构洞的关键资源获取对渠道权力的作用机理模型（见图 7 - 4）。在模型中，横轴代表结构洞管理方式由弱到强的变化，纵轴代表企业已有关键资源由少到多的变化，曲线代表处于旅游供应链上游企业渠道权力的变化趋势。每一个阶段中企业已有的关键资源和基于结构洞的关键资源相互作用，推动渠道权力发生转移。

随着自有资源的不断积累，环意对结构洞的管理方式经历了从受制于结构洞、削弱结构洞再到利用结构洞这样一个不断强化的过程。在第一个阶段，企业处于发展初期，这一阶段的自有资源 1，受到企业业务来源、规模等条件限制，紧紧围绕这一阶段占据结构洞的"bridge"进行配置，使得发展受限，所以这一阶段企业受制于结构洞。第二个阶段，企业经过上一阶段的发展，这一阶段拥有关键的资源 2，为了突破瓶颈，寻求更好的发展，企业需要打破受制于结构洞的局面，而削弱结构洞就需要它与结构洞另一侧的渠道成员建立联系，当二者产生一定的联系时，它们之间的结构洞就被削弱了。第三个阶段，随着企业的进一步发展，它在这一阶段拥有关键的资源3，为了获得更多的渠道权力，企业填补限制其发展的结构洞，寻找新的合作伙伴，占据、利用新旧合作伙伴二者之间的结构洞。

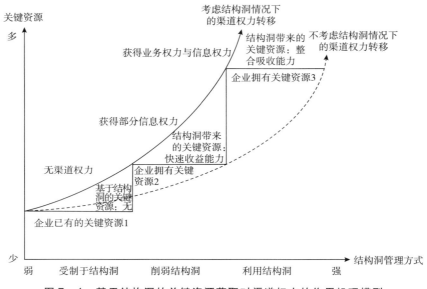

图 7 - 4 基于结构洞的关键资源获取对渠道权力的作用机理模型

随着结构洞管理方式的不断强化，其带来的关键资源也在不断变化。第一个阶段，企业受制于结构洞没有获得基于结构洞的关键资源；第二个阶段，削弱结构洞的管理方式给企业带来了快速收益能力，即企业与结构洞另一侧的渠道成员建立了联系，使他们之间产生信息交互，获得更多有价值的信息，企业从而能够快速响应市场需求与反馈。第三个阶段，企业采用的结构洞管理方式是利用结构洞，给企业带来的关键资源是整合吸收能力，它是指企业获得更多资源的机会，并将其中有价值的资源进行整合，并进一步吸收内化的能力。

根据资源依赖理论，企业的关键资源是其获得渠道权力的基础。当企业对供应链上的结构洞进行管理时，它可以获得不断强化的关键资源，当基于结构洞的关键资源与企业已有关键资源结合起来作用于渠道权力时，我们发现旅游供应链间的渠道权力转移比仅仅以企业已有关键资源为基础的渠道权力转移速度更快，幅度更大。

五　结论与讨论

（一）　理论贡献与管理启示

本研究以旅游供应链为载体，选定环意国际旅行社作为研究对象，基于结构洞理论、资源依赖理论研究旅游供应链间渠道权力的转移。研究发现：每一阶段企业拥有不同的资源决定企业采取不同的结构洞管理方式，不同的结构洞管理方式带来不同的关键资源，而基于结构洞的关键资源与企业已有关键资源一起作用于供应链渠道权力转移的过程。本研究的理论价值主要体现在以下三个方面。

第一，处于旅游供应链上游的地接社，可以通过信息技术削弱自身与终端游客之间的结构洞，或者通过契约增强与组团社之间的结构洞及其稳定性。以往针对结构洞的研究多是静态的，没有结合企业的发展过程，更没有针对企业自身的发展状况对结构洞进行管理。本研究选取环意国际旅行社，结合其发展过程，探究每一阶段结构洞管理方式，呈现出一个由弱到强、动态演化的发展过程。在地接社发展初期，企业拥有的资源只能围绕权力关系中强势的一方进行配置，无法实现对结构洞的管理，而只能选择忽视结构洞的管理方式；当地接社有了一定的发展时，企业拥有了更多的资源，这时企业能够采用一些信息技术与终端游客发生联系，从而削弱其与终端游客之间的结构洞；当企业继续发展时，企业拥有的资源继续增长，使得企业可以通过契约的方式来增强新旧合作伙伴之间的结构洞并保持它的稳定性，从而达到利用结构洞的目的。

第二，削弱或利用结构洞将为旅游供应链中的上游地接社带来新的关键资源。以往针对结构洞的研究主要关注其对企业绩效、创新能力等方面的影响，而笔者发现结构洞也会对企业拥有的关键资源产生影响。在企业发展的不同阶段，对结构洞采取不同的管理方式能给企业带来不同程度的关键资源。当受制于结构洞时，企业无法获得基于结构洞的关键资源；当采用削弱结构洞的管理方式时，企业能够获取快速收益能力，即快速响应市场的需求，捕捉到有效的信息的能力；当采用利用结构洞的管理方式时，企业能够获取整合吸收能力，即充分整合更多有价值的资源，并将这些资源吸收内化为自己的创新能力。三个阶段由结构洞管理方式带来的关键资源呈现出一个逐渐强化的过程。

第三，基于结构洞的关键资源与企业已有关键资源相结合，将加速旅游供应链中的渠道权力由下游向上游转移。以往针对渠道权力转移的研究多关注其转移的路径，而本章则试图研究其转移背后的机制，打开旅游供应链渠道权力转移的黑箱。研究发现基于结构洞的关键资源与企业的自有资源相结合作用于旅游供应链间渠道权力转移过程，并加快旅游供应链中的渠道权力由下游向上游转移的速度。

本章的实践启示有三个：第一，企业在发展初期受制于结构洞，由于关键资源的有限性，企业应当投入全部资源服务好渠道当中掌握大部分权力的成员，这样才能积攒实力，谋求更长远的发展；第二，在企业有了一定发展之后，一直以来所处的被动地位会成为阻碍企业发展的绊脚石，这时，企业应当积极与其他成员接触共享资源与信息，"削弱"掌握控制权的企业的"桥梁作用"，从而获得更多的关键性资源，减少对合作伙伴的依赖。第三，企业在有了更大程度的发展之后，可以与更多的企业建立合作关系，把"三角式"的成员关系变成"网络式的"，这样一来，企业可以获得更多的信息与资源，获得更好的发展。可以不再依赖某一个成员，且建立起其他成员对自己的依赖。

（二） 研究局限与展望

未来可以在以下两方面继续研究。第一，本章从战略层面研究了渠道权力的获得，未来的研究将关注如何从操作层面来获得渠道权力，使企业获得渠道权力更有可操作性；第二，未来的研究也可以将关注点放在还有哪些动因对渠道权力获得产生影响，这些动因如何与关键性资源一起作用于渠道权力。

参考文献

Anderson J. C. , James A. N. , Model of Distributor Firm and Manufacturer Firm Working

Partnerships[J] , *Journal of Marketing*, 1990, 54(2) : 42 - 58.

Amit R. , Schoemaker P. J. H. , Strategic Assets and Organizational Rent[J] . *Strategic Management Journal*, 1993, 14(1) : 33 - 46.

Bowersox D. J. , Cooper M. B. , *Strategic Marketing Channel Management*[M] , Mcgraw-Hill, 1992.

Burt R. S. , *The Social Structure of Competition* [M] . Cambridge: Harvard University Press, 1992.

Brown J. R. , Lusch R. F. , Conflict Power-dependent Relations in Retailer-supply Channels [J] . *Journal of Retailing*, 1983, 59(4) : 53 - 80.

Coleman J. S. , Social Capital in the Creation of Human Capital[J] . *American Journal of sociology*, 1988, 94(1) : S95 - S120.

Collis D. J. , Montgomery C. A. , Competing on Resources[J] . *Harvard Business Review*, 2008, 86(7/8) : 140 - 150 + 162.

Dwyer F. R. , Sejoh. Output Sector Munificence Effects on the Internal Political Economy of Marketing Channels[J] . *Journal of Marketing Research*, 1987, 5(11) : 347 - 358.

Ford R. C. , Wang Y. , A Power Asymmetries in Tourism Distribution Networks[J] . *Annals of Tourism Research*, 2012, 39(2) : 755 - 779.

Geyskens I. , Steenkamp J. K. , A Meta-analysis of Satisfaction in Marketing Channel Relationships [J] . *Journal of Marketing Research*, 1999, 36(5) : 223 - 238.

Grant R. M. , The Resources-based Theory of Competitive Advantage[J] . *California Management Review*, 1991, 33(3) : 114 - 135.

Granovetter, Mark the Strength of Weak Ties[J] . *Ameriean Journal of Sociology*, 1973, 78 (6) : 1360 - 1380.

Hibard, Jonathan. Examining the Impact of Destructive Acts in Marketing Channel Relationships[J] . *Journal of Marketing Research*, 2001, 6(38) : 45 - 46.

Heidi Schultz, *The Next Generation Five Steps for Delivering Value and Measuring Returns Using Marketing Communication* [M]. 王苗, 顾洁泽译 . 清华大学出版社, 2013.

Li M. , Choi T. Y. , Triads in Services Outsourcing: Bridge, Bridge Decay and Bridge Transfer[J] . *Journal of Supply Chain Management*, 2009, 45(3) : 27 - 39.

Lavie D. , The Competitive Advantage of Interconnected Firms: An Extension of the Resource-based View[J] . *Academy of Management Review*, 2006, 31(3) : 638 - 658.

Morgan R. M. , Hunt S. D. , Commitment. Trust Theory of Relationship Marketing[J] . *Journal of Marketing*, 1994, 58(6) : 20 - 38.

Mcevily B. , Zaheer A. , Bridging Ties: A Source of Firm Heterogeneity in Competitive Capabilities [J] . *Strategic Management Journal*, 1999, 20(12) : 1133 – 1156.

Pfeffer J. , Salancik G. R. , The External Control of Organizations: A Resource Dependence Perspective[M] . Stanford University Press, 2003.

Setrn L. W. , Reve T. , Distribution Channels as Political Economies: A Framework for Comparative Analysis[J] . *Journal of Marketing*, 1980, 20(44) : 52 – 64.

Schultz D. E. , Schultz H. , IMC, The Next Generation: Five Steps for Delivering Value and Measuring Returns Using Marketing Communication[M] . McGraw Hill Professional, 2003.

Tapper R. , Font X. , Tourism Supply Chains[R] . Report of A Desk Research Project for The Travel Foundation. Leeds Metropolitan University and Environment Business & Development Group, Leeds, UK. 2004.

Wathe K. H. , Heide J. B. , Relationship Governance in A Supply Chain Network[J] . *Journal of Marketing*, 2004, 68(1) : 73 – 89.

Zaheer A. , Network Evolution: Origins of Structural Holes[J] . *Administrative Science Quarterly*, 2009, 54(3) : 16 – 31.

Zaheer A. , Bell G. G. , Benefiting from Network Position: Firm Capabilities, Structural Holes, and Performance[J] . *Strategic Management Journal*, 2005, 26(9) : 809 – 825.

刘立. 企业知识价值性、结构洞对网络权力影响研究 [J], 科学与科学技术管理, 2014, 60 (35).

盛亚, 范栋梁. 结构洞分类理论及其在创新网络中的应用 [J]. 科学学研究, 2009 (27).

孙笑明, 崔文田. 发明家网络中结构洞填充的影响因素研究 [J]. 科研管理, 2013, 51 (7).

杨丽, 杨帮义. 以旅行社为核心的旅游供应链构建研究 [J]. 经济问题探索, 2008, 10 (7).

张闯, 张涛, 庄贵军. 渠道关系强度对渠道权力应用的影响——关系嵌入的视角 [J]. 管理科学, 2012, 25 (3).

庄贵军. 营销渠道控制: 理论与模型 [J]. 管理学报, 2004, 1 (1).

第 8 章 营销公关对品牌认同的影响[*]

一 引言

20 世纪 80 年代，关系营销的概念首次在营销学中被提出，强调在多服务组织中吸引、维持和加强客户关系（Berry，1983）。关系营销具有动态变化的特征，能够反映不断变化的交易阶段（Dwyer & Oh，1987；Wilson，1995），其实践对象可以是任何"营销实体"，例如个人、群体、企业、品牌等。

20 世纪 90 年代，消费者—品牌关系（Consumer-brand relationships）概念被提出，1998 年，Susan 正式论证了关系命题在消费者—品牌语境中的有效性，将消费者—品牌关系概念化为消费者与品牌之间的一种联系（Connection）。之后，顾客与品牌的关系研究成为营销领域的一个重要主题。品牌关系（Brand relationships）主要研究"如何处理顾客与品牌的关系"，它反映了顾客与品牌之间的信任问题，探讨顾客为何以及何种条件下能够与品牌建立起坚实且具有承诺性的关系，并拥护这些品牌。近年来，技术进步引起数字时代向服务经济转变，关系作为可持续竞争优势的首要来源的重要性越来越大，超过了专注于其他营销组合要素的企业战略。强有力的关系不仅可以助力品牌形成明显的竞争优势，还有利于品牌的发展与生存。

已有学者将社会学与心理学中的社会认同理论（Social identity theory）（Tajfel & Turner，1979；1982；1985）和身份理论（Identity theory）（Stryker，1968）应用在营销领域顾客—品牌关系研究中，自此，顾客—品

---

* 黄若茵. 营销公关对品牌认同的作用研究 ［D］. 西安工业大学学士学位论文，2016.

牌关系出现了一个新的研究视角。根据社会认同理论和身份理论，强大的顾客—品牌关系一般是顾客对品牌的认同引起的，他们从自身的角度出发，满足一个或多个重要的自我定义的需求（Bhattacharya & Sen，2004）。要缔造良好的、稳定的顾客—品牌关系，关键在于实现顾客对品牌的认同，品牌一旦得到顾客的认同，顾客就会与品牌之间建立起长期的、有意义的关系，品牌方应该给予品牌认同更大的关注。另外，营销公共关系也涉及与广泛的利益相关者的关系（Robson，2021；Szondi，2010；Rybalko & Seltzer，2010），顾客是所有利益相关者中极为重要的一方。

实践结果清楚地表明，环意品牌实现了品牌认同，进一步案例分析后，通过营销公共关系促进了品牌认同，验证营销公共关系对品牌认同的影响，同时展示了营销公共关系对品牌认同的影响过程，以期为将来相关品牌认同的研究提供借鉴并指导实践。

这项研究为品牌认同和营销公共关系之间的关系提供了新的见解。建议品牌方以更全面的方法来理解如何最好地利用营销公共关系以实现品牌认同，从而与利益相关者建立关系。这提供了一个将营销公共关系的适用性扩展到品牌认同相关研究的机会。文章最后强调了未来研究的机会，提出了可能对品牌认同有意义的其他主题。

营销公共关系对品牌认同的影响过程分为五部分来阐述。第一部分，引言。以目前所面临的社会现实问题以及学术理论缺口引出研究的必要性，简单阐述该研究的理论贡献以及对实践的意义。第二部分，文献回顾。关于营销公关及品牌认同的文献评述、起源及发展，以及研究现状和目前研究所存在的局限。第三部分，案例描述。研究所关注品牌的事件叙述。第四部分，案例分析。根据品牌的案例描述进行分析，还有实践现象与理论对话。第五部分，结论与讨论。研究的结论阐述以及研究中存在的部分问题，最后是研究结论对现实的启发以及未来研究的方向。

二　文献回顾

（一）　营销公关

公共关系（Public Relations，PR 或简称公关），这个词首次出现是在

1807 年美国总统托马斯·杰斐逊（Thomas Jefferson）的国会演说中。将公共关系（Public Relations）引入营销学领域，即营销公共关系（Marketing Public Relation，MPR，简称营销公关）。也就是说，营销公共关系（MPR）是由市场营销与公共关系相结合所诞生的。在市场营销学体系中，公共关系涉及与广泛的利益相关者的关系、声誉管理，但一般不涉及直接的产品销售活动，是一项可以用来建立公众信任的工具（Robson，2021）。

　　在营销的领域内，公共关系是指通过获得有利的宣传，建立良好的企业形象，处理或应对不利的流言、事故和事件，与公司的各种公众建立良好的关系。公共关系常常与企业社会责任（Corporate Social Responsibility，CSR）相联系（Bhattacharya & Sen，2004；Porter & Kramer，2002；Capriotti & Moreno，2007），不少企业希望通过高调的赞助来提升企业的形象，慈善事业越来越多地被用作经营公共关系，然而，这也许并非一个好方法。消费者的感知和偏好有时是容易受到影响的，施加影响的主体，一般不是品牌方，品牌方施加影响往往会适得其反，引起消费者的抵触心理，而是社会网络中的事件或者其他人。公共关系也会影响消费者评估品牌产品的方式（Chernev & Blair，2015）。例如，消费者对品牌公共关系活动——品牌的捐款行为等——的考察会影响消费者的购买意愿。获得消费者认可的公共关系运动可以同时为品牌带来财务绩效与非财务绩效（Brown，2008）。另外，公共关系也可以在品牌危机管理方面产生影响，公共关系对危机管理人员来说可能尤为关键（Kochigina et al.，2021；Bundy et al.，2017；Avery et al.，2010；Jin et al.，2010）。

　　关于公共关系的研究也包括组织、机构、品牌等利用社交媒体进行对话和参与的可能性（Wang et al.，2021；Rybalko & Seltzer，2010），其中，非营利机构利用社交媒体推进公共关系备受关注（Cho et al.，2014；Nah & Saxton，2013；Lovejoy & Saxton，2012a，2012b；Briones et al.，2011；Waters & Jia，2011；Curtis et al.，2010；Waters et al.，2009）。

　　公共关系包括新闻发布会、赞助、特殊事件以及网页宣传。公共关系传播原则首先是真实可信，传播的信息内容是真实的、可信的，传递关于品牌的清晰的、一致的和有利的信息。每个顾客的所有接触点上关于品牌的信息沟通必须是一致的信息和定位。其信息传播手段主要是新闻传播的手段，如新闻稿、新闻发布会、报纸、杂志等。这些传播手段的特点是：

信息的真实性、客观性及其内在的新闻价值。公共关系成功的关键不在于运用什么表现手法，而在于善于选择适当的时机、采用适当的形式，通过适当的媒介，把适当的信息及时、准确地传递给目标受众。

公共关系常常得到人们更多的信任——新闻故事、特写报道、赞助和公关事件对读者而言似乎都比广告更加真实、可信。公共关系还可以到达许多不愿意接触销售人员和广告的潜在顾客——信息是作为新闻，而不是以推销为目的的沟通传递给顾客的。

公共关系可以帮助品牌与不同的公众建立良好关系——从消费者和普通大众到媒体、投资者、捐赠者以及政府。公共关系是需要品牌方重视培养的，代表一个品牌的同时以交互的方式与顾客进行交流，公共关系对品牌声誉、品牌形象、品牌个性甚至品牌关系都会产生影响。

（二） 品牌认同

基于社会认同理论（Tajfel & Turner，1979）和身份理论（Stryker，1968）的消费者—品牌关系的研究，已成为品牌层面营销文献中的一个重要研究方向（Donavan et al.，2006）。将顾客会对公司实体产生认同（Bhattacharya & Sen，2003），这一逻辑扩展到品牌的研究领域，即顾客也会对品牌产生认同（Lam，2012；Donavan et al.，2006）。品牌认同是指顾客感知、感受和评价其对品牌的归属感的心理状态，是顾客对品牌的情感联系的体现（Lam，2010，2012；Donavan et al.，2006），消费者—品牌认同反映了消费者自我与品牌之间的关系模式，反映顾客认为自己与品牌拥有相同自我定义属性的程度，是"品牌方寻求与顾客建立的那种深厚、忠诚和有意义的关系的主要心理基础"。也许品牌认同为品牌所带来的价值还没有准确的测量方法，但已有学者对这难以估量的价值的存在表示肯定。

关于认同这个概念，前人已经研究了不少，从认同的内涵，到认同的前因后果，等等。早期的关于组织成员或者非组织成员对于组织的认同的研究，对认同的内涵做了解释，认为认同是单维度的，即认知维度（Ashforth et al.，2008）。而之后的研究则证明了认同是多维度的（Bagozzi & Dholakia，2006），包括认知维度、评价维度、情感维度，进一步的研究则验证了情感可以独立于认知而发挥作用（Zajonc & Markus，1982；Lam，

2012）。而更多的研究是关于认同的前因，探索为什么会对组织、企业、个人或者品牌产生认同，结论有身份相似性、身份独特性和身份声望，使品牌身份对消费者更具吸引力，这进一步使消费者认同品牌（Bhattacharya & Sen，2003），在研究中更进一步详细解释了原因，身份相似性为消费者提供了稳定一致的自我意识，满足了消费者自我连续的需要；身份独特性满足了消费者区别于他人的需要；身份声望使消费者能够在所使用的品牌中审视自己，从而增强自我价值感，满足了消费者自我提升的需要。Lam（2013）提出了自我品牌一致性以及感知质量作为品牌认同的前因，自我品牌一致性反映了自我和品牌之间具体属性的相似性，可以作为品牌认同的象征性驱动力，而感知质量是指消费者对产品的优越性或卓越性的判断，是品牌认同的工具性驱动力，而且这两种驱动因素之间存在协同作用，消费者本身的特性，例如创新性，对认同也会有影响（Lam，2013）。另外，已有大量的实证研究是关于认同对消费者行为的主要影响的，例如重复购买行为、正面口碑等一系列对品牌有益的行为（Kuenzel & Halliday，2008；Donavan et al.，2006）。有学者对这些行为进行了分类：身份维持行为及身份促进行为。身份维持行为定义为消费者支持和维持身份的个体行为，即消费者旨在保持与品牌关系的消费者行为，例如回购意图；而身份促进行为定义为消费者加深他人对自己身份的理解的社会行为，即消费者旨在了解更多焦点品牌身份并向他人传播品牌身份的消费者行为，例如正面口碑（Lam，2012）。Bhattacharya 和 Sen（2003）则认为认同的后果行为是从低水平（例如，忠诚）到高水平（例如，向他人推广）的连续统一体。

顾客对品牌的认同实质是对于品牌身份的认同，品牌身份可以满足顾客的自我身份需要，即顾客身份方面的需求、品牌的营销公关、品牌身份表达的有效途径，拉近顾客与品牌之间的距离，可以强化顾客购买该品牌的产品或服务的意图，促使顾客做出购买决策，是之后建立起长期的、有意义的关系的开始。

品牌可以通过公共关系使顾客感受到品牌真实性，提高顾客对于品牌的信任程度，即品牌的真实性以及可信度可以由公共关系塑造。品牌的真实性以及可信度可以增强顾客的认可，使得顾客更有可能对品牌产生认同，或者提高已经对品牌产生认同的顾客的认同程度（Bhattacharya & Sen，

2003）。具有社会权威的合作伙伴的参与可以改变顾客对品牌真实性以及可信度的看法，提高品牌真实性以及可信度，品牌的真实性以及可信度对所有顾客而言是具有吸引力的（Tajdini & Ramirez，2019），也可以提高顾客与品牌接触的意愿，从而与品牌建立良好关系（Swaminathan et al.，2020）。

尽管这些研究阐述了在市场营销中公共关系与品牌关系之间许多相互关联的概念（Robson，2021；Szondi，2010），但是迄今为止，很少有公共关系和品牌认同之间的研究。在市场营销学科中，品牌认同以及公共关系这两个研究主题的实践和学术兴趣有很大的重叠，尤其是在关系、情感、接触、声誉以及真实性等方面。

三　案例描述

本研究希望打开营销公关对品牌认同的作用"黑箱"，借助环意的一些关键事件进行分析。本节通过分析环意的三个关键事件——国际旅游展览会、CCTV《空姐新发现》拍摄和"意大利艺术之旅"新产品发布会打开黑箱。

（一）　环意案例简介

环意创始人张环女士原为意大利米斯特拉国际旅行社驻中国首席代表，自 1998 年从事意大利旅游地面接待服务开始就被意大利旅游文化深深吸引。2009 年，米斯特拉撤出中国市场，张环不忍放弃热爱的意大利旅游事业，于意大利罗马注册成立 Vogliad' Italia Tour s. r. l. （意大利环意国际旅行社），自此，环意品牌诞生。同年，环意（北京）国际旅行社获得出境旅游资质，并在中国国家旅游局及意大利驻中国大使馆注册，可为申请 ADS 旅游签证的组团社发境外地接邀请函。国内外一条龙 24 小时无缝连接的意大利旅游服务，使环意赢得了客户深深的信赖。

环意品牌于 2010 年建立，是新品牌、老团队。环意品牌的网上主页上注明"1998 年专注意大利单团地接，新品牌、老团队，原来叫米斯特拉，现在叫环意，最早专注于意大利单团地接，不接散拼团"。该品牌提供物（offerings）为中国游客赴意大利旅游的单团地接业务。品牌创始人张环开创了新品类"单团地接",提出了"单团地接"的概念。"单团地接"是一个合成词,可分为"单团"与"地接"两部分解释。"单团"是指来自同一个家庭、单位、系统或圈子的旅行者,单独组成一个旅行团,一般少于 10 人,他们对自己的旅行有特别的期望,组团社要为其量身定制出行目的地的行程与活动。环意单团类型有会议单团、奖励单团、展览单团、公商务单团、定制旅游等。"地接",指旅游目的地的旅行社利用本地人优势,为外地旅行社组织的旅行团提供接待服务的一种工作形式。字面意思就是"当地接待",亦指当地接待人员。而现在环意推出的"单团地接"则实现"单团"与"地接"两种服务的结合,既满足顾客对"单团"的需求,同时也满足了顾客对"地接"的需求,环意专注于为单团赴意大利旅行提供个性化的行程服务。

环意为自己贴上"定制团"的专业标签,反衬出竞争对手"散拼团"的不专业,环意的这一精准定位得到中青旅、国旅总社、中旅、名仕优翔等国内知名旅行社的认可,环意以其专业的服务赢得了国内各大知名旅行社的长期合作。

环意始终如一地坚守"意大利单团地接"的战略定位,一直致力于为中国境内组团社提供更"可控"的境外服务,不断推动单团地接标准升级,为中国人创造卓越的意大利旅行体验。环意希望使顾客体验到卓越的旅行服务,理解意大利,实现真正的意大利之旅,而不是"走马观花"。

1. 国际旅游展览会

2014 年 2 月 27 日至 3 月 1 日,环意参加了在广州举办的国际旅游展览会,广州国际旅游展览会(GITF)作为旅游业内重要的获取最新旅游资讯以及行业发展动态的大型交流会,为参展机构提供了良好的交流平台,2013 年主宾国是意大利。

国际旅游展览会为品牌提供的标准展位只有 9 平方米左右,而鉴于环意致力于推广意大利旅游以及环意在单团地接上的卓越表现,国际旅游展览会免费提供 108 平方米的展厅邀请环意参展,希望环意来宣传意大利旅游的魅力。实际上,环意邀请了合作伙伴共同参展,如意大利商会、意大利国家旅游局,还有中国意大利基金会、World Capital 等。

环意提出"1998 年开创意大利单团地接,为定制旅行团提供可控的境外服务"这一标语。明确环意的品牌定位是意大利单团地接,而"提供可控的境外服务"是环意相较于其他品牌的优势，也是环意最大的特点，以简洁而明确的标语使顾客迅速了解环意的核心服务特点。

在展示品牌的过程中，环意总经理张环女士作为品牌代言人，与意大利国家旅游局首席代表同台演讲，重点宣传意大利旅游资源，并表明最适合意大利这个国家的旅行方式应该是单团旅游。环意各部门的经理则更多地侧重于环意的业务优势来展示环意，更为全面地展示了环意品牌。

通过此次国际旅游展览会，环意专注于为去意大利旅游的单团提供更加可控的定制化地接服务，让国内外同行业者以及旅游爱好者重新认识了意大利并深入了解单团地接这一品类。

2. CCTV《空姐新发现》拍摄

2013年12月22日，《空姐新发现》摄制组到达罗马，由环意带队进行《空姐新发现》意大利之行拍摄，这成为环意单团地接社、中国南方航空公司和CCTV发现频道合作的起点。

拍摄周期为45天，由环意带领摄制组前往各地拍摄，以意大利首都罗马为起点，南北纵穿意大利，终点为意大利经典城市米兰，共展示了六个各具风情的意大利城市（见表8-1）以及意大利那些不为大众所知的特色小镇。

表8-1 《空姐新发现》意大利之行拍摄主题及相关地点

期 数	主 题	地 点
第一期	重归苏莲托	苏莲托
第二期	建筑之城——维琴察	维琴察
第三期	永恒之城罗马	罗 马
第四期	古城维罗纳	维罗纳
第五期	绿色生活——佩鲁贾	佩鲁贾
第六期	魅力米兰	米 兰

在此次节目中，环意国际旅行社的总经理张环女士作为米兰的发现使者出现在纪录片中。她向观众介绍了许多关于米兰风情、习俗的知识，并且就她对意大利的了解和热爱向观众分享了许多她对意大利人文风情的感受，她还为观众呈现了最大亮点——"发现世博"。

在中国意大利基金会的支持下，环意是中国旅游业内首家联合中国

CCTV 机构和中国南方航空公司项目组进入 2015 年米兰世博场馆建设现场进行拍摄的旅行社。在 CCTV《空姐新发现》节目播出后，更多的意大利旅游爱好者知道了环意这一专注于意大利旅游的品牌。

3. "意大利艺术之旅" 新产品发布会

2015 年 2 月 8 日，《去意大利旅行，邂逅艺术》的新产品发布会在意大利驻北京大使馆文化处召开。该发布会中环意邀请意大利使馆文化处参赞、唯一获得意大利骑士勋章的中国导演、亚瑟格兰集团中国区代表、受到新华社赞誉的意大利文化旅游专家等参与嘉宾围绕"环意·意大利艺术之旅"主题，从不同的角度分享意大利。

刘海平导演为来宾讲述了许多与意大利艺术相关的动人故事，并展示了他在意大利通过镜头捕捉到的许多精彩瞬间，让在场的观众感受意大利浓郁的人文气息的同时对这个艺术王国更加向往。并且，刘海平导演也十分看好并推荐环意的意大利艺术之旅，认为环意能为游客展现出意大利美好深邃的一面，让游客感受意大利的艺术精髓。

意大利使馆文化处参赞史芬娜教授以一个意大利人的身份向来宾分享她心中的罗马并为来宾勾勒出了一个不一样的罗马。同时，芬娜参赞表示现在很多中国旅行团走马观花式的旅行不能让游客真正体会到意大利的艺术文化，她建议去意大利多玩一段时间。她比较认同的是一个博物馆分多次参观的方式，每次去先看一部分然后仔细感悟，有所收获后再继续参观。

亚瑟格兰集团中国区负责人、资深购物品鉴家张惠玉女士向来宾分享什么是时尚及时尚的历史。从 1960 年代的迷你裙、女性点格装、三件式西装到现代的牛仔裤、月亮舞步等，她都进行了介绍。此外，她还向来宾解密 Gucci 的竹节手柄包以及马术链包，戴安娜王妃与众多名人追捧、被人誉为"第一 bag"的 Tod's 包与豆豆鞋品牌背后鲜为人知的故事。

文化旅游专家意大利环意旅行社总经理张环女士通过自己切身的旅行体验，用真挚的感情向来宾分享了《环意·意大利艺术之旅》核心价值：每个游客都是这次旅行的主角，无论走到哪里，都应该受到尊重，旅行社要珍惜保护他们的时间成本，以打造深度、多层次的体验为核心来服务游客。环意的意大利艺术之旅的宗旨是让游客细细品味意大利的艺术、文化，让游客真正体验到旅行的意义，从旅行中感悟人生，得到升华，在

"慢旅行"中聆听自己内在的声音,体验连接"真我"的快乐。

张环女士在活动最后感谢了意大利大使馆文化处的支持,并表示环意是最懂意大利的,也是最懂游客的,环意愿意引导游客享受意大利之旅。

四 案例分析

本研究对环意品牌进行分析,借助环意的三次关键营销公共关系活动——参加广州国际旅游展览会,于北京意大利驻华大使馆举办"意大利艺术之旅"新产品发布会,以及参加 CCTV《空姐新发现》节目录制,探索营销公共关系对品牌认同的影响。

环意品牌成立于 2010 年,背后的企业环意国际旅行社不过是一家小微企业,企业的职员 40 余人,年销售额在 5000 万左右(李飞等,2018)。以环意品牌与电影机为样本选择,探索小微企业在各种资源都很有限的情况下,品牌的营销公共关系如何影响品牌认同。

在环意品牌的三次营销公共关系活动中,环意以杠杆理论为基础,通过借助合作伙伴的"势能"带动环意品牌的做法促进了顾客对品牌的认同,同时环意也认真考虑了如何让这些高势能的机构愿意与环意合作,即成为环意真正的合作伙伴这一前提条件(见图 8-1)。

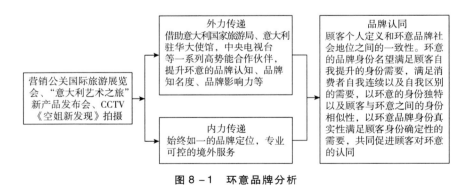

图 8-1 环意品牌分析

对于环意参加广州国际旅游展览会,张环说:"就是通过第三方,来拉伸我们品牌的高度。""而且(环意)是代表国家的形象出现的,我把国家旅游局的首席代表请来,安排了那么多的媒体进行采访,广州的媒体也开始采访。""全力推广意大利旅行,合力推广意大利旅游,都是有代表性的盟友。"而意大利商会、意大利国家旅游局，还有中国意大利基金会、World Capital 等高势能机构愿意与环意合作的前提是环意的格局与态度，环意在与意大利国家旅游局中国首席代表同台时，从不宣传推广环意。"我们不说自己企业，不提环意，就推广意大利旅游。只要我跟意大利旅游局在一起的时候，我就推广意大利。"这种更高格局的举动以及对意大利的诚恳与热爱的态度，是意方高势能机构与环意合作的基础。

环意通过广州国际旅游展览会这场营销公关活动，扩大了影响力。意大利商会、意大利国家旅游局，还有中国意大利基金会、World Capital 等合作伙伴的社会地位为环意构建了更高层面的品牌名望，环意以品牌身份名望实现顾客自我提升的需要，进一步得到顾客的认同。

围绕其于意大利驻华大使馆举办"意大利艺术之旅"新产品发布会对创始人兼总经理张环女士的访谈中，张环说"如果环意意大利艺术之旅在 C 端认知推广没有借助（意大利驻华）使馆，这种最高端的（场所），我们（环意品牌）可能要经历非常非常长的时间（才能将品牌建立起来）。"另外，此次"意大利艺术之旅"新产品发布会环意邀请到意大利使馆文化处参赞、唯一获得意大利骑士勋章的中国导演和亚瑟格兰集团中国区代表。在发布会结束时，环意的总经理张环女士向来宾分享她在旅行中的真实体验，向热爱意大利的旅游者传递出环意的"意大利艺术之旅"是货真价实的，是理解顾客心灵所需的，是值得体验的。环意品牌身份与热爱意大利的顾客身份之间存在相似性，可以满足热爱意大利的顾客的自我连续的身份需要。另外，环意以单团地接的形式满足了顾客自我区别的身份需要，满足了顾客的身份独特性，促进了品牌认同的实现。可以看到在建立顾客认知这一步骤上，环意依然不是单纯凭借品牌自身资源努力宣传，而是借助合作伙伴的力量以外力传递品牌认知，实现品牌认同。因此，此次"意大利艺术之旅"新产品发布会也是通过借用外部力量来得到顾客对环意的认同。

在 CCTV《空姐新发现》节目录制中，CCTV 以及中国南方航空公司都是环意品牌可以借助的高势能的合作伙伴。"像那个杜莫大教堂顶层，没有国家安排，你是上不去的。看那个安波罗修图书馆里头，达·芬奇密码手稿原件，没有国家安排是进不去的。"可见一个强大的合作伙伴所具备的势能。CCTV《空姐新发现》是环意进行的又一次营销公关活动，品牌知名度随着节目的播出也逐渐上升。同时，环意以强大合作伙伴的社会公信力、社会影响力，提升了自身品牌的权威性以及影响力。另外，在CCTV发现之旅栏目的《空姐新发现》意大利之行纪录片的最后一期"魅力米兰"中，由环意的总经理张环女士担任纪录片中的米兰发现使者，出现在纪录片中，由张环女士带领观众一起发现米兰，同时也分享张环女士从美食、艺术、时装和设计不同角度对意大利米兰更深度的体验，使受众感受到环意品牌的真实性。

由此可以看出，《空姐新发现》节目录制也是环意一次成功的营销公关，通过与CCTV和中国南方航空公司两个主要权威性合作伙伴一起将真实的意大利展示给顾客，以环意品牌身份真实性满足顾客身份确定性的需要，实现顾客对环意的认同。

（一）营销公关对品牌认同的作用模型构建

营销公关对品牌认同的作用模型的构建，如图8-2所示。该模型是企业通过使用营销公关传递品牌信息的外部力量的过程和使用营销公关传递品牌信息的内部力量的过程的相互作用促进顾客对品牌产生认同。外力传递的过程以借势传意为战略逻辑，是描述企业借助权威机构的公信力等，通过营销公关的方式使公众感受到品牌的公信力和社会地位的过程，以在营销公关中借助上层机构的权威性来传达品牌信息而完成的；内力传递的过程，以"就事中的"为战略逻辑，实质上是企业通过营销公关活动传递品牌身份等品牌相关信息，例如自身产品或服务的信息，使顾客产生认同的过程，是通过营销公关活动将品牌身份传递给顾客来完成的；整个营销公关对品牌认同的作用构建过程，就是品牌运用营销公共关系活动的特性传递品牌，同时品牌以自身核心价值观、产品服务等让顾客感知到品牌独特性、品牌身份、品牌核心价值观、品牌真实性以及品牌声望，以品牌身份满足顾客身份需要的过程，整体上，是一个不断循环的螺旋式上升过程。

1. 外力传递过程概念界定及说明

从图8-2左半部分可以看出，外力传递过程是以"借势传意"为战略逻辑，以高势能权威机构为起点，通过品牌营销公共关系活动，使顾客感知到品牌与权威机构的相近的社会公信力以及社会地位。传递过程从权

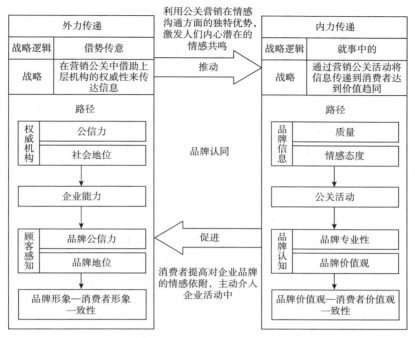

图8-2　营销公关对品牌认同的作用模型

威机构到顾客感知。首先对外力传递过程中所涉及的概念进行界定，接着再对此过程进行详细解释。

品牌外力传递过程中涉及的主要概念有三个：借势传意、权威机构和顾客感知。现对以上概念进行逐一界定。

（1）借势传意：这里的"势"是指势力和威望；"意"是指意图、意思。"借势"就是借助比自己更高层级的人或机构的势力和威望。因此，借势传意是指借助比自己更高层次的人或机构的威望和势力，来传递自己想要向别人表达的意思。比如环意借助意大利旅游局的名声和威望将环意在顾客心中提升到一个与该旅游局同等的高度，达到扩大品牌影响力以及确立品牌知名度的目的。

（2）权威机构：权威机构是指行业里具有相当高的行政权力或在业内学术研究水平居一流的专业机构。

（3）公信力：《现代汉语词典》对公信力的解释是：使公众信任的力量。在这里它主要指权威机构的公信力，是公众对权威机构行为的一种评价或认可。

（4）社会地位：是指社会或某一群体中成员所取得的特定位置，社会地位是由社会承认的或公认的。

（5）顾客感知：是指顾客对品牌提供的产品、服务或理念以及所传递的信息所具有的主观认知。

（6）品牌公信力：是指品牌内在的能力和品质，导致公众对品牌产生一定程度上的认知、情感与行为，包括所获得的信誉度以及产生的社会影响力。

图8-2左半部分所示的外力传递过程是描述品牌通过与高势能合作伙伴共同参与营销公关活动使顾客感受到品牌的公信力和社会地位的过程。这个过程包含以下三个方面。

一是整合权威机构的关系资源，也就是企业需要合理整合到权威机构的关系资源，在营销公关活动中与权威机构合作，借助合作伙伴的威信和声望。

二是运用品牌能力，即品牌自身要有强大的资源整合能力、学习能力、公关能力，并将这些能力合理运用，在营销公共关系活动中充分体现出来，将自身优势发挥到最大的程度。

三是影响顾客感知，即以上述两个方面作为基础，通过营销公关在情感沟通上的优势引起顾客的注意并向他们传递品牌与权威机构的公信力与社会地位是相当的信息，导致客户认同了品牌的公信力与社会地位，使顾客认为选择购买该品牌的产品能体现自己的社会地位，满足顾客自我提升的身份需要，从而产生品牌认同。

整个外力传递过程是品牌以"借势传意"的战略逻辑为指导，整合权威机构的关系资源，借助其公信力和社会地位等优势因素，通过自身灵活的公关手段以及高端的公关活动形式向公众展示其能力并暗示顾客该品牌的公信力与社会地位是与权威机构相当的，从而将品牌想要传递的品牌信息传递给顾客，以品牌声望以及品牌真实性满足顾客身份确定性的需要，最终实现顾客对品牌的认同。

所以，在"借势传意"的逻辑指导下，品牌借用权威机构对顾客的认同起到了强有力的推动作用。

2. 内力传递过程概念界定及说明

从图8-2右半部分可以看出，内力传递过程是以"就事中的"为战略逻辑，以品牌所要传递的信息为起点，通过具体的营销公关活动，让顾客对品牌有形的东西（包括产品等）产生认知。内力传递过程包括品牌信息和顾客感知，首先对内力传递过程中所涉及的概念进行界定，接着再对此过程进行详细解释。

（1）就事中的：这里的"事"是指具体的事情、事件；"的"是指目的。"就事"指的是凭借某个事情或者事件；"中的"是指击中、达到自己想要的目的。因此"就事中的"的意思就是凭借着某个具体的事情或事件来达到相应的目的。

（2）品牌信息：信息指音信、消息，泛指人类社会传播的一切内容。品牌信息指的是品牌产品、服务、理念以及价值观等一系列的可传播的内容。

（3）质量：这里的质量是指品牌的产品或服务所具有的能够满足现实需要以及潜在需要的整体特征和特色。

（4）品牌价值观：价值观是指人基于一定的思维感官而对客观事物做出的评价和看法，它反映了一个人的人生观、世界观和价值观。这里的品牌价值观是指品牌在认定事物和辨别是非上的思维取向，即品牌所体现的人生观、世界观和价值观。

图8－2右半部分所示的内力传递过程是描述品牌通过营销公关活动的方式传递品牌身份信息从而使顾客对该品牌产生认知进而产生认同的过程。这个过程也包含了三个方面。

一是品牌确定传递的品牌信息，也就是品牌要先确定自己需要传递给顾客对自身有利的信息，确保所传递的内容能体现企业品牌的长处并能从质量上承诺他们为顾客提供的产品或服务是具有卓越的价值。

二是确定合适的营销公关活动工具，按照品牌要传递的信息，品牌的核心价值观、产品/服务以及营销公共关系活动的受众，选择最合适的营销公关活动工具，以便达到最好的传播效果。

三是影响顾客感知，即以上述两个方面作为基础，将品牌身份、品牌核心价值观以及品牌身份独特性传递给顾客，满足顾客自我区别的身份需要，实现品牌认同。

整个内力传递过程是品牌以"就事中的"的逻辑为指导，选择对顾客而言具有卓越价值的信息，通过恰当的营销公关活动工具向顾客传递品牌的核心价值观，产品或服务优势，满足顾客自我区别的身份需要，实现品牌认同。

所以，在"就事中的"的逻辑指导下，品牌通过内力传递对顾客品牌认同产生了强有力的作用。

（二） 营销公关对品牌认同的作用模型分析

外力传递与内力传递过程的作用机理分析分为两个方面：第一个是外力传递过程到内力传递过程的作用机理；第二个是内力传递过程到外力传递过程的作用机理。

1. 外力传递过程到内力传递过程的作用机理

外力传递过程到内力传递过程的作用机理可以用推动来解释。推动是指使某项工作开展。外力传递过程以"借势传意"为基础，推动了内力传递过程。

外力传递过程到内力传递过程的作用机理是企业通过营销公关的外部力量推动营销公关的内部力量，最终作用于顾客。所以，营销公关的外力传递过程到内力传递过程的作用机理是由外力推动内力的程度来决定的。

外力传递过程中，企业遵循"借势传意"的逻辑，借助权威机构的威望，并通过营销公关使顾客感知到品牌的社会地位能与权威机构相匹配。这个过程中最重要的是通过权威机构的声望来提升品牌的社会地位，满足顾客自我提升的身份需要而对品牌产生认同。内力传递过程中，企业遵循"就事中的"的逻辑，通过恰当的公关活动工具将品牌想要传递的信息传达给顾客，满足顾客自我区别与自我连续的身份需要，从而产生认同。

外力传递过程达到的品牌公信力与社会地位的提升效果，可以为内力传递过程打下基础，营销公关的外力传递对内力传递起到重要的推动作用。

2. 内力传递过程到外力传递过程的作用机理

内力传递过程到外力传递过程的作用机理是企业通过营销公关的内部力量促进营销公关的外部力量，最终作用于顾客。因此营销公关的内力传递过程到外力传递过程的作用机理是由内力促进外力的程度来决定的。

内力传递过程中，企业遵循"就事中的"的逻辑，通过恰当的公关活动工具将品牌身份传递给顾客，满足顾客自我连续以及自我区别的身份需要，让顾客产生认同。外力传递过程中，企业遵循"借势传意"的逻辑，借助权威机构的威望实现自身品牌地位与形象的提高。当顾客认同了企业品牌的产品时，就会更加信服该品牌与权威机构的合作及伙伴关系是实至名归的，对品牌的认同会进一步加深。因此，营销公关的内力传递过程对外力传递过程起到了重要的促进作用。

3. 营销公关对品牌认同的作用模型的内涵

营销公关对品牌认同的作用模型是外力传递过程和内力传递过程两者协同共进的模式。

营销公关对品牌认同的作用模型有以下两个方面的内涵。

第一，外力传递过程和内力传递过程是对立统一的矛盾体。两者反映了营销公关对品牌认同产生作用的两个方面。一方面是外力传递过程，需要企业整合权威机构的关系资源，通过营销公关传递品牌资源关系以提高品牌自身地位，从而作用于顾客；另一方面是内力传递过程，需要企业将自身的优势产品或是理念通过合适的方式传递给顾客，同样也会作用于顾客。

第二，外力传递过程和内力传递过程是协同共进的。协同共进是指协调一致地共同前进。外力传递过程和内力传递过程是企业运用营销公关达到品牌认同过程中不可或缺的两个方面。企业在使用营销公关的外力传递时，也要重视内力传递，两者需要齐头并进。一方面，外力传递过程和内力传递过程两者的协同需要双方不断地相互转化，相互协调；另一方面，两者也需要不断地向前发展，协同与前进互为前提，协同保证共进，共进促进协同。

4. 营销公关对品牌认同的作用模型的特点

营销公关对品牌认同的作用模型的特点主要有三个：一是整体性，这种运行机制是各个要素的有机结合，其运行方式、目标、作用、模式都表现出统一的整体性；二是动态性，外力传递过程和内力传递过程之间的平衡是暂时的，二者之间可以相互转化和相互促进，二者之间的不平衡与平衡依照不同的环境互相转换，因此才能不断发展与上升；三是可拓展性，这种运行机制虽然只是通过一家企业的具体案例分析而来，但该模式同时具有普遍适用性，可适用于其他同类或异类企业。

五 结论与讨论

（一） 理论贡献与管理启示

本研究研究营销公关对品牌认同的影响过程，主要理论贡献包括以下方面。

第一，公共关系的相关研究常常考虑关系的建立与维护，公共关系在危机管理方面所发挥的作用被学者们重视（Kochigina et al.，2021）。以非营利性机构为研究主体的公共关系研究可以说是相当多了，其中非营利机构利用社会媒体推进公共关系（Cho et al.，2014；Nah & Saxton，2013）以及利用社交媒体进行对话和参与的可能性（Wang et al.，2021；Rybalko & Seltzer，2010）备受关注。对于营利性机构，公共关系则常常与企业社会责任（Corporate Social Responsibility，CSR）相联系（Capriotti & Moreno，2007），企业希望通过公共关系提升形象，例如捐款这样的慈善事业，从而与顾客建立良好关系。本研究探究了品牌营销公共关系对品牌认同的影响，品牌认同是品牌与顾客建立长期的有意义关系的心理基础，扩展了公共关系主题中以非营利机构为主体之外的研究。

第二，在过去有关品牌认同的研究中，大多是从品牌认同的维度、驱动力以及影响因素等角度出发，通过定量分析的方法来研究品牌认同对企业和顾客产生什么作用。很少有研究采用定性分析方法研究品牌认同是如何产生的。鉴于此，本研究采用定性分析法，以营销公关为出发点研究如何产生品牌认同。发现了营销公关对品牌认同的影响机制，该机制是企业通过营销公关在情感方面独特的沟通方式与顾客沟通，使品牌与顾客之间达到地位、价值观、感知等方面的趋同，从而实现企业品牌认同目标。

第三，打开了营销公关对品牌认同的作用过程黑箱。品牌方通过营销公关借助外部力量提高企业社会地位及公信力，再运用内部力量向顾客传递有效的企业信息，达到让顾客了解、认可的目的，最终在品牌价值和顾客的个人价值达到一致时，产生品牌认同。以往的研究中很少有学者将营销公关与品牌认同两者关系进行研究。因此本研究对于相关主题的研究者具有一定的启发意义。

本研究的实践意义在于提供了一个营销公关对品牌认同的影响研究模型，为服务型品牌建设提供了一个系统化的研究视角，并为实践者提供了一个有关营销公关影响品牌认同的分析框架。

首先，品牌方应该重视营销公关的作用。营销公关在我国还处于初级阶段，虽然国内许多企业也设置了营销公关的相关部门，但相对而言并不受到重视。甚至有些企业高层认为营销公关对企业发展而言可有可无，并没有意识到营销公关对企业的生产发展会产生深远的影响。

其次，品牌方要重视顾客的品牌认同。品牌对于企业的发展具有举足轻重的作用，顾客不仅是购买和选择产品或服务，更是在选择产品或服务所属品牌所代表的身份地位、价值理念等。因此当顾客对某一品牌具有高度认同的时候，企业才有强大的竞争力和生命力。

最后，品牌方应该意识到市场营销并非只是产品的竞争，更是认知的竞争。产品和服务在顾客心中不只是简单的物质形态，更重要的是其背后品牌的精神形态。这就决定了企业之间最高层面的竞争不是产品的竞争，而是企业品牌力的竞争。

（二） 研究局限与展望

本研究对营销公关与品牌认同的关系进行了研究和探索，虽然对理论和实践研究都有一些启示意义，但是受限于笔者理论知识、研究能力和资源的不足，仍然存在许多的欠缺，有待后续研究进一步完善和改进。

研究对象的局限性。不同行业的企业公共关系活动有明显差异，不同规模企业的公共关系活动也有明显差异，那么该逻辑延伸至品牌研究中是否成立，本研究以小微品牌环意作为研究对象进行研究，研究结果是否适用于旅游行业内其他规模的品牌，是否适用于其他行业品牌，还需进一步明确。

未来可以在以下方面继续研究：首先，从研究的深度出发，可以进一步在同一行业中选择多个不同规模的样本品牌，或者从多个行业选择相同规模品牌，或者进行交叉选择，探索不同规模、不同行业品牌的营销公关是否对品牌认同产生影响以及如何影响并进行分析对比，并进而得出更具有普遍性的结论。从研究的广度出发，可从新的视角研究营销公关对品牌认同的作用，例如营销公关对顾客满意度带来的影响进而影响顾客品牌关系。

参考文献

Amato L. H. , Amato C. H. , The Effects of Firm Size and Industry on Corporate Giving[J] . *Journal of Business Ethics*, 2007, 72(3) : 229 – 241.

Ashforth B. E. , Harrison S. H. & Corley K. G. , Identification in Organizations: An Examination of Four Fundamental Questions[J] . *Journal of Management*, 2008, 34(3) : 325 – 374.

Avery E. J. , Lariscy R. W. & Kim S. , et al. , A Quantitative Review of Crisis Communication Research in Public Relations From 1991 to 2009[J] . *Public Relations Review*, 2010, 36(2) : 190 – 192.

Bagozzi R. P. , Dholakia U. M. , Antecedents and Purchase Consequences of Customer Participation in Small Group Brand Communities [J] . *International Journal of Research Marketing*, 2006, 23(1) : 45 – 61.

Bhattacharya C. B. , Sen S. , Doing Better at Doing Good: When, Why, and How Consumers Respond To Corporate Social Initiatives[J] . *California Management Review*, 2004, 47(1) : 9 – 24.

Briones R. L. , Kuch B. & B. F. , Liu, et al. , Keeping up with the Digital Age: How the American Red Cross Uses Social Media to Build Relationships[J] . *Public Relations Review*, 2011, 37(1) : 37 – 43.

Brown T. , Design Thinking[J] . *Harvard Business Review*, 2008, 86(6) : 84 – 92, 141.

Bundy J. , Pfarrer M. D. , Short C. E. , et al. , Crises and Crisis Management: Integration, Interpretation, and Research Development [J] . *Journal of Management*, 2017, 43 (6) : 1661 – 1692.

Capriotti P. , Moreno A. , Corporate Citizenship and Public Relations: The Importance and Interactivity of Social Responsibility Issues on Corporate Websites[J] . *Public Relations Review*, 2007, 33(1) : 84 – 91.

Chernev A. , Blair S. , Doing Well by Doing Good: The Benevolent Halo of Corporate Social Responsibility[J] . *Journal of Consumer Research*, 2015, 41(6) : 1412 – 1425.

Cho M. , Schweickart T. & Haase A. , Public Engagement with Nonprofit Organizations on Facebook[J] . *Public Relations Review*, 2014, 40(3) : 565 – 567.

Creswell J. W. , Qualitative Inquiry and Research Design: Choosing Among Five Approaches [J] . SAGE Publications. 2012.

Curtis L. , Edwards C. & Fraser K. L. , et al. , Adoption of Social Media for Public Relations by Nonprofit Organizations[J]. *Public Relations Review*, 2010, 36(1): 90 – 92.

Donavan D. T. , Janda S. , Suh J. , Environmental Influences in Corporate Brand Identification and Outcomes[J]. *Journal of Brand Management*, 2006, 14(1 – 2): 125 – 136.

Eisenhardt K. M. , Building Theories from Case Study Research[J]. *Academy of Management Review*, 1989, 14(4): 532 – 550.

Escalas J. E. , Bettman J. R. , Self-construal, Reference Groups, and Brand Meaning[J]. *Journal of Consumer Research*, 2005, 32(3), 378 – 89.

Jin Y. , Liu B. F. , The Blog-Mediated Crisis Communication Model: Recommendations for Responding to Influential External Blogs[J]. *Journal of Public Relations Research*, 2010, 22(4): 429 – 455.

Kochigina A. , Tsetsura K. , Taylor M. , Together in Crisis: A Comparison of Organizational and Faith-holders' Crisis Communication[J]. *Public Relations Review*, 2021, 47(4): 102086.

Kuenzel S. , Halliday S. V. , Investigating Antecedents and Consequences of Brand Identification[J]. *Journal of Product and Brand Management*, 2008, 17(5), 293 – 304.

Lam S. K. , Ahearne M. & Hu Y. , et al. , Resistance to Brand Switching When a Radically New Brand Is Introduced: A Social Identity Theory Perspective[J]. *Journal of Marketing*, 2010, 74(6): 128 – 146.

Lam S. K. , Ahearne M. & Mullins R. , et al. , Exploring the Dynamics of Antecedents to Consumer-Brand Identification with a New Brand[J]. *Journal of the Academy of Marketing Science*, 2013, 41(2): 234 – 252.

Lam S. K. , Schillewaert A. N. , A Multinational Examination of the Symbolic-instrumental Framework of Consumer-brand Identification [J]. *Journal of International Business Studies*, 2012, 43(3): 306 – 331.

Lam S. K. , Identity-motivated Marketing Relationships: Research Synthesis, Controversies, and Research Agenda[J]. *AMS Review*, 2012, 2(2): 72 – 87.

Lovejoy K. , Saxton G. D. , Information, Community, and Action: How Nonprofit Organizations Use Social Media[J]. *Journal of Computer-mediated Communication*, 2012, 17(3): 337 – 353.

Lovejoy K. , Waters R. D. , Saxton G. D. , Engaging Stakeholders through Twitter: How Nonprofit Organizations are Getting More Out of 140 Characters or Less[J]. *Public Relations Review*, 2012, 38(2): 313 – 318.

Michael E. , Porter, et al. , The Competitive Advantage of Corporate Philanthropy. [J]. *Harvard Business Review*, 2002, 80(12): 56 – 68 + 133.

Nah S. , Saxton G. D. , Modeling the Adoption and Use of Social Media by Nonprofit Organizations[J]. *New Media & Society*, 2013, 15(2): 294 – 313.

Robson P., Public Relations and Place Branding: Friend, Foe or Just Ignored? A Systematic Review[J]. *Public Relations Review*, 2021, 47(5): 102096.

Rybalko S., Seltzer T., Dialogic Communication in 140 Characters or Less: How Fortune 500 Companies Engage Stakeholders Using Twitter[J]. *Public Relations Review*, 2010, 36(4): 336 – 341.

Stryker S., Identity Salience and Role Performance: the Relevance of Symbolic Interaction Theory for Family Research[J]. *Journal of Marriage and Family*, 1968, 30: 558 – 564.

Swaminathan V., Sorescu A., Steenkamp J. E. M., et al., Branding in a Hyperconnected World: Refocusing Theories and Rethinking Boundaries[J]. *Journal of Marketing*, 2020, 84(2): 24 – 46.

Szondi G., From Image Management to Relationship Building: A Public Relations Approach to Nation Branding[J]. *Place Branding and Public Diplomacy*, 2010, 6(4), 333 – 343.

Tajdini S., Ramirez E., Firm Authenticity: the Construct, Research Propositions, and Managerial Implications[J]. *AMS Review*, 2019, 9(3): 324 – 338.

Tajfel H., Turner J. C., The Social Identity Theory of Intergroup Behavior, in S. Worchel & W. G. Austin (Eds.) [J]. *Psychology of Intergroup Relations*, Chicago: Nelson-Hall, 1979, 33 – 47.

Tajfel H., Turner J. C., The Social Identity Theory of Intergroup Behavior, in S. Worchel & W. G. Austin (Eds.) [J]. *Psychology of Intergroup Relations*, Chicago: Nelson-Hall, 1985, 7 – 24.

Tajfel H., Social Psychology of Intergroup Relations[J]. *Annual Review of Psychology*, 1982, 33, 1 – 39.

Wang Y., Cheng Y., Sun J., When Public Relations Meets Social Media: A systematic Review of Social Media Related Public Relations Research from 2006 to 2020[J]. *Public Relations Review*, 2021, 47(4): 102081.

Waters R. D., Burnett E. & Lamm A., et al., Engaging Stakeholders through Social Networking: How Nonprofit Organizations are Using Facebook[J]. *Public Relations Review*, 2009, 35(2): 102 – 106.

Waters R. D., Jia Y. J., Tweet, Tweet, Tweet: A Content Analysis of Nonprofit organizations' Twitter Updates[J]. *Public Relations Review*, 2011, 37(3): 321 – 324.

Williamson P. J., Meyer A. D., Ecosystem Advantage: How to Successfully Harness the Power of Partners[J]. *California Management Review*, 2012, 55(1): 24 – 46.

Yin K. , *Case Study Research: Design and Methods*(5th edition)[M]. Sage Publications, Inc, 2014.

Yin K. , *Case Study Research: Design and Methods*[M]. Thousand Oaks, CA, Sage Publications, 2009.

Zajonc R. C. , Markus H. , Affective and Cognitive Factors in Preferences[J]. *Journal of Consumer Research*, 1982, 9(2):123 – 131.

〔美〕菲利普·科特勒. 营销管理 〔M〕. 王永贵等,译. 中国人民大学出版社,2012.

李飞,李达军,李纯青,张语涵,刘茜,曲庆."小而美"的营销神话——基于环意国际旅行社的案例研究 〔J〕. 南开管理评论,2018,21(6).

李亮,刘洋,冯永春. 管理案例研究:方法与应用 〔M〕. 北京大学出版社,2020.

毛基业,陈诚. 案例研究的理论构建:艾森哈特的新洞见——第十届"中国企业管理案例与质性研究论坛(2016)"会议综述. 管理世界,2017(2).

第六部分
直入心智

　　品牌战略的最终目标是引起品牌的共鸣，从而占领消费者的心智。本部分为直入心智，主要是从文化创新、文化融合以及社交媒体背景下文化适应角度来剖析文化对于品牌发展的重要意义。

　　首先，研究文化融合与创新对品牌共鸣的作用机理。第一，揭示B2B模式下向C扩展的新产品品牌文化表述构建过程及作用方式。该过程是通过文化融合与创新的相互作用来完成，文化融合的逻辑是"求同"，文化创新的逻辑是"求异"。文化融合的属性为阳，文化创新的属性为阴，阴阳之间的作用方式是对立、互根、消长和转化。第二，终端客户对新产品品牌产生共鸣的过程是以新产品的文化表述作为企业与客户之间联系的媒介，来引发终端客户共鸣的。品牌共鸣是客户需求与企业供给双方匹配的双向过程。

　　其次，研究社交媒体中消费者对品牌虚拟文化适应的影响。第一，系统地阐明了在旅游情境下，社交媒体的使用在虚拟文化适应过程中的作用。这个过程通过社交媒体信息搜索、社会学习、社会接触三个环节达成虚拟文化适应。第二，提出了一个虚拟文化适应理论过程框架，识别社交媒体在促进旅行文化适应过程中的作用。

　　本部分给出了B2B2C模式下文化融合与创新的新产品品牌文化表述引发终端客户共鸣的过程，同时为虚拟文化适应的过程框架提供了更深入的见解，并将其与社交媒体的使用联系起来。不仅有利于企业构建创新有效的营销战略，也能够为消费者带来深入的消费体验。

第9章 基于文化融合与创新的
品牌共鸣研究*

一 引言

近年来，随着行业边界越来越模糊，企业的跨界行为越来越多，每个行业的企业面对着各种"洗牌"，更多的传统 B2B 企业开始向终端客户（C）扩展，来推广自主研发的产品，从而构建企业新的竞争优势。文化创新可以使企业通过文化这个工具避开恶性竞争去寻找属于自己的蓝海（Holt & Cameron，2010），从而给企业带来持续竞争优势（Barney & Hesterly，2012）。文化创新是指一个品牌传达了创新的文化表述，而文化表述又是由意识形态（ideology）、神话（myth）和文化密码（cultural codes）三个部分构成，其理论基础来自消费者文化理论（Consumer Culture Theory，CCT）（Arnould & Thompson，2005）。品牌的文化创新可以引起客户的共鸣，客户产生共鸣行为，会导致更高的意向去购买产品（Shang et al.，2017）。然而，如何在不断变化的市场环境下，结合企业自身的实际，构建一个能引发客户共鸣的新产品品牌文化表述，是值得研究的内容。现有研究已经从文化创新的角度给出新产品品牌文化表述的步骤与方法，但缺乏在 B2B 模式下向 C 扩展时的过程与结果研究，而本文试图弥补这方面理论的不足。

B2C 企业通常更多地采用"拉"式战略，将其营销努力集中在最终的客户身上，引导他们购买产品。反之，B2B 企业则更倾向于"推"式战略，其营销努力集中在吸引渠道成员购买产品并向最终客户促销（Kotler

* 霍维亚. 基于文化融合与创新的品牌共鸣研究［D］. 西安工业大学硕士学位论文，2017.

& Armstrong，2016）。本研究把 B2B 企业采用"拉式"战略的模式，称为 B2B2C 的经营模式。并且已有学者研究 B2B 模式的企业可以通过独立的间接客户营销来接触客户的客户，并提到这种间接客户营销是未来研究的重点（Homburg et al.，2014）。在现实经营中，我们观察到一家 B2B 业务模式的旅行社——环意国际旅行社（一家专注于做意大利地接服务的旅行社，简称"环意"）在构建面向 C（终端游客）的新产品品牌时传达了一个创新的文化表述，并通过引发间接客户（终端游客 C）的共鸣争得与直接客户（组团社 B）交易的主动权，进而使企业的业务在经济下行的环境下稳中有升。环意这家企业是如何做到的？理论上又该如何解释？本研究试图打开该企业新产品品牌文化表述构建过程的"黑箱"和探究新产品品牌文化表述引起客户品牌共鸣的机理，以期给理论界与实务界以启发。

二　文献述评

本研究主要从文化涵化、文化创新、品牌共鸣、道家阴阳思想四个部分来综述相关的理论研究。

（一）　文化涵化研究评述

文化涵化的理论研究最早起源于美国民族事务局，Powell（1880）定义文化涵化为来自外文化者模仿新文化中的行为所导致的心理变化。基于 Powell 给出的定义，Redfield 等（1936）认为文化涵化是指由个体所组成，且具有不同文化的两个群体之间发生持续的、直接的文化接触，导致一方或双方原有文化模式发生变化的现象，该定义以引用广泛而著称。

Berry（2005）基于少数民族的文化认知水平提出四个文化涵化策略：①同化（assimilation）策略：当个体放弃他们的文化身份并乐意采用新文化时；②边缘化（marginality）策略：当个体放弃他们的文化身份但对新文化还不太感兴趣未完全采用的时候；③融合（integration）策略：个体保留他们的文化身份的同时也愿意采用新文化特性；④分离（separation）策略：个体保留他们最终的文化身份并且排斥不采用新文化时。持类似观点的研究还有 Ryu 等（2016）的研究。文化涵化近年来逐渐用来研究管理方面的问题，比如新兴技术与组织个体转变（Pan & Pan，2008）、跨文化情境下酒店的服务管理（Weber et al.，2016）等，而文化融合更多地用在研究跨国或跨境公司之间并购导致的文化相互作用（Frankema，2001；Dauber，2012；Teerikangas & Laamanen，2014）。尽管研究者对文化融合的兴趣逐渐增大，但利用文化融合策略来解决 B2B 模式背景下企业向 C 扩展时新产品品牌文化表述的问题还比较少见。

（二） 文化创新研究评述

Holt 和 Cameron（2010）认为，文化创新由一系列特定的文化表述构成，可通过品牌所对应的消费者接触点传递给消费者。文化表述通常由意识形态、神话和文化密码三部分构成：意识形态是对特定观念的态度，这种观念通常是被广泛认可、被认为是理所当然并被社会的一部分人自然地当作"真理"的重要文化观念；神话是有教育意义的故事，它透露出意识形态；文化密码是由最合适、最引人入胜的文化内容来构成，而这些内容能够使神话激发消费者的共鸣。当文化创新中包含了正确的意识形态，而这一意识形态又通过正确的神话故事得以戏剧化地呈现并由正确的文化密码进行表述时，文化创新就获得了突破。Holt（2003）认为一家公司刚推出的新产品，包括名称、商标和外观特征等品牌的实体标识，由于其产品缺乏历史而使这些标识空洞且没有内涵。企业要创建标志性的、领导性的品牌，就必须整合文化知识，通过文化品牌化的原则来制定战略。

此外，Schroeder（2009）指出历史文化在品牌发展中扮演着很重要的角色，同样的，品牌可以引用历史和英雄人物的故事来反映文化矛盾和冲突。Holt 和 Cameron（2010）指出管理学文献中的主流创新模式沿袭了主要的经济学教科书的市场观，将"更佳捕鼠器"视为创新的驱动力。然而这些模式忽略了创新不局限于具体的产品和服务的细节，还可以在文化层面上进行创新。同时这些模式也都忽略了历史与社会的变迁，而文化创新都利用了这种社会变迁所带来的机遇，弥补了管理学和市场营销学的欠缺。文化创新就是确定一个特定的历史机遇，然后用具体的文化去回应它。而利用文化创新的理论来解决企业 B2B 模式背景下向 C 扩展时的新产品品牌文化表述问题未有深入的研究。

（三） 品牌共鸣的相关研究

品牌共鸣指的是顾客与品牌建立的终极关系和认可水平，以及顾客感受到与品牌同步的程度（Keller，2003）。在此基础上，Rindfleisch 和 Burroughs（2006）指出品牌共鸣包括一系列品牌相关的活动，从简单的重复购买向深度的情感关系发展。品牌共鸣按照深度和强度分解为四个方面：行为忠诚度、态度依附、社区归属感、主动介入（Keller，2008）。品牌共鸣描述了顾客与品牌之间的关系，以及他们认为自己与品牌"同步"的程度（Kotler & Keller，2012）。Keller（2008）对品牌共鸣的定义最为经典，到现在大部分关于品牌共鸣的研究是引用该定义，集中在关于四个维度的测量上，研究品牌忠诚、购买意向的相关变量的影响。

但是，Holt（2004）指出 Keller 的品牌共鸣的维度不是共鸣的前因，而是共鸣之后的结果。文化创新使品牌传达了创新的文化表述，该文化表述令顾客易于理解，深切地感觉得到，并引发共鸣（Holt & Cameron，2010）。品牌所显现出来的个性与消费者自我的个性越接近，越容易引发消费者的共鸣。品牌通过满足消费者在情感方面的需求，拉近与消费者的距离，增强了消费者购买该品牌的欲望（Schouten，1991），从个人观点来看，共鸣是认知上的参与（Russell，2009），共鸣是口碑行为的前提条件（Libai et al.，2010）。在社交媒体领域，客户共鸣的前提条件有三个方面：内容的满足、社会关系的满足、自我展示的满足，客户共鸣之后会产生购买意愿（Shang et al.，2017）。

此外，国内关于品牌共鸣的研究大部分也是借鉴 Keller 的定义，但是，同样有学者给出的定义与 Keller 还是有一定区别的，品牌共鸣是以品牌为媒介，使企业（品牌所有者）与品牌消费者以及消费者之间产生共同心理反应（张宇，2008）。品牌共鸣实质上是消费者通过与品牌的互动，感觉到品牌能够反映自己的情感，而且品牌可以作为自我与他人交流的媒介，加强了对该品牌的认同或者是依赖，从而消费者与企业（品牌）建立起一种紧密的心理联系（余可发，2011）。

综上所述，"共鸣"是客户对品牌极度认可的一种心理，既是一个结果状态，也是一个过程状态。本研究采用共鸣是一种心理上的联系的观点，其是行为上的前因，其表现形式是客户的行为（如行为忠诚、主动介入等）。

文化创新生成了相互关联的三种价值：象征价值、社会价值、功能价值（Holt，2004）。品牌的文化表述让消费者在日常生活中发自内心地体验这些渴望的价值。文化表述体现出了相关联的象征价值和社会价值，对消费者形成吸引力。消费者感知到了相关联的象征价值和社会价值，从而引发了终端客户的共鸣（Holt & Cameron，2010）。基于 Holt 的研究，Witkowski（2016）提出品牌的神话能够拥有很大的文化共鸣。

文化融合与品牌共鸣的相关研究，都集中在全球化的大背景下，研究企业跨国经营，消费者对跨国企业（产品或品牌）的共鸣。全球消费者的文化涵化提供了一个有趣和强大的细分市场，与品牌知名度和品牌形象呈正相关，对品牌共鸣有一定的促进作用（Frank & Watchravesringkan，2016）。

（四）　道家阴阳思想

中国先哲用"阴阳"二字来表示万物两两对应、相反相成的对立统一，即《道德经》所谓"万物负阴而抱阳"、《易传》所谓"一阴一阳之谓道"。道家阴阳思想认为阴阳之间是对立制约、互根互用的，并不是处于静止和不变的状态，而是始终处于不断地运动变化之中的（陈忠译，2006）。道家阴阳思想也称为道家哲学（或道），它是根植于中华文明的核心思想系统（Bai & Roberts，2011），它对中华文化的影响最为深远。阴阳学说的基本内容可用"对立、互根、消长、转化"八字概括，阴阳对立是指万物都包含阴阳两种属性，它们之间是对立、统一的，并且阴中有阳，阳中有阴；阴阳互根是指阳依附于阴，阴依附于阳，在它们之间存在着相互滋生、相互依存的关系，即任何阳的一面或阴的一面，都不能离开另一面而单独存在；阴阳的消长是指阴阳双方在对立互根的基础上永恒地运动变化着，不断出现"阴消阳长"与"阳消阴长"的现象，这是一切事物运动发展和变化的过程；阴阳的转化是指同一体的阴阳，在一定的条件下，当其发展到一定的阶段，双方可以各自向其相反方面转化，阴可以转为阳，阳可以转为阴，称之为"阴阳转化"。如果说"阴阳消长"是一个量变过程的话，则转化便是一个质变的过程。阴阳学说已经渗透中国传统文化的方方面面，包括宗教、哲学、历法、中医、书法、建筑等，也被国际学术界应用（Li，1998；Bai，2011；Lewis，2000；Mitchell et al.，2016）。

道家阴阳思想在中国企业的管理中是根深蒂固的，需要深入研究并且国内已有学者在这方面取得不错的成果（李自杰、高璆崚，2016；杜荣等，2010；Du et al.，2011），如何借鉴中国传统文化的智慧来进行新产品品牌的文化表述有待进一步探讨。

三 案例描述

环意的新产品开发历程，如表 9 - 1 所示。

表 9 - 1　环意新产品开发历程

产品开发历程	新产品文化表述构建过程	企业策略
隐姓埋名：无自主产品（2009 ~ 2013 年）		
目标市场：组团社 企业角色： ①原文化持有者 ②面向 B 的文化	·受制于组团社 B，只能被动地接待组团社 B 交给环意的旅行团 C ·接待过程中，没有环意自身品牌出现，长期隐姓埋名	对中国市场最早开创"意大利单团地接"的新型业务，致力于为中国组团社提供更"安全、可控"的境外服务
兼容并包：推出新产品——"环意·意大利艺术之旅"（2014 ~ 2015 年）		
目标市场：组团社终端游客 企业角色： ①文化融合者 ②原文化持有者	新产品：意大利艺术之旅 ·首次以地接社的身份，同时也是针对终端游客 C 开发产品 ·在面向 B 的原文化基础上兼容并包进行了面向 C 的文化融合——"艺术"	分析旅游产品目的地意大利的特点集中体现在文化上，市场上大部分去意大利旅游的旅行社的产品是以"艺术"著称
聚焦提炼：产品升级——"意大利时尚古国之旅"（2015 年至今）		
目标市场：组团社终端游客 企业角色： ①文化创新者 ②文化融合者 ③原文化持有者	产品：意大利时尚古国之旅 ·可以通过间接客户 C 找直接客户来达到由被动变主动的目的 ·经过文化融合与文化创新的共同作用，新产品文化表述进行升级——"古老和时尚"	重新分析目的地意大利，它的核心价值是：一个集"古老和时尚"于一体的国家，意大利有 51 项丰富的世界文化遗产和引领世界的众多时尚品牌

（一）　隐姓埋名：无自主产品

环意隶属于意大利环意单团地接社，其负责人是张环女士。自 2009 年到 2013 年，环意团队对中国市场最早开创"意大利单团地接"业务，多年来环意已获得像中青旅、国旅总社、中旅这些国内知名旅行社的认可。但由于经营战略和企业自身资源的局限，环意一直受制于这些组团社，长期处于隐姓埋名的状态，企业角色也是一种原文化持有者和面向组团社 B 的文化状态。

"在前期市场推广端，我们已经把品牌推到前端了，境外是一个兑现承诺的过程，原来（环意）在境外是隐姓埋名，比如说这个团是国旅带来的，我们从来不敢提我们是环意。但是现在就可以了，因为国旅会告诉客户，这是环意，我境外合作方……原来都是说，你可千万别给客人发名片……甚至我们给他定制好了线路，他说你这个有点贵了，拿着你的线路直接找到另外一家竞争对手。"环意总经理说。

（二）　兼容并包：推出新产品

2013 年末，为了打破受制于组团社并在终端游客面前没有品牌知名度的困境，环意在总经理张环的带领下，分析了面向 C 的旅游目的地意大利的特点，结合市场上大部分去意大利旅游的产品以"艺术"为卖点，从而推出"环意·意大利艺术之旅"这款产品，希望能引起 C 的兴趣。

为此，2015 年 2 月 8 日，由环意旅行社主办、6 人游旅行网协办的《环意沙龙：去意大利旅行，邂逅艺术》推广活动在意大利驻华大使馆文化处举行。环意总经理张环女士通过自己切身的旅游体验，正式设计推出环意的一款新产品"环意·意大利艺术之旅"。

（三）　聚焦提炼：产品升级

2014～2015 年，企业经过多方分析发现，当下旅游市场无论高低端的产品，其主流观念都聚焦在意大利的"艺术"，这个概念太宽泛，且不够精准。同时低端的散拼团旅游近年来爆出各种丑闻，如捆绑消费、吃住低于预期等。总之，"意大利艺术之旅"这款产品既没有形成独特的"购买点"，也没有在消费者面前体现出差异化的认知。

　　为此，环意重新分析目的地意大利，意大利区别于其他国家的核心价值，它是一个集"古老和时尚"于一体的国家，来意大利不是为了欣赏自然风光，而是来体验意大利贡献给全人类的文明：斗兽场、人骨教堂等 51 项世界文化遗产和 Prada（普拉达）、Gucci（古驰）等引领世界的众多时尚品牌。环意就这样对其新产品进行了升级，并在 2015 年 3 月推出面向终端客户 C 的"意大利时尚古国之旅"这款产品，"时尚、古老"是产品所传达的观念，不仅拉近了产品与消费者的距离，更容易使消费者理解并产生共鸣，同时还体现出与"艺术之旅"的差异化。环意总经理认为：这个时代人们开始关注自己的内心世界，而不是做给别人看……意大利的古老象征着"不变"和"永恒"，而时尚意味着不断地"变化"和"创新"，值得人们来深入体验、链接，进而引发自身灵感和思考。

　　2015 年 10 月 15 日，环意国际旅行社"意大利时尚古国之旅"发布会于意大利罗马古城中心 Rospigliosi 宫雕塑厅召开。其间环意分别与"一带一路"万里行组委会、抱团打造行业领导品牌的企业家协会——"正奇会"及罗马 LUISS 大学签署战略合作意向书。正奇会发起人之一刘总在发布会现场感慨："我们很早就在策划这个活动……我们把我们的意大利的处女之行献给了环意……当我们看到'时尚古国'这四个字的时候非常有感觉，在我的理解（里），时尚古国可能是上帝送给意大利人的一个神奇的密码，品牌创造的密码……"。

四　案例分析

（一）　数据结构

1. 构建文化表述形成的数据结构

　　本部分首先通过对企业现象的实证观察，找出对应的理论观察，最终进行理论的构建，建立文化表述形成的数据结构，如图 9 - 1 所示。

　　环意自从提出 B2B2C 的经营战略后，品牌文化表述就由仅面向组团社 B，变成了既要面向组团社 B，也要面向终端游客 C，环意面向 B 的品牌文化表述主要是以"专业、诚信"而著称，进入新市场后，环意需要挖掘 C 最关注的方面，比如"艺术品位、正宗"等，所以环意推出"环意·意大

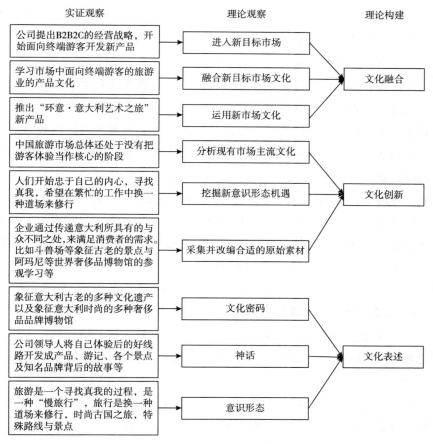

图 9 - 1　文化表述形成的数据结构

利艺术之旅"这款新产品，这个过程其实是环意在原有的品牌文化表述的基础上融合了面向 C 的市场文化的过程。

　　但只有文化融合是不够的，环意发现，去意大利旅游大多数被称为艺术之旅，即使不去意大利，去法国或欧洲其他国家的仍然可以叫艺术之旅，这样，这个产品就没有特色，所以，需要继续完善。于是环意挖掘了意大利的特色——时尚和古老，尽管意大利时尚不如法国，古老不如中国，但集时尚与古老于一体的非意大利莫属。此外，人们对旅行的需求也越来越从外需变成内求，开始关注自己的内心，忠于自己内心真实的想法，希望通过旅游找到真正的自己，希望通过旅游在繁忙的工作中换一个道场来修行。环意找准了意大利的独特性后，就需要通过设计旅游线路产品将时尚与古老体现出来，需要搜集相应的与时尚和古老有关的原始素材，比如各种意大利的奢侈品品牌，各种文化遗产与古迹，通过这些工作，文化创新过程就完成了。

文化融合与创新的目的，就是找到新产品品牌的文化表述，而文化表述又是由三个方面构成的，即意识形态、神话和文化密码，意识形态是一种观念，是一种人们对旅游或对意大利时尚古国之旅的观念，这种观念要与意大利的 51 项文化遗产和知名品牌结合起来，就是要通过"慢旅游"来体验，要在"慢旅游"中寻找"真我"，要在繁忙与浮躁的工作、生活中换一种道场来修行。神话，就是一些能体现意大利时尚古国之旅的故事，这些故事源自能激发游客灵感、带给游客启发的景点与艺术品所具有的文化内涵，所以，这些需要去提炼。文化密码则是一些简单的符号或图案，能让人感知到想要表达的情感和思想，并且这些符号或图案是唯一的，比如斗兽场、大卫雕像或古驰（Gucci）、阿玛尼（Armani）等品牌。

2. 构建品牌共鸣形成的数据结构

本部分通过对客户关于品牌共鸣形成的现象的实证观察，找出对应的理论观察，最终进行理论的构建，建立品牌共鸣形成的数据结构，如图9-2所示。

品牌共鸣的形成包括两个方面：一个是企业方面，一个是客户方面。说明共鸣是一个双向交互的过程。在客户方，表现在三个方面：客户的自我连续的需求、自我提升的需求、自我独特的需求；在企业方，同样表现在三个方面：企业的相似性、权威性、独特性。

环意在对中国出境游的现状分析后，发现中国游客对自我突破极度渴望，希望在繁忙的工作中换一种环境来放松身心，也许未来，人才是旅途中最美的风景，而风景变成了背景。越来越多的旅行者会发觉去意大利的真正意义，他们非常愿意在意大利的历史古迹、百年老店去探知这些流传下来的千年文化中所蕴含的匠心精神的精髓，感悟前人伟大的智慧；他们会发觉对自我来说，时间才是真正不可再生的资源，宁可把时间"浪费"在有意义的时刻，哪怕是在一个古老的咖啡店里久坐发呆，也不愿意做这世界"走马观花"的过客。其中，繁忙的工作中换一种环境来放松身心，体现出了客户的自我连续的需求；希望在旅游中体会到千年文化的智慧，体现出了客户自我提升的需求；而不愿意随大众把时间浪费在无意义的事

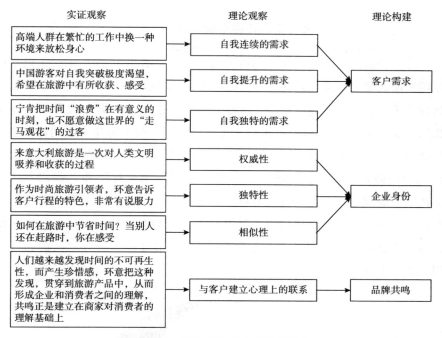

图 9-2　品牌共鸣形成的数据结构

情上，体现出了客户自我独特的需求。

　　环意在设计产品时已经考虑到，对于一个游客来说，来意大利旅游，他的收获并不是吃、住、行、游、购、娱的累加，而是有着无法衡量的附加价值，来意大利的旅游是一次对人类文明的"吸养"和收获的过程。总之这款产品是针对时间特别宝贵的企业家或热爱意大利、注重自身感受的人研发的标准产品，通过环意对每一点体验专业的序化，让一次旅行的收获有着"钻石"一样宝贵的体验。如何在旅游中节省时间？当别人还在赶路时，你正在感受。"意大利时尚古国之旅"表现在去意大利旅游是一次对人类文明"吸养"的过程，这是告诉目标客户换一个环境来继续学习，体现了相似性；产品的特色体现在时尚和古老两方面，带给客户不一样的感悟，而环意是有能力做到的，体现了权威性；这个产品的不同在于要体味"慢旅游"，其重点在于为客户节省时间，重在感悟，而不是赶路，体现了独特性。总之，只有企业提供给客户的产品或者服务让客户能够满足自我的需求，才会有可能引发客户的共鸣。

（二） 新产品品牌文化表述模型构建过程

环意的新产品品牌文化表述模型构建过程，如图9-3所示。该模型可以用道家阴阳思想来表示。图9-3的左边是文化融合中有文化创新，以文化融合为主，其逻辑是"求同"，其过程是"进入新市场"、"受压于新文化"、"融合新文化"和"运用新文化"。图9-3的右边是文化创新中有文化融合，以文化创新为主，其逻辑是"存异"，其过程是"识别主流文化"、"挖掘新意识形态机遇"、"采集并改编原始素材"和"提出与主流文化不同的观念"四个步骤（Holt & Cameron，2010）。两者相互作用，相互包含，并各以对方为驱动力，呈螺旋上升的趋势。我们可以通过文化融合与文化创新的阴阳属性、文化融合／创新作用过程和两者之间的相互作用三部分来进行解释。

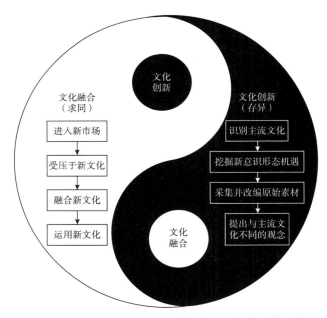

图9-3 基于文化融合和文化创新的新产品文化表述模型构建过程

1. 文化融合与创新的阴阳属性

根据文化融合的定义，文化融合出现在个体保留他们的文化身份的同时也愿意采用新文化，所以，文化融合的实质是个人或组织在从原有文化转移到新文化情境时，不但要保留自己的原有文化，还要适应新文化并采用新文化，这种情境一方面有向外开拓与扩展的意思（与道家阴阳思想中的阳非常相似）；另一方面，还有保留和坚守自己原有文化的意思（与道家阴阳思想中的阴相似），而由于其主要精力需要用在向外扩张上，而向外扩张的意思比较符合阳的属性，所以，我们将文化融合视为阳，放在左边。但其向外扩张的同时，还有"阴"的属性，所以，就有了阳中有阴的含义。

　　根据文化创新的定义，如果一个产品或品牌传递了创新的文化表述就是在进行文化创新，而在本研究中，文化创新是从主流文化中挖掘满足人们内心真正需要的新意识形态机遇，比如人们不只是希望宽泛意义上的艺术之旅，而是更希望能够激发灵感、有人生启迪和走心的体验，那么，就需要采集并改编意大利艺术之旅原始素材，比如意大利相关的文化遗产和时尚品牌等，在这个基础上提出与主流文化不同的观念，文化创新的过程实际上是一个不断聚焦和寻求独特性的过程，而这些属性是"阴"的属性，所以，我们将文化创新作为阴，放在右边。但其内收的同时，还要兼顾新市场文化对意大利的普遍需求，即大众的艺术追求，也就是说还有融合大众需求的意思在里面，而这又与阳的属性相对应，这时，文化创新主体表现出阴的属性，而里面又有阳的属性，即阴中有阳。

2. 文化融合过程

　　在图 9 - 3 的左边，是文化融合过程，除了包含"求同"逻辑和四个步骤外，还有一个"小"的文化创新。而这个"小"的文化创新是文化融合的原动力，恰恰是有了创新需求，才能够再次促进融合，两者又是一个相互依存和相互作用的整体。在图 9 - 3 的左边，我们需要解释的是文化融合的逻辑与步骤。文化融合的逻辑是"求同"，即当企业由面向 B 的市场转变为既面向 B 的市场也面向 C 的市场时，需要有一个进入新市场的基本逻辑，这个逻辑根据案例现象，我们将其概念化成"求同"，即出去旅游，对于终端游客来说共同的诉求是"艺术品位、正宗"等，所以，环意也迎合了大众的共同诉求，设计出了"环意·意大利艺术之旅"这款产品，并且呼应了人们的"艺术品位、正宗"诉求。这个过程也正好完成了文化融合的四个步骤："进入新市场"、"受压于新文化"、"融合新文化"和"运用新文化"，新目标市场是指面向 C 的新市场，新市场文化就是 C 追求的市场文化，比如有艺术品位、个性化、寻找真我、方便、快捷等，而不仅是原市场 B（组团社）所追求的专业、可靠、利润空间大等的市场文化，这就需要环意在保持原有面向 B 市场的文化表述的基础上，融合面向 C 的市场文化"艺术品位、正宗"等，然后运用新市场文化，设计出"环意·意大利艺术之旅"的新产品。

3. 文化创新过程

在图 9 - 3 的右边，是文化创新过程，除了包含"存异"逻辑和四个步骤外，还有一个"小"的文化融合。而这个"小"的文化融合，正是"大"文化创新的原动力，也就是说，这个文化创新的动力，来自文化融合的需求，两者又是一个相互依存和相互作用的整体。

在文化创新过程中，需要解释的是"存异"的逻辑与步骤。在这里，"存异"的意思是当企业进入一个新市场文化后，需要继续挖掘新产品的差异性，真正引发消费者的共鸣。这就需要在"求同"的基础上"存异"，也就是要与现存市场上的同类产品有明显的差别。环意一方面挖掘人们对旅游的真正需求，另一方面结合旅游目的地的独特属性来不断聚焦，将意大利的"时尚与古老"提炼出来，并且在罗马举行了新产品发布会。意大利国家旅游局、意大利驻华大使馆文化处都曾在旅游推广项目中使用"时尚古国"这种描述。而这正是文化创新的过程，首先是"识别主流文化"，主流文化是"艺术之旅"，而"意识形态机遇"是人们对这种"同质化"的"艺术之旅"并不满足，希望与众不同，希望能做到唯一，而这正是环意挖掘的意识形态机遇。企业根据对意大利多年单团地接的经验，提取出意大利这个国家的特性——集"时尚与古老"于一体，同时配以相应的原始素材（斗兽场、大卫雕像、古驰、阿玛尼等），最后提出与主流文化不同的观念，要慢旅游，并且要寻找真我，要做有教育意义的旅游，要换一种道场去修行等，通过这四个步骤，来完成文化创新过程，设计出"环意·意大利时尚古国之旅"的新产品。

4. 文化融合与文化创新的相互作用过程

从图 9 - 3 可以看出，文化融合与文化创新就像阴阳互根理论中的一阴一阳，该图是根据左为阳、右为阴，外为阳、内为阴的惯例以及文化融合与文化创新的具体内涵而绘制的。文化融合与文化创新两者之间是阴中有阳、阳中有阴，阴阳之间相互依附，相互转化，并呈螺旋上升趋势。尽管图中并没有画出"小"的文化创新与文化融合的过程，但实际上它们同样包含各自实现的四个步骤，大小本质上是没有区别的，只是小的是真阴/真阳，是阴阳的原动力（Moore et al.，2012），即文化创新中的文化融合视为真阳，文化融合中的文化创新视为真阴，文化融合是文化创新的基础，文化创新又是文化融合的延伸。两者之间的相互作用刚好反映了阴阳思想的四个方面的内容"对立、互根、消长、转化"。

（三）　新产品品牌文化表述模型

通过上述文化表述模型构建过程，可以得出环意的新产品品牌文化表述模型（见图9-4），该模型是一个文化融合与文化创新相互作用的共同结果，根据 Holt 和 Cameron（2010）的研究，文化表述由意识形态、神话和文化密码构成。于是环意新产品品牌文化表述的意识形态："与众不同、唯一性、引领潮流"；神话："灵感激发、人生启迪、走心体验"；文化密码："斗兽场、大卫雕像等文化遗产和古驰（Gucci）、阿玛尼（Armani）等世界名牌"。

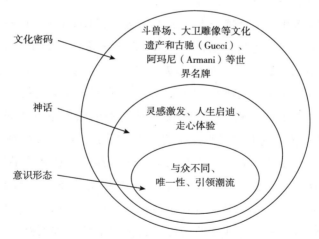

图9-4　基于文化融合和文化创新的新产品品牌文化表述模型

在图9-4中，意识形态是一种观念，通过文化表述的各个层面使消费者得以体验。环意通过提炼意大利的特色而使环意的意大利时尚古国之旅与众不同，借此想体现出与众不同、唯一性的体验，再加上精心与专业的线路设计以及对游客心理的把握，就使这个旅行让人很向往，也就是说引领了意大利旅游的潮流。

神话是有教育意义的故事，它透露出意识形态。例如，环意是通过灵感激发、人生启迪和走心体验来构建旅行中的教育意义；比如通过大卫雕像的制作过程，给人传递什么是"工匠精神"；通过人骨教堂的参观，使人们理解教堂里拉丁文写的"我原来跟你一样，你未来也跟我一样"那句话的真正含义，并且时刻牢记"做人什么时候都要谦卑"等；威尼斯圣马可广场能唤醒人们的感恩心；等等。

如果一个神话想要激发消费者的共鸣，它就必须由最合适、最引人入胜的文化内容来构成，而这个内容就是文化密码。文化密码为消费者提供了一个简略的表达，让他们轻松地理解和体验意欲表述的意思。例如，环意用象征古老的斗兽场、大卫雕像等文物古迹和象征时尚的古驰和阿玛尼等名牌让人一看就知道是意大利，而不是其他国家。

（四）品牌共鸣形成的过程模型

研究者常常聚焦于认同是一个"自上而下"的过程，评价组织如何影响个人（Cardador & Pratt，2006）；或者是一个"自下而上"的过程，个人用思想、感情和行动跨越个人和组织的边界（Harquail，1998），评价个人如何影响组织。在此基础上，Ashforth 等（2008）用到了"自上而下加工"和"自下而上加工"两个概念表达"自我"与"组织"之间的相互作用，来对组织认同相关研究综述。此外，国内学者也应用"自上而下"和"自下而上"的两个概念来总结品牌认同的前因变量（季靖、郑全全，2014）。在本研究中也借用这两个概念探究品牌共鸣的过程模型（见图 9 - 5），所谓"自上而下"品牌共鸣的过程指的是品牌（或者产品）对客户的影响，即从企业的视角来探究消费者—品牌共鸣的条件；所谓"自下而上"品牌共鸣的过程指的是消费者对品牌（或产品）的影响，即从客户的视角来探究消费者—品牌共鸣的条件。自下而上的过程用路径 a 表示，自上而下的过程用路径 b 表示。每条路径的驱动称为市场机制，障碍称为门槛机制。路径 a 是从客户的视角，探究共鸣产生的机制。它的市场机制是需求，把自我定义需求分为客户自我连续需求、自我提升需求、自我独特需求，门槛机制是内化，即需要客户投入。路径 b 是从企业的视角探究共鸣产生的机制。它的市场机制是供给，这种供给是通过新产品品牌的文化表述这个媒介来传递给客户，使客户对该品牌的身份感知为：身份相似性、身份权威性、身份独特性，门槛机制是外显，即需要企业投入。

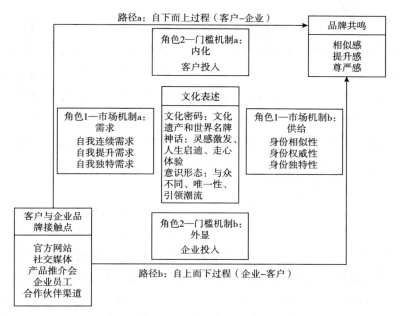

图 9 - 5　品牌共鸣形成的过程模型

1. 路径 a：自下而上的过程 （客户—企业）

从客户的视角研究品牌共鸣是一个自下而上的过程，首先客户根据自我定义的需求，来评定品牌是否满足自我的需求，即品牌对客户是否具有吸引力。但是，客户不会认同他们认为具有吸引力的所有企业；只有当他们的融入允许其更轻松地从企业层面对自己进行社会分类并且这个社会分类对他们变得更加重要时，他们才有可能认同这家企业（Bhattacharya & Sen，2003）。也就是说品牌仅满足客户的需求是不足以引发共鸣的，只有客户与品牌互动，投入企业相关的活动中，增加了对品牌身份感知的分量，才有可能生发共鸣。反过来品牌的身份在满足客户需求的前提下，能够在日常的生活中指导客户的行为，也就是把品牌的文化表述内化到客户的心里，进而提高品牌与客户的心理连接，引起客户的共鸣。从客户到企业自下而上形成品牌共鸣的过程的市场机制是需求，门槛机制是内化。

（1） 市场机制 a：需求

客户的关键自我定义需求主要有三方面：自我连续需求、自我提升需求、自我独特需求。

a. 自我连续需求

自我连续需求指的是客户为了更容易向别人表达自己，选择随着时间和空间的改变，仍然要维持自我一致性的动机（Dutton et al.，1994）。也就是说，客户在选择一个品牌时会选择其认为与自己个性相似的品牌，来延续自我的身份特征，更容易使他人识别出来。比如"意大利时尚古国之旅"的人文景观、文化遗产和世界品牌的文化密码，能够凸显热爱古老文化、使用世界名牌产品这样的客户的身份特征。反之，它与不热爱文化的客户，很难连接起来。

b. 自我提升需求

个人在自我所在的社会群体中，在与群体中的其他人进行比较时，都有努力提高自我尊严的需求（Tajfel & Turner，1979）。客户作为一个社会人，其在选择品牌时，有选择一个能够提高自我尊严的品牌的需求。其次，实现自我提升的需求是认同的关键决定因素（Elbedweihy & Jayaward-hena，2014）。而环意的"意大利艺术之旅"的神话"灵感激发、人生启迪、走心体验"是基于环意多年的品牌积累所提出来的，说明环意的产品是面向中高层阶级群体的产品，其有两方面能够满足客户的自我提升需求：第一，走心体验是环意以其在业界领导者的能力作为保障；第二，灵感激发、人生启迪是产品能够提供给客户的感悟。

c. 自我独特需求

在组织中，个体在自我表现时都不想与他人相同，而要与他人区别开来。并且，在选择组织时，更倾向于与那些相对于其他团体被评价为更积极、独特的团体发生联系。其次，客户在选择品牌时，如果客户认为他们选择的公司相对于其他公司是独特的，更有可能选择具有独特性的品牌（Bhattacharya & Sen，2003）。"意大利时尚古国之旅"的文化表述中意识形态的内涵是与众不同、唯一性、引领潮流，这完全体现了该产品的独特性，与客户的自我独特需求很吻合。

（2）门槛机制 a：内化—客户投入

a. 内化

客户通过与企业或品牌的接触点将感知到的品牌文化表述（品牌身份的文化内涵），也就是对品牌的身份感知，内化到自我的日常生活中，以及对企业进行反馈，目的是使企业的品牌身份更能满足客户的自我定义需求。

当消费者因参加与企业相关的日常活动，而令他们具有合法的成员角色时，融入式关系就会出现（Pratt，2000）。此类行为经常是"局部的、小群体的"，包括消费者可与企业内部人员（如管理人员）见面的"成员会议"。比如，客户主动参加环意举办的文化沙龙、产品推广活动等。并且，当消费者通过与企业的利益相关方取得联系或参与企业决策时，融入性还会有所增强（Jones，2008）。在数据收集中，发现有部分终端客户通过联系组团社，要求购买环意的产品，对环意是极大的认可，甚至是直接引发了客户的共鸣。消费者融入企业可能是他们将企业界定为能够塑造其社会身份的可行社会类别的关键（Rao et al.，2000）。也就是说客户以品牌的价值观（文化内涵）来塑造其自我社会身份，把品牌内化。

b. 客户投入

客户投入是一个心理过程（Bowden，2009），从客户投入具体的行为来看，是一个客户的行为表现，对一个品牌或者企业的专注，超出了购买（Van et al.，2010）。客户投入是一种精神状态或者购买以外的活动。在服务方面，客户虽然购买产品时，可能很少或者根本没有与公司互动，然而，客户作为与公司所提供的服务互动者，以及为公司提供反馈信息的角色，有助于公司提高自我服务质量。因此，与购买产品相比，客户在服务互动中与公司的关联度更高（Kumar，2016）。环意关于意大利的介绍、推广等活动吸引了一大批对意大利具有浓厚兴趣的人群，这部分人群投入度非常高，积极与环意形成反馈机制，并以这种品牌的文化表述内涵到自身的生活中，如引领时尚对高品质美的追求，主动提出很好的建设性意见，助力环意实现新旅游产品升级。

本研究提炼出"内化"的门槛机制，仅满足需求是不够的，客户在满足其自我连续需求、自我提升需求和自我独特需求的基础上，融入企业，与企业发生实质上的互动，积极参与到企业的活动中来，不断增进与企业的感情，进而建立心理上的深度联系，才能生发共鸣。

2. 路径 b：自上而下的过程（企业—客户）

从企业的视角研究品牌共鸣是一个自上而下的过程，首先企业挖掘客户的需求，通过塑造品牌的文化内容（或开发产品特性）来满足客户的隐性需求，最重要的是企业要将品牌的文化内容（或产品特性）传递给客户，使其感知到品牌身份的文化内涵。企业身份是通过多种不同的传播途径传递给消费者（Whetten & Godfrey，1999）。公司可通过内部沟通来控制身份传播（如提供的产品、企业公关、企业社会举措及企业赞助的论坛等）（Albert & Whetten，1988）。也就是说品牌仅能够提供满足客户需求的文化内容（或产品）是不足以引发共鸣的，只有品牌与客户互动，投入客户相关的活动中，在企业的心中增加了客户的重要性，反过来客户的需求在要求品牌身份满足的前提下，能够引导企业营销活动的行为，进而提高了品牌与客户的心理连接，引起客户的共鸣。从企业到客户自上而下形成品牌共鸣的过程的市场机制是供给，门槛机制是外显。

（1）市场机制 b：供给

品牌所要传递的身份信息分为三方面：身份相似性、身份权威性、身份独特性。供给是指品牌要把这三方面信息传递给客户，使其感知到。

a. 身份相似性

消费者在了解自我和周围环境的过程中，无论多长时间，无论遇到何种情况，都要保持自我的一致性（Pratt，1998），因为他们试图建立一个可行的、与认知相一致的社会身份。那么在选择品牌时，消费者更愿意选择与自我感觉相一致的企业，这样的企业对其更具有吸引力。意大利的主要特征是"文化"，环意的"意大利时尚古国之旅"产品也主要是面向对文化艺术热爱的游客，其相似性是与其目标客户一致。

b. 身份权威性

人们喜欢从积极的角度看待自己，或通过维护和肯定积极的自我观念而令自尊心得到更大的满足（Kunda，1999）。消费者满足自我提升需求的主要方式是认同具有权威的企业（Dutton et al.，1994）。环意的能力已经被国旅、中旅等认可，其品牌影响力在业界是被肯定的，比如获得2016意大利时尚古国旅游产品创新大奖等，在引领时尚旅游上具有绝对的话语权，并且在提升客户尊严的同时能够提升客户的感知。

c. 身份独特性

人们在社会环境中有将自己与他人区分开来的需要，既希望与他人相似，同时又希望与众不同，于是，他们会认同能够同时满足这两个需求的团体（Brewer，1991），即客户在选择品牌时有倾向于不从众的心理因素，有选择与他人不同的需求。基于文化融合与创新形成的"意大利时尚古国之旅"的文化表述，是不同于其他竞争者的，更注重客户"心"的体验，而不仅仅是吃、住、行、游、购、娱的累加。

（2）门槛机制 b：外显—企业投入

a. 外显

企业通过为客户提供的服务（或企业与客户任何一个接触点）将品牌的文化表述（品牌身份的文化内涵）传播给客户，目的是给客户一个深刻的品牌身份感知。

企业广告和公关等举措不仅会影响消费者对企业身份的看法，而且能令企业身份相对竞争对手而言具有更高的显著性（Pratt，1998）。一般来说，企业品牌推广可能会提高其身份显著性，随着时间的推移，这些因素会在消费者心里增加分量，并帮助消费者将其内在化（Scott & Lane，2000）。在其中暗含着一个重要的方面，虽然企业挖掘了客户的需求，并且通过品牌（或产品）满足客户这种最本质的需求，但是可以满足客户需求的不仅仅是一家企业，客户选择的肯定是能够令其产生共鸣的企业。所以，传统的"推"式战略在新的市场背景下，对企业来说是不够的，要与客户交互，企业就要投入。

b. 企业投入

在 B2B 环境下，员工与客户的互动是影响客户决策的关键因素（Kumar，2016）。企业的投入指的是要通过多种不同的方式把品牌的文化内涵传播给客户，与客户发生接触。比如环意不断吸纳高层次的人才，提升产品质量，举办公益性的文化沙龙等活动，线上线下不断推广，通过这些措施与客户发生交互，进一步与客户建立心理上的联系，才能引发共鸣。

本研究提炼出"外显"的门槛机制，即如果品牌身份的相似性、权威性和独特性满足目标客户群需求，但是没有与客户发生实质性的互动，那么企业的品牌文化内涵不能让客户感知到，不能与客户建立心理上的紧密联系。所以作为一家 B2B 企业也要不断使其品牌身份外显。

3. 品牌共鸣形成的机制

品牌共鸣形成的过程中出发点是品牌接触点，也就是在品牌共鸣前最初时期，这些接触点指的是客户体验中的互动，由公司设计和管理，并由公司控制。它们包括品牌拥有的全部媒体，例如广告、网站、忠诚度计划，以及任何由品牌控制的营销组合元素，包括产品属性、包装、服务、价格、便利性、销售人员等。环意的品牌接触点有环意的网站、社交媒体（微信、微博）、产品推介会、员工、合作伙伴渠道等。通过这些接触点，终端客户开始了解环意的新产品"意大利时尚古国之旅"。但是仅有接触是完全不够的，环意需要与终端客户建立关系。

企业首先必须开发一个有关他们的产品或服务的信息传播平台，然后才能实现与客户的共鸣（Solis，2010）。新产品文化表述在其中搭建了一个平台，使终端客户与环意建立关系。环意设计的新产品的文化表述包括三方面：文化密码是文化遗产和世界名牌，其能够映射出一种身份，对艺术的追求，对品质的追求；神话是灵感激发、人生启迪和走心体验，其能够促进自我的提升；意识形态是与众不同、唯一性和引领潮流，其代表着社会各领域内的独特的精英人群，引领着社会潮流的发展。而新产品的文化表述正好代表了身份的相似性、身份的权威性和身份的独特性。并且身份的相似性满足了消费者自我连续的需求，帮助消费者维持了一个稳定的和一致的自我意识（Elbedweihy & Jayawardhena，2014）。身份的权威性帮助消费者从品牌荣誉的反映中观察自己，感知自己积极的一面。身份的独特性能够使企业与竞争对手区分开来，从而满足消费者自我独特需求（El-bedweihy & Jayawardhena，2014）。

客户并不是与每一个满足其需求的企业都能够生发共鸣。本研究的案例企业是一家服务型企业，所推出的新产品在满足客户需求的情况下，如果不与客户发生实质上的联系，客户还是无法与品牌生发共鸣，服务是无形的，它需要服务的提供方和服务的需要方进行交互链接，要互相投入其中，是真切的人与人之间的交往，所以我们发现品牌共鸣内涵的障碍就是客户投入和企业投入。

企业在 B2B 模式下向 C 扩展时，品牌共鸣的形成过程是以品牌与客户的接触点为原点，借助新产品品牌的文化表述，使企业满足了客户的需求，通过客户与企业双方的投入，最终达到了共鸣，客户在心理上的三个主要特征有相似感、提升感、尊严感。

（五） 文化融合与创新对品牌共鸣的作用过程模型

文化融合与创新相互作用的结果是形成文化表述，客户对品牌共鸣的过程是以该文化表述为媒介，新产品品牌文化表述的三个方面，正是企业所要传递给消费者的品牌认知，这三个方面能够满足消费者自我定义的需求，在此基础上，企业不断投入，把这一认知传递给客户，增加客户的黏性，带动客户的投入，使文化表述内化在客户的日常生活中，最后完成了从品牌接触点到品牌共鸣的整个过程（见图 9 – 6）。

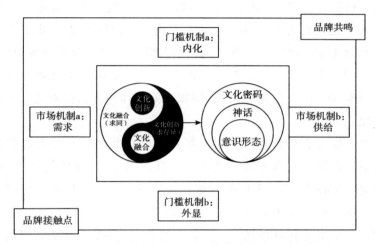

图 9 – 6　文化融合与创新对品牌共鸣的作用过程模型

五　结论与讨论

（一）　理论贡献与管理启示

企业在 B2B 模式下向 C 扩展开发新产品品牌时，仅有文化创新是不够的，需要先进行文化融合，再进行文化创新，而这样做不但拓展了 Holt 和 Cameron（2010）的研究，同时还将 B2B 模式下向 C 扩展的新产品品牌文化表述模型构建出来，所以，理论上的贡献有四个。

第一，弥补了文化融合和文化创新在 B2B 模式下向 C 拓展的理论不足。一方面，文化融合理论（Pan & Tan，2011）在管理中主要用于解释跨国/境并购的企业管理（Jackson & Heggins，2003），很少用来解决企业面向新市场开发新产品时的品牌文化表述问题；另一方面，文化创新理论，主要是用在产品或品牌文化表述的三个层面以及如何表述的问题上，但缺乏在 B2B 模式下向 C 扩展时的解决方案，而本研究弥补了这方面的理论不足，并且这种对"客户的客户"进行的拓展是非常必要的（Malcolm，2000）。

第二，给出了 B2B 模式下向 C 扩展的新产品品牌文化表述构建过程及作用方式：该过程是通过文化融合与文化创新的相互作用来完成的，文化融合的逻辑是"求同"，通过"进入新市场"、"受压于新文化"、"融合新文化"和"运用新文化"四个步骤来完成；文化创新的逻辑是"存异"，通过"识别主流文化"、"挖掘新意识形态机遇"、"采集并改编原始素材"和"提出与主流文化不同的观念"四个步骤来完成。文化融合的属性为"阳"，文化创新的属性为"阴"，阴阳之间的作用方式是对立、互根、消长和转化。

此外，给出了 B2B 模式下向 C 扩展的新产品品牌文化表述的具体内容：意识形态是"与众不同、唯一性、引领潮流"；神话是"灵感激发、人生启迪、走心体验"；文化密码是"斗兽场、大卫雕像等文化遗产和古驰（Gucci）、阿玛尼（Armani）等世界名牌"。

第三，给出了 B2B 模式下向 C 扩展时新产品品牌文化表述引起品牌共鸣的作用机理，发现品牌共鸣是一个双向的过程，即从企业到客户和从客户到企业。共鸣是一个相互交互的过程，单向的过程是不能保证品牌共鸣产生的。大部分研究从客户需求的方面来分析品牌共鸣，而从企业的方面研究较少。本研究指出双向交互过程中企业把品牌身份的相似性、权威性、独特性传递给客户，满足其自我连续需求、自我提升需求和自我独特需求。

第四，大部分研究聚焦在满足客户需求上，很少进一步分析共鸣的主体。本研究提出了客户共鸣的门槛机制，即达到供给与需求完全匹配是不够的，关键是要克服共鸣暗含的障碍，也就是使客户投入、企业投入，使客户与品牌达成长期的心理上的联系，才能生发共鸣。

本研究的管理启示主要在于如何汲取中西方文化精华，在激烈的市场竞争中，巧妙地摆脱被动的"更佳捕鼠器"的技术创新循环，借用文化的力量来保持企业持续竞争优势：第一，B2B 企业在进入面向 C 的一个新市场时，可以从文化的视角来提升竞争优势，具体做法可以通过文化融合与文化创新两个方面来进行。一方面，在进行文化融合时，不但要兼容并包，而且要不忘初心；另一方面，在文化创新时，不但要聚焦提炼，还要兼顾大多数人的需求，并且要时刻保持文化融合与文化创新之间的平衡。

第二，在构建文化表述时，需要有逻辑一致的层次感。一是要在意识形态上下功夫：比如星巴克用"手工艺性—世界主义"的意识形态与千篇一律的工业化食品作为对照，推崇烹调的乐趣、原产地的咖啡豆、娴熟的手工调制、独特的异域风情以及前现代的农业传统（Holt & Cameron，2010）。星巴克不仅表现了"品味"，还传递了一个非常独特的关于品味的意识形态。而耐克是通过彰显"个人拼搏精神"来传递它的意识形态。二是要在有教育意义的故事（神话）上来做文章，比如星巴克从精英亚文化中找到某种精致品味，将品味包装起来，然后以非精英人群易于接近的方式传递给他们。同样，耐克通过"只管去做"（Just do it）来克服社会歧视。三是要在文化密码上进行斟酌，比如星巴克的成功在很大程度上是因为它们在每一个消费者接触点都使用了表征"易于接近的品位"的密码，这些密码不仅富有逻辑性而且扣人心弦，比如未经研磨而直接销售的咖啡和咖啡豆所带来的视觉上的感受。而耐克用"贫穷的黑人青年、铁链子做的篮筐、贫民住宅区"等标识让人感到很亲切熟悉，一下子拉近了与人们的距离。

第三，企业要使客户与其生发共鸣，首先要清楚目标市场中的客户需求是什么，产品要完全围绕着客户需求来设计，客户的需求主要体现在自我连续需求、自我提升需求、自我独特需求，那么企业在借助产品来满足客户需求的过程中，要确保产品体现出来，要非常的明确。其次要清楚品牌共鸣不是一个单向生发的过程，它是一个双向互动的过程，共鸣是同频共振，是双方的同步发展，企业单方面的投入是不够的，企业投入了，但是客户没有投入，客户投入了但是企业的投入跟不上，以及最坏的情况是企业和客户都没有完全的投入，企业只是推出了产品，静等客户来发现，这种"推式战略"在 B2B 企业面向 C 扩展的背景下是不合适的，不会使企业与客户生发共鸣，所以企业要投入，引导客户主动参与进来，双方发生互动，进行内容上的交互，建立起联系，才能引起客户的共鸣。

（二）　研究局限与展望

本研究揭示了企业由面向 B 类客户市场进入一个面向 C 类客户的新市

场环境下，开发新产品品牌文化表述构建的过程，由于市场的变化，客户关注的重点和引发客户共鸣的内涵也就发生了很大的变化，而本文就是在此背景下展开的研究。但是，由于选择目标企业的局限性，因此本研究结果主要适用于 B2B 服务型企业进入最终消费者市场时新产品品牌文化表述的情景，但对于单纯的 B2B 企业或 B2C 企业的情景，可以直接用文化创新的逻辑与方法来进行新产品品牌的文化表述，而对于非服务业（比如制造业）从 B2B 情景向 B2C 情景的市场转移时，这种构建文化表述的方式还没有非常明显地区分出两类不同行业之间的不同，所以，也可以考虑进行尝试。此外，本研究选择一个企业来分析引发客户共鸣的作用机理，具有一定的局限性。

未来可以在以下三个方面继续研究：第一，可以探索 B2B 模式向 C 扩展时制造业的新产品品牌文化表述与服务业的新产品品牌文化表述的区别。制造业如何借助本文的研究成果来更好地传播新产品品牌。第二，可以探索多个企业（或者品牌）引发客户共鸣的机理，并做出对比。第三，笔者认为共鸣既是一个结果状态，也是一个过程状态，以后可以在两方面继续进行深入的研究。

参考文献

Arnould E. J., Thompson C. J., Consumer Culture Theory (CCT): Twenty Years of Research[J]. *Journal of Consumer Research*, 2005, 31(4): 868 – 882.

Albert S., Whetten D. A., Organizational Identity. [J]. *Administration & Society*, 1988, 42(20): 166 – 190.

Aaker D. A. & Joachimsthaler E., *Brand Leadership* [M]. New York: Free Press, 1996.

Ashforth B. E., Harrison S. H., Corley K. G., Identification in Organizations: An Examination of Four Fundamental Questions[J]. *Journal of Management*, 2008, 34(3): 325 – 374.

Bowden J. L. H., The Process of Customer Engagement: A Conceptual Framework[J]. *Journal of Marketing Theory and Practice*, 2009, 17(1): 63 – 74.

Brewer M. B., The Social Self: On Being the Same and Different at the Same Time[J]. *Personality and Social Psychology Bulletin*, 1991, 17(5): 475 – 482.

Bhattacharya C. B., Sen S., Consumer-company Identification: A Framework for Understanding Consumers' Relationships with Companies[J]. *Journal of Marketing*, 2003, 67(2): 76 –

88.

Berry J. W. , Acculturation: Living Successfully in Two Cultures [J]. *International Journal of Intercultural Relations*, 2005, 29(6): 697 – 712.

Bai X. , Roberts W. , Taoism and its Model of Traits of Successful Leaders [J]. *Journal of Management Development*, 2011, 30(7/8): 724 – 739.

Barney J. B. , Hesterly W. , *Strategic Management and Competitive Advantage: Concepts and Cases* [M]. 4th ed. New Jersey: Pearson, 2012.

Berry J. W. , Kim U. , Acculturation and Mental Health. In: Dasen PR, Berry JW, Sartorius N, editors. Health and Cross-Cultural Psychology: Toward Applications, Vol. 10. Beverly Hills, CA: Sage Publications, 1988: 207 – 236.

Bartels J. , Pruyn A. , Jong M. D. , et al. , Multiple Organizational Identification Levels and the Impact of Perceived External Prestige and Communication Climate [J]. *Journal of Organizational Behavior*, 2007, 28(2): 173 – 190.

Craig Thompson"Brands as Culturally Embedded Resources, "43rd AMA Sheth Foundation Doctoral Consortium, University of Missouri, June 6, 2008.

Cardador M. T. , Pratt M. G. , Identification Management and Its Bases: Bridging Management and Marketing Perspectives through A Focus on Affiliation Dimensions [J]. *Journal of the Academy of Marketing Science*, 2006, 34(2): 174 – 184.

Du R. , Ai S. , Brugha C. M. , Integrating Taoist Yin-Yang Thinking with Western Nomology: A Moderating Model of Trust in Conflict Management [J]. *Chinese Management Studies*, 2011, 5(1): 55 – 67.

Dutton J. E. , Dukerich J. M. , Harquail C. V. , Organizational Images and Member Identification [J]. *Administrative Science Quarterly*, 1994, 39(2): 239 – 263.

Emmanuel R. , *The Anatomy of Buzz* [M]. New York: Doubleday, 2000.

Eisenhardt K. M. , Building Theories from Case Study Research [J]. *Academy of Management Review*, 1989, 14(4): 532 – 550.

Eisenhardt K. M. , Graebner M. E. , Theory Building From Cases: Opportunities And Challenges [J]. *Academy of Management Journal*, 2007, 50(1): 25 – 32.

Elbedweihy A. M. , Jayawardhena C. , Consumer-brand Identification: A Social Identity Based Review and Research Directions[J]. *The Marketing Review*, 2014, 14(2): 205 – 228.

Eisenhardt K. M. , Better Stories and Better Constructs: The Case for Rigor and Comparative Logic[J]. *Academy of Management Review*, 1991, 16(3): 620 – 627.

Frank P. , Watchravesringkan K. , Exploring Antecedents and Consequences of Young

Consumers' Perceived Global Brand Equity [J]. *Journal of Product & Brand Management*, 2016, 25(2):160 – 170.

Holt D. , Cameron D. , *Cultural Strategy: Using Innovative Ideologies to Build Breakthrough Brands* [M]. Oxford: Oxford University Press, 2010.

Homburg C. , Wilczek H. , Hahn A. , Looking beyond the Horizon: How to Approach the Customers' Customers in Business-to-business Markets[J]. *Journal of Marketing*, 2014, 78(9): 58 – 77.

Holt D. , *Brand and Brand Building*[M]. Boston: Harvard School Publications, 2002.

Holt D. , What Becomes an Icon Most?[J]. *Harvard Business Review*, 2003, 81(81):43 – 49.

Holt D. , *How Brands Become Icons: The Principles of Cultural Branding* [M]. Boston: Harvard Business School Press, 2004.

Harquail C. V. , Organizational Identification and the "Wholeperson": Integrating Affect, Behavior, and Cognition[J]. *Identity in Organizations: Building Theory Through Conversations*, 1998: 223 – 231.

Jackson J. F. , Heggins L. W. J. , Understanding the Collegiate Experience for Asian International Students at A Midwestern Research University [J]. *College Student Journal*, 2003, 37 (3):379 – 391.

Jones T. O. , Heskett J. L. , Putting the Service-profit Chain to Work[J]. *Harvard Business Review*, 2008, 72(2):164 – 170.

Kotler P. , Armstrong G. , *Principles of Marketing*[M]. Pearson Education, Inc. 2016.

Keller K. L. , *Strategic Brand Management* [M]. New York: Prentice Hall, 1998.

Keller K. L. , *Building, Measuring, and Managing Brand Equity*, 3rd ed. [M]. Upper Saddle River, NJ: Prentice Hall. 2008.

Kotler P. & Keller K. L. , *Marketing Management*, Global Edition, 14th Edition. Pearson Education. 2012.

Kumar V. , Pansari A. , Competitive advantage through Engagement[J]. *Journal of Marketing Research*, 2016, 53(4):497 – 514.

Keller K. L. , *Building, Measuring, and Managing Brand Equity*, 2nd ed. Upper Saddle River, NJ: Prentice Hall, 2003.

Kunda Z. , Social Cognition: Making Sense of People. Cambridge. MA: MIT Press, 1999.

Libai B. , Bolton R. , Bugel M. S. , et al. , Customer-to-Customer Interactions: Broadening the Scope of Word of Mouth Research[J]. *Journal of Service Research*, 2010, 13(3):267 – 282.

Lemon K. N. , Verhoef P. C. , Understanding Customer Experience throughout the Customer

Journey[J] . *Journal of Marketing*, 2016, 80(6) : 69 – 96.

Li P. P. , Towards a Geocentric Framework of Organizational Form: A Holistic, Dynamic and Paradoxical Approach [J] . *Organization Studies*, 1998, 19(5) : 829 – 861.

Lewis M. W. , Exploring Paradox: Toward A More Comprehensive Guide [J] . *Academy of Management Review*, 2000, 25(4) : 760 – 776.

Malcolm G. , *The Tipping Point: How Little Things Can Make a Difference* [M] . New York: Little, Brown & Co. 2000.

Moore K. , Weinberg B. & Berger P. , The Mitigating Effects of Acculturation on Consumer Behavior [J] . *International Journal of Business and Social Science*, 2012, 9(3) : 9 – 13.

Mitchell A. , Madill J. , Chreim S. , Social Enterprise Dualities: Implications for Social Marketing [J] . *Journal of Social Marketing*, 2016, 6(2) : 169 – 192.

Nahavandi A. , Malekzadeh A. R. , *Organizational Culture in the Management of Mergers* [M] . London: Quatrom Books, 1994.

Pan S. L. , Tan B. , Demystifying Case Research: A Structured-pragmatic-situational(SPS) Approach to Conducting Case Studies[J] . *Information & Organization*, 2011, 21(3) : 161 – 176.

Powell J. , *Introduction to the Study of Indian Languages, with Words, Phrases and Sentences to Be Collected* [M] . 2nd ed. Washington: US Government Printing Office, 1880.

Pratt M. G. , To Be or Not to Be: Central Questions in Organizational Identification[J] . 1998: 171 – 207.

Pan S. L. , Pan G. , Devadoss P. R. , Managing Emerging Technology and Organizational Transformation: An Acculturative Analysis [J] . *Information and Management*, 2008, 45 (3) : 153 – 163.

Pratt M. G. , The Good, the Bad, and the Ambivalent: Managing Identification among Amway Distributors [J] . *Administrative Science Quarterly*, 2000, 45(3) : 456 – 493.

Redfield R. , Linton R. , Herskovits M. J. , Memorandum for the Study of Acculturation [J] . *American Anthropologist*, 1936, 38(1) : 149 – 152.

Ryu W. S. , Kim M. , Lee C. W. , Acculturation and Leisure Benefits in Korean Students Returning from the United States [J] . *Social Behavior and Personality*, 2016, 44(5) : 751 – 760.

Rudmin F. W. , Catalogue of Acculturation Constructs: Descriptions of 126 Taxonomies, 1918 – 2003. In W. J. Lonner D. L. Dinnel S. A. Hayes & D. N. Sattler(Eds.) , Online Readings in Psychology and Culture. Bellingham, WA: Center for Cross-Cultural Research, Western Washington University. Retrieved April 30, 2003a.

Rudmin F. W. , Critical History of the Acculturation Psychology of Assimilation, Separation, Integration, and Marginalization [J]. *Review of General Psychology*, 2003, 7(1), 3 – 37.

Rudmin F. W., Field Notes from the Quest for the First Use of "Acculturation" [J]. *Cross-Cultural Psychology Bulletin*, 2003, 37(4): 24 – 31.

Rudmin F. W., Constructs, Measurements and Models of Acculturation and Acculturative Stress [J]. *International Journal of Intercultural Relations*, 2009, 33(2), 106 – 123.

Rindfleisch A., Wong N., Burroughs J. E., Seeking Certainty via Brands: An Examination of Materialism and Brand Resonance[C] Association for Consumer Research. 2006.

Rao H., Davis G. F., Ward A., Embeddedness, Social Identity and Mobility: Why Firms Leave the NASDAQ and Join the New York Stock Exchange[J]. *Administrative Science Quarterly*, 2000, 45(2): 268 – 292.

Russell M. G., A Call for Creativity in New Metrics for Liquid Media[J]. *Journal of Interactive Advertising*, 2013, 9(2): 44 – 61.

Shang S. S. C., Wu Y. L., Sie Y. J., Generating Consumer Resonance for Purchase Intention on Social Network Sites[J]. *Computers in Human Behavior*, 2017, 69(April): 18 – 28.

Schroeder J. E., The Artist in Brand Culture [J]. *Social Science Electronic Publishing*, 2009, 1 – 19.

Schouten J. W., Selves in Transition: Symbolic Consumption in Personal Rites of Passage and Identity Reconstruction [J]. *Journal of Consumer Research*, 1991, 17(4): 412 – 425.

Scott S. G., Lane V. R., A Stakeholder Approach to Organizational Identity[J]. *Academy of Management Review*, 2000, 25(1): 43 – 62.

Solis B., Social Media's Critical Path: Relevance to Resonance to Significance[J]. *Harvard Business Review Blog Network*, 2010.

Tajfel H., Turner J. C., Austin W. G., et al., An Integrative Theory of Intergroup Conflict [J]. *Organizational Identity: A Reader*, 1979, 56(65): 9780203505984 – 16.

Van Doorn J., Lemon K. N., Mittal V., et al., Customer Engagement Behavior: Theoretical Foundations and Research Directions[J]. *Journal of Service Research*, 2010, 13(3): 253 – 266.

Whetten D. A., Godfrey P. C., Identity in Organizations: Building Theory through Conversations[J]. *Academy of Management Review*, 1999, 24(3): 579 – 580.

Weber K., Sparks B., Hsu C. H. C., The Effects of Acculturation, Social Distinctiveness, and Social Presence in A Service Failure Situation [J]. *International Journal of Hospitality Management*, 2016, 56: 44 – 55.

Witkowski T. H., Mythical moments in Remington Brand History[J]. *Culture and Organization*, 2016, 22(1): 44 – 66.

张宇．品牌共鸣．获得品牌忠诚度的重要途径［J］．商场现代化，2008（1）．

余可发．消费者品牌共鸣［J］．上海市经济管理干部学院学报，2011，9（1）．

艾德里安·帕尔默．服务营销原理（第5版）［M］．刘安国、谢献芳，译．世界图书出版社，2012．

季靖，郑全全．身份动机对品牌认同的影响．全国心理学学术会议．2014．

潘善琳，黄劲松．中国企业的数字化商务实践案例［M］．清华大学出版社，2015．

李纯青，陈亚军，马军平等．文化库扩展对企业经营战略转型的作用机理——以环意国际旅行社为例［J］．管理案例研究与评论，2016，9（1）．

李自杰，高璆崚．双元并进战略选择：行为逻辑与路径分析——基于北京重工并购日本长野和意大利 TGF 的案例［J］．中国工业经济，2016（7）．

杜荣，艾时钟．思维法则学框架下东西方管理理论的比较——探索管理科学中国学派走向世界的道路［J］．管理学报，2010，7（10）．

第10章 基于社交媒体传播的品牌虚拟文化适应的影响[*]

一 引言

文化适应是指接触新的文化环境并进行适应的过程,该过程涉及个人态度、行为和认知的变化 (Tsai et al., 2002)。自 Berry (1997) 开创性地将个体对于新文化环境的接受情况分为同化、分离、整合和边缘化四类以来,关于文化适应的研究调查涉及文化、社会、心理和综合领域,主要包括三个关键问题:接触的定性和定量维度,跨文化影响的互惠性以及变化作为动态过程和结果 (Sam & Berry, 2006)。虽然文化适应理论已被广泛用于理解和解释移民与旅居者的适应情况 (例如,Berry et al., 2006; Ward & Ranadeuba, 1999; Wong & Musa, 2014; Yen et al., 2018),但是在旅游情境下进行的研究非常有限,而旅游可能是最常见的面对面跨文化交流形式 (Berno & Ward, 2005; Rasmi et al., 2014; Ward, 2008)。

除了少数例外,旅游方面的文化适应性研究一直把确定游客子群体作为重点,这些群体对于当地文化沉浸和本国文化维护的偏好似乎有所不同 (Cohen, 1972; Juan-Vigaray et al., 2013; Rasmi et al., 2014)。例如,Cohen (1972) 根据游客对当地文化的熟悉程度确定了四个在假日活动和目的地方面偏好不同的旅游群体。同样地,Ng 等人 (2007) 证明了游客所属的本国文化与异国文化之间的社会接触和感知文化距离决定了其目的地偏好。由于人们认识到跨文化交流有可能影响游客的态度、行为和对目

* Li C. (李纯青), Guo S., Wang C. & Zhang J., Veni, Vidi, Vici: The Impact of Social Media on Virtual Acculturation in Tourism Context. Technological Forecasting and Social Change, 2019, 145 (8): 513 – 522.

的地的长期看法（Fan et al.，2017），现有研究主要关注直接、面对面的跨文化交流，而在很大程度上忽略了通过社交媒体平台进行的间接和间歇性"虚拟"接触，后者在影响游客的目的地选择和旅行后评价方面的突出地位愈加显现（Buhalis，1998；Croucher，2011；Fan et al.，2017；Kim & Fesenmaier，2017）。

众所周知，旅游业是一种信息导向型产业，随着社交媒体兴起成为游客"搜索、组织和表达"旅行故事和体验的主要工具，旅游业发生了翻天覆地的变化（Hua et al.，2017）。在过去，游客主要依靠问询处、礼宾服务人员、酒店服务台、手册指南等旅游业支持性基础设施在不熟悉的环境中提供指引（Buhalis，1998；Croucher，2011；Fan et al.，2017；Kim & Fesenmaier，2017），而现在，游客可以使用社交媒体，通过在旅游前跟随其他人有关当地文化"所见"和"体验"的数字脚步，实现更快的文化学习和文化适应，同时，游客可以在旅途中保持与文化遗产的密切接触（Li & Tsai，2015；Moon & Park，2007；Park et al.，2014）。人们广泛认可社交媒体已经成为数字时代媒体信息和社会支持的主要载体（例如，DeAndrea et al.，2012；Ye，2006），然而，令人惊讶的是，社交媒体在旅游情境中的重要虚拟文化功能在现有的文献中涉及甚少。为了填补上述研究空白，本研究使用来自中国的定性案例证据，扩展了 Ward 等人（2001）的 ABC 文化适应模型，旨在探索社交媒体在游客的"虚拟文化适应"过程中发挥的各种作用。前人研究关注文化环境变化后的直接、持续接触，与此不同的是，本研究重点关注通过社交媒体进行的间接性或间歇性的"虚拟"接触，该类接触通常更为激烈且时间上被压缩得更短。当前的研究范围主要集中在目的地品牌推广战略中的社交媒体应用，但是，目前尚不清楚社交媒体是如何进入旅游文化适应基础过程的（例如，Hua et al.，2017；Kim & Fesenmaier，2017；Oliveira & Panyik，2015）。本研究以案例证据延伸了文化适应的传统定义，并丰富了旅游业相关文献中的社交媒体研究，因此对广泛的文化适应类文献有所贡献。

本研究分为以下几个部分：回顾了与文化适应相关的文献和与旅游情境具有特定相关性的社交媒体；介绍了案例的情境设置、数据收集和分析过程；通过提出虚拟文化适应过程的理论框架阐述了本研究的主要发现；总结了该研究的理论和管理意义以及未来研究的方向。

二 文献述评

（一） 文化适应

文化适应的概念首先由人类学家提出（Redfield et al.，1936），然后在社会和行为科学领域受到越来越多的关注，该领域提出了跨文化交流后的文化适应压力因素、适应过程和适应结果的相关问题（Berry & Sabatier，2011；Makarova & Birman，2015）。当跨文化交流等同于一个能够导致"文化冲击"且令人紧张的生活事件时，跨文化游客可能会经历负面情绪，例如由于失去熟悉的社会和环境线索而沮丧、焦虑、愤怒和迷失方向等问题（Oberg，1960），将跨文化过渡视为一系列引起压力的经历，这种经历会增加调整资源的压力并且需要应对措施（Berno & Ward，2005）。总体而言，文化适应是一个多方面的概念，涉及群体间的接触、冲突和适应（Berry，1997）。个体应对文化适应压力的方式可能会影响其心理健康和生活满意度（Berry et al.，1987；Sirin et al.，2013）。根据 Berry（1997）关于文化适应的经典文献，跨文化适应可以产生四种不同类型的心理结果，即融合、同化、分离和边缘化，这些结果取决于该群体在接受当地文化方面的偏好。研究表明，文化同质的条件可以实现更好地融合，个体面对不太熟悉的文化时承受的压力更大，导致心理调节问题增多（Babiker et al.，1980；Berry et al.，1987；Dona & Berry，1994；Sayegh & Lasry，1993）。Ward 等人（2001）以 Berry 的文献为基础，提出了一个文化适应的 ABC 框架，整合了心理应对和社会文化适应理论，为跨文化游客应对和适应新文化提供了更全面的框架。ABC 文化适应框架结合了三个概念：压力与应对、文化学习和社会认同，分别对应了文化适应的三个不同方面，即情感、行为和认知。

由于文化适应理论被广泛用于理解和解释移民与旅居者的适应性，旅游群体在文化适应文献中被视为旅居者的子群体。虽然这些群体之间存在诸多相似之处，但可以认为国际游客的性质和规模使其值得作为一个独特的文化适应群体（Rasmi et al.，2014）。通常情况下，游客在目的地国停留时间较短，其旅行目的将他们与其他跨文化交流群体区别开来（Fan et al.，2017）。游客根据个人意愿和休闲意向，自行做出旅行决定并选择目的地。游客对新颖的异域文化有着即时的满足感，往往选择能够游览观光、文化消费和放松休闲等让感官得到满足的旅行目的地。由于游客在当地停留时间较短、文化接触不深入，因此不需要适应当地社区。由于当地文化的新颖性，游客与当地的关系往往呈现即时满足的特点。虽然可能会受到文化冲击，但是一些游客可能会因为实现了寻求感官享受的旅行动机而感到兴奋和刺激。此外，游客还拥有具有空间限制的接触选项和缓冲选项（例如导游、问询处服务人员和翻译），这使得游客有更多机会观察并详细了解当地文化（Graburn，1989；Pearce et al.，1998）。

虽然旅游具有独特的动力和支持情境，但是这种情境中的文化适应问题仍然很突出，旅游体验的第一手资料往往详细说明了文化冲击的滑稽结果（Berno & Ward，2005）。研究表明，游客所经历的许多反应与其他跨文化旅行者没有显著差异，但是由于游客与东道国社会之间文化接触的短暂而独特的性质，该类游客的体验可能更微妙（Goeldner & Ritchie，2007；Hottola，2004；Pearce et al.，1998；Wei et al.，1989）。总之，旅游是一个独特且重要的情境，值得在跨文化交流的过程和结果中进行单独探究。具体而言，在本研究中，我们不仅要调查国际旅游期间第一手跨文化交流的结果，更重要的是，我们要探究通过社交媒体进行间接社会接触的影响，以及该接触如何在旅游之前、期间和之后影响个人的文化适应。

（二）　社交媒体和文化适应

文化适应作为一个多方面的概念，不仅涉及个体层面的跨文化交流，还涉及社会和环境变化对个体的价值观、信仰、行为和情感的影响（Trimble，2003）。全球化及其随后带来的经济、政治、技术和社会方面的变化正在重塑个体的思想和商品的文化传播。因此，十分有必要反思"在文化适应理论中，具有优先地位的直接、持续的文化接触与间接或间歇接触形式的相关性"（Ferguson & Bornstein，2012）。虽然全球化可以开启文化适应的接触起点，但现代形式的全球化可能会产生现代的文化适应形式（Berry，2008）。实际上，快速发展的新媒体（社交媒体）促进了直接面对面交流、有意义的跨文化交流，开拓了用于文化传播和文化适应的"新社交园地"。

前人研究提供了大量支持证据，表明了不同情境下使用媒体与文化适应之间的关系。例如，Lee 和 Tse（1994）发现使用当地国家的媒体与移民对新社会规范的文化适应性呈正相关。Moon 和 Park（2007）表明，移民接触所在国家的大众媒体对适应当地文化有显著影响，而使用本国媒体则对本国或所在国文化认同均没有显著影响。互联网和信息通信技术的快速发展也为文化适应研究和大学适应研究提供了新的视角。DeAndrea 等人（2012）认为，社交媒体有助于指导留学生融入陌生的社交环境，因为社交媒体是"通过线上互动和经历了解学生角色、理解其价值观，塑造其身份"，从而成为"学生非正式文化学习"的重要来源。此外，线上社交网络提供了推进学生向大学过渡的独特机会，它帮助学生在新的环境中进行社交并建立与其学校的联系感（Yu et al.，2010），这与社会接受度和学术能力呈正相关（Pittman & Richmond，2008）。从社会认知的角度来看，自我信念的形成受到内在认知和环境因素的共同作用，这是人类认知、情感和行为的核心决定因素（Bandura，1989）。个体能够通过社交媒体，突破其直接社会环境的限制，从他人那里获得各种重要信息和社会支持。研究发现，直接社会环境限制与减少压力的应对策略正相关（Nes & Seger-strom，2006）。

旅游业被认为是一个高度依赖有效沟通的信息密集型产业（Kim et al.，2017），社交媒体在旅游情境中的作用日益得到认可。由于旅游相关产品和服务价格相对高昂且参与度高，游客经常在旅行前收集、阅览大量信息，以协助制定计划和决策过程。其他曾去过目的地的游客在社交媒体上分享的意见和建议不仅是旅客最喜爱的信息，也是对潜在游客最有影响力的信息来源（Pan et al.，2007）。因此，旅游目的地不具备自身预先安排地方的特点，它们是社会建构的，是游客持续叙述的结果，通过这些叙述，大量内容在社交媒体上不断被复制和产生（Oliveira & Panyik，2015）。随着游客越来越多地使用社交媒体来研究、探索、计划并最终分享旅行体验，游客自身也受到社交媒体的影响，学习新文化，形成对周围文化环境的感知以及随后的文化适应。有人认为，考虑媒体与人之间的互动可以深入理解社交媒体对旅游体验的影响，因此产生了心理学、社会学和传播学领域的跨学科研究（Kim & Fesenmaier，2017）。然而令人惊讶的是，虽然社交媒体在旅游情境中的作用已成为一个新的研究课题，大多数研究集中在社交媒体在旅行计划和目的地选择中的应用性质和程度（Fotis et al.，

2011；Leung et al.，2013）以及社交分享的动机因素方面（Huang et al.，2010；Yoo & Gretzel，2011），旅游类文献中关于社交媒体如何影响整体旅游体验却鲜有提及。社交媒体如何被用作文化学习工具，来促进文化适应，影响游客的心理态度、社会文化适应并最终影响旅游满意度仍有待探索（Berno & Ward，2005）。

（三）　社交媒体在虚拟文化中的作用

在本研究中，我们延伸了 Ward 等（2001）的文化适应框架，提出将虚拟文化适应概念化，认为由于"虚拟"的跨文化交流和远程文化学习，文化适应可以在实际到访外国之前发生。在虚拟文化适应框架内，我们的目标是探索社交媒体在潜在的过渡前和文化适应过程中的作用和功能，这在当今的旅游情境中尤为重要。

1. 社交媒体和文化接触

传统的文化适应理论将文化接触视为处于外国文化环境后直接且持续的接触。但是，这种假设最近受到了"远程"文化适应研究大量实证证据的挑战，这些证据表明个体能够并且确实接受他们从未经历过的外国文化的实践、价值观和身份（Cheung-Blunden & Juang，2008；Ferguson & Bornstein，2012）。Ferguson 和 Bornstein 对牙买加社会的案例研究（2012）记录了受全球化推动影响地理位置独立的非本土文化者（欧洲裔美国人）进行文化适应的可能性，互联网和大众文化的可及性增加，外国商品、媒体和游客的流入证明了这一点。

"远程"文化适应与思想、产品和人员等文化接触同时发生（通过媒体、食物和旅游），这些文化接触受到"多元建构主义"全球化观点的推动（Ferguson et al.，2015）。此外，由于远程文化适应通过媒体进行思想和价值观交流，因此具有突出特点，我们称之为"虚拟"文化适应。现代信息和通信技术的进步大大加速了个体对地理位置遥远文化的"虚拟"接触。可以从主观现实的角度来解释虚拟文化适应的心理机制。根据 Berger 和 Luckmann（1966）的观点，现实是社会建构的，同时嵌入社会的制度结构中。另外，社会现实本身可能不是一个社会事实，但它由交流体系产生且在其中传播。根据涵化理论，象征性的社会现实是个体建构潜在主观世界的输入，为个体的态度和社会行为提供基础（Liu，2006），这一过程也包括文化适应过程的一部分（Berry，1997）。同样，从社会认知的角度来看，人类在社会结构网络中运作，同时也是社会结构网络的产物。在旅游情境中，构建主观社会现实的过程决定了目的地的认知和感知形象，从而决定了旅游目的地的选择以及预期和实际跨文化体验之间的差异。具体而言，个体构建现实受到媒体影响的程度取决于其接触和依赖媒体作为信息来源的程度（Allen & Hatchett，1986）。因此，通过社交媒体进行虚拟文化适应可能在旅游情境中尤为突出，正如现有旅游文献所述，社交媒体是潜在游客最喜欢且最有影响力的信息来源（Pan et al.，2007），因为社交媒体具有完整的语境维度，包括系统式和启发式线索，促进互动和协作的知识生产环境（Kim et al.，2017）。

2. 社交媒体和文化学习

Ward 的文化适应框架中关于行为的内容涉及文化学习理论，该理论侧重于跨文化交流的突出行为和互动（Berno & Ward，2005）。文化学习方法认为人们需要获得与文化相关的技能，才能在新环境中生存和发展。除了最明显的语言障碍之外，社会情境中的跨文化差异，如角色、整体情境、规范、行为顺序、认知理解和环境设置等，进一步影响了跨文化交流。实用知识和充足的跨文化旅行新技能，如购票或使用当地交通工具，对于旅行社会文化适应至关重要，反过来，旅行的社会文化适应又与旅行满意度和旅行后评价有关。在现有文献中，对于跨文化培训和作为文化同化基础的培训工具，文化学习方法能够起到促进作用，然而培训的有效性和将培训作为调节的旅游意识尚未经过彻底评估。此外，人们普遍认为旅游业已将各种文化学习方式制度化，如旅游指南、小册子、短语手册和导游。然而，这些文化学习方式被应用于旅游社会文化及产生影响的文化适应程度相关研究却相对较少（Berno & Ward，2005）。

游客借助社交媒体进行"虚拟"文化适应的社会文化方面的研究可以基于社会学习或替代学习理论。替代学习最初由 Bandura（1962）创造，现已广泛应用于儿童教育研究，但很少在旅游文献中出现。从根本上来说，替代学习是一种教学方法，是指通过观看一种行为的视频来学习这种行为，如侵犯行为，并且与观察到的学习者没有真正的互动。研究表明，学习不是让他们接受这种行为的试验，而是以一种更好的方式进行。在这种情况下，学习者首先有机会观察专业人士的表现（Rosenthal & Zimmer-

man，1978）。基于 Bandura 的理论，文化学习可以作为社交媒体的四个子
功能的结果：关注（观察）、保留（存储结构）、生产（表现）和动机
（奖励）（Bandura，2002）。具体而言，在社交媒体被选为信息源之后，游
客从用户生成的内容中确定"在大量建模影响中选择性观察的内容以及从
正在进行的建模事件中提取的信息"（Bandura，2002）。在第二个过
程——保留过程中，游客积极地对先前提取的信息进行转换和重组，并形
成象征性社会现实的新规则和新概念。游客根据所学到的知识，会对相似
的文化情境中构建的规则和概念进行理解、应用和评估，直到最终文化学
习和新形成的象征性现实在愉快的邂逅中得到加强。毕竟，人类的本性不
断通过直接且看得到的经历得以塑造。而这些经历来自各种不同的成长过
程，比如"内在的人性"、"象征性能力"、"自我调节能力"、"自我反思
能力"以及"替代能力"等能力的提升过程（Mbati，2013）。

3. 社交媒体与社会接触

社会文化适应中出现的最突出的问题与文化身份认同和群际关系有关，
研究者已使用社会身份理论对这些问题进行了大量研究（Berno & Ward，
2005）。社会认同理论的基本假设是：社会身份是自我概念的一部分，其中
包括群体成员的意识，该意识取决于社会分类和社会比较，从而导致了民族
中心主义的必然结果。在文化适应相关文献中，个体对于自身所在群体和另
一群体看法的差异通常表现在刻板印象和因果消耗方面，游客的传统刻板印
象是富有、吵闹、自私以及对当地社区漠不关心（Yvette & Turner，2003）。
另外，社会接触通常与感知的文化距离一起研究，后者指本国文化与当地文
化的差异程度。感知文化距离作为文化适应的一个重要因素，也受到个体情
感判断的影响。在某些情况下，即使游客与当地拥有相似的文化价值，对休
闲与定居之间的态度差异也可能产生社会偏见，这反映在"沟通方式，行为
模式和服务质量标准"方面（Fan et al.，2017）。

研究表明，增加跨文化交流至少在某些情况下会产生更积极的群体间
看法、改善群体间关系，并缓解不同群体成员之间的紧张关系、减少偏见
（Amir，1969）。恰当的接触会产生更好的互动结果，因为当人们对其他群体成
员有更多的了解时，偏见和刻板印象可能会减少（Wright et al.，1997）。基于
与之互动的对象，社交媒体提供的社会接触可以促进群体间和群体内的互动。
研究发现，使用侧重当地文化接触的社交媒体与社会文化适应呈正相关，与此

同时，关注本国文化的交流与民族身份的维持呈正相关（Park et al.，2014）。群体内部与本国文化的社会接触也能增加游客的心理文化适应程度，因为人际交往所带来的社会支持会进一步减少跨文化交流带来的压力。

三 案例描述

根据初步数据分析，我们对环意客户数据库的主要受访者进行了深入的个人访谈（见表 10 - 1）。我们的访谈结果中出现了三个关键主题，这与前文理论的基础部分的概念发展相一致。

表 10 - 1　受访者的人口统计特征

单位：人，%

变量		样本数量	占比
性别	男性	24	49
	女性	25	51
年龄	18 ~ 25 岁	5	10
	26 ~ 35 岁	7	14
	36 ~ 45 岁	24	49
	46 ~ 55 岁	10	20
	56 岁及以上	3	6
文化程度	高中文凭或同等学力	4	8
	大专	10	20
	本科	24	49
	研究生	11	23
婚姻状况	单身	11	23
	已婚	35	71
	其他	3	6
职业	学生	2	4
	职员	24	49
	个体户	14	29
	公务员	0	0
	其他	9	18
年收入（人民币）	100000 元以下	4	8
	100000 ~ 199999 元	10	20
	200000 ~ 299999 元	15	31
	300000 ~ 399999 元	12	25
	400000 元及以上	8	16

（一） 社交媒体作为信息来源

我们确定的第一个主题是：游客经常使用社交媒体作为获取重要信息的来源。通过广泛多样的在线频道提供的旅行相关信息，社交媒体的网络平台彻底改变了目的地和访客之间的动态关系。ITB 世界旅游趋势（2013）报告称，50% 的游客会根据其他人的评论和经验制订旅行计划。事实上，现在观光旅行者所呈现的内容决定了某些目的地与外界的信息传递，这是向游客授权的重大转变（Niu et al. , 2016；Oliveira & Panyik, 2015）。在我们的访谈中，受访者表示社交媒体是他们探索、研究和规划国际旅行时首选的信息渠道。他们关注了环意的订阅账户，并不断从帖子中获取灵感，以规划下一个目的地的旅游行程。

> 我喜欢阅读微信朋友圈里的帖子，特别是朋友或订阅服务账户分享的旅行故事。关于旅游景点的图片、历史和轶事，以及人们的见解和旅行后体验等等，所有这些都让我发现并爱上了许多之前并不知道的地方，我渴望去探索这些地方。我订阅了许多旅游博主的账号。社交媒体是一个了解世界的窗口，它也能帮助我确定下一个旅行目的地。

> ——来自 2 号受访者肖先生

> 环意的微信帖子帮我获得了大量关于意大利的知识，并改变了我对这个国家最初的看法。

> ——来自 10 号受访者何先生

在旅游业中，目的地形象是"个体对于目的地的信仰、看法和印象的总和"（Crompton, 1979；Jenkins, 1999）。关于目的地形象，当受访者被问及对意大利的看法时，都表达了"象征性"的词语，如"时尚"、"古老"、"天堂"、"美丽"和"艺术"，这与环意社交媒体账户提供的信息内容相吻合。进一步的调查发现，受访者在旅行前和旅行后对目的地形象的评价始终保持一致。由此可见，社交媒体对于构建个人象征性的社会现实所起到的帮助越来越大，并能影响旅行目的地的选择，从而催生文化适应旅行和相关的后续评价。

（二） 通过社会学习进行虚拟文化适应

我们在研究中预期的第二个主题是社交媒体成为社会学习或替代学习的重要工具，以实现社会文化适应。总的来说，人们会更加习惯于一种同质的新型文化，而不是与之前的文化价值观相左的文化（Moon & Park，2007）。由于历史、宗教、政治制度和经济发展的不同，东西方之间存在着巨大的文化差异。然而，在本案例中，受访者对意大利文化表达了极大的赞赏。他们沉醉于当地的艺术、建筑、音乐和食物中。他们都表示，在意大利旅行期间，收获了美好的体验。

> 我们使用环意的自主旅行套餐服务前往意大利进行了为期 14 天的旅行，去了威尼斯、佛罗伦萨、比萨、罗马和那不勒斯。我们事先在网上进行了一些调查，网友推荐购买欧洲通票，他们也分享了购买经验。我们研究了许多博客、照片以及视频片段，所以当时在意大利找路时非常顺利。一切都在计划之中，事情完全按我们所期待的样子发展，甚至比我们期待的还要好！
>
> ——来自 9 号受访者王先生

> 最棒的体验就是住在意大利南部小镇的那段时间。我在微信上订阅了环意和许多其他的旅行服务账户，看到了人们在那里旅行的经过，人们也很享受在那里短暂居住的时光。所以在那天到来的时候，我终于可以整理行装，飞到那里并且迅速适应了当地的文化。我根本没有感受到文化冲击。我喜欢简单的比萨饼，尝试了其他人推荐的意大利面条、芝士卷和开心果冰激凌，这些都很美味。我在下午的早些时候喝了浓咖啡，我知道拿铁在意大利的含义是牛奶。有时，当我坐在一家餐厅的户外座位上时，觉得自己来过这个地方很多次了，这种感觉很熟悉……像是在做梦一样。也许，这只是反映出我总能看到其他人在做这件事。
>
> ——来自 3 号受访者杨先生

在旅行方面，社交媒体拥有你想知道的一切。这么多的分享、提示和笔记，让旅行变得愈加简单。在为制定旅行计划搜索信息时，我确实有点焦虑。但是在到达那里后，我就完全放松了下来，并且享受其中。

——来自 12 号受访者严先生

在利用社交媒体学习的过程中，跨文化游客能够学到与文化相关的技能，这些技能是在旅行中适应新环境所必需的。正如受访者提到的，他们利用社交媒体学到很多：去哪里购物以及如何使用当地的交通工具；如何点餐以及如何像当地人一样享受休闲时光；如何了解隐含的文化规范和习俗；等等。在进行社交学习之后，游客对自身处理跨文化旅行的能力充满信心，并且从实际的跨文化交流中体验到更多的轻松和愉悦，因为他们"完全享受这种轻松"。因此，这证实了在旅行预过渡阶段通过社交媒体进行的替代学习可以起到缓解"文化冲击"的作用，从而产生游客在接受新文化的刺激时所经历的"熟悉感"。总之，虽然游客在个性、背景和经历方面的差异也会影响文化适应，但社交媒体进行的替代或观察学习总体上会影响其对当地文化的认知和重新解读，从而带来更深入的文化理解或欣赏，并提高其在跨文化旅行中解决问题的能力。

（三） 通过社会接触和支持进行虚拟文化适应

我们在本研究中探寻的第三个主题是：社交媒体在帮助心理文化适应方面具有创造额外的社会接触机会的功能。一般来说，由于停留时间短，游客面对面进行跨文化交流的机会有限。然而，随着信息通信技术在社交媒体中的发展，人际交往不再像过去那样受到距离的限制。通过社交媒体，游客可以在出游前租用房间和汽车，与当地的主人和导游聊天；在出游期间，游客还可以与家人和朋友保持联系，分享旅行体验。总之，社交媒体通过为群体内和群体间的社会接触创造更多虚拟机会来促进旅行文化适应。

晚上，经过一整天的景点参观之后，回到酒店房间时我仍然感到很兴奋。我和在中国的朋友们聊天并分享我的旅行故事，还在微信朋友圈发布图片和文字。我喜欢阅读他们写的评论，这更让我感受到本次旅行体验的价值。

——来自 5 号受访者李先生

我们在那里结交了几个朋友，是从"脸书"群组上认识的。我们还教他们如何使用微信，以便在我们回国后互相保持联系。我们可能会计划下一次重游。

——来自22号受访者王先生

在旅行途中，每当对餐厅、旅馆或交通等方面有问题时，我都能找到一个线上社区（无论他们来自国内还是国外）寻求帮助，并且很快就能得到答案。人们都很友善，愿意通过网络分享经验并且提供帮助。

——来自15号受访者张先生

群体内部和群体之间的社会接触是减少焦虑、孤独、不信任和文化敏感性等负面情绪的关键。在旅行文化适应的情况下，由于游客在目的地停留的暂时性和短暂性，与群体内部保持社会联系可能更为重要。受访者在访谈中还表示，通过社交媒体与家乡的朋友分享旅行体验，无论是强烈的积极情绪或消极情绪，都能帮助他们获得更多的情感支持和自我肯定。换言之，分享经历和接受反馈有助于对以前的经历重新产生更佳的心理适应能力，缓冲消极的文化适应情绪，最终提高他们的旅行后评价和满意度。对于他们中的大多数人来说，社交媒体是一个重要的调节器，有助于共同创造旅游体验，从而带来"更有价值的旅行体验"和"重游计划"。

四 案例分析

基于上述发现，我们提出了一个虚拟文化适应过程框架，通过识别社交媒体在促进旅行文化适应过程中的作用，扩展了 Ward 等人（2001）的文化适应模型（见图 10-1）。

与 Ward 等人（2001）的工作内容不同，我们提出的虚拟文化适应过程框架强调了预过渡阶段，即可能的"虚拟"跨文化交流和旅行目的地实地考察前的远程文化学习。在虚拟文化适应过程框架中，我们进一步了解了社交媒体分别在目的地选择、过渡前和跨文化冲击过程中的角色和功能。

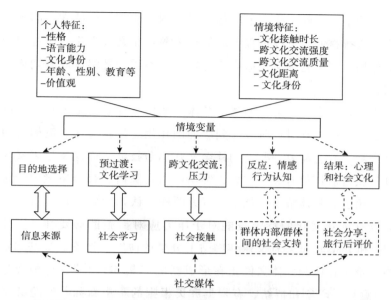

图 10 –1　旅游情境下的社交媒体和虚拟文化适应过程（改编自 Ward et al. ，2001）

　　首先，目的地的精确位置对文化适应的结果至关重要，因为它是启动跨文化旅行的起点。相较于其他由于客观原因而被迫进入非自愿互动的旅居者和移民（例如难民和外籍人士），游客自愿为目的地搜寻信息并做出决定。换言之，游客在选择旅行目的地时具有更大的灵活性，这也凸显了目的地营销在影响游客选择目的地过程中的重要性。与旅游营销商和供应商提供的信息相比，社交媒体呈现的内容往往极其丰富，反映了目的地的特殊性质以及游客的不同需求（Xiang & Gretzel，2010）。除内容丰富之外，社交媒体内容的易访问性和快速传输性也使其成为游客搜索信息的首选渠道。从这个意义上说，社交媒体是游客发现和确定他们即将经历文化适应的目的地的重要信息来源。更重要的是，它为游客对目的地的认知和感知形象提供了基础。在跨文化交流中，文化适应是指个体在跨文化旅行中经历"文化冲击"或"过渡冲击"时，在应对和适应过程中产生的心理和社会文化变化。因此，他们对新的文化背景的认可程度会对随后的心理结果产生影响，而期望与实际体验之间的一致性在这种文化评价过程中尤为重要（Berno & Ward，2005）。对于假期的期望和实际体验之间的差异问题，与不断增加的对压力的易感性和更大的心理问题有关（Utecht & Aldag，1989）。但是游客如何形成对目的地的期望呢？这基于他们如何在社交媒体的影响下学习新文化，形成他们对周围文化环境的感知。因此，社交媒体作为旅行目的地选择过程中的信息来源，在旅游文化适应过程中具有重要的作用。因为它为文化适应旅行定下了基调，是塑造旅游期望的核心决定因素。

其次，社交媒体的流行增强了个体对地理位置遥远文化的"虚拟"接触，对文化适应的预过渡阶段起到缓冲的作用。从跨文化交流的行为和互动角度来看，游客需要一些新的社会文化调节技能，而这反过来又与旅行满意度和旅行后评价有关。例如，突出的语言障碍、社会情境中的跨文化差异，如角色、整体情境、规范、行为顺序、认知理解和环境设置，都突出了获取有关新文化的特定技能对于压力应对措施的必要性。因此，在YouTube 和 Instagram 等社交媒体网站上分享的博客、评论、维基知识、社交网络、虚拟社区和媒体文件正在形成新的"集体智慧"，这种智慧包含"事实和意见、印象和情绪、有根据和无根据的花边新闻、经验甚至谣言的混合"（Blackshaw & Nazzaro，2006）。游客可以通过这种方式实现社会学习或替代学习，以获得更好的文化适应结果。值得注意的一点是，借助触摸或感觉传感器的虚拟和增强现实的新技术，甚至能够让预过渡阶段的社交学习更有效率，以达到虚拟文化适应的结果。

最后，社交媒体为群体内和群体间的沟通创造了更多的社会接触的机会，因为人际交往不再像过去那样受到距离的限制。一方面，游客通过社交媒体与群体间成员进行的接触产生了积极的群际关系，因为更加深入的接触影响了情感判断，缓解不同群体成员之间的紧张关系、减少偏见，从而加速了游客的心理文化适应过程。另一方面，在跨文化访问过程中，游客通过社交媒体与群体内成员间的虚拟接触，获得情感支持，改善了其应对焦虑、孤独、不信任、文化敏感性等压力的处理能力。此外，不同于调节沟通，群体内和群体间的接触程度所暗示的社会接触，也可能对游客的文化适应态度产生共同或单独的影响。积极参与东道国群体间人际交往的游客则更倾向于采取融合的态度；而与自身种族群体保持密切联系的游客则倾向于采取分离的态度（Fan et al.，2017）。通过详细阐述旅途的细节和目的来分享游后的旅行体验，反过来也会造成更激烈的情绪或更稳定的情绪，从而对旅行产生更有意义的诠释和满足感（Harris & Baron，2004）。

五　结论与讨论

（一）　理论贡献与管理启示

借助社交媒体快速发展的信息通信技术（ICT）为文化适应提供了一个新的环境（Li & Tsai，2015；Park et al.，2014；Ye，2006）。事实上，随着社交媒体成为在公司与游客之间以及游客的社交网络之间进行营销传播不可或缺的工具（Niu et al.，2016），它为"虚拟文化适应"开拓了一个新的场所。即便还未亲身游览该国，游客或潜在游客也可以通过社交媒体进行过渡前的适应。本研究的一个重要贡献是系统地阐明了在旅游情境下，社交媒体在虚拟文化适应过程中的作用。社交媒体是塑造用户文化取向和身份的重要力量，因此需要将其作为一个关键因素纳入未来的文化适应模型当中。具体而言，本研究将文化适应的经典定义延伸，从"持续的直接接触"延伸到包括社交媒体产生的"间接或间歇性虚拟接触"。首先，随着游客越来越多地把社交媒体作为搜索、探寻、计划和最终分享旅行体验的重要来源，他们在学习新的文化以及对周围文化环境和随后的文化适应形成认知和期望的过程中也会受到社交媒体的影响。其次，文化学习是社交媒体四个子功能的结果。它让游客能够获得与文化相关的必需技能，以便在预过渡阶段的新环境中生存发展。最后，由社交媒体产生的社会接触能够促进群体间和群体内的游客互动，这与心理和社会文化适应正相关。从理论上讲，本研究为虚拟文化适应过程框架提供了更深入的见解，并将其与社交媒体的使用联系起来。实际上，这些信息可用于构思更好的目的地营销策略，以带给不同旅游群体积极且令人满意的旅游体验。

（二）　研究局限与展望

笔者建议将与文化相关的因素作为内容营销的输入，这具有很强的参考价值。目的地管理者和其他旅游相关的企业应优化社交媒体营销工作，通过鼓励游客进行内容消费并在旅行之前、其间和之后在社交媒体上分享旅行体验，共同创造目的地的传播过程。为游客提供一个平台，让他们对目的地的社会环境获得有意义的理解，可以在游客心中留下难忘而独特的文化适应体验。但是，未来研究还可以从不同的角度以及研究方法切入，以为该领域做出理论贡献与实践指导。

参考文献

Allen R. L. , Hatchett S. , The Media and Social Reality Effects: Self and System Orientations of Blacks[J] . *Communication Research*, 1986, 13(1) : 97 – 123.

Amir, Yehuda. Contact Hypothesis in Ethnic Relations. [J] . *Psychological Bulletin*, 1969, 71(5) : 319 – 342.

Anantamongkolkul C. , Butcher K. , Wang Y. , The Four Stages of On-site Behavior for A Long-stay Relaxation Holiday[J] . *Journal of Vacation Marketing*, 2017, 23(3) : 217 – 232.

Babiker I. E. , Cox J. L. , Miller P. M. , The Measurement of Cultural Distance and its Relationship to Medical Consultations, Symptomatology and Examination Performance of Overseas Students at Edinburgh University[J] . *Social Psychiatry*, 1980, 15(3) : 109 – 116.

Bandura A. , Social Learning through Imitation[J] . 1962.

Bandura A. , Social Cognitive Theory in Cultural Context[J] . *Applied Psychology*, 2002, 51(2) : 269 – 290.

Berno T. , Ward C. , Innocence Abroad: A Pocket Guide to Psychological Research on Tourism[J] . *American Psychologist*, 2005, 60(6) : 593 – 600.

Berry J. W. , Immigration, Acculturation, and Adaptation[J] . *Applied Psychology*, 1997, 46(1) : 5 – 34.

Berry J. W. , Globalisation and Acculturation[J] . *International Journal of Intercultural Relations*, 2008, 32(4) : 328 – 336.

Berry J. W. , Sabatier C. , Variations in the Assessment of Acculturation Attitudes: Their Relationships with Psychological Wellbeing[J] . *International Journal of Intercultural Relations*, 2011, 35(5) : 658 – 669.

Berry J. W. , Kim U. , Minde T. , et al. , Comparative Studies of Acculturative Stress[J] . *International Migration Review*, 1987, 21(3) : 491 – 511.

Berry J. W. , Phinney J. S. , Sam D. L. , et al. , Immigrant Youth: Acculturation, Identity, and Adaptation[J] . *Applied Psychology*, 2010, 55(3) , 303 – 332.

Blackshaw P. , Nazzaro M. , Consumer-Generated Media(CGM) 101: Word of Mouth in the Age of the Web-fortified Consumer. New York: Nielsen, 2006.

Buechner F. , The Sacred Journey[M] . Harper & Row, 1982.

Buhalis D. , Strategic Use of Information Technologies in the Tourism Industry[J] . *Tourism Management*, 1998, 19(5) : 409 – 421.

Bandura A. , Human Agency in Social Cognitive Theory[J] . *American Psychologist*, 1989, 44(9) : 1175.

Cheung-Blunden V. L. , Juang L. P. , Expanding Acculturation Theory: Are Acculturation Models and the Adaptiveness of Acculturation Strategies Generalizable in a Colonial Context? [J] . *International Journal of Behavioral Development*, 2008, 32(1) : 21 – 33.

Cohen E. , Toward A Sociology of International Tourism [J] . *Social Research*, 1972: 164 – 182.

Crompton J. L. , Motivations for Pleasure Vacation[J] . *Annals of Tourism Research*, 1979, 6 (4) : 408 – 424.

Croucher S. M. , Social Networking and Cultural Adaptation: A Theoretical Model[J] . *Journal of International and Intercultural Communication*, 2011, 4(4) : 259 – 264.

DeAndrea D. C. , Ellison N. B. , LaRose R. , et al. , Serious Social Media: On the Use of Social Media for Improving Students' Adjustment to College[J] . *The Internet and Higher Education*, 2012, 15(1) : 15 – 23.

Decrop A. , Tourists' Decision-making and Behavior Processes[J] . *Consumer Behavior in Travel and Tourism*, 1999: 103 – 133.

Dona G. , Berry J. W. , Acculturation Attitudes and Acculturative Stress of Central American Refugees[J] . *International Journal of Psychology*, 1994, 29(1) : 57 – 70.

De Juan-Vigaray M. D. , Sarabia-Sánchez F. J. , Garau-Vadell J. B. , The Acculturation of International Residential Tourists and Their Shopping Behaviours[J] . *Tourism Management*, 2013, 36(3) : 115 – 118.

Fan D. X. F. , Zhang H. Q. , Jenkins C. L. , et al. , Tourist Typology in Social Contact: An Addition to Existing Theories[J] . *Tourism Management*, 2017, 60(3) : 357 – 366.

Ferguson G. M. , Bornstein M. H. , Remote Acculturation: The"Americanization" of Jamaican Islanders[J] . *International Journal of Behavioral Development*, 2012, 36(3) : 167 – 177.

Ferguson Y. L. , Ferguson K. T. , Ferguson G. M. , I am AmeriBritSouthAfrican-Zambian: Multidimensional Remote Acculturation and Well-being among Urban Zambian Adolescents[J] . *International Journal of Psychology*, 2017, 52(1) : 67 – 76.

Fotis J. , Buhalis D. , Rossides N. , Social Media Impact on Holiday Travel Planning: The Case of the Russian and the FSU Markets [J] . *International Journal of Online Marketing* (IJOM) , 2011, 1(4) : 1 – 19.

Goeldner C. R. , Ritchie J. R. B. , *Tourism Principles, Practices, Philosophies*[M]. John Wiley & Sons, 2007.

Grabowski S. , Wearing S. L. , Small J. , Time as Culture: Exploring its Influence in Volunteer Tourism[J]. *Tourism Recreation Research*, 2016, 41(1) : 26 – 36.

Graburn N. H. H. , The Anthropology of Tourism[J]. *Annals of Tourism Research*, 1983, 10 (1) : 9 – 33.

Harris K. , Baron S. , Consumer-to-consumer conversations in Service Settings[J]. *Journal of Service Research*, 2004, 6(3) : 287 – 303.

Hottola P. , Culture Confusion: Intercultural Adaptation in Tourism[J]. *Annals of Tourism Research*, 2004, 31(2) : 447 – 466.

Hua L. Y. , Ramayah T. , Ping T. A. , et al. , Social Media as a Tool to Help Select Tourism Destinations: The Case of Malaysia[J]. *Information Systems Management*, 2017, 34 (3) : 265 – 279.

Huang Y. , Basu C. , Hsu M. K. , Exploring Motivations of Travel Knowledge Sharing on Social Network Sites: An Empirical Investigation of US College Students[J]. *Journal of Hospitality Marketing & Management*, 2010, 19(7) : 717 – 734.

ITB World Travel Trends, 2013. ITB World Travel Trends Report 2013/14. Messe BerlinGmbH. https: //www. itb-berlin. de/media/itb/itb_dl_all/itb_presse_all/WTTR_ Report_2014 _Web. pdf.

Jenkins O. H. , Understanding and Measuring Tourist Destination Images[J]. *International Journal of Tourism Research*, 1999, 1(1) : 1 – 15.

Jin X. , Wang Y. , Chinese Outbound Tourism Research: A Review[J]. *Journal of Travel Research*, 2016, 55(4) : 440 – 453.

Kim J. , Fesenmaier D. R. , Sharing Tourism Experiences: The Posttrip Experience[J]. *Journal of Travel Research*, 2017, 56(1) : 28 – 40.

Kim S. E. , Lee K. Y. , Shin S. I. , et al. , Effects of Tourism Information Quality in Social Media on Destination Image Formation: The Case of Sina Weibo[J]. *Information & Management*, 2017, 54(6) : 687 – 702.

Lakey P. N. , Acculturation: A Review of the Literature[J]. *Intercultural Communication Studies*, 2003, 12(2) : 103 – 118.

Lee W. N. , Tse D. K. , Changing Media Consumption in A New Home: Acculturation Patterns among Hong Kong Immigrants to Canada[J]. *Journal of Advertising*, 1994, 23(1) : 57 – 70.

Berger P. L. , Luckmann T. The Social Construction of Reality: A Treatise in the Souology of Knowledge[M]. New York: Doubleleday, 1966.

　　Leung D. , Law R. , Van Hoof H. , et al. , Social Media in Tourism and Hospitality: A Literature Review[J]. *Journal of Travel & Tourism Marketing*, 2013, 30(1 – 2) : 3 – 22.

　　Li C. , Tsai W. H. S. , Social Media Usage and Acculturation: A Test with Hispanics in the US[J]. *Computers in Human Behavior*, 2015, 45(4) : 204 – 212.

　　Liu S. , An Examination of the Effects of Print Media Exposure and Contact on Subjective Social Reality and Acculturation Attitudes[J]. *International Journal of Intercultural Relations*, 2006, 30(3) : 365 – 382.

　　Liu A. , McKercher B. , The Impact of Visa Liberalization on Tourist Behaviors—The Case of China Outbound Market Visiting Hong Kong[J]. *Journal of Travel Research*, 2016, 55(5) : 603 – 611.

　　Lu W. , Stepchenkova S. , User-generated Content as a Research Mode in Tourism and Hospitality Applications: Topics, Methods, and Software[J]. *Journal of Hospitality Marketing & Management*, 2015, 24(2) : 119 – 154.

　　Lui V. , Kuo Y. , Fung J. , et al. , Taking Off: Travel and Tourism in China and beyond[J]. Boston, MA: The Boston Consulting Group. https: // www. bcg. com/ documents/ file74525. pdf, 2011.

　　Makarova E. , Birman D. , Cultural Transition and Academic Achievement of Students from Ethnic Minority Backgrounds: A Content Analysis of Empirical Research on Acculturation[J]. *Educational Research*, 2015, 57(3) : 305 – 330.

　　Mbati L. , Online Social Media Applications for Constructivism and Observational Learning [J]. *International Review of Research in Open and Distributed Learning*, 2013, 14 (5) : 166 – 185.

　　Milman A. , Holcomb J. , Okumus F. , et al. , Corporate Social Responsibility: what are the Top Three Orlando Theme Parks Reporting? [J]. *Worldwide Hospitality & Tourism Themes*, 2010, 2(3) : 316 – 337.

　　Moon S. J. , Park C. Y. , Media Effects on Acculturation and Biculturalism: A Case Study of Korean Immigrants in Los Angeles' Koreatown[J]. *Mass Communication & Society*, 2007, 10 (3) : 319 – 343.

　　Nes L. S. , Segerstrom S. C. , Dispositional Optimism and Coping: A Meta-Analytic Review [J]. *Personality and Social Psychology Review*, 2006, 10(3) : 235 – 251.

　　Ng S. I. , Lee J. A. , Soutar G. N. , Tourists' Intention to Visit A Country: The Impact of Cultural Distance[J]. *Tourism Management*, 2007, 28(6) : 1497 – 1506.

　　Niu Y. , Wang C. L. , Yin S. , et al. , How do Destination Management Organization-led

Postings Facilitate Word-of-mouth Communications in Online Tourist Communities? A Content Analysis of China's 5A-class Tourist Resort Websites[J] . *Journal of Travel & Tourism Marketing*, 2016, 33(7) : 929 – 948.

Oberg K. , Cultural Shock: Adjustment to New Cultural Environments[J] . *Practical Anthropology*, 1960, 7(4) : 177 – 182.

Oliveira E. , Panyik E. , Content, Context and Co-creation: Digital Challenges in Destination Branding with References to Portugal as a Tourist Destination[J] . *Journal of Vacation Marketing*, 2015, 21(1) : 53 – 74.

Pan B. , MacLaurin T. , Crotts J. C. , Travel Blogs and the Implications for Destination Marketing[J] . *Journal of Travel Research*, 2007, 46(1) : 35 – 45.

Park N. , Song H. , Lee K. M. , Social Networking Sites and Other Media Use, Acculturation Stress, and Psychological Well-being among East Asian College Students in the United States [J] . *Computers in Human Behavior*, 2014, 36(7) : 138 – 146.

Pittman L. D. , Richmond A. , University Belonging, Friendship Quality, and Psychological Adjustment During the Transition to College[J] . *The Journal of Experimental Education*, 2008, 76(4) : 343 – 362.

Rasmi S. , Ng S. I. , Lee J. A. , et al. , Tourists' Strategies: An Acculturation Approach[J] . *Tourism Management*, 2014, 40(1) : 311 – 320.

Redfield R. , Herskovits L. M. J. , Memorandum for the Study of Acculturation[J] . *American Anthropologist*, 1936, 38(1) : 149 – 152.

Rosenthanl T. L. , Zimmerman B. J. , Social Learning and Cognition[J] . *Educational Researcher*, 1978, 2(1) : 212 – 216.

Reisinger Y. , Turner L. W. , *Cross-cultural Behaviour in Tourism: Concepts and Analysis* [M] . Elsevier, 2003.

Sayegh L. , Lasry J. C. , Immigrants' Adaptation in Canada: Assimilation, Acculturation, and Orthogonal Cultural Identification[J] . *Canadian Psychology*, 1993, 34(1) : 98 – 109.

Selwyn N. , The Use of Computer Technology in University Teaching and Learning: A Critical Perspective[J] . *Journal of Computer Assisted Learning*, 2010, 23(2) : 83 – 94.

Sirin S. R. , Ryce P. , Gupta T. , et al. , The Role of Acculturative Stress on Mental Health Symptoms for Immigrant Adolescents: A Longitudinal Investigation[J] . *Developmental Psychology*, 2013, 49(4) : 736 – 748.

Sparks B. A. , Browning V. , The Impact of Online Reviews on Hotel Booking Intentions and Perception of Trust[J] . *Tourism Management*, 2011, 32(6) : 1310 – 1323.

Sam, David L. and John W. , Berry, eds. *The Cambridge Handbook of Acculturation Psychology[M]*. Cambridge University Press, 2006.

Tsai J. L. , Chentsovadutton Y. , Wong Y. , *Why and How We should Study Ethnic Identity, Acculturation, and Cultural orientation.* [M] . American Psychological Association, 2002.

Utecht K. M. , Aldag R. J. , Vacation Discrepancy: Correlates of Individual Differences and Outcomes[J] . *Psychological Reports*, 1989, 65(3): 867 – 882.

Wang D. , Park S. , Fesenmaier D. R. , The Role of Smartphones in Mediating the Touristic Experience[J] . *Journal of Travel Research*, 2012, 51(4): 371 – 387.

Ward C. , Thinking outside the Berry Boxes: New Perspectives on Identity, Acculturation and Intercultural Relations[J] . *International Journal of Intercultural Relations*, 2008, 32 (2): 105 – 114.

Ward C. , Rana-Deuba A. , Acculturation and Adaptation Revisited[J] . *Journal of Cross-Cultural Psychology*, 1999, 30(4): 422 – 442.

Ward C. A. , Bochner S. , Furnham A. , *The Psychology of Culture Shock*[M] . Psychology Press, 2001.

Wei L. , Crompton J. L. , Reid L. M. , Cultural Conflicts: Experiences of US Visitors to China[J] . *Tourism Management*, 1989, 10(4): 322 – 332.

Wong K. M. , Musa G. , Retirement Motivation among "Malaysia My Second Home"Participants[J] . *Tourism Management*, 2014, 40(1): 141 – 154.

Wright S. C. , Aron A. , McLaughlin-Volpe T. , et al. , The Extended Contact Effect: Knowledge of Cross-group Friendships and Prejudice[J] . *Journal of Personality and Social Psychology*, 1997, 73(1): 73 – 90.

Xiang Z. , Gretzel U. , Role of Social Media in Online Travel Information Search [J] . *Tourism Management*, 2010, 31(2): 179 – 188.

Xiang Z. , Du Q. , Ma Y. , et al. , A Comparative Analysis of Major Online Review Platforms: Implications for Social Media Analytics in Hospitality and Tourism[J] . *Tourism Management*, 2017, 58(1): 51 – 65.

Ye J. , Traditional and Online Support Networks in the Cross-cultural Adaptation of Chinese International Students in the United States[J] . *Journal of Computer-Mediated Communication*, 2006, 11(3): 863 – 876.

Yen D. A. , Cappellini B. , Wang C. L. , et al. , Food Consumption when Travelling Abroad: Young Chinese Sojourners' Food Consumption in the UK[J] . *Appetite*, 2018, 121(2): 198 – 206.

Yoo K. H. , Gretzel U. , Influence of Personality on Travel-related Consumer-generated

Media Creation[J]. *Computers in Human Behavior*, 2011, 27(2): 609 – 621.

Yu A. Y. , Tian S. W. , Vogel D. , et al. , Can Learning be Virtually Boosted? An Investigation of Online Social Networking Impacts [J]. *Computers & Education*, 2010, 55 (4): 1494 – 1503.

第七部分
继续前行

当品牌已成为品类的领先品牌时，企业如何不断突破品牌发展瓶颈？本部分为"继续前行"，主要是从企业转型以及战略新产品开发两个方面探讨企业品牌持续发展的方法策略。

首先研究企业品牌战略的转型。第一，发现了兼顾个人客户与企业客户文化诉求的文化库扩展机制。该机制是从国家、行业、组织、个人四个层面的文化寄存器中提取新的价值观、践行新的价值观和解决挑战而获得的经验三方面循环往复，进而拓展文化资源使用的深度和广度来完成。第二，打开了文化库对企业经营战略转型的作用过程黑箱。在旅游供应链中，处于被动局面的地接社是通过扩展企业的文化库，并与组织身份紧密耦合，以自主研发的新产品为载体，以产品所表达的组织身份的相似性、独特性、声誉来吸引个人客户，与终端游客建立客户—企业认同，来实现企业经营战略的转型，从而获得与组团社交易的主动权。

其次，研究在企业品牌战略转型过程中的战略新产品开发。第一，建立服务型新产品设计文化库的扩展模型。服务型新产品设计扩展文化库兼顾直接客户与间接客户需求的标准化与定制化双维度。依托服务型基础产品设计文化库，以服务型新产品设计为载体来扩展文化库的符号系统、沟通行为和结构三个组成部分。第二，揭示文化库对服务型新产品设计的作用机理。以服务型基础产品设计文化库为作用起始点实现服务型新产品设计的文化库扩展，通过变更、润色、创造三个过程来实现即兴发挥，在即兴发挥过程中实现双目标兼顾的文化库对服务型新产品设计的作用机理。

本部分阐释了兼顾个人客户与企业客户文化诉求的文化库扩展机制，通过拓展文化资源的深度与广度，以自主研发新产品为载体，提高客户认同感来促进企业经营战略转型的实现，帮助企业利用文化资源的价值来提高产品的文化价值以及附加价值，使服务型企业在产品设计与开发过程中不断积极调整与完善，以获得产品及品牌的持续竞争优势。

第11章 从面向企业到面向消费者的转型*

一 引言

在传统的旅游供应链中，组团社作为连接终端游客与地接社的桥梁，掌握着交易的主动权，而地接社的业务与信息均靠组团社提供，所以在交易中就处于相对被动的地位，通常在其所服务的终端游客面前被迫"隐姓埋名"。但这种局面并不利于地接社的发展，如何打破这种被动的局面也就成了长期困扰该类地接社的难题。

在现实经营中，我们就观察到有地接社通过借助文化的力量自主研发新产品来吸引终端游客，通过引导个人客户指定只选择自己而在交易中由被动变主动，成功地完成经营战略从 B2B（地接社—组团社）到 B2C2B（地接社—终端游客—组团社）的转型。那么，这家地接社是如何通过研发产品做到经营战略转型的？理论上又如何解释呢？

以往关于文化与组织经营战略的文献，同样也强调了文化库在组织层面的重要性，指出文化库中的文化资源能够帮助企业制定非常规组织战略、竞争策略，反映企业制度变化等（Weber，2005；Rindova et al.，2011），但并没指出文化库在组织经营战略转型过程中的作用，即文化对组织战略转型实现的作用过程。因此对于服务型企业而言，这是一个在实践和理论中都亟待解决的问题。只有对这个问题进行根本的解决，才能鼓励更多的小微企业在资源和能力受限的情境下，发挥文化的稀缺且不易模仿的价值性优势，自主研发新产品，提高竞争力。

---

* 李纯青，陈亚军，马军平，霍维亚. 文化库扩展对企业经营战略转型的作用机理——以环意国际旅行社为例 [J]. 管理案例研究与评论，2016，9（1）：82-98.

本章以中国游客赴意大利旅游的地接社——环意国际旅行社作为案例对象，基于文化库理论和认同理论研究文化对服务型企业经营战略转型的作用过程，旨在打开文化库对组织经营战略转型实现的作用机理黑箱。

二 文献述评

（一） 文化库理论与组织战略之间关系的研究评述

文化库（Cultural repertoires）理论来源于将文化作为工具箱的观点，该观点将文化界定为"符号、故事和世界观，人们可以用不同的配置去解决不同的问题"（Swidler，1986）。人们可以将组织内、外部文化资源以不同的形式组合形成文化库、文化寄存器（Cultural registers）或文化工具箱（Cultural toolkit）来解决不同的管理问题：Weber（2005）发现医药公司可将行业寄存器中可利用的概念形成文化库，并用来制定竞争战略，为人力资源管理建立不同的条款；类似的，Ocasio 和 Joseph（2005）展示组织可以通过制度内容上的变化来改变企业治理观念；Zilber（2006）的研究也表明，高科技的以色列公司使用以色列政治体系的概念来招聘人才；Harrison 和 Corley（2011）受文化工具箱观点的启发，展示了文化灌入和传播的动态转变过程。

文化寄存器是扩展的文化库，它包含的内容比文化库更广泛，是成员可以利用的文化工具箱和文化资源的总和（Weber，2005；Harrison & Corley，2011）。在实践中，文化库需要根据具体情境不断地变化和更新，例如 Mao（2014）的研究从价值差异和路径差异两个维度分析企业集团和其子公司的文化差异，通过文化重组，建立共同认知的文化库，来解决企业信息系统实施之前子公司与集团的冲突和抵触。Mao 等（2014）在其泰国洪水危机响应的研究中指出，以社会媒体为载体也可以实现文化库的更新，构建一个统一的文化库以应对自然灾害事件发生时信息的孤立、混乱带来的社会恐慌、负面情绪等。

与本章最为相关的是 Rindova 等（2011）的研究，作者用纵向案例分析和扎根理论，通过深入分析四轮新文化资源的载入，开发一个利用新文化库发展非常规战略和战略多样性的理论模型，并发现文化库扩展和组织身份再定义是促进该过程的两个核心机制，该模型很好地解释了企业用文化库这个工具在变化中形成非常规战略的现象，在展示"如何"和"为什么"形成该战略的基础上，构建了理论。

综上所述，已有研究已经探讨文化库在组织层面如何应用的问题，涉及制定企业战略、反映公司制度变化、人才招聘等不同的方面（Rindova et al.，2011；Zilber，2006；Weber，2005；Ocasio & Joseph，2005），但文化库在组织层面的作用，仍有以下两个问题悬而未决。

第一，仍未明晰企业如何根据不同的任务建构自身的文化库。

第二，未涉及文化库对实现组织战略转型的作用过程，而现实现象告诉我们，文化库对组织实现战略转型有很好的作用，需要我们从理论的角度打开这个作用的过程黑箱。

（二）　文化与客户—企业认同的研究评述

案例企业在旅游供应链中的特殊地位以及企业自身的资源和能力导致地接社在试图通过文化这个工具与终端游客建立认同关系的同时，仍然要加强其与组团社之间的合作交易关系。所以，本部分的研究评述与客户—企业认同与"组织间关系"的研究有关，我们将从这两部分展开介绍。

客户—企业认同是客户与企业之间形成深层次的、忠诚的并且是有意义的关系的主要心理基础，而企业越来越渴望与客户建立这种性质的关系（Bhattacharya，1995）。以往的客户—企业认同研究对认同的益处及其前置因素研究较多。从研究成果来看，对企业认同感较强的客户购买该企业产品或者服务的可能性更高（Bhattacharya，1995），对企业更为忠诚，这些客户更会从自己的身边引导更多的人成为这个企业的客户（Bhattacharya，2003）。企业如果希望通过自身行为积极地影响消费者的行为，建立客户—企业认同就是一个非常关键的途径，并且由于客户—企业认同难以被竞争对手模仿，势必成为服务型企业竞争优势的主要来源（McAlexander，2002），是企业参与竞争并获得竞争优势的关键战略选择（李惠璠，2009），也是营销成功的关键（Bhattacharya，2003）。客户—企业认同的影响因素主要有产品特征、客户与企业的关系特征以及企业自身的组织特征。Bhattacharya（2003）正式把认同概念引入了营销的领域，此外，Bhattacharya 和 Sen（2003）还考虑了企业本身的特征，企业声誉对客户—企认同的影响。而研究社会认同的学者认为，人们是需要将自己与所处社会环境中的其他人进行区别的（Tajfel，1985），因此，企业的差异性是否被客户看重，也是企业是否对客户具有吸引力，客户是否认同该企业的关键决定因素。

"组织间关系"自20世纪80年代起开始成为理论界密切关注的研究领域。企业组织之间的关系本质是与相关企业长期的、重复的关系式交易，是一种基于"信赖与合作"的演进（Ranjay & Gulati，1999）。理论界的组织间关系研究现状已经从组织内信赖拓展到组织间信赖。什么是信赖？不同的学者有不同的观点，Dyer J. H. 和 Chu（2003）把信赖视为一种态度，Zaheer等（1998）把信赖视为信赖给予（trust conferment）的程度。而我们的研究基于行业类型的考虑，认为旅游供应链中组团社与地接社之间的信赖，就是组团社愿意把旅行团交给地接社提供境外地接服务的程度。国外学者对组织间信赖问题的研究主要集中在信赖本质、信赖划分、信赖机制以及信赖关系的产生与构建等方面。Zucker（1986）提出了信赖产生的三种机制：过去的经验和将来行为的预期、具有共同特征而产生信赖。Mullen等（1998）通过实证研究总结归纳了创造信赖的五条路径：计算、推测、动机、能力和传递。企业特质也是企业间信赖的重要影响因素（Mayer et al.，1995），信赖也能够获得认同（Bhattacharya & Sen，2003）。此外，在供应链企业间信赖问题中，许淑君和马士华（2000）对供应链企业间信赖机制和特性进行了研究，认为供应链管理的核心是培养供应链企业间的信赖。

综上所述，以往相关文献仍有两方面的不足。

第一，对于客户—企业认同，以往文献（Bhattacharya & Sen，2003）没有明确指出如何通过文化价值观让个人客户感知到企业的差异性、相似性、权威性等特征，进而建立客户—企业认同，也没有进一步探索这种认同对企业战略层面的益处。

第二，对于"组织间关系"，有学者认为信赖、共同的价值观等文化范畴的概念可能影响企业客户对企业的认同的形成与维系（Heide，1992；李惠璠，2009），以往文献虽强调了供应链间的企业需要培养信赖，但没有进一步研究如何通过培养信赖来建立认同关系。因此，针对以上研究的不足，本章将基于文化库理论和认同理论研究文化对服务型企业经营战略转型的作用过程，并阐明文化、客户—企业认同、企业经营战略之间的关系。

三 案例描述

（一） 环意经营战略转型的提出

环意负责人张环女士引领环意针对中国市场最早开创"意大利单团地接"的新型业务模式。从 2009 年创立之初到 2014 年，环意致力于为中国组团社提供更"安全、可控"的境外服务，其面向组团社开展的业务获得了像中青旅、国旅总社、中旅、名仕优翔这些国内知名组团社的长期认可。但由于经营战略和企业自身资源的局限，环意一直受制于组团社，只能被动地接待组团社交给环意的旅行团，且不被允许直接告知终端游客"是环意在为您提供地接服务"。因此，环意一直处于被动交易的状态，且在终端游客面前是匿名的，没有品牌知名度。

为了打破这种匿名且被动的状况，环意开始调整企业的经营战略，从原来的在终端游客面前匿名只与组团社进行交易，即 B2B 模式，转为直接在终端游客面前亮相，并大胆地告诉终端游客"我是环意，是我在为您提供境外地接服务"，试图通过终端游客主动要求选择环意为其提供地接服务，迫使组团社把旅行团交给环意，由环意来提供地接服务，即转为B2C2B，环意成为单团地接领域的领导者品牌。

环意为了成功地实现 B2B 到 B2C2B 的战略转型（见表 11 - 1），大胆尝试，在 2014 年以地接社的身份首次自主研发直接面向终端游客的主题旅游产品，成为国内首家研发旅游新产品的地接社。环意认为此次研发的旅游产品是一款战略性产品，具有较大的战略意义。

表 11 - 1 关于环意经营战略转型提出的访谈资料

项　　目	数据描述
业务受制于组团社	我们的广告宣传都是围绕着为组团社服务展开的（市场部总监） 我们的业务来源是组团社，我们受制于他们。有时候我们为了接一单，公司的人都非常努力，但是后来组团社还是把这一单业务给了其他地接社。就像组团社把包子扔在地上，好吧，你们环意现在捡包子吃吧（总经理） 我们尽自己最大的努力为我们的客户提供满意的服务（业务支持部） 我们这时候老是跟在人家组团社后面跑，人家还爱搭不理的（总经理） 组团社向我们发出询价，我们会进行境外询价，给组团社提供相关的详细报价，但是最终的定价权还是由组团社掌握的（会奖单团部总监）

项　目	数据描述
在终端游客面前没有知名度	我们专注于服务组团社，和终端游客没有什么联系（总经理） 在境外不管游客团有什么不满，还是有什么需求，他们不会联系我们，而是将信息传送给组团社，然后组团社再把这些信息传送给我们（业务支持部总监）
经营战略转型的提出	我们不想捡包子吃，我们想要优雅地坐着吃包子，我们就是直接进到 C 这边，让 C 反作用我们的客户 B，促使其选择环意。相当于 B2C2B，我们直接到 C 这来了，环意传递认知、建立品牌，终端游客记住我们，环意·意大利艺术之旅会促使终端游客去选环意。终端游客会说我要选环意，这是 B2C2B，但是环意的客户只有组团社，环意不接终端游客，终端游客找环意，环意不与终端游客直接交易，终端游客只能通过组团社来找环意去提供地接服务（总经理）

（二）战略性新产品的开发

为了打破这种受制于组团社并在终端游客面前没有品牌知名度的困境，环意调整企业经营战略，2013 年末，环意萌生了开发新产品的想法。于是在张总的带领下，环意便开始着手以地接社的身份开发一款新产品（见表 11-2）。环意把开发新产品上升到了战略的高度，希望通过这款产品实现经营战略的成功转型。

与以往环意的定制化产品相比，环意这款新产品为标准化加定制化产品。定制化产品的吃住行游购娱都是根据游客的需求进行定制，需要花费大量的时间和精力去沟通安排，且时间成本和经济成本都比较高，环意拟研发的标准化加定制化产品，将境外的资源进行充分利用，将旅行过程标准化，降低了产品成本，扩大了组团社的利润空间，但新产品的服务和体验仍然是环意精心定制的。

在研发新产品的过程中，环意深受意大利艺术的影响，"环意讲究的是慢慢做，把产品做到极致"，逐渐形成了以"细致"为主的工作风格。环意新产品对服务过程中细节的把控做得非常到位，让环意提供的每一个服务都能对游客产生价值，同时，环意内部一直秉承着"诚信""不跨界，不投机"的经营理念，虽然环意的新产品是直接面向终端游客开发的，但是新产品的业务领域仍然是 B2B，环意不会直接与终端游客进行交易，与组团社抢生意。

　　环意分析目前国内旅游行业的发展，游客越来越注重旅行的私密性和个性化，而在我国的传统文化中，常言"百善孝为先"，环意就是受到百善孝为先的启发，认为有经济实力却没有时间去陪自己的父亲母亲的人，和父母一起旅行，是子女尽孝道的一种很好的方式，研发这样的产品能够为这类客户提供一种尽孝的方式，是对游客"有用"的体现。

　　环意的领导人张总在开发新产品这件事情中，深度参与，并且张总个人对中国传统文化《道德经》进行过深入地学习，"反者道之动"启发张总，打竞争对手的反面；此外，张总把自己这么多年对旅行的感悟融入产品中，从自己丰富的阅历中提炼产品的概念点，使产品成为一款"真正走心"的产品，并且张总一直在公开场合与大家分享自己对旅行的感悟，希望通过环意新产品向终端游客传递环意最懂意大利、最懂旅游的认知。

表 11 - 2　关于环意战略性产品开发的访谈资料

项　目	数据描述
新产品战略作用	实际上新产品的战略意义，我们是把它当成了一个传递认知的工具，传递认知，是什么认知呢？（就是）环意最懂如何安排意大利艺术之旅（总经理） 我们开发这个新产品，就是要跟终端游客建立联系，让他们知道环意（业务支持部总监）
国家层面的文化	意大利小而精的企业很多，不求全，不会背叛品质，就做一个产品，做到尽善尽美，做就做到极致，不怕事小。意大利的艺术是世界的瑰宝，做这样的产品，也是促进中西文化的交流。《道德经》中说"反者道之动"，我们的产品比竞争对手低端的产品更有深度，比高端的产品更有特色，别家的产品都无法做到随时出发，而我们就是要打竞争对手的反面，要根据游客自己的需求，做到随时出发（总经理） 现在的很多人，由于工作很忙，没有时间陪自己的父母，那么我们研发这样的一款产品，让这些人带着自己的父母出去走走，感受文化，这也是百善孝为先的体现，也是我们对游客有用的体现（旅游单团部总监） 中国传统古话，读万卷书行万里路，也是一种传承。国家现在也提倡智慧旅行，鼓励人民走出国门（市场部总监）
行业层面的文化	随着旅游成为行业发展的趋势，现在的游客越来越重视旅行过程中的私密性以及个性化，不想让外人参与，包团就能满足游客的这些需求（市场部总监） 我在意大利时常感觉到中国游客享受的服务不够尊贵，我想用尊贵的服务来让意大利人知道中国游客也很会旅游，让中国游客在国外享受尊贵感（总经理）

项　目	数据描述
组织层面的文化	诚信，不跨界，不投机是我们一直坚持的，我相信守正的力量（总经理）
个人层面的文化	这款产品的每个时间点我都反复亲身地体验、揣摩，近 2 年来我通过学习和旅行的结合，心灵上的收获是真实的，我个人已经相信这款产品，在如今的旅游市场，它是一款来自"心"的产品，是一款有着强大附加值的产品，是一款可以带着自己最爱的人去体验的产品，是一款推动中国旅游走向以"游客体验"为核心的产品。旅行是一个打破假我，寻找真我的过程。旅行让我们更懂得感恩（总经理）

（三）　环意经营战略转型的结果

环意企业长期积累下来的深厚的文化底蕴以及从外界吸收的文化资源，在研发产品中发挥了重大的作用。环意开发产品，既要让直接服务对象即终端游客满意，也要让直接客户组团社满意，因为组团社对环意的满意是组团社与环意重复交易的基础，而终端游客的满意是环意通过终端游客撬动组团社的关键。由于旅游产品本身具有消费与生产同时进行的显著特点，在终端游客没有进行实际消费时，是无法感受到产品的价值的。所以环意便从文化着手，为了获得组团社的信赖和终端游客的认可，从组团社和终端游客的内心诉求出发，从国家、行业以及组织、个人这些不同的层面选择有价值的文化资源到组织中，逐渐提炼被组织成员和外部成员共享的基本的价值观，不断地传递这些文化，用行动证明自己，如表 11 - 3 所示。

总经理张环认为要想真正体会到意大利艺术的精髓，游客需要"放慢节奏，在慢节奏中更容易感知到艺术杰作所释放的能量"。那么游客为什么选择环意呢？张总认为游客和环意一样，都是热爱艺术的人，都是遵从自己内心的人，选择了环意，就注定了游客的旅行方式和收获与别人不同。此外，环意在公开场合时常与意大利旅游局首席代表、意大利驻华大使馆大使等权威机构的人士同台亮相，让终端游客深刻感受到环意在意大利旅游以及中国意大利境外旅游行业中的举足轻重的地位。这样一家受到意大利国家层面重视的企业研发的产品，品质一定能得到保障。

环意经过不断的努力，获得了组团社的认可与信赖，中青旅、国旅、中信旅游等国内众多组团社皆加强了与环意的合作，环意也获得《榜中榜》《旅行社》等杂志及权威机构颁发的"意大利最佳单团地接"的奖项。并且在终端游客这端，环意提供服务的游客满意度是最高的，不断地有游客打电话向环意咨询新产品的相关事宜，环意的新产品获得了全面的认可。

表 11-3 关于环意经营战略转型结果的访谈资料

项 目	数据描述
获得组团社的认同	原来都是我们主动找中青旅啊、国旅啊这些大型组团社求合作的，但是现在他们也开始主动地找我们进行合作，而且他们也开始告诉终端游客是我们环意在为他们服务。我们更有话语权了。现在我们有选择业务的权力（总经理） 我们是在替组团社研发产品，我们这款产品是一款标准化产品，这样境外的资源都能利用上，成本也就降下来了（总经理） 国旅告诉我们他们告诉客户，在境外提供服务的是我们环意，这在以前是不可想象的。新产品的定价是由我们环意决定的，组团社为了能够卖我们的新产品，只能接受我们的定价（会奖单团部总监） 更多的业务来源给我们带来更多的资金收入（旅游单团部总监）
获得终端游客认同	我们开发新产品使我们直接走到了终端客户面前（会奖单团部总监） 我们把意大利艺术之旅这个新产品一推出来，大家上网一看，我们对新产品的提炼，就有很多游客很感兴趣，直接打电话来找我们咨询（总经理） 我们关于新产品的网页下方有 OTA 的联系方式，好多直客来咨询我们（会奖单团部总监）
身份相似性	我始终把自己作为一个游客看待，从游客的角度去思考为什么要来意大利欣赏艺术？为什么要选环意？旅行是要有所收获的，心灵上的收获更可贵。环意从游客的内心诉求出发，思考游客真正想要的。你和环意一样，都是热爱艺术的人，都是遵从自己内心的人（总经理）
身份独特性	游客为什么选择你环意呢？因为选择了环意，就注定了你的旅行方式与别人不同，你的收获与别人不同（总经理）
身份的声望	张总作为我们的形象代言人经常和意大利官方机构共同推广意大利旅游，是因为环意对意大利业务的专注、专业和热爱让大家信任（旅游单团部总监）

四 案例分析

课题组就文化库对企业经营战略转型的作用机理模型和案例企业的管

理人员进行了讨论和验证，以保证理论、数据、模型三者之间的匹配性。当三者的匹配性达到稳定时，笔者认为建立的模型达到了稳定状态。基于前文对文化库理论和认同理论的梳理，以及对环意企业经营战略转型过程的描述，提出本研究的分析框架，如图 11-1 所示。首先分析企业经营战略转型前后文化库扩展的内在机理；其次分析文化库扩展对企业经营战略转型的作用机理；从而揭示出企业从文化库出发，以产品为载体达成客户认同，完成企业经营战略转型的作用过程黑箱。

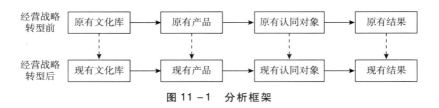

图 11-1　分析框架

本部分通过呈现本研究的实证观察以及案例企业的发展来展现研究的发现。通过在实证观察中找出对应的理论观察，最终进行理论的构建。

（一）　构建文化库

在前文描述了文化库对企业经营战略转型的作用过程，现在我们首先详细地分析企业是如何扩展原有文化库的，构建了更为丰富的文化库。

从发展的历史过程来看，我们观察到在环意经营战略转型前，一直致力于为组团社提供安全可控的境外地接服务，并一贯保持专业和诚信的经营理念。为了实现经营战略的转型、研发产品，环意针对个人客户（C）和企业客户（B），开始从国家、行业、组织、个人四个不同层面的文化寄存器中选择自身需要的文化资源到组织内部，扩展了企业原有的文化库，如表 11-4 所示。Christian（2000）将组织内部的文化划分为共享的基本价值观、规范和行为，本研究中所观察到的新文化资源以共享的基本价值观的形式被应用和传播，是指导员工行为和企业活动的内在标准。因此，本研究将新的文化资源归类为共享的基本价值观，案例企业扩展的也是共享的基本价值观文化库，下文简称价值观文化库。

环意从不同层面的文化寄存器中吸收文化资源，形成共享的基本价值观，并践行这些共享的基本价值观，给组织实践带来了变化。

表 11 - 4　不同层面文化寄存器中的文化资源

不同层面的文化寄存器		文化资源	共享的基本价值观	实践（数据）
国家层面	意大利国家	艺术	艺术	意大利艺术之旅
		慢节奏牺牲效率打造极品	细致	slow travel 欣赏艺术不能走马观花，要细细品味 要想真正体会到意大利艺术的精髓，发现旅行中艺术的细节美，游客需要"放慢节奏"，在慢节奏中更容易感知到艺术杰作所释放的能量 产品研发经历一年时间，把产品做得很细致、极致 企业做每一件事，都慢慢地逐渐做到极致
		走出国门，丰富阅历		鼓励国人走出去，增长知识，丰富阅历
		智慧旅行	有用	旅行中应该获取知识
		百善孝为先		主题旅游；私家团
		传统文化"反者道之动"		新产品与竞争对手的核心区别是：随时出发（打竞争对手反面）
行业层面		有尊严地走在路上	有用	产品服务质量高，让中国游客在国外享受尊贵感
		私密性，个性化		私家团
组织层面		专注	专注	专注于 B2B 专注于单团地接业务类型
		细致	细致	产品的服务精细化，把控好每一个细节
		专业	专业	拥有 16 年丰富的意大利境外单团地接服务经验 了解意大利的文化 提供专业的产品服务
		聚焦，不投机固守家园，不跨界	诚信专注	2014 年专心研发新产品 2015 年专心推广新产品 专注于单团地接业务类型
		做一个对身边人有用的人	有用	新产品的服务价值化 新产品的体验层次化
个人层面		游客是旅行中的主人	有用	新产品能让游客体验尊贵感
		富有责任心	深度体验	环意总经理考虑的是旅行的核心价值，是终端游客的内心需求，而非自己商业上的成功
		旅行是一个打破假我、寻找真我的过程		研发慢旅游的产品 新产品是一款身心合一的旅行产品，产品中的环节都是慢节奏，能让游客心灵有所收获

我们发现，当企业原有的文化库中的文化资源不能满足企业战略变化
的要求时，企业会从国家、行业、组织以及个人四个不同层面的文化寄存
器中广泛寻求有价值的文化资源，组织再把这些文化资源运用到实践中，
产生与此相关的新的实践，但是新的实践往往也会迸发出新的想法或被组
织认可的价值观，给组织的工作模式带来挑战，例如当新产品不能有效吸
引企业的个人客户时，企业为了解决这些挑战又会寻求新的文化资源，从
共享的基本价值观的层面支持企业的实践和行为，如图 11 - 2 所示。

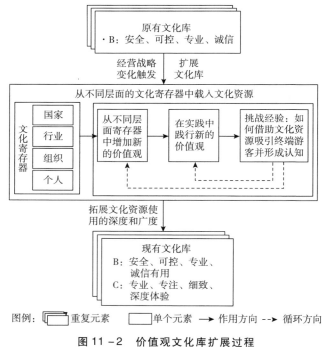

图 11－2　价值观文化库扩展过程

我们的观察表明，组织融入和运用新文化资源的过程，对一个组织的
文化库充满了挑战。首先，文化资源的纳入，会导致组织以往可用的针对
组团社的文化资源被保留，而为了实现企业经营战略的成功转型，组织广
泛吸收针对终端游客新的文化资源并应用这些新文化资源，产生新的实
践，而新的实践又必须适应新的文化。其次，地接社在跳出价值链中匿名
的身份时，必须承担由此可能带来的组团社的消极态度，因为组团社会认
为地接社跳出匿名的身份直接与终端游客接触会争夺组团社的市场。地接

社为了打消组团社这种消极想法，就必须同时做到诚信，不与终端游客发生直接业务往来，并时刻把组团社的最佳利益放在心上，通过自身的行为，获得组团社的信赖。最后，为了实现企业经营战略的转型，地接社需要抓住终端游客的心智，而地接社针对终端游客提炼的文化概念，存在无法预知的风险，因此，地接社需要通过文化的表述来引导还未被终端游客明确察觉和表达的需求。

因此，企业的文化库正是在增加新的价值观、践行新的价值观、总结挑战经验三者之间不断循环的过程中逐渐拓展了文化资源使用的深度和广度，文化库也得到扩展。文化库的扩展和文化资源的使用，能使一个企业跳出行业的传统以及价值链中企业身份的限制。企业通过在新战略任务环境下广泛寻求文化资源，并在新的解读和理解的基础上开发新的实践行动，新的文化资源是创新的基础。此外，企业努力将新的文化资源融入组织的文化库中，表明在组织的经营战略转型中广泛地使用新文化资源与仅使用组织内部原有文化资源的效果是截然不同的。仅使用组织内部原有文化资源可能导致企业故步自封，采取与行业或竞争环境相适应的行动，并容易被竞争对手快速模仿甚至被竞争对手超越。相反，组织使用更广泛的新文化资源时，就可能帮助企业跳出行业惯例以及企业处于价值链中的身份，采取不同于竞争对手的行动。然而，当在一个特定的组织战略下，广泛可用的文化资源生成的结果有时很难预测，而我们的研究也表明，企业所使用的广泛可用的文化资源，如果是存在于国家、行业或者个人信仰中，被企业员工以及广大消费者接受，那么企业的行为会比竞争对手更具延展性。

（二）　文化库扩展对企业经营战略转型的作用机理

在企业经营战略转型需求的驱动下，企业的经营战略从原来 B2B 模式转变为现在 B2C2B 模式，在此过程中，文化库以产品为载体，以企业特质为表现特征，发挥了其重大作用。

当企业还处于 B2B 经营战略模式时，企业原有产品没有固定的路线和服务等，都是根据游客的要求提前进行定制，而这些游客是由组团社交给地接社的。地接社的企业客户是组团社，一贯以"致力于为组团社提供安全可控的境外地接服务"为宗旨，秉承"专业、诚信"的经营理念，通过对服务流程和细节的把控，使终端游客对境外地接服务十分满意，因此提供的服务为组团社带来了顾客满意，地接社通过自身的企业特质（包括能力、仁爱、诚信）获得了组团社的信赖，得到了组团社的认可，组团社愿意把客户交由其来服务，地接社的业务量会有所提高。但即便是这样，业务的主动权仍然掌握在组团社一方，地接社仍处于被动接团的局面。

当企业经营战略转型到 B2C2B 时，文化库进行了扩展，分别增加了针对组团社和终端游客的文化资源。从国家、行业、企业以及企业人员这四个不同层面概念化文化资源，地接社以提高品牌知名度、传递认知为目的，自主研发针对消费者的新产品。新产品是一款业务流程标准化、服务体验定制化的主题旅游产品。新产品标准化的服务流程，有效降低了产品成本，当地接社将这款产品卖给组团社时，组团社的利润空间能够扩大，为组团社带来经济利益；同时定制化的服务体验也能够让终端游客满意，顾客满意也能为组团社带来口碑效应甚至重复购买。因此地接社研发的新产品为组团社带来了诸多利益，体现了地接社对组团社的价值，地接社通过自身能力、仁爱、诚信获得了组团社进一步的信赖，建立了认同，如图 11-3 所示。

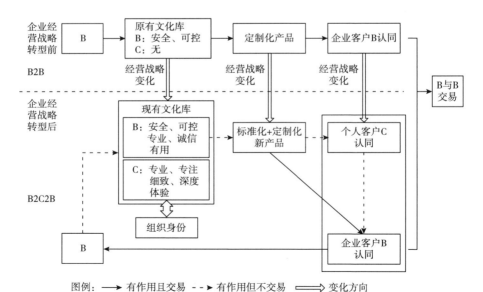

图 11-3　文化库扩展对企业经营战略转型的作用机理

这种信赖的建立，是基于能力、仁爱、诚信这三个维度（Doney et

al.，1998）。首先，企业需要具有一定的能力，让客户感受到企业能有效地完成特定的任务。此外，企业发展期间，不断获得的行业内的奖项以及与权威机构之间密切的关系，也是企业良好声誉的体现，而具有良好声誉的企业越值得其他企业信赖，声誉和透明度会影响企业间的信赖。其次，企业需要让客户感知到企业把组团社的最佳利益放在心上（Schilke & Karen，2015）。最后，企业承诺给客户可接受的原则，可谓"诚信"。诚信主要体现在企业做到了向客户所承诺的一切，并且承诺的这些内容和原则都是客户可接受的。企业间交易本质是长期、重复的关系式交易，是一种基于"信任与合作"的演进（Tajfel & Turne，1985），能够提高合作满意度（马华维等，2011），也是企业间发生交易关系的基础。

　　文化库的扩展，更重要的一点在于扩展了针对终端游客的文化资源。在 B2B 时期，地接社是不与终端游客接触的，在为终端游客服务的过程中，也不能提自己的企业名称，完全"隐姓埋名"。而在 B2C2B 时期，地接社开始与终端游客接触，这也是经营战略转型的需要。地接社试图通过新产品来向终端游客传递"环意做意大利旅游最专业""环意最懂意大利旅游"的理念。因此文化库中所扩展的新文化资源，是与组织身份紧密耦合的。文化库与组织身份的这种耦合使组织行为和活动更易被终端游客理解（Rindova et al.，2011），企业需要借助文化向终端游客表达组织的身份。组织身份是指消费者对一个公司的知识结构，包括与公司特征有关的消费者的观念和信仰，包括文化、价值观、产品、竞争地位（Brown et al.，1997；Fombrun & harles，1990）。而产品是承载企业观念、信仰、文化价值观的载体，是表达企业身份最直接和最重要的方式。

　　企业通过产品向消费者传递文化，目的在于通过文化在消费者心中形成一个固定的关于组织身份的认知，使顾客（consumer）能对企业（company）的身份产生认同。我们的研究表明，当企业所表达的身份具有相似性、独特性，组织身份具有声望时，它的吸引力几乎是保证的。身份相似性是组织身份要与消费者自己的身份相似，即通过产品所表达的组织身份要与产品对应的客户群体的自我认知相似，才能吸引这部分消费者。这样的企业身份使得消费者更加充分和真实地表达自己。身份的特殊性是要让消费者通过对组织身份的认同，或者通过购买和使用企业的产品，表达出自己与别人是不一样的，让消费者明确感受到自己的独特性。而这种独特性是企业的身份与别的同类型企业身份相比体现出的独特性，这种独特性可能相对于其他企业是明确的。这种身份的独特性不仅取决于公司自身的身份，而且取决于其竞争格局（例如，竞争对手的数量，他们的身份，特别是他们之间的相似之处；相对于竞争公司的认知定位）。消费者能通过认同这种身份而感到自己与别人是不同的。此外，企业必须有一定的声望，消费者认同这样的企业，能够实现自我持续的需要，以及自我增强的需要，维护了积极的自我观，使自己具有更高的尊严感。消费者寻求满足他们自我提高需要的一个重要途径是，通过认同有声望身份的组织（Ashforth & Lake，1998；Dutton et al.，1994）。消费者对一个有声望身份的企业的认同能使消费者以企业得来的威望看待自己，这增强了他们自我价值感。

因此，如果消费者感知到某个公司的身份是独特的、有声望的，与自己相似，就会被这个组织的身份吸引，认同这个组织。这种认同能使消费者激发或者实现一个或者多个自我定义需求的满足，而基于认同的客户—企业关系不能单方面地由企业强加，因此企业必须寻找消费者为了自我定义需求的实现而追求的东西。当消费者认同企业时，能够获得一种基于企业的价值，这种价值能够使消费者产生公司所指导的行为（Bhattacharya & Sen，2003）。例如，终端游客认同地接社"做意大利旅游最专业，最懂意大利旅游"的身份时，就会向组团社购买地接社的产品，组团社只能积极寻求与此家地接社合作，把旅行团交给这家地接社，最终地接社会主动从组团社这里获得更多的业务，掌握主动权。

B2B 经营战略和 B2C2B 经营战略的最终结果都是提高地接社与组团社的交易量。不同的是，企业经营战略转型前后，文化库、产品、认同对象的变化，都是由经营战略转型的需求驱动的。B2B 经营战略下，地接社在消费者端没有品牌知名度，完全"隐姓埋名"，并且业务的成交量完全不由地接社掌握。而 B2C2B 经营战略下，地接社身份亮相并通过赋予文化的产品获得了终端游客和组团社的认同，掌握了供应链中决策的源头，才掌握了与组团社交易的主动权。

什么类型的企业可能从认同中受益呢？我们的研究发现，与 B2B 企业相比较，B2C 企业可能受益更多，因为公众更了解这种类型的企业，为直接消费提供机会，伴随的是自我表现的机会，所以供应链中在终端游客面前匿名的企业需要跳出匿名的身份，让终端游客和组团社更多地了解企业。同样，在产品差异化的背景下，因为企业的属性会发挥更大的作用，产品可能从认同中受益，公司也会从这样的认同中受益。客户与企业的交互促进了客户嵌入。因此被认同的服务型企业比那些销售产品的公司可能从认同中更受益。

五　结论

（一）　理论贡献与管理启示

本研究的理论贡献主要体现在以下两个方面。

第一，与以往研究中"文化库扩展只考虑个人客户"的情况相比，本研究文化库的扩展需要兼顾个人客户与企业客户的文化诉求，而这种兼顾需要特定机制来实现。这种特定的机制是通过在原有文化库中增加新的价值观、践行新的价值观和解决挑战而获得经验三方面循环往复，进而拓展文化资源使用的深度和广度来完成。

第二，打开了文化库对企业经营战略转型的作用过程黑箱。在旅游供应链中，处于被动局面的地接社是通过扩展企业的文化库，并与组织身份紧密耦合，以自主研发的新产品为载体，以产品所表达的组织身份的相似性、独特性、声誉来吸引个人客户，与终端游客建立客户—企业认同，来实现企业经营战略的转型，从而获得与组团社交易的主动权。

而管理启示有三项：第一，在旅游供应链中，在终端游客面前匿名的地接社，可以通过研发面向终端游客的产品，主动与终端游客建立联系。第二，地接社要建立客户—企业认同，真正获得终端游客，需要构建和扩充企业文化库，并将文化库与组织身份耦合，通过产品向游客传达组织身份的相似性、独特性和声望。第三，地接社要充分发挥企业独特的发展历史积累下来的文化资源，并吸收和借鉴不同层面的文化资源，使企业研发的产品不易被竞争对手模仿。

（二）　研究局限与展望

本研究揭示了文化库对服务型企业经营战略转型的作用机理，由于选择目标企业时的局限性，因此本研究结果适用于旅游行业，不能明确地得出适用于其他企业的结论。未来可以在以下两方面继续研究。第一，文化资源的战略性使用方面，应该更系统地检验什么类型的文化资源帮助组织改变他们的战略，影响他们的竞争地位。第二，文化资源与组织战略之间的关系，还应该考虑更多的不同背景变量的作用，如相对强弱资源拥有者的共识规范和市场类别等。

参考文献

Bhattacharya C. B. , Rao H. , Glynn M. A. , Understanding the Bond of Identification: An Investigation of Its Correlates among Art Museum Members[J] . *Journal of Marketing*, 1995, 59 (4) : 46 – 57.

Bhattacharya C. B. , SenS. , Consumer-company Identification: A Framework for Understanding Consumers' Relationships with Companies[J] . *Journal of Marketing*, 2003, 67(4) : 76 – 88.

Christian H. , Christian P. , A Multiple-Layer Model of Market-Oriented Organizational Culture: Measurement Issues and Performance Outcomes[J] . *Journal of Marketing Research*, 2000, 11(37) : 449 – 462.

Dyer J. , ChuW. , The Role of Trustworthiness in Reducing Transaction Costs and Improving Performance: Empirical Evidence from the United States, Japan, and Korea[J] . *Organization Science*, 2003, 14(1) : 57 – 68.

Doney R. M. , Cannon J. P. , MullenMR. Understanding the Influence of National Culture on the Development of Trust[J] . *Academy of Management Review*. 1998, 23(3) : 601 – 620.

Gulati R. , Social Structure and Alliance Formation Patterns: A Longitudinal Analysis[J] . *Administrative Science Quarterly*, 1995, 40(4) : 619 – 652.

Heide J. B. , John G. , Do Norms Matter in Marketing Relationships?[J] . *Journal of Marketing*, 1992, 56(2) : 32 – 44.

McAlexander J. H. , Schouten J. W. , Koenig H. F. , Building Brand Community[J] . *Journal of Marketing*, 2002, 66(7) : 38 – 54.

Mayer R. C. , Davis J. H. , Schoorman F. D. , An integrative Model of Organizational Trust [J] . *Academy of Management Review*, 1995, 20(3) : 709 – 734.

Mao M. , IT-Enabled Cultural Retooling: Identifying Value and Routine Discrepancies during ES Pre-implementation [D] . National University of Singapore, 2014.

Ocasio W. , Joseph J. , Cultural Adaptation and Institutional Change: The Evolution of Vocabularies of Corporate Governance[J]. *Poetics*, 2005, 33(3 – 4): 163 – 178.

Rindova V. P., Dalpiaz E., Ravasi D., A Cultural Quest: A Study of Organizational Use of New Cultural Resources in Strategy Formation[J]. *Organization Science*, 2011, 22 (2): 413 – 431.

Swidler A., Culture in Action: Symbols and Strategies[J]. *American Sociological Review*, 1986, 51(2): 273 – 286.

Schilke C., Karen S. K., Sources of Alliance Partner Trustworthiness: Integrating Calculative and Relational Perspectives[J]. *Strategic Management Journal*, 2015, 36(2): 276 – 297.

Tajfel H., Turner J. C., *The Social Identity Theory of Intergroup Behavior*[M]. WorchelS, AustinWC, et al. Psychology of Intergroup Relations. 2nd ed. Chicago: Nelson Hall, 1985: 7 – 24.

Weber K., A Toolkit for Analyzing Corporate Cultural Toolkits[J]. *Poetics*, 2005, 33(3): 227 – 252.

Zucker L. G., Production of Trust: Institutional Sources of Economic Structures, 1840 – 1920[J]. *Research in Organizational Behavior*, 1986, 8: 53 – 111.

Zaheer A., Mcevily B., Perrone V., Does Trust Matter? Exploring the Effects of Interorganizational and Interpersonal Trust on Performance [J]. *Organization Science*, 1998, 9 (2): 141 – 159.

Zilber T. B., The Work of the Symbolic in Institutional Processes: Translations of Rational Myths in Israel High Tech[J]. *Academic Management*, 2006, 49(2): 281 – 303.

李惠璠，李鹏，张金成. 顾客 – 企业认同的驱动因素研究 [J]. 科学学与科学技术管理，2009 （12）.

许淑君，马士华. 供应链间企业的交易成本研究 [J]. 工业工程与管理，2001 （6）.

第 12 章　战略新产品开发*

一　引言

从传统视角观察旅游行业，组团社给地接社提供支撑业务的信息，作为起着桥梁作用的组团社连接着地接社以及终端游客，也同样控制着供应链当中的主动权。但这样的环境对于地接社非常不利，尤其是希望自主研发新产品的地接社。那么服务型企业如何在转型的洪流中保持自身在服务型产品开发当中的独特性，是企业需要重点关注的问题，也是企业保持持续竞争力的关键。根据《Trip Barometer 全球旅游经济报告》，全球有超过 1/3 的受访者表示计划在 2016 年增加旅行预算。其中，49% 的受访者表示回馈自己和家人是增加旅行预算的首要原因，而中国这一比例为 61% 。由于中国人家庭观念较重，以及游客开始对旅行的品质有较高要求，因此研发一款能够深入顾客心中的产品是旅游行业的发展新趋势。通过对旅游经营环境整体观察，我们发现有一家只做 B2B 业务的地接社，在自主研发服务型新产品的同时融入文化资源引发终端游客对产品的共鸣，既可以满足间接客户（终端游客）的需求，又可以实现直接客户（组团社）的标准。那么，如何借助文化库的力量通过新产品设计争取到主动权、运用理论又如何去解释，本章围绕观察的现象重点展开。

服务型新产品开发具体过程有规划、设计和市场投放三个阶段（Gottfridsson，2014），新产品设计是新产品开发过程中的重要组成部分，是连接产品创意与市场投放两个环节的桥梁。它一方面需要好的创意为新产品

---

* 张茜．文化库对服务型新产品设计的作用研究 ［D］．西安工业大学硕士学位论文，2016.

设计奠定基础，另一方面也需要利用产品设计呼应市场需求，优秀的产品设计能够实现市场需求与产品创意的有效结合。而我国大部分企业仍然处于模式化复制过程，缺乏引起客户认同从而刺激消费的特有影响因素。很多企业在设计产品时一味追求市场效应，缺乏独特感，从而导致新产品设计失败。

市场需求的差异性、多样性使服务型新产品设计的影响因素更加复杂，机遇与挑战并存。而如何在满足差异化需求的同时，创造服务型新产品设计特色，确保企业能够拥有持续竞争力，是企业当下需要解决的问题。一方面，企业要充分运用手边资源，通过文化资源的注入满足客户差异化需求，得到消费者认同；另一方面，企业要将文化资源作为一种工具去影响服务型新产品设计过程，达到文化资源与服务型产品设计的融合。在服务型新产品设计影响因素不断丰富的过程中，文化资源扩展的文化库成为其不可或缺的影响因素之一。

由文化资源构成的集合称为文化库，即文化库包括从更广泛的社会文化工具箱中选择的符号、故事、礼仪和世界观以及学以致用的内容。文化资源在服务型产品设计中的作用日益凸显。随着服务业在社会总产值中所占比重的增加，越来越多的企业实现了服务型新产品设计的独创性。环意国际旅行社，一家传统旅游地接社，在快速变革的旅游市场中始终保持自身竞争优势，它不仅能够快速了解客户需求并及时设计出契合市场变化的新产品，还能在经济转型时期在服务型新产品设计过程中保证文化交流的充分性，保持文化异质性。对于文化资源如何对服务型新产品设计产生影响，其作用机制是什么，国内学者还鲜有深入的研究，因此我们引入文化库理论，解释文化资源如何对服务型新产品设计产生作用。本研究以地接社的服务型新产品设计为研究对象，探究服务型新产品设计文化库的扩展机制，以及服务型新产品设计文化库的扩展对服务型新产品设计产生的作用影响。本章针对我国服务型企业在新产品设计中形成独创性与可持续竞争力提供参考性建议。作用是不容忽视的，但现有理论较少涉及文化资源对服务型新产品设计的具体作用研究，与此有关的研究有组织文化与市场组织之间的区分效度，文化资源从物质、行为、意识三个层次对产品设计产生作用以及文化与服务型旅游产品的相关性等研究。从现有理论观察，缺乏关于文化库作为一种工具，如何作用于服务型新产品设计中提升新产品竞争优势的研究。因此，文化库理论能够用来剖析文化资源对服务型新产品设计产生的影响。

二 文献述评

（一） 新产品设计的相关研究

有学者认为根据每一阶段包含的内容可以把新产品开发划分为三个阶段：规划、设计、市场投放，其中新产品设计包括服务设计、过程开发以及由客户和一线员工进行的内部服务测试（Gottfridsson，2014）。

从文献研读中我们发现，产品设计创新研究可以归纳为企业环境与战略、设计理论与方法、产品设计过程与设计结果四个方面（陈国栋 & 陈坼，2012）。从设计理论与方法方面可以发现，学者分别从产品外观（Candi，2010）、设计驱动创新（Verganti，2008）、设计角色（Perks et al.，2005）、设计商业价值（Luchs & Swan，2010）四个领域对该问题做了详细的论述。此外，Dell'Era 和 Verganti（2007）研究设计驱动创新理论，帮助企业通过产品设计的表现来实现突破性的创新，影响、感知新产品的意义并引领市场趋势。在设计驱动创新理论发展过程中有新的理论源源不断产生。Esslinger（2011）讨论可持续性设计，认为设计应当把来自社会、商业或文化的灵感与客户需求有效结合，产生对文化、经济效益、环境都更有益的产品。文化铸就的产品一定程度上表现产品的文化高附加值。产品设计本身对于品牌的塑造力要远远高于技术创新手段，通过文化赋予在其中可以迅速占领中高端消费市场，减轻后期的营销工作，为企业带来更大的社会经济效益。可持续性设计创造文化意义的产品是指提倡设计与文化的有效结合，但对于文化资源如何作用于产品设计却并未提及。

Luchs 和 Swan（2010）通过对不同产品设计定义进行归纳后，从广义角度提出服务型产品设计是有关服务属性的集合，不仅包括各自独立的形式与功能属性，也包括集成的形式与功能属性。Homburg 等（2015）提出服务型新产品设计的三个维度：审美、功能、象征意义。其中审美是指感知到的产品外形和美观，包括产品本身的属性、在别人眼中感知到的美观以及二者的组合；功能是指消费者认知到产品能够实现目的的能力，对一些产品适当评估功能只能在消费或使用中体现，很多情形下消费者仅仅通过看到产品去评估产品功能，这种感知功能对没有机会全面体验产品的消费者尤其重要；象征意义是一种符号维度，是指感知产品传达的关于客户和其他人在视觉基础上的自我形象，一个产品的象征意义可以唤起不同关联，可以用来表示个人价值观、性格或身份的形成。消费者对产品质量、功能的印象可以通过产品设计增强，更能提升产品附加值。陈国栋和陈圻（2013）认为市场与技术之间有一个起连接作用的桥梁，即产品设计，它依据市场表现的需求来实施，同时技术指导也需要设计来实现。设计出一款能够满足市场需求的产品不仅能够缩短工艺时间，也能获得市场认同。在市场环境下，产品设计也是成功企业进行低成本战略的有力竞争工具。而文化资源的加入对服务型新产品设计的影响在这些方面却并未提及，本研究从文化库对服务型新产品设计作用出发，旨在探讨文化库能够以何种形式、如何完成对服务型新产品设计的影响。

（二）　文化库相关研究

文化库（Cultural repertoires）理论认为文化是以工具箱的形态作用在管理问题当中，这种观点认为文化库"来源于世界观、故事与符号，人们可以针对解决不同的问题去进行配置"（Swidler，1986）。文化库由多种文化资源构成，包括普遍的价值观、世界观、信仰、理念以及标志等（Swidler，1986），文化资源是构成与扩展文化库和文化寄存器的基本单位，从组织内、外部提取的文化资源可以经过不同的组合构成文化寄存器（Cultural registers）、文化库或文化工具箱（Cultural toolkit），从而处理各个方面的问题。其中，Weber（2005）提出医药公司的文化库是从行业文化寄存器中提取可利用的资源形成的，并进一步规划企业的竞争战略，在管理人力资源方面建立有区分性的条款；Ocasio 和 Joseph（2005）提出组织可以通过制度内容改变规划、更新治理企业的观念；Zilber（2006）认为以色列的高科技公司通过使用本土政治体系的相关资源招揽人才；Harrison 和 Corley（2011）提出文化的动态转变，从文化工具箱引发出关于文化输入与传播的变化过程。综上所述，文化库一般针对个人与组织，是一个利用文化资源去解决管理问题的工具箱，文化资源来源于个体或组织从更广泛的符号、故事、礼仪以及世界观的社会文化工具箱里所选择的文化资源。

文化库也是一个动态的资源集合，运用到实践时它的构建与扩展同样需要依据具体情境持续地变化与更新，Mao（2014）从两个维度——价值差异和路径差异，分析存在于集团与子公司间的文化差异，通过文化资源的进一步重组构建相互认同的文化库，解决集团与子公司在信息系统充分应用之前的冲突。Mao等（2014）在泰国洪水视角下针对危机响应进行研究发现，文化库是通过社会媒体更新的，自然灾害发生时信息孤立会造成社会恐慌，此时需要构建一个相互认同的文化库来应对。

文化库理论在国内已有学者进行研究，韩东屏（2008）从人类创造力的果实、满足人需求的工具、有限报答力以及唯好是用等四个方面提出命题。谢益民（2013）提出文化工具论在使用过程中的中介作用，有多样性的特质。而运用文化库时，首先需要解决文化与多学科融合的问题（谢益民，2013；秦波等，2009）。

Swidler（1986；2001）在以往研究的基础上进一步提出如何利用文化资源取决于他们构建的文化库。构建文化库时，会趋向于选择那些与使用者身份相符的资源，能使他们成为"某种人"，并把使用者定义为社会群体的成员。与此同时，如何使用文化库中的文化资源也取决于使用者所处的生活经验与环境。例如，在稳定的生活状态下，文化资源会趋于变得"公式化"（Lamont & Thévenot，2000），导致标准化的行为。Swidler（1986；2001）的研究理论认为文化库能够驱动使用者去构思不同的行为策略，用来解决不同的问题。因此，文化资源为解决管理问题提供了一个工具箱，从这个工具箱中使用者可以构思不同的行为来解决不同的问题。

基础文化库构建以"类型库"的组成为基础，再由收集的文化资源进行补充（Mao et al.，2014）。"类型库"由三部分组成：首先建立一个可以为组织所使用的模板，其次形成群体成员间的沟通行为，最后完成一个有关组织的结构完善类型库（Orlikowski & Yates，1994）。Rindova等（2011）的研究与本研究关系最为密切，作者通过扎根理论、纵向案例进行观察，深入分析新补充的文化资源，通过新文化库开发一个形成多元化战略与特殊战略的作用机理模型，发现该作用过程的两个关键点：丰富的文化库与关于组织身份的重新定义。该模型清楚地阐释企业如何使用文化库形成特殊战略，一方面说明"如何"形成该战略，另一方面解释"为什么"形成该战略，在此基础上形成理论。

在企业形成文化库的同时，手边资源也随即丰富起来。手边资源是指为实现某种目的、解决新问题而应用的资源（Ted et al.，2005）。Véronique 和 Altglas（2014）认为手边资源的特性在于需要使原始资源以新的方法重新组合来达成新的目的。有学者认为手边资源倾向于捕捉文化如何创造一些新的、已经超出现有存在的东西（Weick，1998；Véronique Altglas，2014）。无论如何，手边资源与文化和权力依然是相关的（Perky，1991；Véronique & Altglas，2014）。因此，像手边资源，神话的构思都是不可预知和偶然的结果，关键是依赖于他们手上能用于处理的资源是什么（Orlikowski & Hoffman，1997；Véronique & Altglas，2014）。换句话说，注意力从手边资源转移到手边资源的使用者，并且手边资源已经进入研究当中。

综上所述，文化库理论已经为企业解决一些竞争战略制定、企业治理观念改变和人力资源管理的问题，但关于如何应用在新产品设计方面仍需探讨，即现有研究未涉及企业在新产品设计阶段如何扩展自身的文化库（扩展路径），扩展何种类型的文化库（扩展内容），这两个未明晰的问题正是企业如何使用文化资源的关键，需要进一步探索。

（三）　文化资源／文化与服务型新产品设计相互作用的相关研究

从上述研究中我们发现，针对设计驱动创新理论的可持续设计研究，Esslinger（2011）认为设计应当把来自社会、商业或文化的灵感与客户需求有效结合，产生对文化、经济效益、环境都更有益的产品。文化库作为文化资源集合的构成，其在服务型新产品设计中也起着重要作用，在如何作用方面，资源的即兴发挥研究与此有关。

手边资源有很多应用领域，其中包括在工作场所的即兴发挥（Ted et al.，2005；Eisenhardt，1997）。因此，手边资源的丰富表明即兴发挥将会发生（Weick，1998；Cunha et al.，1999）。而一旦服务型新产品设计文化库有所扩展，代表着即兴发挥会在该过程中发挥应有的作用。

Cunha 等（1999）将组织即兴理论划分为两个发展阶段：第一阶段通过对戏剧领域的研究来对组织即兴进行分析；第二阶段是对组织即兴的特性及定义进行描述之后，以在企业中观察的现象为基础，进行有关实证性或扎根性的研究。有关即兴发挥的定义有以下几种经典观点（见表 12 - 1）。

表 12 - 1　即兴发挥综述

分类	学者	观点
双维度	Moorman & Bastien（1998）	组织即兴发挥包括创新能力、充分运用资源
	Vera（2004）（2005b）	即兴发挥由创造力、执行力构成
	Miner（2001）& Bergh（2008）	即兴发挥的特性是即时性、创造性
	Kanter R. M.（2002）& Massimo（2009）	组织即兴发挥的能力表现在创造力、主观能动力
多维度	Weick（1998）& Thomas Süße.（2015）	即兴发挥为解决新产生的顾客问题，通过调整产品、服务导向的逻辑触发变更、校正、创造三个维度，发现新的解决方案
	Chelariu（2002）& Hmieleski（2008）	组织即兴包括新颖性、速度和一致性
	Leybourne（2006）	项目经理即兴应该包括直觉、创造力和有限资源利用

目前对组织即兴现象的研究国内还很少见。早期，在即兴发挥相关理论的基础上，陶然（2009）探讨即兴发挥产生的因果并且分析即兴发挥与创新之间的关系。李笑男和潘安成（2010）通过分析组织即兴中的决策行为和实施行动之间同步发生关系，基于多维搜索路径构建了组织即兴行为模型，指出了组织即兴可以大大地提高在不确定环境下的组织柔性能力。在创新绩效方面，吴东等（2010）认为组织即兴发挥的主观能动力、创造力都与组织创新绩效是正向关系。

所以，即兴发挥能力根据创造性与自发性特征，运用手边资源也可建立一套即兴发挥的准则，经过充分准备，保证在实施过程中能够快速应对突发情境下的事件。

在经济全球化的趋势下，影响消费者情感的因素越发重要，文化在其中的作用也越重要，所以未来研究关注重点之一就是将文化融入产品设计中（丁俊武等，2010）。但文化库与服务型新产品设计相互作用方面的研究较为缺乏，与此有关的研究有组织文化与市场组织之间的区分效度，文化资源从物质、行为、意识三层面与产品设计产生作用以及文化与服务型旅游产品的相关性等研究。

按照 Schein（1984）建议的模型，来区分不同层次的组织文化。Homburg 和 Pflesser（2000）在此基础上，提出市场导向的三层组织文化：第一层包括支持市场导向的共享基本价值观，第二层由规范的市场导向构成，第三层由市场导向的人工制品和市场导向行为两个方面构成。

从设计角度观察，文化资源主要作用在产品设计的三个层面，外在层面，是产品基本功能的表现，包括物质形态文化；中间层面，是产品有关设计活动的表现，包括行为、风俗等文化；内在层面，是产品设计精神层面的表现，具有价值观、世界观以及意识形态等文化（Khazanchi et al.，2007）。附加文化价值的产品是指文化资源呈现在产品设计上的一种体现。不同时代不同背景，设计都能够与文化产生密切的关联，同时也突出表现与产品设计相关的文化特征（谢世海，2012）。进一步从旅游产品挖掘，我们发现文化和旅游产品有一个共同的目的——捕获独特消费者。所以如何满足更多消费者需求就需要从本质上进行了解，文化就是一个渠道。对于旅游产品，路线有地域性，每个路线都有自己想表达的属性，可以被赋予独特的身份或特性，文化的混合可以塑造每条线路的独特角色（Bruwer，2003）。从旅游产品设计引申到服务型新产品设计，得出由文化资源构成的文化库能够对服务型新产品设计产生影响。

（四） 现有研究的不足和启示

Christian 和 Homburg（2015）从服务型新产品设计的角度出发，提出服务型新产品设计有三个维度：审美、功能、象征意义，并对三者的概念与应用进行辨析。根据上述相关理论综述，本研究总结现有研究有以下两方面需要补充。

（1）现有文化库理论大多是将文化库作为制定竞争战略、改变企业治理观念的工具，但对于如何扩展为企业特定情境下所使用的文化库仍未有所涉及。文化库由提取的文化资源扩展而成，组织如何使用文化资源取决于文化库，所以未来研究应该着手于系统研究组织如何吸收新文化资源并解决如何针对特定情境扩展文化库的问题。

（2）现有服务型新产品设计理论只说明审美、功能、象征意义是构成服务型新产品设计的三个维度，缺乏对三个维度的扩充和应用。同时有学者表明文化资源可以影响产品设计，更有学者提出文化资源与服务型新产品设计间存在相互影响，但缺乏对新产品设计与文化库的相互作用研究。因此，未来研究应该更系统地审视文化资源如何作为工具来开发、设计和呈现可以替代的竞争产品或技术，利用文化库来提升供应链终端的市场地位并提出可行的办法。

服务型新产品设计快速适应市场环境变化的关键点在于设计的产品能够引起消费者共鸣，而不是单纯依附于消费者需求。想要引起消费者共鸣，最根本的影响因素就是文化资源。本研究以文化库理论为基础，试图通过将文化资源视为服务型新产品设计过程中的工具来探讨文化库对服务型新产品设计的作用过程。

三　案例描述

环意团队的前身是 1998 年意大利米斯特拉公司在中国设立的服务中心，从 2009 年自创品牌开始到 2014 年，环意为提供的境外服务更加"安全、可控"而努力，提供的服务也获得了国内组团社的大力认同。但作为地接社，环意在早期只能被组团社控制，只能等待组团社将旅行团交给环意来提供地接服务，与此同时，终端游客并不知道"地接服务是由环意提供的"。为此，环意总是交易中被动的一方，对于终端游客而言其只是没有名气的地接社。

为了改变前期被动的现状，环意开始转换思路，希望通过自主研发新产品来改变这种局面。2013 年末，环意开始构思有关新产品开发的整个过程。2014 年，环意首次从地接社身份出发，兼顾终端游客自主开发主题产品——环意·意大利艺术之旅，成为国内率先进行主题旅游产品开发的地接社，该产品主要由北线、南线和标准产品构成。北线主要是欣赏人文艺术、文艺复兴时期的艺术，南线是以游览观光、休闲度假为主。标准产品是从北线、南线产品中提炼出经典路线供游客游览，是既可以欣赏到文艺复兴时期的艺术又可以领略意大利自然风光的智慧旅行。本研究就是针对这款新产品设计过程展开的。

环意新产品设计从开始构思，到提出产品设计理念，再到最后贯彻执行，经历有关新产品设计前中后三个阶段，即意大利艺术引发对文化元素的整理与运用阶段、完成环意·意大利艺术之旅设计准备阶段和开启环意·意大利艺术之旅设计模式阶段。笔者将从这三个阶段分别着手来探究这款产品的设计之路，如图 12－1 所示。

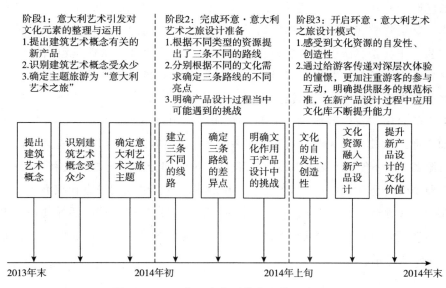

图 12－1 环意·意大利艺术之旅设计过程

（一） 意大利艺术引发对文化元素的整理与运用

在承接意大利地接服务的过程中，环意深受意大利艺术的影响，希望这款新产品与意大利最有优势的资源相关，就想到艺术，而最能代表意大利艺术的是建筑艺术，管理者在思考过程中发现，建筑艺术的接受群体小，单一的影响对消费者并不能产生强烈冲击，于是囊括更多的文化元素，提出意大利艺术之旅，这个艺术除了建筑艺术外，还有绘画、时尚、美食等，而且只做经典路线。再加上受意大利手工艺作品工匠精神的影响，环意渐渐地将"慢旅游"和"精工细作"等文化元素加入新产品设计过程中，"环意注重在慢节奏中极致地雕琢产品"，环意新产品在服务细节方面把握得当，使得环意提供的每处服务都能产生相应价值。同时，环意组织内部始终坚持"诚信"的理念,所以环意的主题产品虽然是针对终端游客设计,但是有关产品的业务交易仍然聚焦在 B2B,环意不会因此就与终端游客直接交易,影响组团社生意。

随着市场发展,私家小型旅行团受到越来越多关注。他们对旅游的期望已经不再是以前那种走马观花式的旅游,更希望在有限时间内多增长一些见识,多一些真切体验和文化品位提升,当然也希望在不降低服务品质的同时物有所值。而环意通过对终端游客分析,抓住了游客这些心理需求,甚至将游客没想到的都想到了,使这种旅游成为一种人生从未有过的体验。正如张总所说的"想以自我为中心,自己要有私密性是包团游客的主要需求;游客想要旅行节奏放慢,想深度体验异国他乡的风土民情;游客能够接受多付出一点儿钱,来赢得境外的时间成本;游客希望拥有更多自由的时间,自由购物"。"这种小包团与自由行不同,在境外游领域,例如欧洲,尤其是意大利,对于那些举家同行的游客而言,如果没有人专门进行服务,就不能对安全有所保障。我身边也有部分朋友尝试意大利自由行,最典型的就是有一对夫妻带着孩子,在游玩的过程中他们一直在找酒店、找路线、找餐馆,为此游玩旅程上心情并不好,关键这样的情况还是他们在出发前做了大量旅游攻略获得的结果。"关于洞察终端游客新趋势的总结,如表 12 - 2 所示。

表 12 - 2 洞察终端游客新趋势的总结

项 目	内容描述
终端游客感觉产品物有所值	意大利是世界文化遗产最多的国家,从艺术入手就好像抓住了意大利的命脉,文化艺术、生活艺术、穿着艺术等等,这些来源于生活又回到生活的方方面面,带给你与众不同的旅行体验(旅行设计师朱超) 环意的意大利艺术之旅是游览意大利的经典之作,产品更在乎客户的旅游体验,都是客户至上的服务原则(周先章)
终端游客获得走心体验	意大利是一个非常值得去游览的国家,在这里,每一寸土地都散发着浓浓的艺术气息,每一个人都存在着艺术的魅力;意大利是拥有世界遗产最多的国家,是世界上多种文化的发源地和聚集地;意大利艺术之旅让人忘记以前走马观花的旅行,深入体会意大利的内涵,让每一个人都能够发自内心地感谢这次艺术的洗礼(张小雯) 在慢节奏中从容地吸收艺术的精神营养,来传递中意的文化交流(旅游单团部总监)

续表

项　目	内容描述
终端游客感知 慢旅游	旅行应该是一场极致的放松，环意·意大利艺术之旅可让旅行者在艺术的伊甸园里遇见新的自己，重拾生活的热情，更懂得享受度假，追求更多有价值的事物（游客） 体会到意大利是一个牺牲效率打造极致的民族！体会到意大利人的"慢"，正是这个民族对世界的贡献！艺术其实离我们生活并不远，我们从意大利旅行回来之后，生活也变得更加艺术化了（庄晶晶）

　　早期在境外服务市场，环意受限于组团社，并且从组团社的需求出发，经常替组团社给他们的客户写旅游方案，导致双方利润空间都比较有限。环意在自创品牌之初，通过对组团社调研发现，环意在米斯特拉阶段给组团社的印象是"诚信、专业、有点儿贵"，正是米斯特拉时期的积累，使环意团队依然秉承"诚信、专业"的品质，同时发现组团社真正关心的是将游客交给环意是否能放心，于是环意在创立之后就适时提出提供"可控"的服务。在新产品设计时，环意又考虑是否能利用自身积累的经验，将"有点儿贵"的认知改善一下？于是，就借助在组团社方面树立专业与诚信的形象，将大多数组团社要求的产品内涵综合提炼后，由定制化变为标准化产品，以旅游专家身份直接推出自己的产品，并将产品的价格适当地调低，这样不但提升组团社的收益，同时也让游客得到实惠。关于发现组团社需求变化的总结，如表 12 - 3 所示。

表 12 - 3　发现组团社需求变化的总结

项　目	内容描述
组团社 有控制权	不断梳理沟通流程、培训专业导游团队，以确保能够为组团社提供更"可控"的地接服务，这是环意的使命（总经理） 只和亲友玩、有更多的自由空间，同时有环意境外的专业服务，这些特点既满足了"私家团"的个性化旅行体验的需求，同时也兼顾了亲友同行安全第一的心理诉求，与一般旅行社提供的旅游产品相比，环意致力于为家庭出境游为主的旅客团体提供高品质的旅行体验，《单团导游境外服务手册》实现中国境内组团社与境外地接社之间同频共振（辛巴达旅行网）
组团社有高 回报收益	核算所有的成本，即这款产品在形成之后，真正的成本是多少，再结合市场价格，如何与战略合作伙伴来分享一些利润（总经理） 我们的产品是替代组团社研发标准化产品，由于规范化的操作可以充分利用境外资源，从而降低成本（总经理）

项　目	内容描述
组团社获得 便利性	环意为了让中国区的战略合作伙伴更放心，提出了可控的境外服务，悠哉为了让客户得到更舒适自由的旅游体验，提出了旅途中可"调整"的服务原则（悠哉旅游网） 环意争取把复杂留给自己，把简单带给组团社（会奖单团部总监）

（二）　完成环意·意大利艺术之旅设计准备

本阶段是环意·意大利艺术之旅设计的准备工作。追求做到极致做到最好，是环意始终奉行的宗旨。环意根据环意·意大利艺术之旅囊括的资源分类，根据不同类型的资源主题，提出三条不同的路线产品。在产品设计起始阶段，环意并不满足于以前开发会展单团、商务单团的模式，他们通过调动参与其中的员工，让每个人在自己擅长的领域发挥所长，自愿地对新产品投入前所未有的热情。正是各个方面的不断细化，环意在设计新产品时更加着重考虑顾客的感知体验。因为参与设计的员工到意大利实地考察过，所以他们破解了大众旅游团低价的原因，环意认为真正对自己好、懂得旅游的游客会住在市中心的酒店或公寓，所以环意提炼出时间成本的秘密是"住在市中心，更方便体验意大利的夜生活"。"当午夜降临时，在酒吧朦胧的灯光下游客可以品酒、听音乐、欣赏橱窗文化……"。"鉴赏白日喧器中的意大利艺术魅力之后，再感受一下艺术与人文在夜幕沉寂中的多姿多彩才是真的不枉此行"。

"环意·意大利艺术之旅"的目的地是欧洲艺术起源地，也是文艺复兴起源地，意大利有丰富的文化遗产，对如今的文化、艺术也都产生了非常大的影响。如今，意大利用其神圣的态度艺术氛围熏染着意大利的建筑、时装、歌剧、电影、宗教、美食、绘画，让人们在生活中处处品味艺术。关于环意新产品的属性与挑战，如表 12 - 4 所示。

（三）　开启环意·意大利艺术之旅设计模式

本阶段环意希望游客在意大利欣赏、品味艺术，摒弃旅游给人走马观花的一贯印象，这些概念需要渗透每个参与新产品设计员工的意识，明确产品设计是基于融入当地艺术氛围，在慢节奏中细细品味，才能尽情地享

表 12 - 4　环意国际旅行社新产品的挑战与属性

项　目	内容描述
新产品面临的挑战	强调艺术、文化，真正是客户需要的，这个过程也是比较难的，也是在不断地摸索和提炼过程中的（总经理） 新产品开发的过程当中，经历的挑战就是对认知进行细化这样一个难题（总经理）
新产品的属性	南线、北线给我的感觉，它的特点是北线更注重文化，一些建筑、一些文艺复兴时期的文化，可能更偏重在北部，就是我们可以加大对一些博物馆的涵盖，更多的文化厚重感聚焦在北部这条线。而南部的历史文化可能相对而言没那么厚重，它更多的是风光，就是景观、景色特别漂亮，所以说走南部线会更放松，整个感觉像一种度假的方式。经典线路因为它浓缩了两条线路的一些精华，所以相对来说经典线路应该是性价比更高一些的（旅游单团部总监）

受艺术通过产品带给人心灵上的愉悦。随着旅途中的"私密性"被作为近几年旅游的核心概念，越来越多的家庭开始关注包团游，包团旅游的方式开始悄然兴起。越来越多的人开始认同"包团"，一方面可以在境内外通过专业的旅行社提供服务确保安全，另一方面可以参与定制个性化的属于自己的出行方案，真正成为旅行中的主人，最终实现意大利"慢旅行"，"享受高端服务"。

产品设计阶段更多需要关注的就是产品本身的细节。环意始终只关注意大利一个市场，所以对产品开发细节就更加聚焦。环意有三种导游。首先是环意自身在意大利不断培训的拥有专业资质的导游团队，他们是专门为环意服务的；其次是在当地寻找的专业导游，他们在选取地接社合作时会优先考虑环意；最后是自由性的导游，他们并不固定与哪一家地接社有长期合作。环意为保证服务的"可控性"，长期合作的导游是前两种。张总说"只要到了境外，不论发生什么问题游客对所处的环境会非常敏感，所以境外导游的规范需要非常明确，环意在这方面就做得非常细致，导游操作手册有一百多页，每一个环节都有全面细致的要求"。

"旅游业相关人员必须肩负的历史使命是在国际社会上让中国游客能够受到应有的尊重"。这是环意的理念，为此，环意在意大利不为中国单团提供传统但不规范的"司机兼导游"服务，这主要是出于对游客尊重的考虑。环意的导向主要是以客户需要的服务标准进行。"在单团地接的经营方面，真正对地接社而言非常重要的关键点是关于培养境外导游团队和对境外相关事务的管理，环意的专业性来源于规范与流程"，如表 12 – 5 所示。

表 12 – 5　环意运用文化资源到新产品设计中的瓶颈与驱动

项　目	内容描述
文化资源作用于服务型新产品设计的瓶颈	因为目前在中国的市场上，游客都是图便宜，很少去关注每一次的旅行感受、定制他们的体验（总经理） 顾客需求不明显，是我们通过引导，把客人的需求明晰化、显现（旅游单团部总监）
文化资源作用于服务型新产品设计的驱动	张总带领环意产品研发团队耗时长达一年研发"环意·意大利艺术之旅"，不仅细抠产品的每一个细节，而且调动各种资源为产品研发铺路（会奖单团部总监） 企业现在做得既符合国家方针，也能让企业产生社会价值，对这个行业有用（总经理）

以往组团社只考虑游客希望游览的地点，而对游览质量并不关心。安全隐患往往容易出现在人多拥挤的时间与地方。环意会对时间路线进行详细分析，与游客协商最合理的方案。对于入住酒店，环意通常会选择连锁酒店、高档住宅区域家庭公寓，因为这些地方周边环境相对安全，餐厅会选择餐品有安全保障的地方。出行上，环意车辆有出入古城限制区域的资格，加上导游、司机分工明确，可以最大限度来保障游客旅途安全；为避免游客财物损失，游客进入景点后司机会在停车场看管车辆；同时有关于意外事件紧急处理的相应预案。参团者多是亲戚、朋友或彼此熟悉的人，游客能够更充分安排旅游相关事宜，自行控制旅行节奏决定出发时间。以下是"环意·意大利艺术之旅"六大亮点：（1）创新出行体验，NCC 商务车、观光马车、水上 TAXI、陆地 TAXI、ITALO 高铁，替代"司机兼导游"服务；（2）住在托斯卡纳著名古堡酒庄，品酒、享用地道的意大利大餐，与酒庄主人一起制作 Pizza；（3）在威尼斯彩色岛寻找童年五彩梦境；（4）在米兰 MaxMara 旗舰店学习服装搭配艺术；（5）登上威尼斯钟楼俯瞰

亚得里亚海绝美风景；（6）住在市中心酒店，融入当地人的夜生活。这一系列特色与亮点都源于环意始终聚焦于意大利市场，使得其服务细致、全面。

　　当这丰富多彩的文化聚焦到产品中，文化会转化为一种魅力吸引着来自四面八方的顾客。但环意的新产品明确中高端的定位，只关注意大利一个市场，愿意把它做到极致做到最好。"意大利这个民族对世界的贡献是他们坚持'慢'，是一个牺牲效率打造极致的民族"。"定制化"的"慢旅行"使"小包团"在度假中汲取意大利浓郁艺术带来的力量，在生活的不同视角下感知艺术价值。关于环意如何运用文化资源到服务型新产品设计中，总结如表 12 - 6 所示。

表 12 - 6　环意如何运用文化资源到服务型新产品设计中的总结

项　　目		内容描述
文化资源的创造性与自发性	明确产品定位	所以我们也踏上了一个征程，在中国的旅游行业，在中国的旅游市场上，我们不管有多难，千里之行始于足下，从环意·意大利艺术之旅开始，倡导新的旅行方式、新的旅行体验（总经理） 我们这款产品研发前期，实际上已经有凯撒旅游提出的艺术之旅、中旅提出的意大利艺术之旅，主要是这两家推出了意大利艺术之旅的产品。但是他们的产品实际是没有多少差异的，那环意就一定要推出来不一样的，他们推出来的是价格较低的产品，很多人、大众，那我们就是要搞差异化，他们是大众的，我们就做高端的，他们是人多的，我们就做人少的，他们是快的，我们就做慢的，他们是这个同样的景点，我们就有不同的玩法（总经理）
	文化资源包装新产品	文化实际上是最能润物细无声地深入游客心灵的，这个就是旅行的核心价值和底层代码，所以我们方方面面都在考虑，在旅行的过程当中文化对游客的影响（总经理）
	打造让顾客满意的产品	这从一种文化的角度来解读环意·意大利艺术之旅的差异化，它更深层次地触碰到了游客说不出来的、内心的一种潜在的需求（总经理） 正是因为环意从文化、心灵深处的这种挖掘，才让环意·意大利艺术之旅在不到一年的时间就达到了我们的目的，也就是说环意是最懂意大利艺术的，这个产品的研发有着丰富的文化内涵（总经理）

续表

项　目		内容描述
服务型 新产品 设计	引人注目 且有 吸引力	CCTV 要做意大利节目会找环意，陕西卫视要做意大利节目也会找环意…… 环意不仅荣获国家旅游局推荐的"意大利优质地接供应商"称号，还有中国 意大利商会和意大利使馆授予的"意大利旅游金熊猫奖"，多次被行业媒体 授予"最佳单团地接社奖"（《旅业家》） 环意是对普通人发自心底的没有分别的这种尊重，所以在环意·意大利艺术 之旅这款产品中，我们是把丰富的文化内涵，把中国、西方的文化默默隐藏 在产品里，只等待咱们中国的游客静下心来，这个旅途（总经理）
	产品作用 表现良好	我们比市场散拼团的单团走得更深，安排得更细致，包括节奏更慢，有 一些资源是我们能提供的，而散拼团没有办法提供这些资源（旅游单团 部总监） 服务方面，我们会更人性化。比如说游客在抵达当天，因为有时差的关 系，他可能会睡不好，所以当天我们可以为他准备温热的牛奶，有助于睡 眠。包括在他行程中可以安排咖啡、意大利的冰淇淋给他品尝（旅游单团 部总监）
	表现 顾客 身份、 地位、 价值观	对环意·意大利艺术之旅的理解：旅行应该是一场极致的放松，环意·意大 利艺术之旅可让旅行者在艺术的伊甸园里遇见新的自己，重拾生活的热情， 更懂得享受度假，追求更多有价值的事物（游客） 旅游业的相关人员必须肩负的历史使命是，在国际社会上让中国游客能够受 到应有的尊重（总经理）

四　案例分析

（一）　服务型新产品设计文化库的扩展过程

1. 构建新产品设计的文化寄存器

文化寄存器包含比文化库更丰富的文化资源（Weber，2005；Harrison & Corley，2011）。环意在发展的过程中，结合来自国家、行业、企业、个人这四个层面的文化资源构建环意自己的文化寄存器。文化资源原本就存在于企业当中，但随着不同产品的出现，其作用特性也并不相同。为使企业更合理地使用并发挥文化资源的特性，企业从文化寄存器中提取适用于服务型新产品设计的文化资源（见表 12 - 7）。这里我们根据 Christian 和 Homburg（2000）的研究，将从共享价值观、规范市场取向与产品市场导向三个方面进行构建。

表 12 - 7　服务型新产品设计的文化寄存器

文化资源			实践
共享价值观	认同	敬畏	对美食的敬畏：餐饮要非常讲究（旅途中的餐馆都选择很讲究的餐馆）
		热爱	经常带着孩子看艺术作品、在公园骑自行车、做游戏、听艺人演奏音乐
		不以己私成其私	不能一味索取，提倡付出
		亲情、伦理、百善孝为先	倾向于选择和家人一起出游 和好友结伴一起出游
		共同价值观	与兴趣导向相同、价值观世界观相同的人结伴出游
		有尊严地走在路上	出于对中国游客的尊重，在意大利不为中国的单团提供"司机兼导游"服务 自主决定出发时间，更自我、更讲究品质的旅行方式
规范市场取向	专业	有责任心	新产品更注重的是旅行带来的关键价值，即满足终端游客的深层次需求，不只是新产品带来的商业上的荣誉
		细致	环意的每个员工都去意大利考察过景点、酒店、交通设施等 不断地优化各项服务细节，深度链接单团游客内心的渴望
		高标准服务	有环意境外的专业服务 我们在意大利为单团选择的通常是中国驻意大利外交官青睐的中餐厅，完全可以放心用餐
		贴心	司机先行去找停车位，导游照顾客人进行正常活动，客人不用浪费时间来等待
	可控	聚焦	只接单团，只做意大利一个国家
		有保障	会选择有安全保障的连锁酒店、高档住宅区域或家庭公寓让游客入住，以及前往有安全保障的餐厅 抢占优质导游资源是确保"可控"的地接服务的关键
	诚信	真诚	在意大利单团游客完全可以放心用餐，因为环意通常安排的是中国驻意大利外交官选中的餐厅 环意是唯一一家完全取消在意大利使用"司机兼导游"的意大利地接社

文化资源			实践
产品市场导向	精工细作	深度体验	提供意大利的各种玩法，让游客在慢旅行中获得深度体验 在慢节奏中从容地吸收艺术的精神营养，来传递中意的文化交流
		小资情调	登上米兰杜莫大教堂的顶端俯视街景，欣赏安布洛其亚图书馆收藏的达·芬奇密码原手稿，安静地坐在米兰埃曼纽耳二世长廊具有百年历史的西餐厅品尝开胃酒
		尊贵感	住在托斯卡纳著名的古堡酒庄：品酒、享用地道的意大利大餐 在罗马地欣赏当地人才知道的艺术宫殿里的艺术品 享受在大部分意大利人都未曾去过的小镇中的慢节奏的旅行
		个性化	游客是旅行的主人，有权利选择不同的体验项目
		私密性	只和亲友玩、有更多的自由空间 给予更多自由的时间——让游客自由购物
		让艺术生活化	大部分游客从意大利游玩回来生活也变得更加艺术化，艺术并没有远离我们的生活
		慢节奏	欣赏意大利艺术需要融入当地的艺术氛围，不能走马观花 在慢节奏中细细品味，才能尽情地享受艺术带给人心灵上的愉悦
		牺牲效率打造极致	4年时间米开朗基罗将511平方米的穹顶画《创世纪》描绘在穹顶上 米兰杜莫主教堂（米兰大教堂）历经511年才完成建设
		慢食文化	一般要用三四个小时正经吃一顿意大利餐 每次吃饭前都要说一句"BUONN APPETITO"，就是"祝你好胃口"的意思
	低价	实惠	对于这个产品，成本中心做了核算，统一报价，是全国标准统一卖价 为游客筛选大量的信息，定制好境外的住、行等，大大节约了游客的时间，为游客赢得时间成本
	低成本	节约成本	核算所有成本，如何与战略合作伙伴来分享一些利润 包团出行表示游客有定制的权利，导致路线很难固定，使得境外资源集中采购、大规模降低成本有了难度，而环意的产品解决了这个问题

2. 不同对象对产品设计的文化需求

从环意新产品开发现象观察，环意感知到组团社对其基础产品认知是专业、诚信、高价，而这种认知是基于当时组团社追求便利、有控制权的需求形成的，如表 12 - 8 所示。

表 12 - 8　组团社对环意基础产品设计的认知

项　目		内容描述
基础产品	专业	18 年环意持续专注做一个国家的旅游，为什么还能不间断地发展下来，最重要的就是必须专业 环意对境外导游规范化要求，保证服务到位
	诚信	经过实地的考察、体验，环意在大量的信息基础上进行筛选，如果酒店是朋友介绍的，我很轻易就会相信，但如果酒店是我在网上找到的，我觉得我会冒一些风险并且可能会产生让我难过的结果 环意要求游客购物不能收取回扣
	高价	有定制需求的包团带来的利润当然要比散拼团高一些 环意的客户对其产品印象，专业、诚信、有点儿贵

通过相关描述，我们可以总结出环意关于终端游客的新产品设计要求（见表 12 - 9）与环意关于组团社的新产品设计要求（见表 12 - 10）。

表 12 - 9　关于终端游客的新产品设计要求

项　目		内容描述
新产品	认同	旅游的目的是要成长 旅游的最高境界是一场走心的体验 经营企业与做人一样，不能一味索取，提倡付出 与兴趣导向相同、价值观世界观相同的人结伴出游
	精工细作	在悠闲的慢节奏中细细品味，才能尽情地享受艺术带给人心灵上的愉悦 去大多数意大利人没有去过的小镇享受慢节奏的旅行
	低价	环意对于这个产品，成本中心做了核算，统一报价，是全国标准统一卖价 环意为游客筛选大量的信息，定制好境外的住、行等，大大节约了游客的时间，为游客赢得时间成本

表 12 - 10 关于组团社的新产品设计要求

项 目	内容描述	
新产品	专业	环意的每个员工都去过意大利考察景点、酒店、交通设施等 环意不断地优化各项服务细节,深度链接客户内心的渴望
	诚信	在意大利单团游客完全可以放心用餐,因为环意通常安排的是中国 驻意大利外交官选中的餐厅 环意不采用意大利传统的"司机兼导游"模式(在意大利环意是唯 一一家完全取消"司机兼导游"的地接社)
	可控	环意通过持续梳理、沟通流程,培训专业导游团队,保证在意大利 能够为组团社提供的地接服务更"可控",做到留给自己复杂,带 给组团社简单 环意只接单团,只做意大利一个国家的旅游 保证国内、国外 24 小时联动,保证服务不间断
	低成本	核算所有的成本,即这款产品在形成之后,真正的成本是多少,再 结合市场价格,如何与战略合作伙伴来分享一些利润 对于旅行社而言,包团出行就表示游客拥有了定制的权利,会导致 旅游路线很难固定,使得对境外资源集中采购、大规模降低成本有 了一些难度,而环意的产品解决了这个问题

3. 扩展服务型新产品设计文化库

在服务型新产品设计中如何最大程度发挥文化资源的价值,进而提高 B2B 市场下企业主动权,是企业面临的重要挑战。我们将以服务型基础产品设计文化库为起点,从定制化、标准化两个维度出发来解释服务型新产品设计文化库的扩展机理,如图 12 - 2 所示。

(1) 服务型基础产品设计文化库

根据 Mao 等 (2014) 和 Orlikowski (1994) 的研究,我们将文化库分为符号系统、沟通行为和结构三部分。符号系统由市场机制和门槛机制组成,市场机制代表需求,门槛机制代表供给。沟通行为是与直接客户进行,将围绕从案例现象概念化提取的效益与柔性两个变量展开。效益是对组团社需求特征的描述,该时期,组团社追求便利、有控制权、有利;柔性是地接社的供给特征描述。地接社以标准化单维度的结构通过专业、诚信、高价值的文化资源供给来满足组团社需求。

(2) 标准化维度分析

标准化维度中,企业面对的直接客户和需求并没有改变,只是由于市

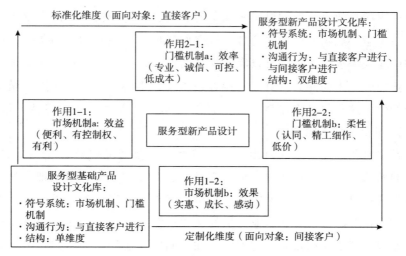

图 12 - 2　服务型新产品设计文化库扩展机理

场竞争的不断加剧，直接客户希望不仅能够得到放心的服务，还能得到更大的利润空间。此时，企业就需要找到相应的文化资源来满足客户的需求，从案例现象中观察发现，企业找到了满足需求的两个文化资源："可控"和"低成本"。

在市场机制下，直接客户讲究效益，希望产品能够满足其便利、有控制权、有利的需求。从服务型新产品设计观察，一方面，设计者通过提取可控、诚信特征信息来帮助直接客户明确产品在特定文化氛围下塑造的一种能够被直接客户控制的安全感；另一方面以专业和扩大规模来降低成本、增加利润空间，进而提高直接客户的收益。在门槛机制下，通过效率以服务型新产品设计为载体，明确能够在该维度下满足直接客户需求的文化资源，目的是将现象化的需求概念化，给市场创造使用文化资源的清晰认知。对于标准化维度，一旦通过资源的收集、提炼，满足了直接客户对于便利、有控制权、有利的需求，标准化维度在新产品设计中的贡献便凸显出来，而文化资源就为扩展服务型新产品设计文化库做出自己的贡献。

只有充实服务型新产品设计文化库的标准化维度，才能从直接客户方面规避产品本身存在的风险。因此，通过对标准化维度下直接客户需求的把握与供给，这一维度下的文化资源才得以有效扩展。

（3）定制化维度分析

定制化维度下，企业面临的客户是间接客户，其需求是全新的，这类客户追求的是效果。通过对案例现象的分析，这些间接客户的需求可以概念化为实惠、成长、感动。通过分析我们发现服务型基础产品忽视了间接客户的相关需求，而柔性可以满足这些需求。柔性是指快速低成本地转化为企业能够应用的能力。对于间接客户来说，柔性代表的是认同、精工细作和低价，这与服务型基础产品设计文化库中的柔性内涵（专业、诚信、高价）相比，是不同的。

在定制化维度的市场机制下，间接客户希望产品能够有实惠、成长、感动的效果。对于间接客户实惠的需求，企业提供低价、精工细作的文化资源供给；对于间接客户希望在产品中获得成长、感动的需求，企业提供认同的文化资源供给。而企业提供的文化资源正是引起间接客户共鸣或感动的原因，即增强满足客户需求的感知。同时，还需明确定制化维度表现出服务型新产品设计与目标客户价值观高度一致，这在一定程度上可以排除一些不属于服务型新产品的客户群体，从而明确目标客户群体。另外，在新的环境中也应当通过定制化维度提升客户与服务型新产品设计的匹配度。一旦通过资源的收集、提炼满足客户对于服务型新产品的需求，定制化维度在服务型新产品设计中的贡献便凸显出来，为扩展服务型新产品设计文化库做出贡献。

因此，只有丰富定制化维度，才能从间接客户方面规避产品本身存在的风险。不论是市场机制效果作用下客户提出的实惠、成长、感动的文化资源需求，还是门槛机制柔性作用下供给的认同、精工细作、低价的文化资源，以服务型新产品设计为载体，通过对定制化维度下间接客户需求的把握与供给，在这一维度下扩展服务型新产品设计文化库。

（4）扩展服务型新产品设计文化库

在标准化与定制化维度的共同作用下，从服务型新产品设计出发，一切理念都是为满足客户的需求，那么服务型新产品设计本身就是承载文化库扩展的有力载体。

综上所述，笔者认为企业在标准化维度下，通过文化资源在服务型新产品设计过程中高度满足直接客户便利、有控制权、有利的需求，提炼标准化维度下的文化资源，来扩展服务型新产品设计文化库；其次通过定制化维度，在文化资源的影响下塑造认同、精工细作、低价的产品，提炼定制化维度下的文化资源，来扩展服务型新产品设计文化库。通过文化资源增加客户对服务型新产品设计的认同，由服务型基础产品设计文化库单维度的"推式"策略转换为服务型新产品设计文化库双维度的"拉式"策略。服务型新产品设计文化库的扩展是通过以下三个步骤完成的。首先，明确在服务型新产品设计文化库扩展期间，通过市场机制与门槛机制提取两个维度下的文化资源，丰富文化资源的范围；其次，沟通行为根据面向对象不同，从直接客户的沟通扩充到直接客户与间接客户两个角度分别的沟通来收集适合的文化资源，丰富文化资源的种类（效益、效率、效果、柔性）；最后，结构以服务型基础产品设计文化库单维度为基础，吸收文化资源（专业、诚信、可控、低成本、认同、精工细作、低价），通过双维度扩展服务型新产品设计文化库。

（二） 文化库对服务型新产品设计的作用机理模型及理论分析

1. 数据结构图

本研究描述案例企业服务型新产品设计文化库，通过即兴发挥对服务型新产品设计产生作用的过程，以服务型基础产品设计为载体，以实证观察及案例对象的阶段性变化来论述研究发现。首先通过对现实情景的实证观察寻找到相应理论，再通过进一步的理论观察来构建模型中的要素，得到该作用过程数据结构，如图 12 - 3 所示。

企业在服务型新产品设计阶段通过不同层面纳入相应的文化资源，同时结合企业在这一阶段所经历的挑战，相互借鉴，使得文化资源被扩充；另外，从不同层面的文化资源出发，资源的再分类都是为更加合理充分地使用服务型新产品设计阶段的文化资源；综合以上两个方面，我们提取服务型新产品设计阶段对应的文化资源，并扩展服务型新产品设计阶段的文化库。

依据从网站搜集的环意·意大利艺术之旅产品与会奖单团、公商务单团的旅游部分进行比较发现，无主题的单团旅游的外在审美是指产品外在表现力是否引人注目；基础功能是服务专业、得体；大众象征意义在大多数情形下多是体验、消费的身份代表，未贴合客户差异化需求，从这三个维度进行理论建构，形成服务型基础产品设计。

结合前期扩展的服务型新产品设计文化库，为保证服务型新产品设计顺利实施，我们从即兴发挥触发的三个关键点进行分析，即变更、润色、

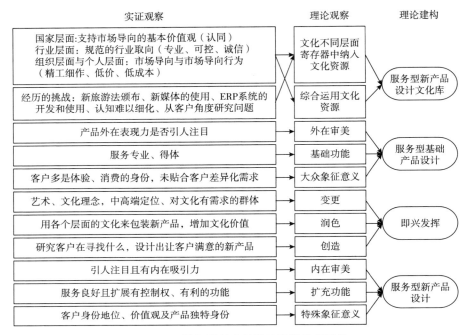

图 12 - 3　服务型新产品设计阶段数据结构

创造。变更是来源于对产品理念的调整，服务型新产品设计更注重艺术、文化的产品理念，明确产品的中高端定位，抓住对文化有需求的群体，是创造新产品的前提；润色是在服务型基础产品设计的依托下，利用文化资源反复品味、反复序化，从而给服务型新产品设计增加文化价值的过程；创造归因于研究客户在寻找什么，从文化角度深层次触碰客户潜在需求并提供让客户满意的产品。

　　文化库对服务型新产品设计产生影响，具体表现在服务型新产品设计的三个维度：内在审美、扩充功能、特殊象征意义。文化资源的加入能够使得外在审美、基础功能、大众象征意义较以往有所提升，从而得以充分发挥。内在审美从文化资源表现出其能够给顾客带来的内在吸引力；扩充功能扩展了服务型新产品设计的基础；特殊象征意义构建顾客能够体验到的与大众区分的独特身份，与此同时将这三个维度进行理论建构形成服务型新产品设计。

　　我们进一步分析文化库对服务型新产品设计产生作用的影响因素，是从企业的现象观察得到并通过理论观察进一步建构得出的。

2. 文化库对服务型新产品设计的作用机理模型

当服务型新产品设计文化库扩展完成之后如何对服务型新产品设计产生作用，具体作用过程如何，需要我们在研究中详细介绍。

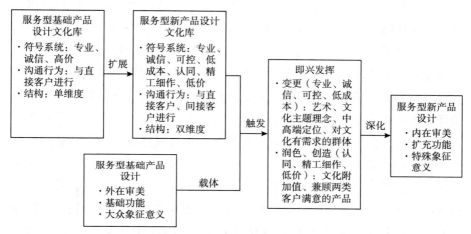

图 12 - 4　文化库对服务型新产品设计的作用机理

从图 12 - 4 可见，通过以下几个部分文化库对服务型新产品设计起到相应作用。一方面，以面向直接客户的服务型基础产品设计文化库为作用起始点，扩展兼顾直接客户与间接客户利益的服务型新产品设计文化库；另一方面服务型基础产品设计的三个维度即外在审美、基础功能、大众象征意义，作为文化库作用在服务型新产品设计上的载体。两者共同通过即兴发挥的变更、润色、创造，深化服务型新产品设计的三维度，利用文化库兼顾直接客户与间接客户的需求，形成文化库对服务型新产品设计的作用机理。

（1）文化库的扩展

通过前期观察，服务型基础产品设计文化库所对应的文化资源是传统意义下产品所固有的专业、诚信、高价，但随着社会与外界环境的剧烈变革，定制化、标准化两种产品设计维度具有越来越重要的意义。从定制化与标准化两个维度将从间接客户与直接客户处收集来的文化资源进行分析，在市场机制、门槛机制作用下形成符号系统，区别面向直接客户与间接客户的沟通行为以及阐明从单维度扩展到双维度的结构，从而共同扩展服务型新产品设计文化库。

（2）形成服务型新产品设计作用载体

服务型基础产品设计遵循审美、功能、象征意义三个维度。从服务型基础产品设计出发，审美在具体设计产品的过程中，文化库对其作用表现在产品外貌引人注目且有吸引力的特质。审美作为服务型新产品设计维度之一，表现的是在别人眼中感知到产品属性的美（Christian et al.，2015）。从案例观察可知服务型基础产品设计的审美更注重的是外在审美，即产品外观是否引人注目，是否可以带来更多的吸引力来表现产品外在美。功能在服务型基础产品设计过程中，从案例观察可知，更注重客户感知的基础功能，如服务型基础产品包含的专业、诚信等功能。象征意义表明顾客的身份、地位。象征意义是关于客户和其他人通过视觉体验收集到感知产品自我形象的信息，一个产品的象征意义可以唤起不同关联，它也可以用来表达个人价值观、性格或形成的身份（Christian et al.，2015）。服务型基础产品设计其象征意义是大众化的，更多的表现身份是体验、消费，但没有贴合客户差异化需求的特殊身份来响应。为此，从外在审美、基础功能、大众象征意义三个维度形成服务型基础产品设计作为塑造服务型新产品设计的载体。

（3）即兴发挥的影响分析

在服务型基础产品设计的基础上，扩展后的文化库究竟如何对服务型新产品设计产生作用？从已有模型观察可知，扩展后的服务型新产品设计文化库增加专业、诚信、可控、低成本、认同、精工细作、低价的文化资源，丰富组织的手边文化资源。进一步结合前人研究发现，即兴发挥是手边资源其中之一的应用领域（Baker et al.，2005），文化作为一种手边资源，即兴发挥也会应用在手边文化资源中。一方面，由于即兴发挥作为一个行为和学习导向的概念，是一个重要中坚力量，是生产与服务之间产生动态影响的刺激因素（Eisenhardt & Tabrizi，1995；Vera & Crossan，2005），而有特性的服务型新产品设计文化库是服务于新产品设计阶段的文化工具箱，故即兴发挥可以实现文化资源对服务型新产品设计的触发，使文化库作用于服务型新产品设计当中。另一方面，即兴发挥注重生产与服务间的动态相互作用，为高度个性化客户提供解决方案，即创造更能满足客户差异化需求的新产品设计。同时手边文化资源倾向于如何创造一些已经超出现有存在的新内容（Véronique，2014），且当新颖的设计与执行结合在一起的时候即兴发挥发生（Kanter，2002；Crossan & Sorrenti，1997），创造性与自发性是即兴发挥的表现，所以通过运用即兴发挥可以使手边文化资源发挥其创造性与自发性并作用在服务型新产品设计中。而即兴发挥为解决客户新产生的问题，通过变更、润色、创造，来调整产品、服务导向的逻辑，发现新的解决方案（Thomas，2015）。在运用文化库到服务型新产品设计中会面临一些困难，例如不够了解产品本质、缺乏满足差异化需求的产品，这些都是文化库作用于服务型新产品设计的瓶颈，那么如何具体解决相应困难？

　　结合上一个过程形成的服务型新产品设计载体，扩展的文化库通过即兴发挥的变更调整产品，突出艺术、文化主题的理念，明确产品中高端定位，抓住对文化、艺术有特定需求的目标市场；润色是将文化资源融入产品设计当中，增加文化附加值；创造是希望通过发现客户新的诉求，将文化资源即时调整，从而满足来自不同背景下客户的差异化需求，设计出让客户满意的产品。从文化库对服务型新产品设计的作用出发，一方面为使新产品能够带来便利、有控制权、有利的效益，通过专业、诚信、可控、低成本的文化资源来转变产品理念、明确产品定位，同时抓住目标市场实现变更的效率；另一方面为让客户通过新产品获得实惠、成长、感动的效果，在设计新产品时通过认同、精工细作、低价的文化资源来打破模式化的产品设计套路，提升服务型新产品润色、创造的柔性。

　　（4）深化服务型新产品设计三维度

　　通过即兴发挥影响服务型新产品设计，依然从审美、功能、象征意义三个维度进行衡量。不同于服务型基础产品设计，服务型新产品设计的审美维度，表现在对客户的内在吸引力。通过成长、感动、有利的市场机制，引导认同、精工细作、低成本的文化资源灌注在服务型新产品设计的审美中，使得客户对于产品的感知保持一致。再辅以对产品从尊贵、个性、体验、慢节奏全方位打造，满足客户对产品节约时间成本的深刻感知，加强对内在吸引力的塑造，形成内在审美。

　　功能反映消费者认知到产品设计能够实现其自身期望的能力，由于一些产品设计的基础功能只能在消费或使用中体现，而大多数情况下消费者仅仅依据自己看到的产品功能来认知一个产品，进而忽略了消费者在初次接触产品时无法全面体验的扩展功能（Christian et al.，2015），所以如何让产品物有所值并发挥其功能是服务型新产品设计应当思考的。通过便利、有利、有控制权的市场机制，引导专业、诚信、可控、低成本的文化资源，感知服务型新产品设计的扩展功能，使得客户从理性角度衡量产品的整体功能性。

文化库作用于象征意义，强调客户能够通过服务型产品设计表现出个人价值观或性格，是一种通过产品对自我的感知，因此服务型新产品设计通过可控、精工细作等文化资源创造与服务型新产品设计关联的身份、地位，进而满足特定客户群体的需求。与此同时，象征意义代表顾客对于产品独特身份特性的认知。文化和旅游有一个共同的目的——捕获独特消费者。对于旅游产品，路线有地域性，每条路线都有自己想表达的属性，可以被赋予独特身份或特性，文化的混合可以塑造每条线路的独特角色（Johan，2003）。当新产品分别代表不同身份或特性时，与之有关的文化资源会产生差异。例如当服务型新产品代表尊贵感时，有关文化资源是精工细作；当服务型新产品代表有保障时，有关文化资源是可控的。从服务型新产品表现的身份地位，在有控制权、成长的市场机制引导下，通过可控、精工细作的文化资源转入服务型新产品设计中，唤起客户对于不同需求的不同关联，形成特殊象征意义，使得文化库作为一个渠道让我们从本质上来了解如何满足更多消费者的需求，将服务型产品设计维度进一步深化后兼顾了直接客户与间接客户的需求。

综上所述，服务型基础产品设计三维度作为服务型新产品设计作用的载体与扩展的文化库通过即兴发挥的变更、润色与创造深化服务型新产品设计三维度，最终形成文化库对服务型新产品设计的作用机理模型，实现兼顾直接客户与间接客户需求的目标。与 Christian 和 Homburg（2015）提出的观点一致，笔者同样认为服务型产品设计三维度是审美、功能、象征意义，该模型构建文化库对服务型新产品设计的作用机理，扩充与应用了服务型新产品设计三维度。

3. 文化库对服务型新产品设计产生影响的讨论

新产品设计是企业营销的构成部分。Douglas 和 Douglas Cameron（2013）在注意力份额营销中提出营销就是在消费者头脑中建立某个品牌与消费者认可的价值利益点之间的联系，这种利益点是由理性与感性两部分构成。一般而言，理性利益点与产品功能有紧密联系，但随着产品模仿速度与日俱增，很难在这点上有较大改变。所以，从感性利益点出发，在产品与情感之间寻找密切相关的枢纽，确保在服务型新产品设计中，能够加强消费者对产品、品牌的认知。本研究分析文化库对服务型新产品设计的作用时发现，文化库是通过审美、功能、象征意义三维度对服务型新产品设计产生作用的。一方面，功能对应理性利益点，它是凸显在新产品设计上的理性；另一方面，审美、象征意义则对应感性利益点，是与情感有所联系的要素（见图 12 - 5）。

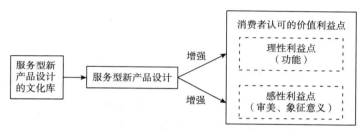

图 12 - 5　文化库对服务型新产品设计作用的外延影响

文化库对服务型新产品设计的作用表现在内在审美、扩展功能与特殊象征意义三个方面。对于服务型基础产品设计而言，在外在审美、基础功能与大众象征意义的基础上，文化库增强了服务型新产品设计与理性、感性利益点之间的关系。从文化库对服务型新产品设计产生的作用来看，功能维度在文化库的作用下被扩充，强化服务型新产品设计与理性利益点之间的关系；审美、象征意义维度在文化库的作用下被丰富，完善服务型新产品设计与感性利益点之间的关系。进一步表明，文化库对服务型新产品设计的作用增强服务型新产品设计与消费者认可的价值利益点之间的关系。

在服务型新产品设计的历程中，艺术是起点，到后来的刺激消费，但文化是根本。而服务型企业恰恰就处在文化回归这个新兴阶段，对于服务型新产品设计来讲，加入文化资源非常符合当今的市场需求。但简单地将文化灌注在产品中并不能满足设计要求，即市场差异化需求。环意不同于其他竞争对手，它将文化资源进行延展、总结和归纳，使其可以不断解读市场需求，挖掘现有市场中的潜在需求，更好地表达服务型新产品设计的概念，满足差异化市场需求，从而创造更大的竞争优势，为客户提供更好的产品。

现代服务型新产品设计，是多种文化并存，是人与自然协调的体现，在文化的孕育下无形服务是一种融通文化、关怀人性的思考方式。服务是无形的，但正是因为无形，产品才能作为一个整体，在服务型新产品设计的方方面面有所体现。环意·意大利艺术之旅正是旅游行业在文化中的一种商业延展，通过专业化运营方式，将古今中外的文化资源与之结合，形成具有一定附加价值的商业产品。

五 结论

（一）理论贡献与管理启示

本章以环意新产品设计为研究对象，通过文化库理论以及新产品设计理论分析服务型企业如何在新产品设计过程中通过文化库的作用来落实服务型新产品设计的执行。得出以下结论。

第一，建立服务型新产品设计文化库的扩展模型。从服务型基础产品设计文化库只满足直接客户需求的定制化单维度，找到兼顾直接客户与间接客户需求的标准化与定制化双维度扩展文化库。两个维度都是通过市场机制与门槛机制实现的。标准化通过"效益"的市场机制，实现直接客户"效率"的门槛机制需求；定制化通过"效果"的市场机制，实现间接客户"柔性"的门槛机制需求，以实现从与直接客户沟通扩展到与直接客户、间接客户一起沟通。依托服务型基础产品设计文化库，以服务型新产品设计为载体来扩展文化库的符号系统、沟通行为和结构三个组成部分。

第二，揭示文化库对服务型新产品设计的作用机理。以服务型基础产品设计文化库为作用起始点，通过面向不同客户群体的市场机制和门槛机制的相互作用来实现服务型新产品设计的文化库扩展；通过变更、润色、创造三个过程来实现即兴发挥。在即兴发挥作用下，服务型新产品设计的三维度也发生了相应的改变：审美由外在变为内在、功能由基础变为扩充、象征意义由大众变为特殊。在即兴发挥过程中实现双目标兼顾的文化库对服务型新产品设计的作用机理。

企业通过扩展服务型新产品设计文化库促进服务型新产品设计的贯彻

执行，从而开发出有持续竞争力的服务型新产品，该过程是在实践中总结出来的。在文化库扩展过程中，定制化用来满足终端游客需求，标准化用来满足组团社需求；服务型新产品设计的执行是文化库在扩展之后，通过对服务型新产品设计的产品理念、产品定位以及文化附加值的改变，使服务型新产品设计引起消费者共鸣，进而创造出客户满意的产品过程。

服务型企业通过文化库的扩展，实现企业准确识别客户需求的信息，并通过文化库作用在服务型新产品设计上，提高产品设计响应客户需求的能力，实现文化库理论实践性的变化，进而形成文化库对服务型新产品设计的作用机理模型。这为我们在快速变更的信息化社会中，提供重要的理论借鉴与实践指导意义。

本研究囊括的理论贡献主要表现在以下两方面。

第一，揭示服务型新产品设计文化库的扩展机制，有利于实践。研究从服务型新产品设计的视角出发，探讨运用新产品设计阶段的文化资源，从标准化、定制化两个维度，通过市场机制、门槛机制扩展服务型新产品设计文化库。在明确客户需求的基础上，能够直接洞悉市场变化，扩充文化库理论在企业管理问题中的情景化实践。

第二，本研究补充文化库对服务型新产品设计作用过程的理论与实证研究。现有研究缺乏对服务型新产品设计与文化库的相互作用研究。本研究通过文化库的扩展丰富手边文化资源，以服务型基础产品设计为载体，共同通过即兴发挥进一步深化服务型新产品设计三维度，得出文化库对服务型新产品设计的作用机理模型。推导出的作用机理模型一方面解释企业如何通过文化库作用于服务型新产品设计，对服务型新产品设计的升级起到促进作用，扩充与应用了服务型新产品设计三维度研究；另一方面依靠文化库理论深入分析如何将客户需求与文化灵感结合起来，设计有文化意义的产品，延伸了对可持续性设计理论的研究。

本研究的实践意义主要有以下表现方面。

该研究创新性地开发了文化库对服务型新产品设计的作用机理模型，在服务型企业新产品设计方面予以指导。本研究形成的作用机理模型明确文化库作用于服务型新产品设计必需的要素，"即兴发挥"和"服务型新产品设计三维度"。剖析企业在新产品设计初期，由于文化价值在服务型新产品设计中表现不明确，应当结合企业的实际情形，具体规划出适合企业的文化库扩展机制，为企业长远发展奠定基础；在企业形成一定根基之后，合理规划、分类企业文化资源；针对有特性的服务型新产品设计，通过产品特性寻求可以最大程度利用文化资源的能力，并通过文化资源的融入提升产品文化价值。本研究的作用机理模型作为一个指导，调整服务型企业新产品设计并挖掘潜能，从而提升服务型新产品设计在市场中的持续竞争力。

本研究以企业服务型新产品设计经验为基础，依据企业案例现象剖析文化库对服务型新产品设计的作用机理，提供一个能够用来参考的分析过程，对服务型新产品设计的定位、执行提供有力指导。

（二） 研究局限与展望

本研究阐述文化库如何对服务型新产品设计产生作用，由于案例企业隶属于旅游行业，为此不能确定本研究结论与其他行业的兼容性。未来研究可以在本研究的基础上通过实证统计检验加以进行，使获得的结论更具有普适性。未来研究方向：第一，本研究从服务型新产品设计方面研究文化库如何产生作用，未来的研究将可以关注在服务型新产品开发的不同阶段，文化库如何分别产生作用，使企业在运用文化库时更有规范性；第二，也可以将关注点放在新产品设计理论的其他分支理论上，探讨还能够从哪些方面对服务型新产品设计产生作用，这些动因如何与新产品设计产生作用，从而影响企业的持续竞争力。

参考文献

Bergh D. , Limenk. , Learning How to Restructure: Absorptive Capacity and Improvisational Views of Restructuring Actions and Performance[J]. *Strategic Management Journal*, 2008, 29 (6):593 - 616.

Candi M. , Benefits of Aesthetic Design as an Element of New Service Development[J]. *Journal of Product Innovation Management*, 2010, 27(7):1047 - 1064.

Christian Homburg, Martin Schwennle, Christina Kuehnl. New Product Design: Concept, Measurement, and Consequences[J]. *Journal of Marketing*, 2015, 5(79):41 - 56.

Crossan M. & Sorrenti M. , Making Sense of Improvisation[J]. *Advances in Strategic Man-*

agement, 1997, 14(3) : 155 – 180.

Cunha M. P. , Cunha J. V. , Kamoche K. , Organizational improvisation: What, When, How and Why[J]. *International Journal of Management Reviews*, 1999, 1(3) : 299 – 341.

Chelariu C. , Johnston W. J. , Young L. , Learning to Improvise, Improvising to Learn: A Process of Responding to Complex Environments[J]. *Journal of Business Research*, 2002, 55 (2) : 141 – 147.

Christian Homburg, Christian Pflesser. A Multiple-Layer Model of Market-Oriented Organizational Culture: Measurement Issues and Performance Outcomes[J]. *Journal of Marketing Research*, 2000, 11, 37(4) : 449 – 462.

Dell'Era C. , Verganti R. , Strategies of Innovation and Imitation of Product Languages[J]. *Journal of Product Innovation Management*, 2007, 24(6) : 580 – 599.

Esslinger H. , Sustainable Design: beyond the Innovation-driven Business Model[J]. *Journal of Product Innovation Management*, 2011, 28(3) : 401 – 404.

Eisenhardt K. M. , Tabrizi B. N. , Accelerating Adaptive Processes: Product Innovation in the Global Computer Industry[J]. *Administrative Science Quarterly*, 1995, 40(1) : 84 – 110.

Eisenhardt K. M. , Strategic Decisions and All that Jazz[J]. *Business Strategy Review*, 1997, 8(3) : 1 – 3.

Harrison S. H. , Corley K. G. , Clean Climbing, Carabiners, and Cultural Cultivation: Developing an Open-Systems Perspective of Culture [J]. *Organization Science*, 2011, 22 (2) : 391 – 412.

Hmieleski K. M. , Corbett A. C. , The Contrasting Interaction Effects of Improvisational Behavior with Entrepreneurial Self-efficacy on New Venture Performance and Entrepreneur Work Satisfaction[J]. *Journal of Business Venturing*, 2008, 23(4) : 482 – 496.

Johan Bruwer. South African Wine Routes: Some Perspectives on the Wine Tourism Industry's Structural Dimensions and Wine Tourism Product[J]. *Tourism Management*, 2003, 24 (4) : 423 – 435.

Kanter R. M. , Strategy as Improvisational Theater[J]. *MIT Sloan Management Review*, 2002, 43(2) : 76 – 81.

Khazanchi S. , Lewis M. W. & Boyer K. K. , Innovation-supportive Culture: The Impact of Organizational Values on Process Innovation[J]. *Journal of Operations Management*, 2007, 25 (4) : 871 – 884.

Lamont M. , Thévenot L. , Rethinking Comparative Cultural Sociology: Repertoires of Evaluation in France and the United States[M]. Cambridge University Press, Cambridge, UK. 2000,

(2):413 - 431.

Leybourne S. , Improvisation within the Project Management of Change: Some Observations from UK Financial Services[J]. *Journal of Change Management*, 2006, 6(4):365 - 381.

Luchs M. , Swan K. S. , The Emergency of Product Design as a Field of Marketing Inquiry [J]. *Journal of Product Innovation Management*, 2010, 28(3):327 - 345.

Mao M. , IT-Enabled Cultural Retooling: Identifying Value and Routine Discrepancies during ES Pre-implementation[D]. National University of Singapore, 2014.

Mao M. , Pan S. L. , Hackney R. , Ractham P. , Kaewkitipong L. , Constructing the Cultural Repertoire in a Natural Disaster: The Role of Social Media in the Thailand Flood of 2011[A]. The 25th Australasian Conference on Information Systems(ACIS 2014), Auckland, New Zealand, 8 - 10 December 2014.

Miner A. S. , Bassof P. , Moorman C. , Organizational Improvisation and Learning: A Field Study[J]. *Administrative Science Quarterly*, 2001, 46(2):304 - 337.

Moorman C. , Miner A. S. , The Convergence of Planning and Execution: Improvisation in New Product Development[J]. *Journal of Marketing*, 1998, 62(3):1 - 20.

Orlikowski W. J. and Yates J. , Genre Repertoire: The Structuring of Communicative Practices in Organizations[J]. *Administrative Science Quarterly*, 1994, 10, 39(4):541 - 574.

Ocasio W. , Joseph J. , Cultural Adaptation and Institutional Change: The Evolution of Vocabularies of Corporate Governance, 1972 - 2003[J]. *Poetics*, 2005, 33(3 - 4):163 - 178.

Orlikowski W. J. , Hoffman J. D. , An Improvisational Model for Change Management: The Case of Groupware Technologies[J]. *Sloan Management Review*, 1997, 38(2):11 - 21.

Patrik Gottfridsson. Different Actors' Roles in Small Companies Service Innovation[J]. *Journal of Services Marketing*, 2014, 28(7):547 - 557.

Perks H. , Cooper R. , Jones C. , Characterizing the Role of Design in New Product Development: An Empirically Derived Taxonomy[J]. *Journal of Product Innovation Management*, 2005, 22(2):111 - 127.

Perky L. T. , Strategic Improvising: How to Formulate and Implement Competitive Strategies in Concert[J]. *Organizational Dynamics*, 1991, 19(4):51 - 64.

Rindova V. P. , Dalpiaz E. , Ravasi D. , A Cultural Quest: A Study of Organizational Use of New Cultural Resources in Strategy Formation [J]. *Organization Science*, 2011, 22 (2): 413 - 431.

Swidler Ann. Culture in Action: Symbols and Strategies[J]. *American Sociological Review*, 1986, 51(2):273 - 286.

Swidler Ann. *Talk of Love: How Culture Matters*[M] . University of Chicago Press, Chicago, 2001, 5: 456 – 469.

Schein E. H. , Coming to A New Awareness of Organizational Culture[J] . *Sloan Management Review*, 1984, 25(2): 3 – 16.

Ted Baker. Reed E. Nelson. Creating Something from Nothing: Resource Construction through Entrepreneurial Bricolage[J] . *Administrative Science Quarterly*, 2005, 50(3): 329 – 366.

Thomas Süße. Improvisation as A Prerequisite for the Dynamic Interplay of Production and Service in PSS: Insights of An Organizational Design Principle and A Game-based Learning Approach[R] . 7th Industrial Product-Service Systems Conference-PSS, Industry Transformation for Sustainability and Business, 2015, 30: 366 – 371.

Verganti R. Design, Meanings, and Radical Innovation: A Metamodel and a research agenda [J] . *Journal of Product Innovation Management*, 2008, 25(5): 436 – 456.

Véronique Altglas. "Bricolage": Reclaiming a Conceptual Tool[J] . *Culture and Religion: An Interdisciplinary Journal*, 2014, 15(4): 474 – 493.

Vera D. , Crossan M. , Theatrical improvisation, Lessons for Organizations[J] . *Organization Studies*, 2004, 25(5): 727 – 749.

Vera D. , Crossan M. , Improvisation and Innovative Performance in Teams[J] . *Organization Science*, 2005, 16(3): 203 – 224.

Weick K. E. , Introductory essay-Improvisation as a Mindset for Organizational Analysis [J] . *Organization Science*, 1998, 9(5): 543 – 555.

Weber K. , A Toolkit for Analyzing Corporate Cultural Toolkits[J] . *Poetics*, 2005, 33(3 – 4): 227 – 252.

Zilber T. B. , The Work of the Symbolic in Institutional Processes: Translations of Rational Myths in Israel High Tech[J] . *Academic Management Journal*, 2006, 49(2): 281 – 303.

〔美〕道格拉斯·霍尔特（Douglas Holt），道格拉斯·卡梅隆（Douglas Cameron）. 文化战略——以创新的意识形态构建独特的文化品牌［M］. 汪凯译. 商务印书馆，2013.

陈国栋，陈圻. 产品设计与新产品开发绩效的关系研究——技术创新程度的调节效应［J］. 中国地质大学学报（社会科学版），2013，1，13（1）.

陈国栋，陈圻. 新产品开发中产品设计研究综述——基于 JPIM 的分析［J］. 技术经济，2012，31（4）.

韩东屏. 用文化工具论把脉中国传统文化［J］. 河南社会科学，2008，16（2）.

谢益民. 文化工具论视阈下的数学教学刍议［J］. 教育导刊，2013，（6）：18 – 21.

秦波，徐兰芬，邹丽红，翁建华．海岛特色信息资源整合与海洋文化库构建［J］．浙江海洋学院学报（人文科学版），2009，26（2）.

陶然，彭正龙，许涛．组织认知的即兴现象与组织创新能力研究［J］．图书情报工作，2009，53（14）.

李笑男，潘安成．基于多维搜索的组织即兴模型研究［R］．第五届（2010）中国管理学年会——组织与战略分会场论文集，2010.

吴东，裘颖．团队即兴能力与创新绩效的关系研究［J］．科学管理研究，2010，28（6）.

谢世海．跨文化产品设计研究［D］．南京航空航天大学，2012，12.

丁俊武，杨东涛，曹亚东，王林．基于情感的产品创新设计研究综述［J］．科技进步与对策，2010，27（15）.

第八部分
授人以渔

　　本部分为"授人以渔"，是本书的领导品牌建设以及结论与展望部分。主要是对全书的行文结构作总结与归纳，并对全书案例的选择对象加以说明。不仅阐释了全书对品牌相关理论的贡献与价值，还对小微企业如何打造领导品牌的管理启示作详细的说明与解释，以期本书可以从理论与实践的双重意义，为读者提供帮助与指导。

第 13 章 领导品牌成长机理——基于 SPP 框架的双案例研究[*]

一 引言

由于市场复杂性日益加剧，大多数企业所具有的能力与应对该复杂性能力之间的差距正在扩大（Day，2011）。市场竞争加剧使得品牌从识别产品的战术性工具转变为战略性资产（Urde et al.，2013）。品牌战略制定和实施的本质是在企业的资源、能力与环境之间保持均衡，而获取和维持品牌的可持续竞争优势是品牌在发展过程中进行战略定位的核心（夏清华，2002）。对于企业品牌发展而言，资源有限的条件下如何充分高效地最大化资源价值以提升品牌动态管理能力，从而打造强大品牌显得尤为重要。自 20 世纪 90 年代以来，激烈的市场竞争迫使企业的品牌成长与发展不断地根据企业外部环境变化进行资源优化配置。而该资源既可以来自企业外部，也可以来源于企业内部，但品牌需要采取一定的措施来实现资源的有效整合和重新建构（董保宝等，2011）。组织学习理论家提出了两种基本的"适应性过程"的存在，即企业品牌对资源的营销探索与开发，二者是企业品牌配置资源以提高营销能力的关键因素（Vorhies et al.，2011）。Wang 和 Ahmed（2007）认为通过对资源的整合可以有效提升企业品牌的动态能力。只有当资源通过动态能力进行适当匹配时，才能产生卓越的组织绩效。虽然拥有资源使创造卓越绩效成为可能，但是如果没有动态能力来充分配置知识资源，卓越的绩效依旧不会产生。因此，在品牌建设过程中，资源合理优化配置与动态能力之间的适配性对品牌成长与发展至关

---

[*] 本章是在李纯青的指导下由西北大学硕士研究生熊梓琪同学完成。

重要。

　　企业品牌管理在品牌管理文献中的地位日益突出，由此推动了聚焦品
牌时代的来临。近年来，学术界逐渐认识到品牌身份的作用是有效区分和
管理品牌的重要工具（Aaker，1996）。企业品牌的主要构成要素是其品牌
身份（Iglesias et al.，2020）。传统观点认为，企业品牌身份是稳定的，是
由管理者和其他内部利益相关者单方面决定（Kapferer，2012）。该学者认
为品牌管理的相关文献倾向于将品牌身份定义为一种内部结构，这种内部
结构是单方面地源于组织（品牌管理者想要构建的品牌），并且需要随着
时间的推移而保持稳定性。尤其是与竞争对手相比，企业的品牌身份是使
企业品牌独特并与其利益相关者相关的因素。而从客户的角度出发，品牌
管理者应建立并保持清晰一致的品牌身份，以便品牌可以为消费者提供稳
定的参考（Aaker，1996）。

　　尽管企业越来越意识到品牌可以在公司的价值创造中发挥关键作用，
但如何打造领导品牌的瓶颈依旧有待突破。因此，本研究基于双案例研
究，运用 SPP 框架，即"优势来源（Source of Advantage）—位置优势
（Positional of Advantage）—绩效结果（Performance Outcomes）"框架（Day
& Wensley，1988），分析 B2B 企业与 B2C 领导品牌的成长过程，深入探究
领导品牌的成长机理，一方面可以丰富品牌构建和管理的理论，另一方面
也能够为本土企业打造领导品牌提供借鉴与参考。

二　文献述评

（一）　领导品牌

　　蒋廉雄（2020）研究了数字化时代如何建立领导品牌问题，认为从品
牌类别化视角出发，一个品牌在某个产品市场建立高的典型性，成为该市
场中的代表，即品牌原型。该学者认为品牌原型奠定了领导品牌建立的内
在机制，主要包括以下方面：（1）品牌作为类别成员优先进入消费者的认
知集，进而获得消费者的优先关注；（2）其品牌所定义的产品利益、类别
以及属性成为消费者对其他品牌产品的评价标准；（3）该品牌与品牌使用
率、品牌态度以及品牌选择存在高相关性，进而成功塑造消费者的认知和

购买行为；（4）作为产品类别和市场品牌代表的认知，构成了市场进入的壁垒以及领导地位维持的有效屏障；（5）消费者根据品牌的社会声名、营销地位以及表现能力对品牌的产品延伸进行评价，以超越产品类别匹配性的限制，促进领导品牌顺利展开市场扩展，甚至实现具有成为多个类别的超级品牌的可能性。以上研究，为本研究具体呈现了领导品牌所具备的典型性特征，能够有效夯实本研究的理论基础，然而其尚聚焦于数字化时代领导品牌与消费者之间的关系构建，缺乏对传统领导品牌如何进行数字化转型并获取和维持其竞争优势，实现可持续的领导品牌地位的深入剖析与研究。

笔者认为"领导品牌"主要是指某一品类的代名词，该定义与蒋廉雄（2020）对于领导品牌的定义与界定具有高度一致性。通常而言，受资源极大约束的品牌无法以资源方面与同类大型企业竞争，但是如果能够通过建立品牌与品牌的相关性，进而使得竞争实力强大的对手与之不相关，守正出奇，获取品牌发展先发优势，成为该品类的先行者品牌，从而实现品类中的领导品牌是一种有效的战略方法（何佳讯，2017）。面对不确定性环境和资源约束问题，品牌需要在发展的不同阶段，明确优势来源，确立位置优势，以战略为导向，以策略实施为实现方式，突破资源瓶颈，拓展可利用资源的宽度和广度，以优化资源配置，夯实领导品牌地位，维持先发优势和先行者领导地位。因此，探究面对不确定性环境和资源约束如何成为领导品牌，保持领导品牌地位，对于企业品牌建设和发展具有重要意义。

（二）　资源基础观

企业的资源基础观（RBV）和由此产生的资源基础理论（RBT）为解释和预测企业竞争优势与绩效提供了一个重要的框架（Kozlenkova et al.，2014；Barney et al.，2011；Slotegraaf et al.，2003；Vorhies & Morgan，2005）。尽管先前的研究已经确定组织资源对企业的成功至关重要（Penrose，2009），但直到20世纪80年代，企业的资源基础观才开始形成（Kozlenkova et al.，2014）。而在市场环境是模糊以及不可预测的前提之下，企业品牌"整合、建构、重新配置其内外部资源的能力是企业品牌获取持续竞争优势的来源"，而这是动态能力观点（dynamic capability view，DCV）的核心内容，因而动态能力是竞争优势的来源（董保宝等，2011；Teece et al.，1997）。本研究拟基于资源基础观的相关理论，明确如何在资源有限的束缚下，与品牌动态管理能力进行匹配协同，进而转化为品牌成长的优势来源，夯实领导品牌的根基。

三 案例描述

（一） 环意国际旅行社案例简介

环意国际旅行社品牌创立于 2009 年，是一家将"意大利单团地接"的产品与服务做到极致的小微企业，专注于意大利旅游文化产品及服务的研发和运营。环意作为旅游行业的 B2B 品牌，初创至今经历了市场环境的复杂变化，并根据市场环境的不断变化做出适时调整，呈现了品牌发展的阶段性特征。

环意是米斯特拉退出中国市场后诞生的新品牌，而品牌创始人张环女士曾是米斯特拉的一员，是中国赴意大利旅游的负责人。品牌初创期，张环女士充分整理有限资源，树立新品类，创建新品牌，构建"新品牌，老团队"，获得老客户的支持，让环意在激烈的市场中求得生存。具有代表性的关键事件如环意需要明确其在旅游行业中的产品及服务的市场定位，培养环意品牌的金牌导游，并在品牌成立初期荣获意大利"旅游金熊猫奖"；品牌发展期，建立旅游新品类——单团地接在旅游行业中的品类认知，进而宣传提供单团地接服务的环意品牌，建立良好关系。具有代表性的关键事件如在意大利大使馆举办"环意沙龙：去意大利旅行，邂逅艺术"活动，为打破对于 B 端客户的品牌传播依赖，主动研发新产品，推出意大利艺术之旅，并在环意网站中增加了面向终端客户的内容，与 CCTV4 合作《空姐新发现》录制，以获得品牌运营过程中的主动权，以新产品投入为策略提升环意国际旅行社在 C 端的品牌认知度；在运营过程中，充分发挥内外部资源的重要作用，其间与 OTA 旅行社合作实现传统地接社与数字化企业之间的缓慢过渡，提升品牌营销能力，建立品牌领导力，快速稳居行业品牌领军地位；品牌转型期，由于数字化技术的发展，传统旅游企业受到冲击，环意加快其传统模式向数字化企业转型的速度，与马蜂窝等大型的旅游平台进行合作。此外，由于新冠肺炎疫情，旅游产业受到重创，环意迫切需要面对这种不确定性因素带来的品牌生存与发展问题，通过资源探索与开发，建构动态能力，释放资源势能，研发了环意精选产品及服务，为 C 端顾客提供来自意大利设计师的好物精选，品牌尽力全方位与数字化营销技术接轨，实现品牌转型的战略性调整等。环意国际旅行社发展历程中的关键事件，如图 13 - 1 所示。

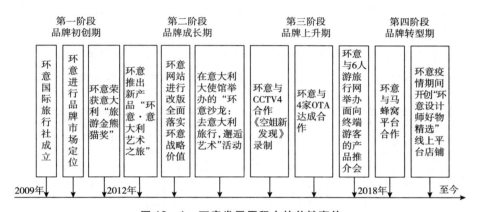

图 13 - 1 环意发展历程中的关键事件

（二） 巴奴毛肚火锅案例简介

巴奴专注毛肚火锅，提出"产品主义"理念，用真材实料、健康美味的产品，赢得顾客口碑；2020 年，巴奴投资约 1.5 亿元兴建的新央厨正式亮相，秉承"能冷鲜不冷冻，能天然不添加，能当天不隔夜"理念，打造餐饮业第三代供应链。目前，巴奴已拥有 85 家直营店、3 个中央厨房、1 个底料加工厂，5000 多名员工。店面覆盖北京、上海、西安、苏州、南京、郑州等 20 多个城市，每年服务超过 1000 万名顾客。巴奴毛肚火锅发展历程中的关键事件如图 13 - 2 所示。

中国饮食文化源远流长，火锅种类纷繁多样。依据火锅锅底的种类不同，火锅可以分为六大派别，主要包括：蒙派火锅、京派火锅、牛派火锅、菌派火锅、海派火锅、川派火锅。六大派别的火锅之间有各自的特色与区别，在火锅派系划分之下，不同的火锅品牌种类应运而生。作为餐饮业的一枝独秀，火锅具备广泛的消费群体，呈现出"形式随意，受众广泛，丰俭由人"等特征，深受大众消费者的喜爱，是值得深入经营的行业。

巴奴创始人杜中兵进入火锅餐饮行业之前，深入思考了巴奴能够在该行业带来的价值与意义，确定了"要让火锅一落地就是干净与纯粹"的初心。在"以服务取悦顾客"的行业主导经营模式下，杜总坚守初心，从锅底与菜品等多个产品方面着手突破，率先应用西南农大的"木瓜蛋白酶嫩化技术"进行产品的改良，以保证毛肚的质量和高品质，以"用真材实料的菜品"来获得客户的品牌认同，进而颠覆了行业主导的经营模式。杜总认为火锅属于餐饮行业，品牌建设与产品品质不可分割。在多年的发展中，巴奴成为"毛肚火锅"新品类的领导品牌，获得行业的多项荣誉，并不断与时俱进，配套现代化的运营体系，实现产品与服务现代化。

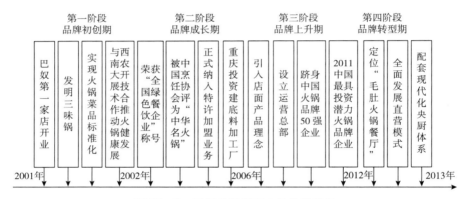

图 13-2　巴奴发展历程中的关键事件

四　案例分析

本研究探讨的是领导品牌成长机理问题。在开展案例分析之前，首先需要界定领导品牌的构建过程，该过程是指从品牌初创到品牌运营发展的流程。本研究将案例企业的品牌构建的过程划分为初创期、成长期、上升期以及转型期四个阶段。初创期主要是指品牌初创并促进品牌市场化的阶段；成长期是指通过品牌架构设置和管理明晰品牌战略规划的阶段；上升期是指品牌建立核心竞争优势并积极传播的阶段；转型期是指品牌由于环境或者发展需求而进行的品牌重构阶段。基于四阶段的划分，本研究将具体描述环意和巴奴的领导品牌的构建过程及其成长机理。

（一）　环意领导品牌的构建过程及其成长机理

1. 初创期：通过创建新品类确定领导品牌地位

在品牌初创期，环意主要是依据对所处市场环境的判断，进行系统分析，利用环意及其员工多年的工作经验，对旅游市场形成敏锐的市场感知能力，有效制定品牌定位战略，从而进行科学的品牌定位，确立品牌核心竞争力。该阶段，首先，研究发现由于小微企业的资源有限，以对市场环境的感知与品牌自身的资源进行匹配分析为主导，以确立品牌的核心身份——意大利单团地接社，进而在意大利单团地接行业中建立品牌领导力。一个品牌要想成功，初期主要依赖于其市场感知能力和经验知识管理能力，只有敏锐的市场感知和知识管理能力才能够帮助企业获取有价值的品牌定位，例如，环意对境外单团地接市场的敏锐感知，"新品牌，老团队"是对产品与服务提供的保障。其次，在初创期，品牌需要制定品牌定位战略，环意确定了做"意大利单团地接"的领导品牌定位之后，以创建新品类为实施策略，促进环意品牌领导力的建立。最后，在品牌初创期，环意通过在细分市场中获得的行业领导地位，能够使得客户更加精准明确环意品牌所提供的产品与服务，有效降低了环意与客户之间的沟通成本，以获得有利于品牌成长的内外部环境资源。通过资源拼凑，缓解环意作为小微企业的资源紧张状况，进而提升环意品牌的管理即兴能力，以形成品牌发展的优势来源（见图 13 - 3）。

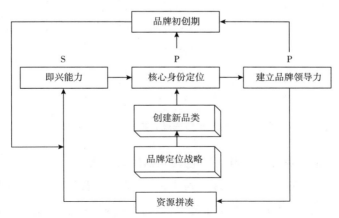

图 13 - 3　环意品牌初创期品牌成长机理

2. 成长期：通过新产品开发建立领导品牌认知

在品牌成长期，环意前期明确了品牌定位以及该品牌提供的核心价值，这为之后的品牌营销管理确定了方向。环意虽然树立了新品类，但是在旅游市场尚未对"单团地接"这个新品类形成认知，这导致品牌认知建立的困境。张总创立环意国际旅行社品牌之后，针对其品牌定位向目标客户进行品牌传播。由于环意是旅游行业的新品牌的第一品牌，张总意识到欲建品牌，品类先行。环意作为单团地接的品类先行者，首先应该建立和强化目标客户对单团地接的品类认知，环意的品牌认知就可以事半功倍地建立。因而环意基于意大利旅游文化资源，对终端客户产品进行研发，希望以此能够使环意在传统组团社客户那里化被动为主动。在新产品开发与运营过程中，在 C 端客户建立起了"专业、专注、细致、深度体验"的品牌认知。例如，环意在单团地接的基础上，研发了新产品——环意·意大利艺术之旅，以此吸引终端旅客，并引导 B 端客户向 C 端客户宣传环意。最终，通过资源整合来构建新的优势来源——品牌管理整合能力（见图 13－4）。

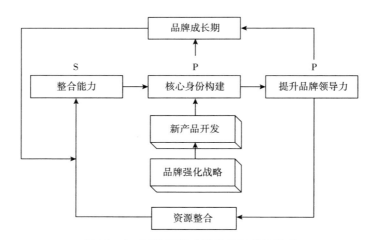

图 13－4　环意品牌成长期品牌成长机理

3. 上升期：通过传播杠杆强化领导品牌影响力

在品牌上升期，环意前期明确了品牌核心以及该品牌提供的核心价值，这为之后的品牌营销管理确定了方向。品牌杠杆战略是一种以整合外部资源为主要手段来达到借力、省力目的的创建品牌资产新模式。传统品牌管理模式主要依赖公司内部资源，是一种内部导向型战略，但小微企业由于资源有限，倘若仅仅依赖于企业内部资源，则无法与资源雄厚的企业品牌相匹敌。而品牌杠杆模式强调善用外部资源创建品牌，是一种"借力""借势"的战略，它提供了一种更整合、更广阔的品牌战略新视野。从案例出发，环意国际旅行社通过明确外部利益相关者政府的自我定义需要，主动提出品牌的身份主张——意大利文化传播使者，与意大利旅游局等政府机构构建强联系，对品牌进行多种活动与场合的线上＋线下宣传，形成"杠杆传播模式"，赢取政府、客户、资源方等多个利益相关者对环意国际旅行社的信任，进而强化环意领导品牌的影响力。最终，通过资源协同来构建新的优势来源——品牌管理资源协同能力（见图 13 - 5）。

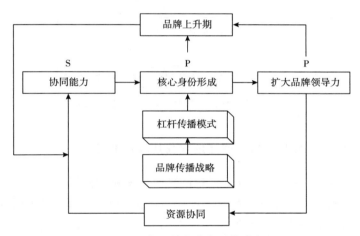

图 13 - 5　环意品牌上升期品牌成长机理

4. 转型期：通过重构资源推动领导品牌转型

在品牌转型时期，环意在经历品牌发展时期迅猛发展之后，面临着数字化时代的重大市场变革，这对环意而言，既是机遇也是挑战。在该阶段，由于环意在前期已经在行业内处于领先地位，而 B2B 业务基本集中于传统模式。然而，对于服务行业而言，数字化企业的变革在终端客户的产品及服务方面更加突出。因此，环意主要基于多种类型资源的分析，敏锐察觉市场发展变化与趋势，建构动态能力，对品牌进行再定位，并形成新的品牌认知和传播方式。在面临重大市场变化或技术变革之际，尤其是在疫情期间，环意主要基于数字化时代的特征，敏锐察觉市场发展变化与趋势，整合品牌资源，对品牌身份进行整合，即意大利资源整合者，从而构建新的品牌营销体系。小微企业在面临重大市场变化或技术变革之际，需要充分重新建构过去形成的品牌领导力，全方位发挥品牌资源重构作用，实现品牌战略转型（见图 13 – 6）。

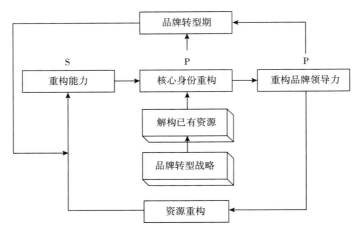

图 13 – 6　环意品牌转型期品牌成长机理

（二）巴奴领导品牌的构建过程及其成长机理

1. 初创期：通过"用真材实料的菜品"确定品牌特色

在品牌初创期，巴奴品牌创始人——杜总意识到尽管随着火锅食品行业的发展，火锅细分种类及派系越来越多，但是目前中国同区域市场上的产品与服务之间的差异化不够明显，尤其是火锅属于食品行业，其安全性是需要重要考虑的问题。因此，在进入火锅这个行业之前，杜总认真考虑了两个方面的问题：价值创造方面以及行业发展方面。通过系统分析火锅在中国市场的发展现状，他得出"产品"才是该行业需要首先考虑的因素，而这也是颠覆"以服务取悦顾客"的行业经营主导模式的关键突破口，定位于"干净、纯粹的火锅产品"就是品牌创立的使命与核心所在。通过注重火锅及其菜品等产品的品质，坚持为顾客提供健康美味的产品和创造欢聚时光，推动巴奴成为区域的老大，建立了区域内的市场影响力。通过对现存市场资源分析来构建新的优势来源——价值捕获能力（见图 13 – 7）。

2. 成长期：通过产品创新建立品牌竞争力

在品牌成长期，巴奴秉承创办火锅企业的品牌初心，踏上品牌成长之

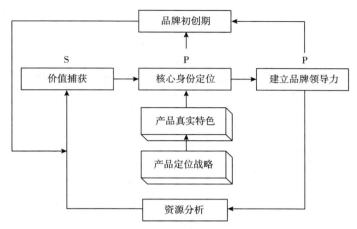

图 13-7 巴奴品牌初创期品牌成长机理

路。2003 年底，杜总不满足于区域内的领导品牌地位，秉承创业初心——让火锅干净、纯粹，创立"巴奴"品牌管理模式。在"巴奴"品牌管理中，杜总将"纤夫"精神融入企业文化，巴奴开始进行品牌化管理模式，全面实现标准化、规范化。在成长期，巴奴不断进行产品创新，例如，发明了"三味锅"的产品类型，推动了火锅多样化时代到来，而"三味锅"也成为巴奴品牌的特色。此外，巴奴通过与高校合作来攻克食品技术难关，提升食品的质量，形成巴奴的产品竞争力。在该过程中，巴奴荣获了"全国绿色餐饮企业"以及"中华名火锅"等荣誉称号，并且开启了特色加盟模式，进行规模扩张，以提升品牌竞争力。通过资源开拓来构建新的优势来源——品牌管理开拓能力（见图 13-8）。

3. 上升期：通过分店扩张扩大品牌影响力

巴奴通过几年的发展，具备了火锅行业品牌运营的相关经验和知识，对品牌客户需求更加明确与清晰，并且巴奴为了充分保证优质原材料供应和最先进技术支持，通过在重庆投资建立底料加工厂，进一步保证了食品安全和火锅味道的统一。而为了能够使巴奴品牌更好地运营，巴奴制定了其品牌发展历史上第一个五年战略规划，引入店面产品理念，并在郑州设立了运营总部。巴奴想要拓展客户地域模块，服务更多用户群体，以促进品牌进一步上升。基于上述品牌运营策略的制定与落实，企业形成了品牌核心身份，以求获得客户群体来扩大品牌领导力。巴奴认识到现有店面规模获取的用户，已无法满足品牌快速发展的需求，因此采取了分店扩张模

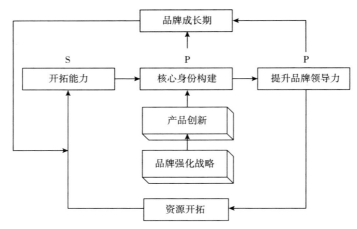

图 13 - 8　巴奴品牌成长期品牌成长机理

式，以郑州作为总部运营中心，分店向周围辐射扩张，推动资源优化，形成品牌管理优化能力（见图 13 - 9）。

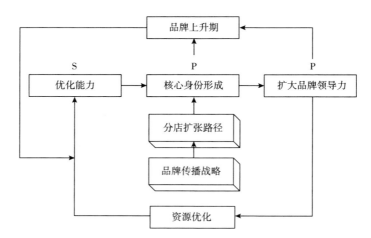

图 13 - 9　巴奴品牌上升期品牌成长机理

4. 转型期：通过品牌聚焦推动品牌转型

2012 年底，巴奴对其发展进行梳理，明确了火锅必须回归"吃"的本质，最终在专家的助力下聚焦"毛肚"，确定巴奴的战略定位为"毛肚火锅"。与此同时，提出"服务不是巴奴的特色，毛肚和菌汤才是"，向客户明确了巴奴毛肚火锅的产品特色以及品牌定位。通过对巴奴火锅的第二次定位，巴奴火锅的品牌特色更加突出，聚焦于"毛肚火锅"的品牌转型战略，进一步夯实巴奴毛肚火锅在火锅细分市场的品牌领导力，进而与其同行业的竞争对手实现品牌差异化，形成具有鲜明特色的品牌特征，有效建立起巴奴与目标客户之间的品牌联想对接。"巴奴毛肚火锅"的诞生与转型，需要品牌实现进一步的资源转化，将已经形成的品牌资源匹配于新的战略定位目标，进而形成新的优势来源——品牌管理转化能力（见图 13 – 10）。

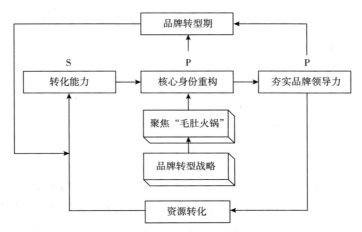

图 13 – 10　巴奴品牌转型期品牌成长机理

五　结论

本研究通过对两家案例企业进行案例分析，提炼出 B2B 与 B2C 领导品牌的构建过程及其成长机理（见图 13 – 11），主要包括三部分内容：一是运用 SPP 框架分析，总结领导品牌发展不同阶段的构建过程；二是 B2B 与 B2C 领导品牌构建的优势来源与品牌动态管理能力，依托品牌核心身份的"定位—构建—形成—重构"来确立领导品牌的位置优势，进而对品牌领导力产生影响；三是领导品牌的品牌动态管理能力、品牌身份以及品牌领导力三者构建联系且成功转化的关键点在于品牌发展的不同阶段的品牌战略选择以及品牌策略的实施。

（一）　理论贡献与管理启示

有关领导品牌、品牌动态管理能力、SPP 框架等研究形成了有价值的

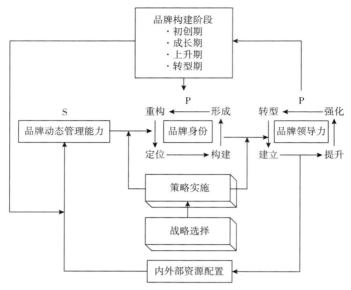

图 13 - 11   领导品牌成长机理

研究成果，在这些研究的基础上，本研究的理论贡献主要有三方面。

第一，推进了领导品牌研究情境化和动态性分析。现有研究对于小微企业领导品牌的探讨甚少，主要是围绕大型企业品牌等问题展开，忽视了从过程视角对小微企业领导品牌发展过程及成长机制的深入探讨，也未能凸显 B2B 领导品牌与 B2C 领导品牌之间的情境化区别。围绕领导品牌构建与成长过程中的机制问题，本研究提出领导品牌构建阶段和构建战略共同塑造了领导品牌的发展情境，同时提炼出在领导品牌形成和成长的四个阶段所形成的不同模式。本文的研究，一方面甄选出适用于小微企业领导品牌不同发展阶段所需要的品牌动态管理能力，明确了领导品牌的形成路径；另一方面对于领导品牌发展的阶段化分析则弥补了现有品牌研究对动态演化过程分析的不足。

第二，创新性地探讨了基于资源基础观和动态管理理论的领导品牌成长机理，首次引入 SPP 框架来解释品牌管理现象，并期望通过将跟踪十年的小微企业环意国际旅行社的品牌发展历程作为案例研究对象，结合 B2C 品牌巴奴毛肚火锅，运用双案例研究方法，从而打开领导品牌成长机理黑箱，由于目前相关研究大多尚未利用综合思考全面分析面对环境不确定性和资源约束的品牌如何打破资源束缚，成为领导品牌，因此该研究一定程度上丰富了营销领域品牌管理理论相关文献研究，填补了领导品牌研究视角上的空白，具有一定的理论贡献价值。

第三，在探讨领导品牌如何突破资源束缚的同时，创新性地将内外部资源配置与品牌动态管理能力的共同演化有机结合，共同推动形成小微领导品牌突破资源束缚的有效路径，以此基于 SPP 理论框架，结合双案例分析领导品牌成长机理。在此过程中引入品牌发展阶段的区分导致品牌战略选择以及实施策略的差异化，研究在不同的品牌发展阶段，所形成的"优势来源—位置优势—品牌绩效"的不同。强调了如何通过对现有品牌动态管理能力的探索与开发，建构品牌动态管理能力以获取更多的资源来支撑品牌的发展，以增强品牌的市场适应能力，才能撬动整个行业与市场，获取可持续竞争优势，使得品牌在资源有限的前提下，也能够打造强大品牌，实现企业价值最大化目标。

本研究的实践意义主要包括以下方面。

第一，从实践指导意义来讲，对于以环意国际旅行社和巴奴毛肚火锅为典型代表的有情怀的小微企业，在资源较为匮乏的情境下，要想实现资源价值最大化目标，不仅要充分利用企业现有资源，还需要努力开拓资源市场以求在夹缝中生存，聚焦资源及品牌的力量来推动企业的品牌发展，实现小微企业的强大品牌的战略目标；通过突破资源束缚，获取品牌影响力，吸引更多有效资源流入，实现领导品牌持续发展目标，从而在行业内达到良好的经营绩效指标以支撑企业后续战略发展。

第二，本研究通过该理论模型结合领导品牌面对资源受约束的不利因素，不断优化资源配置，以维持品牌可持续发展的优势。本研究采用动态视角分析品牌营销管理的全过程，为小微品牌实现领导地位提供了一条具体的路径，为资源受限的企业提供了资源开发及品牌发展的新思路。尤其是绝大多数企业可能无法从资源出发，与强大的竞争对手相抗衡，但是在品牌初创期若品牌创始人能基于企业内外部资源提升机会识别能力以及市场洞察能力，进行精准品牌定位，守正出奇，定能实现行业品牌领军地位。并且资源与能力之间是互补关系，面对环境的不确定性与资源约束，企业品牌发展需要不断建构和优化品牌管理的动态能力，达到共同持续发展的企业发展目标，因此对于小微企业的品牌发展路径具有现实指导意义。

第三，阐明了面对环境不确定性和资源约束领导品牌的成长机理。运用资源与能力动态匹配的方式，结合 SPP 框架，强调了资源与能力二者本质上对领导品牌的成长与发展存在的内在统一关系。它有助于指导处于品牌发展不同阶段的企业的品牌营销建设与管理。该模型是通过双案例分析得出，具有一定的指导意义与参考价值，能够帮助处于品牌发展不同阶段的企业，充分利用有限而有价值的资源，促使资源与能力产生有效联结，实现资源价值最大化目标。从可持续发展的长期目标来看，企业倘若能够提升资源与能力的适配性，则可以在资源能力有限的情境下仍旧获取和释放更为强大的品牌能量，从而推动企业品牌竞争优势可持续。因此，本研究分析了资源受限企业的品牌发展的关键路径，并为领导品牌未来的发展指明了方向。

（二） 研究局限与展望

尽管本研究采用新视角，探讨了基于 SPP 理论框架的领导品牌成长机理，获得了一些有价值的结论。但是本研究依旧存在一些不足：（1）本研究采用双案例研究方法，研究结论具有一定的信度与效度，但对比大样本研究，其外部效度仍存在一定的局限性，未来可采用大样本调查法研究，对其进行进一步验证；（2）本研究基于两家小微企业品牌进行案例分析，未来研究可以通过进一步探究领导品牌的产品及服务类型和企业实践的发展规律，选择更多的案例进行深入分析，以形成更加全面的研究结论和判断。

参考文献

Aaker D. A., Building Strong Brands[M]. New York: Free Press, 1996.

Ashforth B. E., Harrison S. H., Corley K. G., Identification in Organizations: An Examination of Four Fundamental Questions[J]. *Journal of Management*, 2008, 34(3): 325 – 374.

Amezcua A. S., Grimes M. G., Bradley S. W., et al., Organizational Sponsorship and Founding Environments: A Contingency View on the Survival of Business-incubated Firms, 1994 – 2007[J]. *Academy of Management Journal*, 2013, 56(6): 1628 – 1654.

Barney J. B., Ketchen Jr D. J., Wright M., The Future of Resource-based Theory: Revitalization or Decline?[J]. *Journal of Management*, 2011, 37(5) : 1299 – 1315.

Bergami M., Bagozzi R. P., Self-categorization, Affective Commitment and Group Self-esteem as Distinct Aspects of Social Identity in the Organization[J]. *British Journal of Social Psychology*, 2000, 39(4) : 555 – 577.

Casciaro T., Piskorski M. J., Power Imbalance, Mutual dependence, and Constraint Absorption: A Closer Look at Resource Dependence Theory[J]. *Administrative Science Quarterly*, 2005, 50(2) : 167 – 199.

Carter D. A., Simkins B. J., Simpson W. G., Corporate governance, Board Diversity, and Firm Value[J]. *Financial Review*, 2003, 38(1) : 33 – 53.

Day G. S., Closing the Marketing Capabilities Gap[J]. *Journal of Marketing*, 2011, 75(4) : 183 – 195.

Davis G. F., Agents without Principles? The Spread of the Poison Pill through the Intercorporate Network[J]. *Administrative Science Quarterly*, 1991, 36(12) : 583 – 613.

Day G. S., Wensley R., Assessing Advantage: A Framework for Diagnosing Competitive Superiority[J]. *Journal of Marketing*, 1988, 52(2) : 1 – 20.

Emerson R. M., Power-dependence Relations [J]. *American Sociological Review*, 1962: 31 – 41.

Gardner D. M., Components of Involvement, in Attitude Research Plays for High Stakes [J]. *Attitude Research Plays for High Stakes*, 1979.

Hiatt S. R., Carlos W. C., Sine W. D., Manu Militari: The Institutional Contingencies of Stakeholder Relationships on Entrepreneurial Performance[J]. *Organization Science*, 2018, 29(4) : 633 – 652.

Hampel C. E., Tracey P., Weber K., The Art of the Pivot: How New Ventures Manage Identification Relationships with Stakeholders as They Change Direction[J]. *Academy of Management Journal*, 2020, 63(2) : 440 – 471.

Hillebrand B., Driessen P. H., Koll O., Stakeholder Marketing: Theoretical Foundations and Required Capabilities[J]. *Journal of the Academy of Marketing Science*, 2015, 43(4) : 411 – 428.

Iglesias O., Landgraf P., Ind N., et al., Corporate Brand Identity Co-creation in Business-to-business Contexts[J]. *Industrial Marketing Management*, 2020, 85(2) : 32 – 43.

Kozlenkova I. V., Samaha S. A., Palmatier R. W., Resource-based Theory in Marketing [J]. *Journal of the Academy of Marketing Science*, 2014, 42(1) : 1 – 21.

Kapferer J. N., *The New Strategic Brand Management: Advanced Insights and Strategic*

Thinking[M]. Kogan Page Publishers, 2012.

Madhok A., Tallman S. B., Resources, Transactions and Rents: Managing Value through Interfirm Collaborative Relationships[J]. *Organization Science*, 1998, 9(3): 326 – 339.

Pfeffer J., Salancik G. R., The External Control of Organizations: A Resource Dependence Perspective[M]. Stanford University Press, 2003.

Penrose E., Penrose E. T., The Theory of the Growth of the Firm[M]. Oxford University Press, 2009.

Santos F. M., Eisenhardt K. M., Constructing Markets and Shaping Boundaries: Entrepreneurial Power in Nascent Fields[J]. *Academy of Management Journal*, 2009, 52(4): 643 – 671.

Song H. J., Lee S., Kang K. H., The Influence of Board Interlocks on Firm Performance: In the Context of Geographic Diversification in the Restaurant Industry[J]. *Tourism Management*, 2021, 83(2): 104238.

Slotegraaf R. J., Moorman C., Inman J. J., The Role of Firm Resources in Returns to Market Deployment[J]. *Journal of Marketing Research*, 2003, 40(3): 295 – 309.

Taljaard C. C. H., Ward M. J. D., Muller C. J., Board Diversity and Financial Performance: A Graphical Time-series Approach[J]. *South African Journal of Economic and Management Sciences*, 2015, 18(3): 425 – 447.

Teece D. J., Pisano G., Shuen A., Dynamic Capabilities and Strategic Management[J]. *Strategic Management Journal*, 1997, 18(7): 509 – 533.

Urde M., Baumgarth C., Merrilees B., Brand Orientation and Market Orientation——From Alternatives to Synergy[J]. *Journal of Business Research*, 2013, 66(1): 13 – 20.

Vorhies D. W., Morgan N. A., Benchmarking Marketing Capabilities for Sustainable Competitive Advantage[J]. *Journal of Marketing*, 2005, 69(1): 80 – 94.

Vorhies D. W., Orr L. M., Bush V. D., et al., Improving Customer-focused Marketing Capabilities and Firm Financial Performance via Marketing Exploration and Exploitation[J]. *Journal of the Academy of Marketing Science*, 2011, 39(5): 736 – 756.

Wang C. L., Ahmed P. K., Dynamic Capabilities: A Review and Research Agenda[J]. *International Journal of Management Reviews*, 2007, 9(1): 31 – 51.

Yin R. K., Case Study Research: Design and Methods(4th edn.) [M], Sage: London, UK, 2002.

陈晓萍，沈伟. 组织与管理研究的实证方法 [M]. 北京大学出版社，2018.

何佳讯. 品牌的逻辑 [M]. 机械工业出版社，2017.

蒋廉雄. 数字化时代——建立领导品牌 [M]. 社会科学文献出版社，2020.

王琳，陈志军．价值共创如何影响创新型企业的即兴能力？——基于资源依赖理论的案例研究［J］．管理世界，2020，36（11）．

季靖．身份动机对品牌认同的影响［D］．浙江大学博士学位论文，2014．

董保宝，葛宝山，王侃．资源整合过程、动态能力与竞争优势：机理与路径［J］．管理世界，2011（3）．

夏清华．从资源到能力：竞争优势战略的一个理论综述［J］．管理世界，2002（4）．

第 14 章　结论

为了克服"规模营销"范式无法有针对性地指导小微企业建立、发展自己的品牌，进行营销和客户服务的不足，本书以环意（北京）国际旅行社有限公司为案例研究对象，提出研究问题：数字化技术迅速发展的背景下，如环意（北京）国际旅行社有限公司这样的小微旅游企业应该如何进行品牌发展进而达成营销目标，成为行业领导品牌。

本书通过十年长期跟踪调研，采用案例研究方法，经过近 50 次的访谈，共形成了 100 余万字的访谈资料，将环意品牌发展历程划分为品牌定位期、内外部品牌强化期、品牌文化传播期、品牌战略转型期四个阶段。在此基础上，首先分析了环意所处的旅游行业发展背景及小微旅游企业品牌发展存在的问题；进而详细分析了环意国际旅行社品牌定位、品牌强化、品牌传播和品牌运营战略转型的路径和机制。最终总结出以下五点结论。

第一，小微旅游企业通过定义新品类进行成功品牌定位的关键是：在企业创始人社会企业家精神的振动下，确立一个独特的品牌定位战略，引领企业内部运营与之匹配。对内通过数字化赋能机制推动内部品牌化过程，对外形成独特的、难以模仿的品牌形象感知推动外部品牌化过程，最终推动品牌定位的贯彻执行。

研究发现：（1）环意品牌定位的初心体现了企业品牌创始人的社会企业家精神。（2）环意定义"单团地接"旅游产品新品类达成独特的品牌定位并贯穿于品牌发展的全过程，是其品牌战略成功的关键。（3）通过数字技术推动员工成为组织适应者、品牌建设者和品牌冠军，达成内部品牌化。（4）通过传播/反馈实现管理层与客户之间对企业品牌定位的沟通，形成独特的难以模仿的品牌形象感知，达成外部品牌化。（5）外部和内部品牌化之间的双元发展推动品牌定位的贯彻执行。

第二，小微旅游企业实现品牌强化的关键路径是：对内改进服务流程实现效率与内生柔性的动态平衡，并与高端品牌联盟，发挥品牌杠杆作用提升品牌势能；对外与行业新进入者联合获取有利关键资源，实现品牌渠道权力，并且通过营销公关构建强大的品牌生命力。

研究发现：（1）通过组织结构规范性与灵活性设计、资源有效控制与优化配置以达到服务流程双元。（2）环意利用品牌杠杆的作用，通过品牌联盟获得有利于环意发展的战略资源，达到资源捆绑和利用的目的。（3）通过管理结构洞获取新的关键资源进而掌握渠道权力。（4）通过营销公关建立品牌认同，最终构建强大的品牌生命力。

第三，小微旅游企业达成快速有效品牌传播的关键是：以具有突出文化特性的旅游产品为载体对外进行品牌传播，以新产品的文化表述作为企业—客户之间的媒介引发客户共鸣，并且借助社交媒体传播促进游客在国外旅游时应对文化适应，最终实现品牌领先。

研究发现：（1）环意通过成功开发深具文化特性的"意大利时尚古国之旅"文化性新产品，促进了品牌传播。（2）产品文化表述所传递的组织身份的相似性、独特性及声誉能够吸引具有相似自我身份的游客，达到品牌共鸣。（3）社交媒体促进游客在出游过程中通过社会化学习和交流进行虚拟文化适应。

第四，小微旅游企业品牌战略转型成功实现的有效路径是：以文化性战略新产品为载体，通过文化库与组织身份耦合达成顾客—企业认同与企业—企业认同，逐步实现原有的 B2B 品牌战略向 B2B2C 品牌战略转型，从而与游客建立直接联系并由此获得竞争优势。

研究发现：（1）企业从国家、行业、组织、个人四个层面的文化寄存器选择文化资源，扩展以共享基本价值观为主的企业文化库。（2）当企业文化库契合受众文化价值观时，实施文化资源所产生的组织行为、产品和组织身份更易被受众认同且更具竞争性。（3）文化库的扩展和文化资源的使用，能使企业跳出行业传统和企业身份的限制，适应其品牌运营战略转型。（4）向 B2B2C 品牌战略转型之后，地接社与终端游客建立直接营销关系，通过承载企业基本价值观的新型旅游产品，达成区别于竞争对手的、独特的产品价值，最终建立竞争优势。

第五，小微旅游企业打破资源束缚成长为领导品牌的有效策略是：运用 SPP 框架分析，注重深入挖掘和分析企业品牌现有的内外部资源，以资源拼凑、资源整合以及资源协同和重构来补充品牌发展的动态能力，突出强调企业品牌资源与品牌发展动态能力之间的动态匹配。主张通过品牌身份管理来提升品牌领导力，进而实现小微企业品牌的行业领先地位。

研究发现：（1）小微企业在品牌发展的不同阶段资源配置呈现出不同特征，品牌建设和发展的关注焦点有所差异，呈现循序渐进的态势。企业品牌的建设和发展需要不断深入审视企业现有资源，进而充分发挥现有资源的最大化价值。（2）通过对企业内外部现有资源进行动态探索与开发，以资源拼凑、整合以及协同和重构为手段，帮助企业建构品牌成长和发展所需的动态能力，而小微企业领导品牌获取和维持竞争优势的核心来源在于资源与动态能力之间的共同演化与适当匹配。尤其是数字化技术的高速发展以及疫情对旅游行业的击溃，更是凸显了发挥资源价值最大化、建构动态能力的现实必要性。（3）企业品牌在发展的过程中，不断迭代和优化资源与能力，以品牌身份管理为核心，增强品牌领导力，能够帮助企业打破资源束缚，降低资源依赖，打造强势品牌。

附 录

附录1 "小而美"的营销神话[*]
——基于环意国际旅行社的案例研究

摘 要: 在文献回顾的基础上,本研究基于营销视角提出了"小而美"公司形成机理的研究框架,以环意国际旅行社为研究对象,经过田野调研、数据编码与分析等过程,构建了分享营销理论:(1)该理论包含6个基本概念:创始人特质(分享之心)、营销目标(分享之愿)、目标市场(分享之人)、营销定位(分享之本)、营销组合(分享之行)、营销组合实现(分享之路)等。(2)这6个基本概念之间存在相互影响关系,包括创始人分享之心会使公司秉承分享美好事物的营销目标,该目标导致选择分享美好人生体验的营销定位点,进而实施与其匹配的营销组合模式,构建关键流程,匹配重要资源,最终成为"小而美"的公司。(3)这6个基本概念又分别包含着3~6个子概念:分享之心包含兴趣、极致、分享、热爱生活、追求完美、仁义友善等6个子概念;分享之愿包含分享独特的价值、获得合理利润、成为"小而美"公司等3个子概念;分享之人包含提供精致产品、聚焦小领域、实施高价策略、满足泛朋友需求等4个子概念;分享之本包含探究顾客关注点、发现自身优势、选择一个定位点等3个子概念;分享之行包含确定突出定位的利益组合、设计营销要素组合、形成突出定位的营销组合模式等3个子概念;分享之路包含构建产品设计的关键流程、依据关键流程整合资源、建立分享美好的企业文化等3个子概念。以上22个子概念之间存在单向或者双向的影响关系。

关键词: 小而美 分享营销 理论构建 案例研究 环意国际旅行社

* 李飞,李达军,李纯青,张语涵,刘茜,曲庆."小而美"的营销神话——基于环意国际旅行社的案例研究 [J].南开管理评论,2018,21(6):131-141.

一　引言

"小而美"这个词，源于舒马赫的《小的是美好的》一书（Schuma-cher，1973）。他认为人本身很小，所以小的是美好的；他提出克服对大规模的迷信，强调小规模的优越性。后来有学者将舒马赫的思想用于讨论企业规模，认为企业"小才是美"（李卫忠，2003），特别是在互联网时代，"小而美"会有更多成功机会（苏立峰，2016），企业发展方向已经呈现由"大而全"向"小而美"转变的趋向（贺薇、张锡，2013；陈霞，2013；鲁柏祥，2016）。但是，企业规模究竟是大好还是小好，一直是学术界争论的话题，至今也没有达成共识，主流的观点还是"大而美"，市场占有率第一才能做到"赢家通吃"（菲力普、罗伯特，1998）。然而一个不争的事实是，规模不是决定企业成败的关键因素，也不是美与丑的天生原因。2016年公布的世界500强排行榜中，中国上榜的110家公司中有72家亏损（陆娅楠，2016）。显然，人们关注的不应该是大或小，而应该是如何成为一家"美"的公司。大而美与小而美的形成路径具有不同特征（叶志桂、颜光华，2004），对于大而美公司的形成路径有着诸多研究，对于小而美的研究成果则比较少，且大多是对大企业成功结论的模拟，对于小而美公司的形成路径和机理存在着一个理论的"黑箱"。这个"黑箱"可以通过探索小而美公司的战略发展、组织变革、供应链构建、企业文化等各种管理理论来打开，但我们仅关注营销理论视角，原因在于成功企业的一个共同特征是"为顾客创造了优于竞争对手的更大价值，这个更大价值是顾客对营销组合要素表现的直接感受的结果"（李飞等，2009）。同时营销学者提出的全方位营销概念包括外部顾客层面和内部资源层面，由营销计划编制拓展至营销实施管理（菲利普、凯文，2006；李飞，2013），涵盖了企业管理的绝大部分内容，因此，各类企业的成功都是以营销成功为前提的。鉴于大型公司与小型公司有着不同的成功路径，营销战略中，由于已有研究成果过多集中于高速成长的巨型公司的营销理论研究（李飞等，2009），对"小而美"公司成功的研究相对较少，营销方面的研究就更少了。所以，本研究的目的是通过对"小而美"公司的案例研究，构建一个"小而美"公司的营销理论，用以揭示"小而美"公司形成的营销机理。这不仅具有重要理论价值，对于占比较多的小企业的健康成长也有着重要的实践意义。

二　理论框架

我们在"小而美"公司含义、形成的一般机理、形成的营销机理的相关文献回顾基础上，建立本研究的理论框架，并界定研究的具体问题。

（一）"小而美"公司的含义

尽管"小而美"已经成为大家熟悉的词汇，但是对于"小而美"的含义还没有一个统一的看法。有学者将"小而美"一词用于产品开发，也有人将其用于城市规划，还有人将其用于旅游设计，等等，我们的文献回顾关注的则是"小而美"的公司。

什么是"小"？有人认为是指企业的经营规模小，销售额在几十万元至亿元之间（刘翀、邱吉青，2015；Islam et al.，2011）；或企业人力和物力较少（叶茂中，2014；Mcmahon，2001），如美国政府认定小企业标准是员工少于500人，欧盟和英国则是低于50人（沃尔特斯，2004），中国零售行业小企业标准是100人以下或销售额1000万元以下，工业小企业标准是300人以下或销售额3000万元以下；也有人认为是指选择的目标市场小（Mcmahon，2001），仅从事一个细小的行业进行专业化经营（黄前进，2004；Bracker & Pearson，2015），或仅在某一地区（有限市场）针对某一部分客户进行经营活动。

什么是"美"？有人认为"小而美"公司是指企业为顾客提供的卓越、极致的服务令顾客喜欢和偏爱（Islam et al.，2011；Mcmahon，2001；西蒙，2015）；有人认为是指居于行业领导者地位具有一定行业影响力，其标志是市场占有率居于行业领先地位，成为"小霸王"（沃尔特斯，2004）；有人认为，"美"是指高速成长的公司，未来成为全球或是大区的行业领导者（O'Neill，2003）；还有人认为，"美"是指充满活力、健康发展并实现自身价值（沃尔特斯，2004）。

由于学界对"小"和"美"的理解不同，进而对于"小而美"公司的定义也有着不同的看法。有人认为"小而美"公司是规模小且顾客喜欢的公司，有人认为是规模小且高速成长的公司，有人认为是目标市场小且居行业领导地位的公司，等等（叶茂中，2014；西蒙，2015；皮德斯、沃特曼，2007）。但是，对于企业规模和目标市场具体规模的标准，还没有形成一致的看法。考虑已有研究成果和本研究的目的，我们界定的小而美公司为：员工人数低于100人，销售额少于1亿元人民币；销售额平稳增长、不亏损且赢得目标顾客偏爱、良好口碑或声誉。

（二）　"小而美"公司形成的一般机理

关于"大而美""大而强"公司的研究成果非常丰富，诸如《追求卓越》（柯林斯、波勒斯，2006）、《基业长青》（雷纳、艾哈迈德，2015）、《从卓越到超凡》（陈春花等，2004）、《领先之道》（刘俏，2015）、《从大到伟大》（程伟庆、李艳荣，1995）等，但是对于"小而美"公司形成机理的研究成果则较为稀少，同时由于人们对于"小而美"的理解不同，结论也不尽相同。归纳起来，有六个、四个、两个等关键要素说法。（1）基于美国"小而美"公司的研究，有学者提出了六大关键要素：找准行业定位、突出技术创新、建立高效组织、产品单一化、合作伙伴关系密切和集中的目标市场等（丁可，2015）。（2）一项基于美国七十多个小企业主的访谈研究结果表明，小企业获得成功具有四个关键影响因素：重新诠释"发展"的内涵、确立远大目标、与员工和顾客建立良好关系、通过管理克服遇到的困难和障碍（沃尔特斯，2004）。（3）一项基于日本"小而美"公司的研究结果提出了专注于一个细分市场和建立一个包容性组织两个关键影响因素（Keats & Bracker，1988）。在此基础上，有学者提出了小企业成功因素的概念模型，这些因素包括创业意图强度、任务动机、预期优势、环境影响、行为战略复杂性、认知战略复杂性和任务环境等（Cragg & King，1988）。另外一个模型显示，小企业的成功取决于市场环境和管理实践两大因素（Lumpkin & Dess，1996）。还有学者认为，小企业初创的目标对于企业未来发展有重要影响（李飞等，2011）。可见，学界对于"小而美"公司形成的一般机理的研究还没有达成共识，同时大多是对成功要素的描述，缺乏基于这些成功要素建立的逻辑框架，个别研究虽然建立了框架，但不是完全出于营销视角的研究。

（三）　"小而美"公司形成的营销机理

我们检索了相关数据库，尽管"小而美"已经成为热词，但是没有发现专门探讨"小而美"公司形成的营销机理方面的文献（有些局部涉及了营销方面的内容），这在一定程度上表明对该问题研究的欠缺，以及本研究的理论价值。

一项关于"大而强"公司形成的营销机理的研究成果，对于我们的研究具有参考价值。一方面，它是完全基于营销视角的系统研究，为我们探索"小而美"公司形成的营销机理提供了可借鉴的框架，这个框架包括三个层面、九个方面的内容。一是顾客层面，涉及目标顾客、营销定位、营销组合等三方面内容；二是流程层面，涉及关键流程构建及特征等两方面内容；三是资源层面，涉及资源整合依据、领导人特质、政府关系和利益分享制度等四方面内容。另一方面，它得出了"大而强"、高速成长公司形成的营销机理模型，具体内容包括：（1）有大规模的目标顾客群；（2）有明确的定位点；（3）依定位进行了营销要素的组合；（4）有关键流程，关键流程突出了定位点；（5）流程或是低成本的，或是高效率的；（6）公司资源根据关键流程整合；（7）英雄式领导；（8）与政府关系良好；（9）实施利益分享制度。

由上述文献回顾可知，"小而美"公司已经引起学术界的关注，但是仍然有诸多问题需要探讨。比如对于"小而美"公司形成机理的探索大多归纳出若干影响因素，这些因素没有形成逻辑模型；另外，更加缺乏对于"小而美"公司形成的营销机理视角的系统讨论，而营销成功才是它们形成的关键因素。因此，本研究在界定"小而美"公司定义基础上，聚焦探索其形成的营销机理，并建立相应的逻辑模型。

（四）　理论框架

由于本研究基于营销理论视角，所以需要选择一个营销理论框架，以指导资料收集及资料分析（潘绵臻 & 毛基业，2009）。国内外学者归纳出的不同营销理论框架主要有：（1）麦卡锡提出的包括"营销四要素组合以及分析和规划两个阶段"的圆形框架（McCarthy，1981）；（2）科特勒在麦卡锡框架基础上补充了信息系统、计划系统、执行系统和控制系统等实施层面的内容，形成一个包括分析、计划和实施全部管理内容的方形框架（Kotle & Rath，1984）；（3）切尔内夫提出的包括目标、战略、战术、实施和控制等全部管理内容的三角形框架（2011）；（4）李飞提出的"G（目标）—5C（分析公司、合作者、顾客、竞争者和环境）—STP（细分市场、选择目标市场、进行营销定位）—4P（产品、价格、渠道、促销）—3P（流程、以人为核心的资源、绩效）"的理论框架（李飞，2013）。整体看，关于"小而美"公司形成一般机理的研究，涉及创始人特质、营销目标、目标市场和定位、组织建设等内容；同时关于"大而强"公司形成的营销机理研究包括顾客、流程和资源等三个层面。所以，根据有关学者提供的营销管理理论框架，我们建立了本研究的理论框架（见图1）。这个框架的基本逻辑是：小企业都是创始人主导的（胡建兵，2016），因此他们的特质决定了公司的营销目标，营销目标决定了公司目标市场（行业领域、顾客规模）和营销定位选择，进而决定了营销组合模式和实施（流程和资源整合）模式，最终实现确定的营销目标，该目标的实现会强化创始人特质，从而引起下一次"小而美"的循环。本研究将研究这个框架中六个方面的具体内容，最后形成一个"小而美"公司的营销理论模型（简称"小而美"营销理论模型）。

（五）问题界定

本研究的目标是"小而美"营销理论的构建，需要回答"是什么""为什么"和"怎么样"（如何）等三个问题（Dubin，1978）。我们根据图1中理论框架和理论构建需要回答的三个方面问题，界定了进一步分析的具体问题，主要包括创始人、营销目标、目标市场、营销定位、营销组合和营销组合实现（实施）等6个层面的18个问题（见表1）。假定"小而美"公司形成的营销基本理论框架包括创始人特质、营销目标、目标市场、营销定位、营销组合模式、营销组合实现模式等6个基本概念，我们研究的问题如下。

（1）这6个概念的基本特征或内容是什么（解释并细化图1中的6个概念）？（2）这6个基本概念之间的关系是怎样的（检验图1中的箭头关系是否存在）？（3）这6个概念是如何形成的（回答每个概念的形成机理，

包括每个概念所包含的子概念及相互关系)?

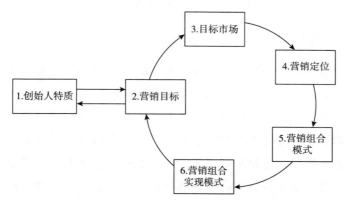

图 1 基于营销视角的"小而美"公司形成机理的理论框架

表 1 案例研究需要具体回答的问题

6 个层面	18 个问题
创始人层面	(1) 创始人的特质是什么?(2) 为什么形成这样的特质?(3) 这样的特质是如何形成的?
营销目标层面	(1) 公司的营销目标是什么?(2) 为什么选择这样的营销目标?(3) 这样的营销目标是怎么实现的?
目标市场层面	(1) 公司的目标市场是什么?(2) 为什么选择这样的目标市场?(3) 这样的目标市场是如何形成的?
营销定位层面	(1) 营销定位是什么?(2) 为什么要选择这样的营销定位?(3) 这样的营销定位是如何形成的?
营销组合层面	(1) 营销组合模式是什么?(2) 为什么选择这样的营销组合模式?(3) 这样的营销组合模式是如何形成的?
营销组合实施层面	(1) 营销组合实施模式是怎样的?(2) 为什么选择这样的营销组合实施模式?(3) 这样的营销组合实施模式是如何形成的?

三 研究方法

本研究属于理论构建研究,与实证研究相比,"通过案例构建理论更有可能产生准确、有趣、可验证的理论"。同时,本研究目的是揭示"小而美"公司的形成机理,回答"是什么""为什么"和"怎么样"的问题。在解开事件背后的因果机制时,案例研究比实证研究更为有效(井上达彦，2016），案例研究可以清晰地回答"为什么"和"怎么样"的问题（黄江明等，2011）。因此，我们选择案例研究方法。

（一） 案例选择

基于研究问题的需要，以及前文界定的"小而美"的标准，案例样本选择的标准如下：（1）员工人数少于 100 人；（2）年度销售额不超过 1 亿元人民币；（3）销售额平稳增长；（4）不亏损；（5）受目标顾客偏爱并有良好口碑；（6）愿意作为样本被研究，并配合研究者提供相关数据。

由于随机抽样无法抽出案例研究的理想样本，因此我们采取主观抽样的方法。此外，单案例研究是多案例研究的基础，一个案例也能够提供非常有说服力的例证，还可以进行更为深入的调研和分析（周长辉，2005），以及多个时间点的过程研究（潘绵臻、毛基业，2009），因此我们选择单案例研究。

我们选择的研究样本为环意国际旅行社，该社 2009 年成立，主要从事中国游客赴意大利旅游的单团地接业务。公司创始人张环率先提出"单团地接"概念，指来自同一个家庭、单位、系统或圈子的旅行者单独组成一个旅行团队，一般少于 10 人。环意专注于为单团赴意大利旅行提供个性化的行程服务。截至 2017 年底，环意员工人数为 40 人，年度销售额达 5000 万元，销售额稳定增长，实现盈利，并赢得了目标顾客的偏爱和好口碑。同时创始人愿意接受访谈和提供相应数据，符合我们前述"小而美"公司案例的选择标准。

（二） 数据采集

我们按照案例研究数据采集的步骤和方法，对环意旅行社相关人员进行开放式或半结构式访谈，阅读相关的内部文献和公开报道，同时到现场进行了田野调查。多方面的信息来源形成了"三角测量"或"三角验证"，保证研究结果更有说服力和可信性（Glaser & Strouss，1967 ；Locke，2008）。

1. 深度访谈

本研究是"小而美"公司形成的过程研究，因此需要进行多年跟踪调研。2012～2017 年，研究小组陆续对样本企业创始人、高层管理者（副总经理、财务总监等）、中层管理者（产品经理、市场推广经理等）和员工等十余人进行了 25 次追踪访谈，访谈时间总长为 24.8 小时，每次访谈都进行了录音，并整理成文字，总字数达 46 万余字。

2. 文献收集

研究小组根据研究主题的要求，进行了样本企业的资料收集：企业内部（未正式出版）文献，包括主观撰写的文献及发表的演说、内部刊物、年度报告、会议记录、手册等；企业公开（正式出版）的文献，包括历史、事件、评论、危机处理等方面的内容；企业创始人接受电视台采访或人物专访的文献；第三方的评论性文献。上述 4 类数据达到 15 万字之多，其中百度和知网搜索 10 万字，企业直接提供和企业网站为 5 万字。

3. 田野观察

研究小组对样本企业进行了 6 次实际观察。其中 3 次实际参与了环意三款旅游产品的全过程，观察和体验了他们的产品特色和服务管理过程。另外 3 次参与了环意旅游产品的推广活动，每次 3 小时左右，共计 10 个小时。在每次的观察过程中，项目组成员都撰写了观察日记，总字数达 3 万余字。

（三）　数据分析

我们按照规范案例研究的方法进行数据分析，首先进行数据编码，然后再根据研究的问题进行数据分析。

1. 数据编码

数据编码分为 3 个步骤：第 1 步，建立数据文献筐，将数据进行初步筛选形成数据文献筐。第 2 步，对选择的数据进行编码，管理者编码为 M，员工编码为 F，合作伙伴编码为 B，顾客编码为 C，资料收集得到的其他文献标号为 N，由实际观察归纳的文本被标号为 P。第 3 步，形成匹配数据文献筐，建立空白的 Excel 表，纵栏为本研究表 1 中需要研究的 18 个问题，横栏为数据来源编号的代码。通过详细阅读数据筐中的资料，找出与 18 个研究问题有关的数据（支持或不支持）进行标示，逐一填入空白的 Excel 表格，形成与问题相匹配的数据文献筐（简称匹配数据筐）。匹配数据文献筐的建立由研究小组的两位成员共同完成，一起核对结果，达成一致。

2．分析数据

根据我们的研究目的，对数据筐内数据进行归纳分析，先探索 6 个概念的基本特征是什么，然后探索 6 个概念之间的关系（形成原因），最后探寻 6 个基本概念的形成路径，最终得出相应的结论，在结论分析的基础上构建"小而美"公司形成的营销理论模型。

（1）关于回答"是什么"问题的数据分析方法。表 1 中关于"是什么"的 6 个问题，是确认"小而美"营销理论模型中 6 个基本概念的具体内容。其数据分析是一个由语句提炼为概念内容的过程，我们根据匹配的数据筐，逐句分析语句结构，分析与假设概念相关的词语，如果相同或相近词语占比达到 95% 以上，就确定该词语为该概念的内容。

（2）关于回答"为什么"问题的数据分析方法。表 1 中关于"为什么"的 6 个问题，是发现 6 个基本概念之间关系的过程，我们根据匹配的数据筐逐句分析语句含义（而非语句结构），探查概念之间是否存在相关性，在有相关性的语句当中有 95% 以上为正（负）相关，就视为两个概念之间存在正（负）因果关系。

（3）关于回答"怎么样"问题的数据分析方法。表 1 中关于"如何"（怎么样）的 6 个问题，是确认"小而美"营销理论模型中的 6 个概念形成的路径或机理，具体是发现一些子概念及其之间的因果关系。这个过程主要采用了扎根理论中的开放型编码和主轴编码（施特劳斯，2015）。

在开放编码过程中，我们首先对匹配文献筐中的数据逐步进行概念化和范畴化，以此来指认现象、界定概念、聚敛问题。之后我们对由文献筐中每一条数据所抽象得出的概念和范畴进行整理分析，提取出现频次较多的概念，作为每个基本概念下的子概念。

在提炼出子概念之后，我们继续进行主轴编码，通过聚类分析寻找各子概念在概念层次上是否存在潜在的联结关系，尝试在不同子概念之间建立关联。如果存在相关性的语句当中有 95% 以上为正相关，则判定两个子概念之间存在因果或影响关系。

3．效度和信度

为了保证案例研究结果的真实性和可信性，需要在案例研究过程中进行规范性和严谨性控制。本研究对这四个方面进行了信度和效度的控制和检验（见表 2）。

表 2　实现效度和信度指标的研究策略

测评指标	案例研究策略	应用阶段
概念效度：证据支持研究结论	√证据来源：访谈（高层、中层和员工）、文献和观察，完成三角测量	资料收集
	√形成证据链：原始数据—语句鉴别—专业术语—理论要素—理论模型	证据分析
	√证据提供者对案例报告草案核实：成果返回企业进行核实和认可	撰写报告
内在效度：构造有效的测量工具	√进行模式匹配：理论框架和研究结果—理论模型相匹配，基本相符	证据分析
	√尝试进行某种解释：按逻辑框架分层进行相应说明	证据分析
	√分析与之对立的竞争性解释：将"小而美"的研究结论与"大而强"进行了对比分析	结论讨论
	√使用逻辑模型：建立了分享营销理论的模型	证据分析
外在效度：结论普适性	√用理论指导单案例研究：应用建立的理论框架，对样本案例研究进行指导	研究设计
	×通过复制方法进行多案例研究：没有进行多案例研究	研究设计
信度：研究可复制	√采用案例研究草案：事先制定了详细的研究计划	资料收集
	√建立案例研究资料库：建立了数据库，他人研究会得到相同或类似结果	资料收集

四　研究发现

我们对收集到的研究资料进行分析，回答了"小而美"营销理论建构中需要回答的"是什么""为什么"和"怎么样"（如何）等 6 个层面 18 个问题，然后归纳出相应的研究结论。

（一）创始人特质

关于创始人特质这部分，通过回答"是什么""为什么"和"怎么样"的问题，我们得到了相应的研究发现，表 3 呈现了这些结果、证据和出现的频数。

1. 创始人是什么样的特质

通过对文献筐分析，我们发现创始人张环是一位有分享之心的人（57条）。从理念上来看，张环的价值观是"热爱意大利旅行，并且愿意分享意大利的美"（M1）；员工表示"张总希望把意大利的美传播到中国游客"（F）；我们的访谈成员感受到"她有一颗分享美的心"（P）。可见，张环的突出特质是具有"分享之心"。

2. 为什么会具有这样的特质

通过调研我们发现，有两个主要因素促使张环有"分享之心"。一方面是内生原因，张环有一颗仁义友善的心（42 条）。"她不忍心看到客人错过最好的风景和美食"（M1）。另一方面是外生原因，环意营销目标的实现强化了创始人"分享之心"（40 条）。张环表示"环意这几年的成长，坚定了我把美好东西传播出去的信念"（M1）。可见，创始人的初心（仁义友善）促使她有"分享之心"，并且企业的成长强化了创始人的"分享之心"。

表 3　关于创始人特质的研究发现

单位：条

研究问题	概念	频数	引用语举例
创始人的特质是什么	有分享之心	57	我想让大家感受到意大利的艺术之美（M1）
为什么会有这样的特质	创始人仁义友善—分享之心	42	张总不忍心让顾客买单却没有体验到意大利之美（M2）
	营销目标实现—分享之心	40	环意的成长促使我分享意大利的文化（M1）
6 个子概念	1 兴趣	41	我喜欢意大利，也喜欢旅行（M1）
	2 极致	45	张总对意大利吃住行的考察是用双脚一步一步丈量的（M3）
	3 分享	57	她有一颗愿意分享美的心（N2）
	4 热爱生活	43	张总喜欢艺术，喜欢享受生活（F）
	5 追求完美	38	张总在乎生活的每一个细节（M2）
	6 仁义友善	48	张总对身边每位员工都关心备至，员工家人受到张总的关照（F）
怎么样形成这种特质（6 个子概念关联）	4 热爱生活—1 兴趣	39	我喜欢发现生活中的美，旅行是发现这些美的很好方式（M1）
	4 热爱生活—5 追求完美	34	我在意大利旅行时会入乡随俗，每天都把自己打扮得美美的（M1）
	1 兴趣—2 极致	38	张总每年都去意大利旅行几次，深入城市的角落探索新东西（F）
	5 追求完美—2 极致	33	张总是意大利旅行的专家，她设计的行程是一次次推翻重建的成果（M3）
	2 极致—3 分享	41	我发现感动的地方，马上就想加到行程之中，让顾客体验到（M1）
	6 仁义友善—3 分享	43	友善，就要让更多的人在旅行中体验意大利的美（M1）

3. 这样的特质如何形成的

我们从文献筐中发现"如何形成分享之心"包括"兴趣"（41 条）、"极致"（45 条）、"分享"（57 条）、"热爱生活"（43 条）、"追求完美"（38 条）、"仁义友善"（48 条）这 6 个子概念。然后我们通过主轴编码，探索 6 个子概念之间的逻辑关系。首先创始人热爱生活，一方面使她对意大利的文化和开发相应的旅游产品产生了兴趣（39 条），另一方面也使她追求完美（34 条）。兴趣和追求完美的品质促使她把业务做到极致（38 条和 33 条），有了极致的好东西和仁义友善的品质，使她愿意把美好的东西与身边人进行分享（41 条和 43 条）。

（二）　营销目标

关于营销目标，我们的研究通过回答"是什么""为什么"和"怎么样"的问题，得到了表 4 呈现的研究发现、证据和出现的频数。

1. 营销目标是什么

通过文献筐的材料进行分析，我们发现了环意旅行社的营销目标：分享独特的价值＋合理利润（71 条）。张环和她的员工利用环意的平台向顾客提供意大利的时尚和艺术体验（C）。另外，环意通过合理的定价获得合理的利润，从而使环意旅行社健康地成长（N2）。因此可以将环意的营销目标概括为分享之愿。

表 4　关于营销目标的研究发现

单位：条

研究问题	概念	频数	引用语举例
营销目标是什么	立分享之愿	71	我们在获得正常利润的同时，让游客分享到旅行的乐趣（M3）
为什么会有这样的营销目标	创始人特质—营销目标	40	我创办环意，就是希望把意大利的最美好东西分享给顾客（M1）
	组合模式实现—营销目标	70	环意产品顺利落地强化了我想要分享意大利旅行乐趣的愿望（M1）
3 个子概念	1 分享价值或利益	42	环意的旅行体验让我感受到意大利的美好（C）
	2 获得合理利润	33	环意的定价高于行业平均水平，以保证获得合理利润（N2）
	3 成为"小而美"公司	43	环意这家旅行社只做意大利的产品，服务的细节做得很用心（C）

续表

研究问题	概念	频数	引用语举例
这样的营销目标是如何形成的（3个子概念之间关联）	1 分享价值—2 合理利润	30	与顾客分享美好的事物，我们才能获得合理利润（M1）
	2 合理利润—1 分享价值	28	环意的定价是获得一个合理利润，企业生存，才能让更多客人获得独特的美好体验（M2）
	3 成为"小而美"公司—1 分享价值或利益	40	我们的目的就是做一家高端的意大利深度定制单团，给顾客带来与众不同的体验（M1）
	3 成为"小而美"公司—2 获得合理利润	31	我们在意大利旅游方面做得精致了，自然会实现盈利（N2）

2. 为什么会有这样的营销目标

通过资料发现两个方面的原因促使环意形成这样的目标。一方面，创始人"分享之心"和企业"分享之愿"存在因果关系（40 条）。这表明企业创始人自身"乐于分享"的特质，决定了环意旅行社"推广极致旅游产品与顾客分享"的愿望（N2）。另一方面，环意营销组合模式的实现促使环意成为一家"小而美"的公司（70 条），并且成为"小而美"公司会反过来促进企业"合理利润 + 分享美好东西"营销目标实现，形成循环。

3. 怎么样形成这样的营销目标

我们发现营销目标包括三个子概念：分享独特的价值或利益（42 条），获得合理利润（33 条），成为"小而美"公司（43 条）。通过文献筐的主轴编码，我们探索三个子概念之间的逻辑关系：营销目标包括创始人特质决定的主目标——分享价值或利益，持续分享价值要求的次要目标——获得合理的利润，主次目标之间相互影响（分别为 30 条和 28 条）。同时，成为"小而美"的公司更加有利于与顾客分享美好的事物（40 条），从而顾客会溢价购买环意的产品和服务，实现企业盈利（31 条）。

（三）目标市场

关于目标市场，我们通过回答"是什么""为什么"和"怎么样"的问题，得到了相应的研究发现，表 5 呈现了这些成果、证据和出现的频数。

1. 目标市场是什么

环意有意识地选择了目标顾客，这些人是愿意溢价接受环意提供的极致意大利旅游体验的人，处于旅游的高端层次，是环意"选择的分享之人"（130 条）。

表 5　关于目标市场选择的研究发现

单位：条

研究问题	概念	频数	引用语举例
目标市场是什么	选择分享之人	130	环意要和品味相投的顾客分享意大利文化之旅（M2）
为什么选择这个目标市场	营销目标—目标市场	40	环意打造高端价值的产品，仅向中高端客户提供高端的单团地接个性化服务（P）
4 个子概念	1 提供精致产品	65	我们单独组成团，定制行程（C）
	2 聚焦狭小领域	65	环意只做意大利小团深入游（M2）
	3 实施高价策略	38	我们的价格确实高了点，便宜的就留给其他同行业的地接社（M1）
	4 满足"泛朋友"需求	49	我们仅为一小部分客户服务，不是大多数人（M1）
这样的目标市场是如何形成的（4 个子概念关联）	1 提供精致产品—2 聚焦狭小领域	60	我们只做意大利，这样每个人都要把意大利了解透（M1）
	2 聚焦狭小领域—4 满足"泛朋友"需求	45	环意目标客户定位在中高端客户，满足他们的个性化需求（P）
	1 提供精致产品—3 实施高价策略	35	环意提供最合理的旅行路线，因此定价会比行业平均水平高（M2）
	3 实施高价策略—4 满足"泛朋友"需求	32	环意的高定价策略，保证美好的体验（P）

2. 为什么选择这样的目标市场

环意目标市场由营销目标决定（40 条）。环意的营销目标是与自己价值观相似的顾客分享意大利旅游独特体验并获得合理的利润（P）。相似的价值观是指追求美好的生活体验，关注日常生活品质，喜欢意大利的文化（M2）。

3. 这样的目标市场是如何形成的

我们发现形成目标市场包括 4 个子概念，分别是"提供精致产品"（65 条），"聚焦狭小领域"（满足高端顾客的意大利旅游服务）（65 条），"实施高价策略"（38 条），"满足'泛朋友'需求"（49 条）。

探索这四个子概念之间的逻辑关联我们发现，环意确定的主要营销目标是与顾客分享美好的意大利旅游体验，因此必须向顾客提供极致化的旅游产品（65条）。"做到这一点，必须采取聚焦策略，这样才能做专、做好"（60条）。同时，提供精致化产品也要求环意必须采取较高价格策略，因为精致化旅游产品的成本大大高于低端旅游产品（35条）。无论是聚焦一个狭小的旅游领域还是采取较高价格策略，都只能满足有限顾客（泛朋友）的需求并让他们满意（M1）（45条、32条）。可见，"泛朋友"这一目标市场的选择是通过"提供极致旅游产品—聚焦狭小领域—采取较高价格策略—只能是较少的顾客接受"的逻辑形成的。

根据营销学定义，目标市场包括"谁"和"什么"两个维度，那么环意旅行社的目标市场就包括"泛朋友"和"意大利高端地接服务"两方面，非常聚焦和狭小，与竞争对手明显地进行了市场区隔（见表6）。

（四）营销定位

关于营销定位，我们通过回答"是什么""为什么"和"怎么样"的问题得到相应的研究发现，表7呈现了这些结果、证据和出现的频数。

表6 环意旅行社差异化的目标市场选择

两个维度		环意的选择	一般旅行团的选择
谁（泛朋友）	特征	主要是亲人、朋友、熟人等团体	主要是陌生个人、家庭或团体
什么（意大利高端地接服务）	关注	心灵满足，度假式的人生体验	感官满足，低成本地多看景点
	空间	意大利一国	欧洲多国
	环节	设计产品、地接	设计产品、组团、地接等多环节
	档次	高档	中档或低档
	内容	主要古国游、时尚游、艺术游	大多为景点游、教育游
	规模	10人以下小团	大多为三五十人团

表7 关于营销定位的研究发现

单位：条

研究问题	概念	频数	引用语举例
营销定位是什么	选择分享之本	52	环意的特色就是为顾客提供旅游过程中的美好体验（M1）
为什么选择这样的营销定位	目标市场—营销定位	40	环意中高端顾客，关注精神层面的体验，因此选择美好体验的定位（P）

研究问题	概念	频数	引用语举例
3 个子概念	1 探究顾客关注点	42	我们的顾客关注高品质的旅行体验服务（M1）
	2 探究自身优势点	40	我们具有更加专业化的意大利旅游产品设计和服务能力，只做意大利（M1）
	3 选择一个定位点	52	环意旅行社的定位是基于意大利古老文化和时尚的美好体验（N1）
这样的营销定位如何形成（3 个子概念关系）	1 探究顾客关注点—2 探究自身优势点	38	我们先看看中高端客户旅游过程中最想得到什么，我们有什么优势（M1）
	2 探究自身优势点—3 选择一个定位点	36	环意比其他旅行社更了解意大利和顾客的精神体验，因此环意就选择价值定位点——旅游过程中的情感和人生体验（M1）

1. 营销定位是什么

环意选择了分享体验作为营销定位，张环多次谈到环意最为根本的就是与顾客分享美好体验（52 条），这是价值定位点。价值定位点主要是满足顾客精神体验的需求，而以大众为目标顾客的旅行社则常常选择利益定位点，比如省钱，或者属性定位点，比如低价。

2. 为什么选择这样的营销定位

这是由环意独特的目标顾客群体所决定的（40 条）。环意的目标顾客为中高端人群，关注的是个性化的旅游过程，注重的是精神层面的体验（P）。为了满足目标顾客的需求，环意将精神体验等价值方面作为顾客选择和购买的理由。

3. 如何形成这样的营销定位

环意营销定位有 3 个子概念：探究顾客关注点（42 条），探究自身优势点（40 条），选择或形成一个定位点（52 条）。

我们发现 3 个子概念之间存在内在关系：首先，环意探究目标客户在旅游过程中最为关注的要素，他们发现这些客户追求自我实现的需要，其中最为关注的是旅行过程中的人生美好体验（N3）。接着，环意开始分析竞争对手表现及环意的优势（38 条）。在意大利旅游产品中，竞争对手大多提供低价、多景点产品，满足的是较低层次需求，而环意恰恰在高端独特体验方面具有优势（M1）。最后，环意发现目标顾客关注点也是自己的优势点，就把这一点作为环意的营销定位点，即为顾客提供意大利旅游过程中的人生美好体验（36 条）。

（五） 营销组合

关于营销组合，通过回答"是什么""为什么"和"怎么样"的问题，我们得到了相应的研究发现，表 8 呈现了这些结果、出现的条目及频数。

表 8　关于营销组合模式的研究发现

单位：条

研究问题	概念	频数	引用语举例
营销组合是什么	为分享之行	62	环意设计了分享的营销要素组合模式（N2）
为什么选择这样的营销组合	营销定位—分享的营销组合模式	48	环意的价值定位决定了营销组合要与其保持一致（P）
3 个子概念	1 营销利益组合	49	除了精神体验，还要让顾客吃好、住好、玩好、购好、安全等（M1）
	2 营销要素组合	52	让顾客满意需要关注营销要素组合的每一个细节（M1）
	3 营销组合模式	62	环意的产品设计非常出色，服务优秀，其他价格、渠道和信息沟通达到了顾客可以接受的水平（N2）
这样的营销组合如何形成（3 个子概念关联）	1 营销利益组合—2 营销要素组合	46	环意给顾客的利益组合通过营销要素组合实现（P）
	2 营销要素组合—3 营销组合模式	50	环意为了满足顾客的利益组合需求，就要在产品和服务方面明显地优于竞争对手，其他达到顾客可接受水平（N2）

1. 营销组合是什么

我们发现环意设计了一个分享特征的营销组合模式，包括产品、服务、价格、渠道、信息等营销要素（62 条）。具体是把目标顾客关注的价值和利益做到优于竞争对手，其他达到顾客可接受水平（N2）。

2. 为什么选择这样的营销组合

我们发现原因是"依价值定位进行营销要素组合"（48 条）。因为要让顾客感知到抽象的价值定位——"旅游过程中的人生美好体验"，所以必须通过与顾客发生联系的产品、服务等营销组合要素来完成（M1）。

3. 如何形成这样的营销要素组合

营销组合的 3 个子概念分别是营销利益组合（49 条）、营销要素组合

（52 条）、具体要素组合"1 + 1 + 3 模式"（环意的产品出色、服务优秀，其他达到了顾客可以接受的水平）（62 条）。

通过主轴编码，我们发现了上述 3 个子概念之间的关系，得出分享式营销组合模式形成的机理。具体说，首先根据给顾客带来的价值定位点（人生美好体验）和非价值定位点（归属感、兴奋感等），确定给顾客带来的利益组合，利益定位点为艺术、时尚、古国体验（这是为"人生美好体验"价值点直接做出重要贡献的），还要有利益非定位点，包括社交氛围、开阔眼界等。顾客购买的不仅是定位点，还有非定位点，只是定位点更加重要（顾客购买的是一个价值或利益的组合）。其次根据前述给顾客带来的利益组合，选择营销组合各个要素的表现水平（46 条）。这意味着前述利益组合必须通过营销要素组合实现，否则顾客就无法感受到"人生美好的体验"。这就形成"1 + 1 + 3"的营销组合模式，即环意的产品出色、其他达到了顾客可接受的水平（50 条）。营销组合模式形成机理可以通过图 2 得到展示。该图以环意时尚古国北线旅游项目为例，图中箭头线为定位线，阴影部分为定位点，是最为重要的，也是跟顾客直接沟通的，其他也必须做到，但不必大肆宣传，让顾客感知到即可。

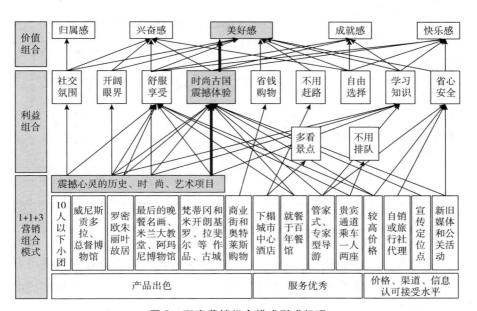

图 2　环意营销组合模式形成机理

（六） 营销组合实施

关于营销组合实施，通过回答"是什么""为什么"和"怎么样"的问题，我们得到了相应的研究发现（见表9）。

1. 营销组合实现模式是什么

我们发现，环意形成一条分享实现的具体路径（174 条），即构建分享的流程和资源模式。这个模式可以描述为：旅游产品设计的关键流程 + 创始人为核心的重要资源 + 分享美好事物的公司文化。旅行社的业务流程主要包括产品设计、销售和服务流程（N2）。

表9　关于营销组合实施的研究发现

单位：条

研究问题	概念	频数	引用语举例
营销组合实现模式是什么	实行分享之路	174	我们构建了旅游线路开发流程，并根据流程匹配相关的资源（M1）
为什么选择这样的营销组合实现模式	营销组合—营销实施	58	我们设计的旅行产品，必须通过具体实施过程来保障（M2）
3 个子概念	1 构建产品设计关键流程	77	线路设计是环意最为重视的流程（F）
	2 整合公司重要资源	53	员工对环意有认同感，大家共同努力实现目标（M1）
	3 建立了分享美好的公司文化	34	我们研发团队合作起来特别开心，总想跟家人和朋友分享（F）
这样的营销组合实现模式如何形成（3 个子概念关联）	1 构建关键流程—2 整合重要资源	49	为了满足游客在意大利的舒适体验，我们联系了当地的租车公司，保证两人一辆车，自驾意大利（N1）
	2 整合重要资源—3 分享美好的公司文化	32	环意每年安排员工 3 次考察意大利，公司与员工分享美好体验，也与顾客分享（M1）

2. 为什么选择这个实现模式

研究发现，环意根据为顾客提供以分享为特征的旅游体验的营销组合模式，构建了相应的流程和资源整合模式（58 条）。环意为了实现前述的营销组合模式，构建了匹配的产品设计关键流程和重要资源向产品设计部门倾斜的模式。

3. 这样的营销组合实现模式如何形成

"实现模式"存在 3 个子概念，分别是构建产品设计的关键流程（77条）、整合公司重要资源（53 条）、建立了分享美好的公司文化（34 条）。

我们探究营销组合实现模式中子概念的内在逻辑。环意根据营销组合模式构建"产品设计"这一关键流程之后，这一关键流程直接影响了重要资源的整合模式（49 条），即企业资源向产品设计流程倾斜，并且环意公司形成了与顾客分享美好事物的企业文化（32 条）。

（七） 案例分析结果

通过对环意旅行社的案例研究，我们发现"小而美"的公司存在着"分享之心、分享之愿、分享之人、分享之本、分享之行、分享之路" 6 个基本概念，并且回答了这 6 个基本概念形成的 18 个问题，获得了有价值的发现（见表 10）。

表 10　案例分析结果

6 个层面	18 个问题	分析结果
创始人特质层面	创始人的特质是什么	分享之心：与人分享美好的事物
	为什么形成这样的特质	创始人有仁善品质，营销目标实现强化了该品质
	这样的特质是如何形成的	热爱生活—兴趣 + 追求完美—极致 + 仁善—分享之心
营销目标层面	公司的营销目标是什么	分享之愿：与顾客分享独特的价值 + 公司获得合理利润
	为什么选择这样的营销目标	主要由创始人特质决定目标，营销组合模式的实现强化目标
	这样的营销目标是怎么实现的	成为"小而美"的公司—合理的利润 + 分享独特价值
目标市场层面	公司的目标市场是什么	分享之人：满足泛朋友的需求
	为什么选择这样的目标市场	主要由公司营销目标决定
	这样的目标市场是如何形成的	分享极致产品体验—较高价格 + 聚焦小领域—愿意接受高价和极致体验的有限顾客
营销定位层面	营销定位是什么	分享之本：震撼的人生美好体验
	为什么要选择这样的营销定位	主要由目标市场偏好决定
	这样的营销定位是如何形成的	目标市场关注美好体验—竞争对手没有很好满足—环意具有这方面优势—定位点形成

续表

6 个层面	18 个问题	分析结果
营销组合层面	营销组合模式是什么	分享之行：分享特征的营销组合模式（产品优秀＋服务出色＋价格、渠道、信息达到顾客可以接受的水平）
	为什么选择这样的营销组合模式	营销组合是由营销定位决定的
	这样的营销组合模式是如何形成的	营销定位—利益组合模式—营销属性组合模式—营销组合模式
营销组合实施层面	营销组合实现模式是怎样的	分享之路：分享营销组合模式是"产品设计的关键流程＋资源整合向关键流程倾斜的资源整合模式＋分享文化"
	为什么选择这样的营销组合实现模式	由营销组合模式决定的
	这样的营销组合实现模式是如何形成的	营销组合模式要求构建与其匹配的关键流程（旅行产品设计），关键流程需要匹配优质资源（创始人为核心资源），同时要求建立与定位相匹配的企业的分享文化

五　研究结论和讨论

我们把分析的数据结果还原到前面提出的理论框架，即归纳出研究的结论，提出本研究的理论贡献、实践意义、研究局限和未来的研究方向。

（一）　研究结论

通过对环意的案例研究，我们发现了"小而美"公司形成的营销理论。"分享营销"理论是指一个过程，具有分享之心的创始人创建了一个具有分享之愿的组织，然后选择泛朋友作为目标顾客，再确立目标顾客关注且优于竞争对手的营销定位点，接着围绕营销定位点进行营销要素组合，最终实现公司确立的目标。

我们基于案例分析结果，以图形方式构建分享营销理论模型。该理论模型包括 6 个基本概念，每个基本概念内部又包含若干子概念（见图 3），大方框表示基本概念，大方框里的小方框表示子概念，箭头表示影响关系。我们发现这一理论模型是以"分享"为核心构建的，因此把这一理论称为"分享营销"理论。

（二）　创新贡献

现有文献中，关于"大而强"公司的形成机理有诸多论述，但对于"小而美"公司形成机理的研究成果相对稀少，更没有关于营销机理方面的系统研究。本研究聚焦"小而美"公司形成的营销机理，发现了一个全新的"分享营销"理论。

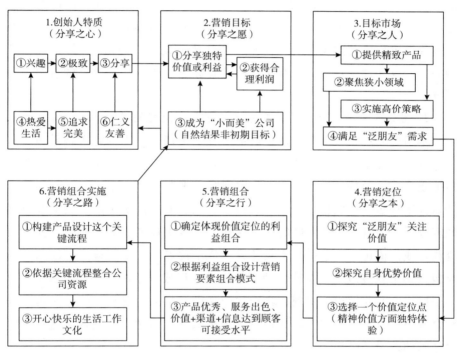

图 3　分享营销的理论模型

1. 发现了"分享营销"理论的基本概念

首先在文献回顾基础上，提出了营销理论构建的 6 个基本层面：创始人特质、营销目标、目标市场、营销定位、营销组合、营销组合实施。然后通过案例研究对这 6 个基本层面表现进行了探索，结果发现"小而美"公司的 6 个营销基本层面表现为分享之心、分享之愿（确定分享的营销目标）、分享之本（选择分享定位点）、分享之行（分享人生美好体验的营销组合模式）、分享之路（依分享美好体验的营销组合模式构建产品设计的关键流程和匹配的资源整合）等 6 个基本概念。这为"小而美"公司形成的营销机理或曰分享营销理论奠定了基础。

2. 发现了"分享营销"理论基本概念之间的关系

本研究发现"分享营销"理论6个基本概念之间的关系部分揭示了"小而美"公司形成的营销机理：创始人分享之心的特质促使企业树立了分享美好事物的营销目标（分享之愿），该目标导致"泛朋友"目标市场的形成（分享之人为狭窄的目标顾客群），进而必须选择"美好人生体验"的营销定位（分享之本），这个定位点促使分享营销模式（产品出色＋服务出色＋价格、渠道、信息为顾客可接受水平）的形成，然后这个营销组合模式要求构建关键流程和匹配重要资源来实现，最终形成了"小而美"的公司。这些理论观点在已有文献中没有涉及，所以是本研究的重要理论贡献。

3. 发现了分享营销理论基本概念的子概念及其关系

本研究发现了6个基本概念内部的各个子概念：①创始人特质包含兴趣、极致、分享、热爱生活、追求完美、仁义友善等6个子概念；②营销目标包含分享独特的价值、获得合理利润、成为小而美公司等3个子概念；③目标市场包含提供精致产品、聚焦小领域、实施高价策略、泛朋友目标顾客等4个子概念；④营销定位包含探究顾客关注的利益或价值、探究自身利益或价值优势、选择一个利益或价值定位点等3个子概念；⑤营销组合包含确定利益组合、设计营销要素组合、形成分享的营销组合模式等3个子概念；⑥营销组合实现包含构建产品设计的关键流程、依据关键流程整合资源、分享美好的企业文化等3个子概念。同时，也发现了这些子概念之间的逻辑及因果关系。

4. 构建了分享营销理论模型

本研究在前述三方面理论发现的基础上，构建了一个"分享营销"的理论模型（见图3）。这是本研究的重要理论贡献，清晰揭示了"小而美"公司的形成机理，丰富了营销管理理论。

"小而美"公司形成的分享营销理论与"大而强"公司形成的成长或曰规模营销理论的相同点在于：两个理论都涉及公司创始人或领导、营销目标、目标市场、营销定位、营销组合、关键流程和重要资源等营销管理的基本概念；两个理论中的上述基本概念都有相同的逻辑关系，即创始人和公司领导特质决定或影响着营销目标的确定，营销目标影响着目标市场的选择，目标市场直接影响着营销定位决策，营销定位直接决定着营销组合模式，营销组合模式决定着关键流程的构建和重要资源的整合。这些相同点的产生，源于营销管理的基本范式就是如此，是任何营销理论都必须遵循的，否则就不是营销理论而变成其他理论了。

　　我们的研究重点不在于"小而美"公司与"大而强"公司形成机理的相同点，而在于不同点，即二者相同的概念具有不同的内容，进而形成两种不同的营销理论模式，即分享营销理论和规模营销理论。①在创始人或领导人特质方面，分享营销理论（"小而美"公司）中体现为友善，按自己兴趣在一个狭窄领域做到极致，进而转化为商业项目并与人分享，这要求创始人具有工匠精神和专业能力；而规模营销理论（"大而强"公司）则体现为英雄式领导，具有改变行业、中国甚至世界的豪情壮志，具有运行巨型公司的果断决策和领导能力。②在营销目标方面，分享营销理论强调以分享美好事物为主，以赚取合理利润为辅，企业领导人与创始人合一，自己的目标就是公司目标；规模营销理论则以规模和利润最大化为主，社会责任为辅，公司领导人确定营销目标受到董事会、股东和政府等多方面的制约。"小而美"的分享文化与"大而强"的文化是不一样的。③在目标市场方面，分享营销理论主张选择一个狭小的业务领域做精，仅仅满足很少一部分顾客的需求；规模营销理论主张选择一个广泛的业务和顾客领域。④在营销定位方面，分享营销理论更加关注顾客精神或心灵层面的感受；规模营销理论为了赢得大众市场，常常将定位点选择在功能利益层面的感受上（如低价、便利等）。⑤在营销组合模式方面，分享营销理论更加强调把营销组合要素作用由利益感知延伸到精神价值感知，一般采取高价策略，沟通更加重视小众的口碑传播；规模营销理论更加强调把功能和利益方面的营销要素组合，一般采取低价策略，沟通更加重视付费的大众传播。仅以旅游业为例，分享营销理论主张围绕顾客美好心灵体验感进行要素组合，拒绝大众媒体广告；规模营销理论则主张围绕顾客获得低价进行要素组合，喜好大众媒体广告。⑥在营销组合实施模式方面，分享营销理论更加关注关键流程与顾客价值感知的关系和分享文化的形成，创始人成为公司最为重要的资源，个人兴趣主导企业走向；规模营销理论更加关注关键流程与顾客利益感知的关系和统一性、效率性、组织性等文化的形成，领导人作用虽然关键却受到董事会和股东等多方面制约。

（三） 实践意义

本研究构建的"分享营销"理论给有志成功的小企业提供了一条新的路径选择——不是最大，也不是市场领导者，而是成为一家"小而美"的公司。无疑，分享营销理论对于小企业的健康成长具有重要的实践指导意义。如果企业目标就是成为一家"小而美"的公司，那么需要做到以下几方面：（1）创始人具有仁善的品质，并专注某一件事情做到极致，培养分享之心。（2）创办一家自己主导的公司，确定分享美好事物的目标。（3）选择有限且价值观一致的顾客"泛朋友"作为分享的对象。（4）通过分析目标顾客的需求及自己公司的竞争优势，选择公司的利益或价值方面的营销定位点。（5）根据选择的定位点构建营销组合模式，每一个要素都要为定位点做出贡献，同时达到顾客可以接受的水平。（6）根据突出已选定位点的营销要素组合，构建关键流程和匹配重要资源，并造就一个分享的企业文化。可见，这与创建一家进入世界 500 强的大公司，路径完全不同。

（四） 研究局限和未来研究方向

本研究选择环意旅行社作为研究对象，样本数量少且没有进行不同行业之间的对照，这样会导致一些比较具体的研究结论缺乏普适性。未来的研究可以适当加入不同行业的多家企业进行多案例研究，从而进一步验证"分享营销"理论的有效性。同时，也可以将研究拓展到如何永久地保持"小而美"公司形态的营销机理，以及由"小而美"公司转化为"大而强"公司的营销机理等。

参考文献

Bracker J. Y. S. , Pearson J. N. , Planning and Financial Performance of Small, Mature Firms [J] . *Strategic Management Journal*, 2015, 7(6) : 503 – 522.

Cragg P. B. , King M. , Organizational Characteristics and Small Firms Performance Revisited[J] . *Enterprise Theory and Practice*, 1988, 13(2) : 49 – 64.

Eisenhardt K. M. , Graebner M. E. , Theory Building from Cases: Opportunities and Challenges[J] . *Academy of Management Journal*, 2007, 50(1) : 25 – 32.

Glaser B. G. S. A. L. , The Discovery of Grounded Theory[J] . 1967.

Islam M. A. , Khan M. A. , Obaidullah A. Z. M. , et al. , Effect of Entrepreneur and Firm Characteristics on the Business Success of Small and Medium Enterprises(SMEs) in Bangladesh [J] . *International Journal of Business and Management*, 2011, 6(3) : 289.

Lumpkin G. T. , Dess G. G. , Clarifying the Entrepreneurial Orientation Construct and Linking it to Performance[J] . *Academy of Management Review*, 1996, 21(1) : 135 – 172.

Locke K. , Grounded Theory in Management Research. Los Angeles, CA: Sage, 2008.

Keats B. W. , Bracker J. S. , Toward a Theory of Small Firm Performance: A Conceptual Model[J] . *Entrepreneurship Theory and Practice*, 1988, 12.

Kotler P. , Rath G. A. , Design: A Powerful but Neglected Strategic Tool[J] . *Journal of Business Strategy*, 1984, 5(2) : 16 – 21.

Mcmahon R. G. P. , Growth and Performance of Manufacturing SMEs: The Influence of Financial Management Characteristics [J] . *International Small Business Journal*, 2001, 19 (3) : 10 – 28.

McCarthy E. J. , Basic Marketing: A Managerial Approach. Richard, D. , Irwin, Inc. , Homewood, Illinois, 1981.

O'Neill K. , *Understanding Enterprise, Entrepreneurship and Small Business* [M] . Palgrave Macmillan, 2003.

Schumacher E. F. , Small is Beautiful: Economics as if People Mattered[J] . *London: Blond & Briggs*, 1973.

Siggelkow N. , Persuasion with Case Studies[J] . *Academy of Management Journal*, 2007, 50 (1) : 20 – 24.

陈霞. 企业因小而美. 现代教育, 2013 （3）.

陈春花, 赵曙明, 赵海然. 领先之道. 中信出版社, 2004.

程伟庆, 李艳荣. “小”是美好的——美国中小企业的成功及对我国的启示. 中国乡镇企业, 1995 （3）.

菲力普·库克, 罗伯特·法兰克. 赢家通吃的社会. 席玉苹译. 海南出版社, 1998.

菲利普·科特勒, 凯文·凯勒. 营销管理. 王永贵译. 上海人民出版社, 2006.

贺薇, 张锡. 浅论企业发展的“小而美”趋势. 南京理工大学学报, 2013, 37.

赫尔曼·西蒙. 隐形冠军. 温新年译. 机械工业出版社, 2015.

黄前进. 企业“潜规则”——敏活“潜规则”. 经理人, 2004 （3）.

黄江明，李亮，王伟．案例研究：从好的故事到好的理论——中国企业管理案例与理论构建研究论坛（2010）综述．管理世界，2011（2）．

吉姆·柯林斯，杰里·波勒斯．基业长青．真如译．中信出版社，2006．

杰米·S. 沃尔特斯．企业拒绝长大的 4 个理由．詹正茂译．机械工业出版社，2004．

科宾，施特劳斯．质性研究的基础：形成扎根理论的程序与方法．朱光明译．重庆大学出版社，2015．

陆娅楠．中国的世界 500 强增多亏损却扩大病因何在．人民日报，2016 - 8 - 29．

刘翀，邱吉青．小而美：微创业的生存法则．电子工业出版社，2015．

李卫忠．小的是美好的．现代制造，2003（6）．

刘俏．从大到伟大．机械工业出版社，2015．

刘志成，吴能全．中国企业家行为过程研究——来自近代中国企业家的考察．管理世界，2012（6）．

李飞等．品牌和营销．机械工业出版社，2011．

李飞，王高，杨斌，马宝龙，林健，赵俊霞，陈浩．高速成长的营销神话——基于中国 10 家成功企业的多案例研究［J］．管理世界，2009（2）．

李飞．营销定位．经济科学出版社，2013．

李飞，陈浩，曹鸿星，马宝龙．中国百货商店如何进行服务创新——基于北京当代商城的案例研究．管理世界，2010（2）．

毛基业，李晓燕．理论在案例研究中的作用——中国企业管理案例论坛（2009）综述与范文分析．管理世界，2010（2）．

迈克尔·E. 雷纳，蒙塔兹·艾哈迈德．从卓越到超凡．李凤海译．新世界出版社，2015．

井上达彦．深度案例思考法：从怎么可能到原来如此．北京联合出版公司，2016．

鲁柏祥．小而美是时代趋势［J］．经理人，2016（9）．

潘绵臻，毛基业．再探案例研究的规范性问题——中国企业管理案例论坛（2008）综述与范文分析［J］．管理世界，2009（2）．

苏立峰．"小而美"的逆袭．二十一世纪商业评论，2016（7）．

汤姆·皮德斯，罗伯特·沃特曼．追求卓越．胡玮珊译．中信出版社，2007．

叶志桂，颜光华．小企业成功因素研究．中央财经大学学报，2004（10）．

叶茂中．"小而美"同样可以创造奇迹［J］．上海企业，2014（3）．

亚历山大·切尔内夫．战略营销管理．李屹松译．中国人民大学出版社，2011．

胡建兵．小而美：中小企业的转型之路．湖南师范大学出版社，1978．

周长辉．中国企业战略变革过程：基于五矿集团的研究．管理世界，2005（12）．

附录 2 研究环意的师生感言

一 教师感言

1. 曹丽（西安工业大学经济管理学院管理系副教授）

初识环意是在 2011 年秋天，那时候我只知道李纯青教授的几个硕士研究生一直在做环意的案例，对环意的了解也仅限于每周开讨论会时研究生的论文进展汇报。再识环意是在 2012 年冬天，李纯青教授带着我和两个研究生去北京环意总部访谈，第一次见到了优雅、智慧的张总。聆听了张总对环意的介绍以后，我被张总和环意深深地打动，第一次有了要深入了解环意的想法。深识环意是在 2013 年春天的广州国际旅游展览会，我带着两个研究生全程参加了环意在广州国际旅游展览会上的活动，也全程跟踪并采访张总。在整个观察及采访过程中，张总一有空就给我们讲解环意的理念和做法，也不厌其烦地对我们提出的问题进行详细的回答，同时还根据自己的了解对我们的问题进行补充。通过这次对环意的观察及张总的访谈，我进一步了解了环意的"可控的服务"。在之后几年中，我与环意结下了深厚的情谊，对环意深深着迷。

在李纯青教授的带领下，我和马军平教授及团队的其他老师和同学们围绕环意展开了多方面的研究，也获得了许多奖项。如霍维亚同学的硕士学位论文《基于文化融合与创新的品牌共鸣研究——以环意国际旅行社为例》斩获了 2017 届西安工业大学优秀硕士学位论文，李纯青教授也获得了"优秀硕士生导师"荣誉称号，"环意（北京）国际旅行社有限公司品牌发展战略与运营策略咨询报告"获得了 2017 年陕西省高等学校人文社会科学研究优秀成果奖一等奖，发表在 SSCI 收录期刊 *Industrial Marketing Management* 中的论文 "Digital Enablement and Its Role in Internal Branding:

A Case Study of HUANYI Travel Agency"（《数字化赋能及其在企业品牌内化中的作用——基于环意（北京）国际旅行社的案例研究》）获得了 2019 年陕西省第十四次哲学社会科学优秀成果奖论文一等奖，《竞争与定位的抉择——环意国际旅行社的品牌定位之路》等 4 篇教学案例也入选"全国百篇优秀管理案例"，《品牌聚焦的力量》这本书受到教育部社科司 2020 年度哲学社会科学研究后期资助重大项目（全国共 16 项）的资助。这些成果无不印证了环意"一个小微企业坚持 22 年只做一件事情"的精神，这背后的坚持也激励着我们坚守自己的信念、坚守对学术研究的追求和梦想，也鼓励我们不忘初心、砥砺前行。

在收到李纯青教授关于邀请我写一下参与环意跟踪研究的心得体会的微信后，我的内心十分激动，心中纵有千言万语但又不知道如何表达。后来细细阅读了几位同学的感悟，心里久久不能平静，十年的积累让我们学到了很多，也伴随着我们成长。

感谢李纯青教授给我们提供这么好的机会学习，也感谢您对我们的鞭策和鼓励，谢谢您！

2. 张海丽（西安工业大学经济管理学院经济系副教授）

2014 年是我博士毕业的第二年，这一年我跟随李纯青教授认识了环意：一个"小而美"的企业。对环意跟踪调研开启了我从宏观经济学研究向微观企业管理研究转变的大门。跟李纯青教授团队去环意调研，有幸认识了优雅、睿智、美丽的张总，深入了解了环意的故事和管理智慧。2014～2016 年这三年对环意的案例研究，为我日后研究中的田野调查和案例研究方法奠定了基础。当然，在对环意的研究中我更多的收获来自于个人成长，如同这本书的名字一样"聚焦的力量"：一个小微企业坚持 22 年只做一件事情。我学着将自己生活和研究聚焦，于是一切变得简单起来，这与时下里流行的"断舍离"不谋而合，但并无半分刻意。环意的路会走得更远，而我也会始终坚守初心。

3. 陈艺妮（西安工业大学经济管理学院管理系副教授）

环意是李纯青老师带领我们跟踪时间最长、研究最深入的一家案例企业。我们从最初的不了解，到后来逐渐被这家"小而美"的公司深深吸引；环意虽然是一家小微企业，但是一直专注于"意大利单团地接"，致力于为顾客提供"美"的旅游体验，从景点的选择、酒店的选择到司机的配备，每一个细节都做到了极致的美的体验，从而在顾客心目中塑造了"美"的品牌认知。正是由于这些努力，环意不用去做营销，顾客却慕名而来，"你若盛开，蝴蝶自来"。此时新型冠状病毒正席卷全球，每个企业都不得不面对大自然带来的残酷挑战。而环意这一"聚焦""做专""做深"的品牌发展模式，或许可以为更多的企业带来启发，助其走出危机。

4. 褚玉杰（西北大学经济管理学院旅游管理系教师）

很荣幸能够得到这次机会，在李纯青和马军平两位教授的研究成果《品牌聚焦的力量》一书中留下自己的一点感想。从进入西北大学旅游管理系工作，到有幸认识关注环意旅行社的李纯青教授，再到因此得以了解环意旅行社和张环女士，也要感谢聚焦的力量，这让我在学习、研究和工作中收获良多。

长期以来，旅游行业中普遍存在着大量的中小企业，这种情况更被认为是旅游行业固有的问题。所以"做大做强"一直是很多学者对旅游企业"正确"发展方向的判断和企业家的期待。特别是对于旅行社而言，似乎覆盖的目的地越广泛，就越能够得到游客的青睐，从游客量角度来讲，固然如此；但从游客体验满意度和忠诚度来说，似乎并非必然。环意的发展历程改变了我的固有认知，这样一个专注于意大利旅游的旅行社，虽然看似"弱小"，实则在追求极致中成就了"强大"的自己。从中我们可以发现，游客不仅向往与众不同的远方，更渴望遇见独一无二的旅游企业。而以独到眼光持之以恒地关注环意旅行社的《品牌聚焦的力量》一书，同样值得读者期待。

人对一个地方的情感主要源自长期的居住和工作，所以居民对目的地的情感最为深厚。短期的愉快旅行也能让人对一个地方产生情感，因而游客也会对目的地有情感。那么，仅仅因为工作需要而产生关联却没有长期居住经历，也没有短期愉悦体验的地方，是否也会让人产生深厚情感呢？通过对张环女士和环意员工的访谈，我重新认识了人们与目的地之间的情感关系，这种情感超越了居民和游客群体，亦存在于旅游从业人员中。而且，旅游从业人员对目的地的情感更是旅游企业的宝贵财富，但目前其价值被忽略了。

从李纯青和马军平老师对环意旅行社的聚焦研究中，从张环女士对意大利的聚焦经营中，作为大学"青椒"的我深刻感受了聚焦的力量。无论是打造个人品牌，还是打造企业品牌，持续的、专业的和深入的聚焦总能给人带来与众不同的感受，所以基于十余年深耕汇聚而成的《品牌聚焦的力量》一书也必然是更能打动人心的。就像历史悠久、以古典和现代艺术而闻名世界的意大利一样，让居民、游客都为它着迷。

5. 张宸璐 （西北大学经济管理学院旅游管理系教师）

三年前的四月，李纯青老师初次向我们青年教师团队介绍了张环女士，并以环意品牌为例讲解了教学案例、案例研究论文的撰写方法及技巧。环意品牌在逆境中求发展的历程让我深感震撼，其精准的差异化定位、创新服务以及品牌内化等营销理念更让我眼前一亮，激发我进一步了解环意公司的管理与发展。通过了解，我得知李老师与张环女士紧密合作已十年，更是形成了数百万字的连续跟踪访谈报告，相关学术成果丰硕，还培养了大批学生及青年教师。2019 年，我亲自参与一篇环意教学案例的开发，亲身感受到环意的成长和张环女士的智慧与谦逊。她平易近人，激励每一个人，欣赏每一次尝试，鼓励我们在研究中推陈出新、进行探索性研究。如今，环意企业在健康发展，对环意企业管理经验的解读与总结也在继续。在坚守品牌初心的基础上，张环女士也关注数字化赋能、文化融合，不断研习《道德经》并从中汲取思想营养。而李纯青老师等十年磨一剑，其新近著述的《品牌聚焦的力量》更是对环意品牌案例的最佳总结。通过品读这部新著，我们能够更加深刻了解一个企业及其管理思想，而且能从中悟出一些做人、做事儿的道理。

6. 刘伟 （西北大学经济管理学院旅游管理系教师）

在李纯青教授的带领下，我通过他们之前撰写的教学案例、案例研究论文以及与张环女士的现场交流逐渐认识了环意这个品牌。从品牌营销的专业视角看，环意在把握市场需求、创新服务品类、差异化精准定位、构建品牌形象、品牌内化和品牌传播等方面为我们的教学提供了鲜活而生动的优秀案例，值得许多中小企业学习。在有幸聆听张环女士的一次讲座后，我发现她将《道德经》中的许多哲学道理很好地融入她的管理和营销理念之中，比如"少则得，多则惑""上善若水，水利万物而不争，故莫能与之争""反者道之动，弱者道之用"等，也促使我自己开始研习《道德经》。张环女士的言语与神态中透露着成熟、稳健、谦和与智慧，她是一位在管理和营销方面颇具天赋的企业家。虽然她早期说自己从不做营销，其实我想说，不"营销"才是最高境界的营销。只有像环意这样坚守品牌初心，聚焦目标市场，做基于价值观的品牌营销，才会最终赢得消费者的青睐。当前，新冠肺炎疫情给环意的业务带来困难，但环意所做的一些颇具社会责任感的公益活动继续在践行她的价值观。随着在此次疫情中中意两国守望相助和友谊的加深，相信未来会有更多人去意大利旅行，环意的未来也会更加美好。

二　学生感言

1. 李松玲

接触环意之前，我是一个只会读书的"书呆子"。当我跟着李纯青教授团队开始跟踪研究环意时，我看到了企业在狭路相逢智者胜的奇景。在感悟环意董事长张环女士对环意品牌打造的种种思虑时，我看到的不是刀光剑影，而是一场优美的华尔兹，这位优雅的女士把品牌化做得像一场艺术盛宴。

但是要把这一切提炼出来，形成论文并不容易，李纯青教授带着我们不分寒暑假，不分日夜调研、选题、撰写、修改，一篇硕士论文要求只有五万字，但是李纯青教授带我们查阅的文献不下于100篇，为此撰写的文字不少于18万字，硬生生把我从一个见到写作就犯怵的学生训练到码字无障碍的高手。在领略张环女士高瞻远瞩的品牌格局和导师的倾囊相授双重加持下，我的思维和认知方式彻底颠覆，让我刚入职场就受到了赏识。

但我和环意的缘分并未因此结束，我在一次偶然的机会中加入环意B—C团队。真实体会到每一个环意人的专业、坚韧，以及一时为环意人、一生为环意人的情感。无论是竞争对手，还是同业者，大多数知道环意提供专业的高品质服务，这种欣赏和认可激励每个环意人，也让每个环意人感到骄傲，这也许便是张环女士做品牌化的智慧，值得我用一生来细细品味。

同时，在我毕业六年中，李纯青教授从未中断对我的指导，当我在职场"升级打怪"过程中受挫、困倦时还是喜欢找她聊聊，她总能三言两语化解我的困惑，让我充满力量再次上路，她已然成为我永远的生命导师。

2. 张静

得知李纯青老师和马军平老师著述的《品牌聚焦的力量》即将出版的消息，真是万分欣喜！其中凝结了两位老师近十年的辛勤付出，相信每一位读到这本书的人，一定会感受到两位老师严谨的治学态度以及对科研执著的精神。

转眼间，毕业已经有六年的时间了，但回想起在李纯青老师的带领下参与环意案例研究的日子，似乎还像刚刚发生一样。每周的学术讨论会，研究小组的老师都会对同学们的研究进度给予针对性的指导，并提出改进的意见；每当研究中遇到困难时，老师们又会通过各种途径，找寻各种方法，帮助同学们突破瓶颈；每次的企业实地调研，老师们都会放弃自己休息与休假的时间，全力帮助同学们，以达到最优的效果。还记得2012年的暑假，李纯青老师带领我和研究小组的李松玲同学在环意进行实地调研，结束一天的访谈后，几乎每天李老师会和我们一起整理访谈材料、梳理研究思路，一直到深夜。为了方便我们的调研，李老师为我们预订了环意附近的宾馆房间，自己却在深夜独自一人返回住所，出门前还不忘叮嘱我们注意安全。

李纯青老师踏实、勤奋以及严谨的治学态度一直深深影响着我。直到现在，每当在工作中遇到困难时，我都会回想起李老师对研究的要求与态度，从而激励我不断前行。

感谢李纯青老师，感谢全体研究小组的老师们、同学们，也感谢所有给予环意案例研究帮助的人们！

期待《品牌聚焦的力量》能够早日与读者见面。

3. 陈昱竹

2016年9月我进入西安工业大学经济管理学院，有幸成为李纯青教授、马军平教授学术团队的一员，自此在老师的引导和同学的帮助下，开始了为期三年的环意研究生涯。

我现在还能清楚地记得第一次去环意调研时的情景，环意公司规模并不算太大，但进入办公区，朝气蓬勃、积极向上的气氛处处弥漫，工作节奏快但井井有条，我们和张总及工作人员的交流也都非常轻松愉快，大家都是真诚又专业的。之后又进行过几次访谈与调研，通过跟马老师的讨论，我们最终确定了自己的研究方向——旅游供应链、结构洞。确定研究方向之后，我们又参考了大量的文献，并收集相关研究数据，在老师耐心的帮助下，终于完成了《基于结构洞的关键资源对旅游供应链渠道权力的影响》这篇论文。

参与环意的研究，论文是一个具象的研究成果，代表了我们这一阶段的努力和心血，但还有更多的收获是我最近几年才慢慢感悟到的。环意22年只做一件事——意大利单团地接。围绕这一个业务中心，他们适应市场需求，开展定制化的商品服务，不断完善服务流程，以"工匠精神"锤炼自己，形成了"环意"的品牌精神。这些抽象的、当时没有显现出来的才是润物细无声、影响我一生的精神财富。

虽然毕业已经4年，但是工作生活中我也常常想起环意张总优雅又坚定地告诉我们，环意是怎样专注地做一件事的，是怎样为客户提供灵活而专业的服务的，是怎样抵挡业务扩张的诱惑，坚守意大利一个国家旅游的初心。一想起这些，我在面临一些选择的时候，心中就有了答案，在想敷衍了事的时候，耳边就响起了警钟。可以说，参与研究环意的经历鞭策我做一个不忘初心、严于律己的人，老师的教诲和环意的品牌精神成了我人生当中一座不灭的灯塔。

在这里，再次感谢李老师、马老师三年来对我不厌其烦地教导，不管是在学业上，还是生活中，老师们都给予了我极大的帮助。感谢这个团队带我走进环意，走进案例研究，领略学术研究的精彩纷呈，衷心地希望以后可以看到老师们更多精彩的案例研究，希望环意越来越好。

4. 陈亚军

我很荣幸能够在我的导师李纯青教授和马军平教授的带领下，参与了关于环意的案例研究。刚接触环意的时候，我便被这个企业独特的文化吸引，它不同于以往的"争做行业领头羊"等口号式的企业文化，而是"全力以赴做一个对身边人有用的人"这种能够直击人心的企业文化。一个企业如果心无旁骛，只专注于做对身边的人有用的事，做对身边人有用的人，我们便能感受到这个企业伟大的情怀了；对于一个企业来讲，身边的人不仅包括客户，还包括员工，在了解到环意不仅对客户用心，对企业员工更关怀之后，我更加敬佩这个企业了。细想之，一个企业能提倡"全力以赴做一个对身边人有用的人"，又何惧做不到行业第一呢！

参与环意的案例研究后，我也收获了很多。一方面，在李纯青、马军平两位导师及团队其他老师的指导下，我学会了系统和严谨的案例研究方法，学会了从实践中思考，用理论去论证实践的思维，让我在今后的工作和生活中，思维变得更加严谨。另一方面，环意企业专注做一件事的这种精神也深深印在我的心中，让我明白了，无论做什么事，只要坚持初心，心无旁骛专心专注地做一件事，就一定会有收获。

毕业之后，我从事了与新媒体相关的工作。在短视频充斥各大网站及手机 App 的时代，我越来越发现了专注以及文化的重要性。在新媒体行业里有一位非常成功的典范，她叫李子柒，她以宁静慢节奏的古风美食视频走红网络，获取了国内外顶级流量，收获了千万粉丝。深入分析，我们会发现，李子柒的视频不仅是在讲美食的故事，更是在讲文化的故事。从纯手工打造文房四宝、古法酿造酱油，再到人工养蚕制作棉被、手工打造蜀绣，无一不在向网络用户展示着或将被机械替代——即将失传的中国传统手工艺文化，李子柒本人也强调了文化的力量。李子柒在获得顶级流量之后，有很多商家找来，希望她能在视频中植入自己的产品，打广告，并且开出了不菲的价格，但都被李子柒一一拒绝，因为李子柒想打造自己的品牌，在经历很多波折之后，李子柒创造了同名"李子柒"品牌，并专注于做纯手工的美食产品。这更加让我明白了"文化"和"专注"的力量，也让我更加坚定，无论身处哪个行业，无论做哪份工作，都要不忘初心，专注地做一件事！

在网络时代里，一时的逗趣或许能博得短暂的高额流量，却难免昙花一现的结局，只有了解他人内心深处的需求，不断专注地输出对他人有用的能量，专注地去完成品牌的使命，才能获得长久的关注，甚至是依赖。这也是值得我不断思考和努力的方向！

5. 张茜

时光荏苒，距离硕士毕业已经快四年了，当我从李纯青教授口中得知我们团队参与的研究项目获得了教育部社科司 2020 年度哲学社会科学研究后期资助重大项目的资助并即将出版成书的消息时，由衷地为我的导师李纯青感到高兴，为我们团队曾经夜以继日的坚持感到终有所得。正是在李纯青教授的坚持与鼓励下我们才能专注于环意这一家公司开发出源源不断的经典案例和研究成果。

与环意初识是在我研究生生涯的第一年，那时听着学姐们分享她们去调研的感想，提炼学术上的理论，总觉得它是一个充满魅力的公司。环意不属于传统意义上的旅行社，它更专注于自己的领域——单团地接，它用自己的专业克服了一个又一个难关，征服了一批又一批的客户。当我开始着手研究这个企业时，我陷入了深深的思考，是什么激励着这个企业一直专注于它的核心领域而不受市场及外界的影响？于是跟着李纯青教授的步伐，在团队前辈的指引下我也开始了探索环意之旅。我庆幸在研究生生涯中与环意碰撞出了火花，有理论有案例有收获也有感悟。印象最深的一次访谈是我们团队一行四人去北京参加环意和意大利大使馆联合举办的一场活动，活动开始之初我们深入环意公司内部对他们进行访谈，获取第一手资料，紧接着根据获得的资料参加他们的新品发布会，第一时间进行比对，校正我们的模型，这种研究方法对于我来说是新奇的，是打开我案例研究大门的敲门砖。

这些研究工作已经过去好几年，但如今回忆起来仍觉得历历在目。那些参与研究的日子里，李纯青教授以及团队老师们与我的每一次交流都影响我至今，我坚持着老师教予我的做事要秉持积极向上、敬业的精神，在执行的过程中要具备优秀的沟通与合作能力，做事要专注于一个领域，只要够专注再细小也可以变为属于自己的财富，这些收获一直伴随着我的工作生涯至今，相信在今后的日子里不论是我们研究的案例对象（环意），还是我参与的研究过程都将是我今后最宝贵的一笔财富。

6. 霍维亚

2014 年开始了我的硕士研究生生涯，幸得师从李纯青教授，进入了案例研究团队，刚好赶上环意战略上的调整，从 B2B 业务模式转向 B2B2C，产品更新迭代，品牌再塑，很幸运遇到这么一个有趣的研究视角，在老师指导及团队多次的探讨下，我们发现文化适应、文化创新、道家阴阳理论是最适合阐释环意战略调整的过程思路及运作的。其间我随老师去意大利大使馆切身感受企业的产品发布，到企业进行访谈，不断地进行过程模型的验证、调整，在实践中检验理论，从理论解释现实情况，理论与实践相结合。通过三年对环意的研究，企业的经营理念已经影响了我，比如要做对社会有用的人，守正、专注的工匠精神、利他，做市场不局限在自己做大，要让关联各方一起做大，互通互联，建立命运共同体。这些思想其实是创始人张环女士的经营哲学，使环意具有一种独特的企业气质，小企业大思想。

毕业至今将近三年时间，研究环意形成的价值观和学术素养在工作中给予了我很大的帮助，很幸运能够继续做与研究企业经营相关的工作，近两年考察、访谈的企业和项目有 100 多个，其中大部分是小企业。在经济周期中已经淘汰掉一大批小企业。存活下来的优质小企业具有的共性是稳健经营、专注主业，继续深挖潜力。小企业实实在在经营，聚焦行业小类，专注主业，发扬工匠精神，实在难能可贵。

非常感谢恩师李纯青带我经历了一段学术研究，是我人生中最重要的美好经历。祝愿老师学术研究硕果频出，身体健康！

7. 范琳

毕业近一年，得知李纯青和马军平两位教授的《品牌聚焦的力量》一书出版，书中还有我在研究生期间与老师一起做的相关研究内容，又不禁想起那时与老师和同学们一起拓展新知、思维碰撞的情景。非常荣幸能参与到团队此次研究。

从兴趣到学术研究。旅游及旅游类企业的管理运营问题一直是我的兴趣所在，有幸得此契机针对环意国际旅行社展开研究，我对这项研究备感珍惜。参与研究之初，经教授李纯青、导师马军平的介绍，我对环意国际旅行社有了初步的认知，环意的发展背景、业务定位、品牌所传递的理念等都让人眼前一亮，激发了我的研究积极性。而后，通过多渠道的数据收集、整理与分析，我更加深了对环意的了解，作为以客户为重的服务型企业，其对服务流程的不断改进也引起研究者的注意。经过时间线的梳理，我们看到环意在不同发展阶段的流程特点有明显差异，整个服务流程的改进是从效率到柔性的不断探索、追求动态平衡的过程，这不但使企业在所处环境中平稳发展，也为阶段性的跃升提供了扎实的内部基础。因此，论文就如何实现服务流程效率与柔性的动态平衡展开研究，并获得了较好的研究结果。

我在参与这项研究中，从被兴趣吸引到全身心投入、从信息接收到主动探究，这不仅是完成一项研究的过程，也是我作为一名学生的成长过程。这项研究让我对管理与营销方面的知识及应用有了更深的理解，也给我的工作和生活带来许多启发。受研究内容的影响，在工作中我更善于识别关键流程、寻找可改进的工作环节，提出合理化的建议，使工作过程更有效率；当遇到沟通问题时理清思路，借鉴环意处理客户接触环节的工作方法，分析公司与客户需求，做到工作的效率与柔性兼顾。

感谢环意这家优秀的企业为学术研究搭建平台、提供畅通的渠道，让研究团队成员能够深入企业，亲身体会企业管理之道。

感谢李纯青教授和我的导师马军平教授，他们带领研究团队不断开辟新方向，让整个研究团队充满活力。老师们严谨的治学态度、迎难而上的精神，值得我终身学习。

8. 张洁丽

与环意的相识，从环意总经理张环女士的微信朋友圈开始，那是2017年夏，机缘巧合之下我在李纯青教授的带领下进行一篇关于环意社交媒体应用的研究论文撰写。因此，对环意的第一印象是："哇！这家企业的意大利风味好浓！"翻开张环女士的朋友圈，到处都是意大利，意大利的风景、意大利的美食、意大利的艺术、意大利的活动等等，意大利可以说是环意最重要的标签。随着对环意认识的加深，环意二十年来只做意大利单团地接服务的专注精神令我赞叹，同时也指引着我的学习与生活，鼓舞着我扎根于本职工作，专注于自己的目标，砥砺前行！

对环意的第二个印象是精致、优雅与美。环意扎根于意大利，被意大利的文化氛围深深感染。仔细思考，美与精致无处不在，一切事物都在追求美，完善美。更有文字工作者追求文章的表达与意境之美，不以美为最主要原则的论文也追求结构美与表述美，甚至管理者们也追求管理工作的科学美与艺术美。这种追求美的精神激励着我办漂亮事，漂亮地办事！

当然，印象最深的当属环意对研究的支持。犹记得我们收集张环女士朋友圈的数据，导致她暂时无法使用手机，给她的工作带来麻烦。尽管如此，张环女士仍然非常慷慨地将手机贡献出来，尽最大意愿配合我们对环意的研究，这种欢迎研究的精神使我深深折服。这种支持还包括环意对研究小组访谈的支持，无论我们何时发出访谈的邀请，他们总能在第一时间给我们回复，尽快安排访谈，为研究工作节省了大量的时间。管理研究必须扎根实践，因此企业的数据，尤其是第一手数据很珍贵，十分庆幸能遇到李纯青教授的团队，结识环意，带我了解企业的实际情况，发现研究的乐趣，更为我继续进行研究工作提供强大的基础与后盾！

另外，我惊叹于从环意管理中提炼的管理学问题数量之多与性质之深刻。环意作为一家员工不超过 60 人的小微企业，与我所认识到的案例企业相比，其体量着实较小。尽管如此，其仍能支撑研究团队进行多年的研究，不断发现管理学研究问题，让我们进行深刻而有见解的分析，完美地诠释了"麻雀虽小，五脏俱全"的含义。这一系列的管理现象背后，是环意品牌战略的引领与指导。对环意的研究拓宽了我的研究视野，它使我意识到，并不只有大企业才有研究的必要，小微企业的品牌力量也十分强大，其中的管理现象也值得深入与持续的探讨！

最后，感恩环意，使我领略到了小微企业的格调之美！更重要的是，由衷地感恩李纯青教授，是她带我认识了环意，与我们分享她从环意悟到的生活、学习与研究的道理，使我不断成长与进步，做更好的自己！如今，我即将告别研究生生活，向博士生活迈进，我期待未来在导师李纯青教授的指导下，对环意进行更深入的研究，不断探索管理学奥秘！

9. 熊梓琪

2019 年 6 月，我踏上了我的研究生旅程，而李纯青老师则成为我研究生涯的引路人与人生导师，这是我莫大的幸运。初入研究团队，我接触研究的第一家企业便是环意国际旅行社，在李老师的引领下，我确切地感受到了一家小微企业的经营与发展魅力，也深刻体会到企业管理是一门管理艺术。

首先，《品牌聚焦的力量》是李老师跟马老师以及师兄师姐多年来呕心沥血研究的成果，是脚踏实地地对一个企业持续跟踪、系统剖析品牌发展所取得的累累硕果。其实，我进入团队之前，李老师跟其带领的团队对环意的品牌发展研究已经取得非常了不起的成绩！环意是一个诚信、专注于把一件事——意大利单团地接做到极致的小微企业，其精神与思想令我钦佩不已。而只有相同的高度才能达到灵魂的契合，我认为环意与李老师及其团队便是如此的契合。李老师与其团队多年来只做一件事——专注于环意企业研究，正是与环意所践行的企业发展战略高度吻合，因此环意能够成为行业领军企业，而《品牌聚焦的力量》则是能够为其他企业的品牌发展问题提供解决新思路的"秘笈"。

其次，由于有幸参与了专著两章内容的撰写以及最后的整理工作，因此我对专著较为清楚与了解。该专著坚持了"从实践中来，到实践中去"的原则，运用理论与逻辑工具，将品牌的发展进行层层剖析，将现象概念化，从而凸显品牌问题的本质，以寻求有效的解决方案。于学术角度而言，本专著彰显了李老师及其团队立足实践、脚踏实地的研究精神，带领读者了解如何去做研究以及如何做有价值的研究；于企业而言，本专著从多个角度剖析了企业品牌发展的问题本质，并从科学的角度为其提供可行建议，能够为遭遇发展瓶颈与困难的企业诊断问题根源所在。也许问题的解决方案很多，但是学习解决问题的智慧与思想才是本专著最大的价值。

再次，环意创始人张环是一位拥有美与传递美的女士，尤其是其身上彰显着社会企业家精神，其倡导的"利他"企业战略逻辑，充分展示了作为企业家的管理智慧，而她所经营的环意也是旅游行业中极具魅力的企业。与此同时，感谢环意为本专著的研究始终如一的支持，推动学界与业界有效合作，从而为中国企业的品牌发展建设贡献力量。

最后，非常感谢李纯青老师的用心栽培，带领我不断在学术道路上摸索前行，让我能够有机会将企业家与学术有机结合进行研究。路漫漫其修远兮，研究探索之路永无止境，我坚信在李老师的引领之下，我们的团队会不断突破创新，从而继续创造出有价值的成果！

10. 贺欣

在毕业论文撰写阶段，我有幸参与到针对环意的研究中，从文化创新这个切入点研究环意，将自身所学的理论知识与环意案例相互印证，巩固了专业知识，也提高了实践能力。在接触环意的过程中，我领略到了身处"红海"的环意如何十年磨一剑地专注做好本职工作和敢为人先地勇敢开拓新的"蓝海"。企业就像人一样，一个蓬勃向上的企业离不开不忘初心的坚持和勇于创新的拼搏，我相信未来的环意将会越走越辉煌。

我如今离开大学已经四年，对当初所研究的案例和所运用的知识依然有很深的印象，在如今的工作中，我常常也会思考将所学所思应用到工作当中。现在我就职于榆林中燃天然气有限公司，从事市场开发工作，公司是由当地政府、跨国燃气集团、中石油下属燃气石油管网公司三方注资成立。基于公司成立的背景，我结合文化创新的方式提炼出了三个文化密码词汇：背景可靠、安全专业、稳定实惠，即当地政府控股提供可靠的官方背景，跨国燃气集团提供更安全的专业支持，中石油下属燃气石油管网公司提供稳定实惠的气源保障。在日常与客户商务洽谈中，我通过向客户传递这些关键的文化密码达到同客户心灵上的共鸣。当然在未来的工作中，我计划不断挖掘文化、创新，找寻到更加契合市场需求的有教育意义的故事，也就是神话，文化密码，使企业的意识形态更加全面立体，从而获得客户情感和行为两个维度的共鸣。

最后感谢老师的栽培，带我走进环意的学术研究中，将我碎片化的知识梳理统筹起来。环意是老师多年研究的心血，数年来老师多维度地剖析了环意，积累了庞大的研究数据，如今多年心血能够凝聚成书，深深为老师感到高兴。

11. 尚秦秦

得知恩师李纯青的《品牌聚焦的力量》一书出版，书中还有我在本科期间与老师一起做的相关研究内容，我十分欣喜，因为这是恩师对我研究的莫大认可。

在步入职场的第四个年头，我回过头再看本科时期所做的研究工作，更有一番不同的感悟。彼时，还是一名在校大学生的我，在恩师的带领下，与环意国际旅行社创始人张环女士，以及其他业务部门员工进行沟通和交流。在这个过程中，张环女士及其身上展现出的社会企业家精神深深地感染了我。

通过追求和运用机会，掌握更多的资源来达到社会效益和经济效益的双赢，这是学术上对社会企业家精神的定义。而在研究过程中，我逐渐发现，企业创始人张环女士具有鲜明的社会企业家精神的特征，在环意国际旅行社的品牌发展战略的方向抉择与战略思维方面起到重要的作用。这对当时还是一个大学生的我，无疑是毕业进入社会前的重要一课。

一晃四年过去，如今我也渐渐走上企业的管理层岗位，在职场的摸爬滚打中，更深入地应用了曾经研究学习的案例理论；另外，我也在实践中对学习过的理论有了更深的认知。在初入职场的瓶颈期，我也遇到过不少困难和挫折，一次次有过想放弃的冲动，但是，那段跟随恩师一起进行课题研究的时光不断地激励着我，那种耳濡目染、亲身感受过的社会企业家精神鼓舞着我，促进我不断地在职场上挑战自己，突破自己！

最后，我再次衷心地感谢恩师李纯青，感谢恩师一直以来的指导和关心，更感谢恩师给了我这个机会，在不断地梳理中，我也在回顾和总结自我，在今后的职场发展和学习深造中，继续提升自己。

跋

跋一　追忆环意的初心

李纯青教授和马军平教授在书中对我和环意的溢美之词，着实让我不敢领受，几天来我都有一种不安的感觉。就让我追忆一下环意**聚焦意大利一个国家旅游**的初心吧，也许在这个追忆的过程里，能生发出激励我们不辱使命、砥砺前进的力量。

平凡的人，也可以拥有卓越的人生

从 1998 年开始，我受聘于意大利米斯特拉旅行社，后来成为这家公司在中国的首席代表。2009 年意大利米斯特拉旅行社决定撤出中国市场的消息，把我们这个因为米斯特拉品牌而受到尊重的小团队推到了一个十字路口，摆在我们面前的抉择，是去做一个山寨版的"米斯特拉"，还是去做一个全新的品牌？是专注意大利一个国家的旅游，还是扩大业务范围，先活下来？

面对这个艰难的抉择，经过了一段时间的犹豫、恐惧，来自原生家庭的价值观主导了我的决定。这个价值观就是：做人要正直！最终我们决定去做一个全新的品牌，去看看，平凡的人是不是也可能拥有卓越的人生，环意品牌就是在这种抉择里，应运而生。

成为意大利旅游专家，让客户需要我们

还要坚守意大利一个国家的旅游吗？在这个关键时刻，依然是藏在思想里的价值观影响了我的决定。我不想让自己和小伙伴们去做上门推销的事，我们想成为被客户需要和尊重的人！对于我们这些平凡的人，唯有专注地做一件事，才有可能成为专家，只有常年重复地做一件事，才有可能在重复中产生创新，从而赢得客户的信任。就是这种单纯的想法，让我们抵挡住了业务扩张的诱惑。在战略专家的指导下，我们开创了一个新的品

类：意大利单团地接。接下来所做的，可都是自己多年来一直在做的事儿了，唯一不熟悉的，就是"品牌认知建设"。如何建立品牌认知，让环意代表意大利单团地接这个品类呢？这也是《品牌聚焦的力量》这本书将要为读者展开的案例分析。

真没想到，我们灵活而专业的服务，竟然获得了老客户的认可。他们主动把前往意大利的单团业务交给我们，还经常把环意转而介绍给新客户。我们的时间，果真大部分用在了接团操作上，避免了仰攻式推销这种被动局面。

意大利深厚的文化底蕴，让我们从旅游服务中获得意义感

在我童年成长的岁月里，基本上没有艺术出现在我的生活里，所以审美素养也未曾被开发。当我第一次因为工作到了意大利后，眼前所呈现的历史古迹、时尚设计、人文生活深深地吸引了我。我个人的审美素养在悄无声息地发生着变化，不仅导致我个人生活品质的提升，同样也促使我努力地把意大利文化和旅游相结合，我想让游客从前往意大利的旅行中收获更多，特别是去发现"美"在生活和工作中的重要意义。我想这种工作中的意义感，不仅一直驱动着我，也驱动着环意团队，无论是在旅游行业被诟病，还是被资本赋能的阶段，我们都能稳住内心，安于"做小""做深""做专"。

《品牌聚焦的力量》这本书，让我追忆到了这些初心，可以说它们依然在。非常感谢李纯青老师和马军平老师，这本书凝结了两位学者和她们的案例研究团队多年来的心血。十年来不间断地访谈，至今历历在目，我深深地被她们的学术精神感动和激励。环意也正是在她们殷切的关注目光下，不断地成长着。书中对我和环意的溢美之词，将会是一种永久的鞭策，促使我们去不断地缩短环意和这本书之间的差距。

张　环

环意国际旅行社创始人

2019 年 12 月 16 日

跋二 长期追踪案例企业的研究实践

　　我与环意相识之初，讶异于这家小微旅游企业的精致优雅。明亮的阳光，透过北京东四环的巨大落地窗，映照着环意人得体的容装和温暖的笑颜，唯美的办公空间洋溢着意式 Espresso 的浓烈热情；与环意相知之后，尊敬于这家专业旅游企业的睿智坚韧。环意首次在业内提出"意大利单团地接"业务模式并用心付诸成功，创造出一个小而美、专而强的营销神话。

　　面对此情此景，我心中萌生出了解环意、研究环意的冲动：在数字化商业环境下，如环意国际旅行社这样的小微旅游企业，应该如何进行品牌发展进而达成营销目标？

　　研究之初，我并未预料到，对环意的案例追踪会长达十年之久（实际上，研究还在持续中），也并未清晰地意识到，这个案例研究过程对于我个人研究观念的巨大改变。我自 2002 年师从李纯青教授开始，就一直深入关系营销方面的研究，并且以定量方法为主。直到 2011 年，我对于案例研究，仍停留在研究方法论的认识层面，是李纯青教授带领我们团队，逐渐深入环意，对其进行长期观察、跟踪和研究。也正是在这个过程中，我逐渐体会到案例研究的魅力，并为之深深吸引和震撼。

　　对环意的案例研究，我们几乎是摸着石头过河。具体要研究什么问题？怎样研究？我们的理论贡献到底在哪？学术界能认可这样的成果吗？这些疑问伴随研究的深入和学术论文的发表，答案逐渐清晰明朗。我也在此过程中乐此不疲，在学术上不断拓宽视野，走向成熟。

　　我第一次进入环意公司，是在 2012 年春节后的第一个工作日。研究是从对环意创始人张环女士的访谈开始的。那一次，李纯青教授、我和我们的一个研究生李松玲同学，我们三人在环意整整采访了三天。八小时之内，我们观察环意的运营、与环意各级员工访谈，收集各种资料数据；八小时之外，我们三人在酒店连夜整理数据、讨论思路，几乎通宵达旦地撰写环意的发展梗概以及我们对于环意商业模式的理解分析，第二天再和环意工作人员去确认修正。忙碌充实的进程，极大地激发了我对案例研究的兴趣，理论与实践的直接碰撞，带给我极其鲜活生动的研究体验。我从此爱上案例研究。

2012 年首次进驻环意的研究成果《竞争与定位的抉择——环意国际旅行社的品牌定位之路》最终入选 2014 年全国百篇优秀管理案例，以及转化成《基于战略匹配视角的企业品牌化作用机理研究——以意大利环意国际旅行社为例》研究论文。这中间经历的曲折、反复甚至失败，时至今日已成为我个人宝贵的研究财富。2015 年，我本人牵头撰写的《使服务流程"流"起来——环意国际旅行社可控服务流程改进之路》也入选百篇优秀管理案例，同年《基于结构洞的关键资源对旅游供应链渠道权力的影响——以环意国际旅行社为例》论文得以发表。之后，我们对环意的研究从品牌定位和内部运营逐渐扩展到品牌营销的其他方面，研究成果逐步获得学界认可，成果形式也从教学案例、CSSCI 论文扩展到咨询报告、SSCI论文，针对小而美、专而强的小微企业品牌营销理论大厦一砖一瓦地呈现在我们眼前。

随着研究进程的深入，我们逐渐认识到，需要将片段化的研究整合起来，将之前散落在品牌营销不同侧面的新发现新理论，再聚焦再提升，并介绍给更广泛的读者和企业界的朋友。因此，李纯青教授提及本书的撰写。当她向我发出合著的邀请时，我惶恐之余欣然接受，并多次与李纯青教授一起讨论本书的体例框架、分头撰写并反复修订，最终才形成本书的初稿。

《品牌聚焦的力量》是李纯青教授和我反复讨论之后确定的书名，我们认为正是这种数十年如一日的专注，才造就环意品牌今日的成功。同时，这也鞭策着我们不断地聚焦自己的研究视角，在学术道路上突破自我。

直至今日《品牌聚集的力量》已经进入出版流程，不久的将来就会与读者见面，我心中激动且忐忑。感谢李纯青教授多年的坚持，带领我们在学术之路上探索前行！感谢环意，在品牌发展过程中不断创新实践，为我们的研究提供源源不断的动力！感谢我们团队的其他老师和同学，在每周一次的讨论会上为我们的研究提供真知灼见!

　　师恩难忘!感恩李纯青教授带我迈入学术研究的大门,并成长为她在研究之路上的合作者。学术研究已成为我生活的一部分,我期待着未来能够在案例研究的路上坚定地走下去,有机会将更多的中国企业的实践转化为管理理论并介绍给国际学界。

马军平

(西安工业大学经济管理学院教授

西安工业大学 MBA 中心主任

西安工业大学数字化营销与决策研究所主任)

2019 年 12 月 16 日

图书在版编目（CIP）数据

品牌聚焦的力量 / 李纯青，马军平著. --北京：
社会科学文献出版社，2023.6（2025.7 重印）
ISBN 978 - 7 - 5228 - 1703 - 3

Ⅰ. ①品…　Ⅱ. ①李…②马…　Ⅲ. ①品牌 - 企业管
理 - 研究　Ⅳ. ①F273.2

中国国家版本馆 CIP 数据核字（2023）第 066881 号

品牌聚焦的力量

著　　者 / 李纯青　马军平

出 版 人 / 冀祥德
责任编辑 / 丁　凡
责任印制 / 岳　阳

出　　版 / 社会科学文献出版社·生态文明分社（010）59367143
　　　　　地址：北京市北三环中路甲 29 号院华龙大厦　邮编：100029
　　　　　网址：www. ssap. com. cn
发　　行 / 社会科学文献出版社（010）59367028
印　　装 / 三河市尚艺印装有限公司

规　　格 / 开　本：787mm × 1092mm　1/16
　　　　　印　张：25.25　字　数：402 千字
版　　次 / 2023 年 6 月第 1 版　2025 年 7 月第 2 次印刷
书　　号 / ISBN 978 - 7 - 5228 - 1703 - 3
定　　价 / 98.00 元

读者服务电话：4008918866